Fatales Erbe – Hitlers Waffengesetze

Stephen P. Halbrook

Fatales Erbe

Hitlers Waffengesetze:
Die legale Entwaffnung von Juden und „Staatsfeinden" im „Dritten Reich"

Impressum

Stephen P. Halbrook:
Fatales Erbe –
Hitlers Waffengesetze: Die legale Entwaffnung
von Juden und „Staatsfeinden" im „Dritten Reich"
2. Auflage — Berlin: Berlin Story Verlag 2017
ISBN 978-3-95723-102-4

Alle Rechte vorbehalten.

Copyright © Stephen P. Halbrook, 2016

Keine Vervielfältigung, Reproduktion oder Weitergabe ohne schriftliche Genehmigung.

© Berlin Story Verlag GmbH
Leuschnerdamm 7, 10999 Berlin
Tel.: (030) 20 91 17 80
Fax: (030) 69 20 40 059
E-Mail: Service@BerlinStory.de
UStID: DE291153827
AG Berlin (Charlottenburg) HRB 152956 B

WWW.BERLINSTORY.DE

Inhaltsverzeichnis

Danksagung 7
Vorwort zur deutschen Ausgabe 9
Einleitung 13

Teil I.
Tanz auf dem Vulkan: Die Weimarer Republik 23
1. Aufstand und Unterdrückung 23
2. Das Schußwaffengesetz von 1928 35
3. Keine Schußwaffenregistrierungen in falsche Hände? ... 44

Teil II.
1933: Das Erscheinen des „Führers" 67
4. Die Machtübernahme der Nazis 67
5. Die Entwaffnung der politisch Unzuverlässigen:
   Der Fall Brandenburg 89
6. Die Einordnung als Staatsfeinde 99

Teil III.
Gleichschaltung 115
7. Von der Nacht der Langen Messer
   zu den Nürnberger Gesetzen 115
8. Die Gestapo 132
9. Hitlers Waffenkontrollgesetz 144

Teil IV.
Reichskristallnacht 163
10. Vorspiel im Oktober:
    Die Verhaftung jüdischer Schußwaffenbesitzer ... 163
11. Goebbels arrangiert ein Pogrom 181
12. Jüdische Opfer erzählen 204

Schlußbetrachtung:
Wo war der deutsche Widerstand? 219

Anhang 237
Bibliografie | Über den Autor | Abbildungen

Danksagung

Dieses Werk wäre ohne die Unterstützung weiterer Personen, insbesondere ohne die Recherchen von Sebastian Remus und Katya Andrusz in zahlreichen deutschen Archiven, nicht möglich gewesen. Therese Klee Hathaway half mit vielen Übersetzungen, unterstützt von Oliver Harriehausen und David Moses. Mein Dank geht auch an Stefan Grus, Jay Simkin, Lisa Halbrook-Hollowell, Heather Barry, Dave Fischer und Joshua Prince für ihre Unterstützung bei den Recherchen.

Der Autor hat einige vorläufige Forschungsergebnisse für diese Studie veröffentlicht – in „Nazi Firearms Law and the Disarming of the German Jews", [Das Schußwaffengesetz der Nazis und die Entwaffnung der deutschen Juden] 17 *Arizona Journal of International and Comparative Law* 483 (2000); „Das Nazi-Waffengesetz und die Entwaffnung der deutschen Juden", *Allgemeine Schweizerische Militärzeitschrift,* Nr. 12, Dezember 2001, 8; und „,Arms in the Hands of Jews Are a Danger to Public Safety': Nazism, Firearm Registration, and the Night of the Broken Glass", [‚Waffen in den Händen der Juden sind eine Gefahr für die öffentliche Sicherheit': Nazismus, Schußwaffenregistrierung und die Reichskristallnacht] 21 *St. Thomas Law Review* 109 (2009). Sein Dank gilt den Herausgebern dieser Zeitschriften für ihr Verständnis und ihre Anregungen.

Nach Fertigstellung des Manuskripts erwies sich Alice Rosengard als unschätzbare Hilfe, indem sie es auf bessere Lesbarkeit überarbeitete, und Professor Alex Tabarrok konfrontierte mich mit schwierigen Fragen zu der These. Gail Saari und Anne Barva hatten großen Anteil an der Bearbeitung des Textes. Mein Dank gebührt David Theroux und Roy Carlisle für die Veröffentlichung des Buches. Ich allein bin verantwortlich für die darin enthaltenen Interpretationen sowie für jegliche Fehler.

Dieses Buch wurde ursprünglich auf Englisch herausgegeben unter dem Titel „*Gun Control in the Third Reich: Disarming the Jews and ‚Enemies of the State'*" („Das Nazi-Waffengesetz und die Entwaffnung der deutschen Juden und ‚Staatsfeinde'"), Oakland, California: The Independent Institute, 2013). Ich danke dem deutschen Team, das die Veröffentlichung in Deutschland möglich gemacht hat.

Zunächst hat René W. Rohner unermüdlich daran gearbeitet, die deutsche Übersetzung in Gang zu setzen sowie ein außergewöhnlich engagiertes Team für dieses Projekt zu gewinnen.

Dank gebührt vor allem Peter Schwär für seine einfühlsame, herausragende Übersetzung. Ganz besonders freue ich mich über die deutsche Einführung, die mein langjähriger Freund und Kollege Dr. David Th. Schiller äußert treffend beigesteuert hat.

Schließlich hat es mich gefreut, mit Enno Lenze zu arbeiten und diese deutsche Übersetzung im Berlin Story Verlag veröffentlichen zu können.

Vorwort zur deutschen Ausgabe

„So wenig Waffen wie möglich im Volk"?
Das deutsche Waffengesetz von 1928 bis 2016 –
eine unselige Erbschaft

Wer in den 1950er und 1960er Jahren in Deutschland aufwuchs, sah sich unwillkürlich in Schule und Gesellschaft mit der bohrenden Frage konfrontiert, wie das sogenannte *„Dritte Reich"*, wie Holocaust oder Shoah geschehen konnte. Was ermöglichte den Aufstieg einer kleinen Randgruppen-Partei mit einer abstrusen völkisch-rassistischen Ideologie zur *„Nationalen Bewegung"*, die schließlich mit der *„Machtergreifung"* im Januar 1933 mit einigen wenigen Schachzügen eine demokratische Republik übernahm? Wie konnte binnen kürzester Zeit die völlige *„Gleichschaltung"* aller staats- und gesellschaftstragenden Elemente von den Streitkräften und Polizeibehörden, über die Verwaltungen und Gewerkschaften bis hin zu den lokalen Kirchengemeinden und Sportvereinen erfolgen?
Und warum – so fragten wir Nachgeborenen uns zu recht – formierte sich kaum ernsthafter Widerstand gegen dieses totalitäre NS-Regime?

Natürlich gab es wissenschaftlich fundierte Antworten zu diesem Themenkomplex und die Literatur dazu füllt die Regale ganzer Bibliotheksabteilungen. Aber trotzdem bleiben immer noch große Lücken in der Aufarbeitung der NS-Zeit und der Rolle bestimmter Ereignisse und Gruppen – aus moralischer Scham, aus gesellschaftlicher Gleichgültigkeit, aus Gründen der politischen oder juristischen Opportunität. Nicht zuletzt aber auch aus Bequemlichkeit, weil bestimmte Antworten uns ein Spiegelbild vorhalten, das uns zwingen könnte, etwas zu sehen, was uns nicht gefällt. Wie zum Beispiel die für die Schreckensherrschaft der Nazis von Anfang an so wesentliche Rolle von Juristen und Justizbehörden im *„großdeutschen"*, glücklicherweise nicht *„Tausendjährigen Reich"*.

Mit seinem nun endlich in deutscher Sprache erscheinenden Werk „Gun Control in the Third Reich" hat Dr. Stephen P. Halbrook die bisher weitgehend übersehene Schlüsselrolle beleuchtet, welche die restriktive deutsche Waffengesetzgebung vor und nach der Machtübernahme beim Etablieren des NS-Regimes spielte. Der Autor zeigt mithilfe zahlreicher zeitgenössischer Zitate, Dokumente und Einzelfälle den Weg auf, mit dem binnen weniger Jahre anfangs durch die Registrierung und dann mittels Dämonisierung des privaten Waffenbesitzes über Verbote und Sonderregeln zuerst die Ausgrenzung, dann die Kriminalisierung und schließlich die Vernichtung ganzer Teilgruppen der Gesellschaft betrieben wurde. Dieser mit Verwaltungsbeamten, Justiz und Polizei betriebene Feldzug richtete sich anfangs – gemäß der rassistischen NS-Ideologie – vordergründig und ausweislich gegen Juden und Zigeuner als nicht zum *„Volk gehö-*

render Fremdkörper". Sehr schnell erstreckte sich die Verfolgung aber dann unter dem zusätzlichen Etikett „*Staatsfeinde*" auf alle politischen Gegner – Pazifisten, Sozialdemokraten, Kommunisten und politisch Andersdenkende, beispielsweise auch Künstler wie Käthe Kollwitz, Pfarrer wie Herman Scheipers oder Martin Niemöller, Schriftsteller wie Carl Zuckmayer, Ödön von Horváth und die Gebrüder Heinrich und Thomas Mann.

Als US-Amerikaner und als im amerikanischen Verfassungsrecht bewanderten Juristen war es Dr. Stephen Halbrook besonders bemerkenswert, dass weder das Weimarer „*Reichsgesetz über Schusswaffen und Munition*" vom 12. April 1928 noch die nachfolgenden NS-Gesetze und Verordnungen als Ergebnis von parlamentarischen Debatten zustande kamen, sondern, von der politischen Führungsebene diktiert, ohne Umschweife im Reichsgesetzblatt erschienen. Die Weimarer Republik hatte erhebliche demokratische Defizite. Nationalistische Kräfte und Rassismus machten auch schon vor der „Machtergreifung" der Nazis ihren Einfluß spürbar geltend. Das belegen auch die Passagen im Waffengesetz von 1928, die sich expressiv verbis gegen „Zigeuner und wie Zigeuner umherreisende Personen" (vulgo: Fahrendes Volk) richteten, die damals auf besonderen Forderungen Bayerns eingebracht wurden.

Angesichts des Mißbrauchs des Reichswaffengesetzes als Unterdrückungs- und Vernichtungswerkzeug der NS-Machthaber ist es unverständlich, daß nach Gründung der Bundesrepublik und Fortfall der alliierten Vorbehalte das alte Waffenrecht ohne Bedenken oder Hinterfragen, wie viele andere Nazi-Gesetze auch, volle Gesetzeskraft erlangen konnte. Erklärbar wird es nur durch den Umstand, daß in Bund und Ländern nach 1945 unzählige in der NS-Zeit ausgebildete und geprägte, und oft schuldig gewordene Juristen ihre Karriere ungehindert an Universitäten, in Ministerialbürokratien und bei der Justiz fortsetzen konnten und so faschistoides Gedankengut und NS-Rechtsnormen in die Nachkriegszeit tradiert wurden. Wie groß diese NS-Belastung in der deutschen Nachkriegsjustiz war und wie weit sie bis in den Bundestag hineinreichte, wurde von einer wissenschaftlichen Untersuchungskommission exemplarisch am Beispiel des Bundesjustizministeriums aufgezeigt, im Auftrag der damaligen Bundesjustizministerin Leutheussser-Schnarrenberger.*

Vor diesem Hintergrund ist es zwar nicht verwunderlich, aber umso beschämender für die Beteiligten in Politik und Ministerialverwaltung, dass sich auch das dem Reichswaffengesetz nachfolgende *Bundeswaffengesetz* von 1972 am NS-Gesetzestext orientierte. Zwar wurden einige unschöne, nicht mehr salonfähige Begriffe wie etwa alle Hinweise auf „Zigeuner" entfernt. Aber das unter Kennern trotzdem immer noch als „Zigeuner-Paragraph" bezeichnete Handelsverbot von Messern und Waffen aller Art für Märkte, Volksfeste und im Reisegewerbe findet sich trotzdem bis heute im § 35 WaffG unter Absatz 3. Immer noch wiederholen

Politiker und Juristen gebetmühlenartig den Satz «So wenig Waffen wie möglich im Volk» als grundlegendes Motto, ohne überhaupt zu bedenken, aus welchen unseligen braunen Zeiten das stammt. Und trotz immer wieder anlaufender und über diverse Legislaturperioden dauernder Reformversuche und langjähriger Debatten klammerten sich in den letzten vier Jahrzehnten alle jeweiligen der „Neufassungen" des WaffG an Diktion und Struktur des nationalsozialistischen Waffen(un)rechts.

Stephen Halbrooks Buch „*Fatales Erbe – Hitlers Waffengesetze*" behandelt zwar „nur" ein historisches, juristisches Teilelement aus der NS-Schreckensherrschaft, und er beendet seine Schilderungen mit dem Holocaust. Angesichts der schieren Größe der Nazi-Verbrechen, der gigantischen Tötungsmaschinerie des Dritten Reichs und all der Opfer von Verfolgung und Weltkrieg mag es sogar im Nachhinein unbedeutend erscheinen. Aber der Themenkomplex wirft seinen dunklen, blutigen Schatten bis in unsere Gegenwart, und die aktuellen politischen Fehler und Irrungen der Gegenwart zeigen (und das gerade hier in Deutschland), daß wir ganz offensichtlich noch immer nicht genug aus denen der Vergangenheit gelernt haben. Von daher ist Halbrooks Werk nicht nur eminent lesenswert, sondern hochaktuell und politisch sehr wichtig.

Dr.rer pol. David Th. Schiller

---

*) Manfred Görtemaker, Christoph Safferling (Hg.): *Die Rosenburg, Das Bundesministerium der Justiz und die NS-Vergangenheit – eine Bestandsaufnahme*, 2. Auflage 2013, Göttingen, ISBN 978-3-525-30046-6, Verlag Vandenhoeck & Ruprecht. Ein endgültiger Schlußbericht der Kommission soll im Jahr 2016 erfolgen.

Einleitung

Alfred Flatow war ein deutscher Jude, der bei den Olympischen Spielen von 1896 in den Turnwettkämpfen den ersten Platz erkämpfte. 1932 meldete er drei Handfeuerwaffen an, so wie es ein Erlaß der liberalen Weimarer Republik verlangte. Die Regierung hatte darauf hingewiesen, daß die Polizei die Anmeldeunterlagen sorgsam verwahren müsse, damit keine extremistische Gruppe jemals Zugriff darauf erlangen könne. Und diese Sorge erwies sich als nur zu begründet, als im folgenden Jahr eine von Adolf Hitler geführte extremistische Gruppe die Macht ergriff und eben diese Anmeldungen verwendete, um „Staatsfeinde" zu entwaffnen. 1938 wurden die Unterlagen benutzt, um jüdische Waffenbesitzer wie Flatow zu finden, in dessen Festnahmebericht es hieß: „Die Waffen in den Händen der Juden bilden eine Gefahr für die öffentliche Sicherheit."[1] Er starb später in einem Konzentrationslager.

Kurze Zeit nachdem die Waffen Flatows und zahlreicher anderer Juden beschlagnahmt worden waren, veranlaßten die Nazis das als Reichskristallnacht bekannte Pogrom gegen eine jüdische Bevölkerung, die nicht in der Lage war, sich zu verteidigen, und die für den Besitz einer Schußwaffe mit zwanzig Jahren Haft in einem Konzentrationslager rechnen mußte.

Zahlreiche Studien haben dokumentiert, wie die Nazidiktatur ihre politischen Gegner, Juden und sonstige „Staatsfeinde" unterdrückte. Und doch haben sich Historiker, aus welchem Grunde auch immer, nicht mit den Gesetzen und Praktiken der Nazis, welche den Schußwaffenbesitz einschränkten, als grundlegenden Elementen bei der Schaffung der Tyrannei befaßt. Ein Skeptiker könnte einwenden, daß eine besser bewaffnete Bevölkerung wohl keinen Unterschied gemacht haben würde, doch das Vorgehen des Naziregimes war ganz sicher nicht von dieser Auffassung geleitet. Während viele historisch einzigartige Faktoren letztendlich zum Holocaust führten, unterstützten die Maßnahmen, die den Schußwaffenbesitz verboten, die Festigung der Macht Hitlers im eigenen Land, verschlimmerten die Verfolgung der Juden, halfen bei ihrer Verhaftung und Deportation, und gaben bereits einen Vorgeschmack auf die viel schwerwiegenderen Praktiken, die während des Krieges angewandt wurden.

So wie auch heute, gab es damals heftige Kontroversen darüber, ob Zivilisten überhaupt das Recht eingeräumt werden sollte, Schußwaffen zu besitzen, und falls ja, ob sie jegliche in ihrem Besitz befindlichen Schußwaffen bei den Behörden anmelden sollten, oder ob Schußwaffen, außer bei Militär und Polizei, verboten werden sollten. Die Befürworter eines Verbots behaupten, daß Schußwaffen ihren zivilen Besitzern bei Verbrechen, Selbstmorden und Unfällen Schaden zufügten. Die Regierungen müßten Zivilisten zu deren eigenem Schutz entwaffnen.

Die Nazis hatten Pläne zur Beseitigung sozialer Übel aller Art, von Schußwaffen bis zu Krebs.[2] Allerdings ging es ihnen nicht um das Wohlergehen der von ihnen entwaffneten Menschen. Ihre Sorge galt nicht Juden, deren Kinder einen Unfall mit Schußwaffen haben könnten, die Selbstmord begehen könnten oder denen von Verbrechern eine Schußwaffe abgenommen werden könnte, wenn sie versuchten, sich zu verteidigen. Statt dessen beschlagnahmten die Nazis Schußwaffen, um einen bewaffneten Widerstand, egal ob seitens Einzelner oder von Gruppen, gegen ihre eigenen Verbrechen zu unterbinden.

In den Vereinigten Staaten und in Europa gibt es gegenwärtig eine Bewegung, die mit selektiver Erinnerung an die historischen Ereignisse bestreitet, daß es ein Recht auf den Besitz und das Führen von Waffen gibt, und die argumentiert, daß nur das Militär und die Polizei Schußwaffen besitzen sollten. Doch selbst unter Berücksichtigung der Auffassungen dieser Bewegung läßt sich wohl kaum argumentieren, daß die Nazis die Juden in Deutschland zu deren eigenem Wohl entwaffneten, oder daß es den Juden ohne Schußwaffen im Haus besser ging, weil Schußwaffen für ihre Besitzer angeblich gefährlicher seien, als für einen Angreifer. Ebenso irrational wäre es zu behaupten, daß im Falle der Nazis nur die Diskriminierung falsch gewesen sei, und daß man nicht nur die Juden and andere unerwünschte Personen, sondern alle Bürger zu ihrem eigenen Wohl hätten entwaffnen sollen. Die Auffassung, daß eine Regierung das Monopol auf Kleinwaffen haben sollte, impliziert die surrealistische normative Grundaussage, daß die Bürger – oder besser gesagt, die Untertanen – so behandelt werden sollten, wie die Juden im Nazideutschland.

Deutschland hatte keine Verfassungstradition, die dem Zweiten Zusatzartikel zur Verfassung der USA ähnelt, in welchem es heißt: „Da eine wohlgeordnete Miliz für die Sicherheit eines freien Staates notwendig ist, darf das Recht des Volkes, Waffen zu besitzen und zu tragen, nicht beeinträchtigt werden." Dieser Zusatzartikel ist Bestandteil der „Bill of Rights", welche nach den Worten von Felix Frankfurter, Richter am Obersten Gerichtshof „Erfahrungen mit polizeilichen Übergriffen widerspiegelt. Nicht nur unter der Herrschaft der Nazis sind polizeiliche Übergriffe schädlich für die Freiheit."[3] Das Recht, Waffen zu besitzen, welches eine universelle und historische Berechtigung des Volkes in einer Republik zum Widerstand gegen Tyrannei widerspiegelt, wurde in Hitlers Dritten Reich nicht anerkannt.

Als Reaktion auf die Ereignisse in Nazideutschland verabschiedete der US Kongreß 1941, unmittelbar vor dem heimtückischen Überfall Japans auf Pearl Harbor, ein Gesetz, welches den Präsidenten zwar bevollmächtigte, bestimmten Besitz für Verteidigungszwecke zu beanspruchen, aber jede dahingehende Auslegung des Gesetzes untersagte, „die Registrierung sämtlicher Schußwaffen, die eine Person für Selbstverteidigung oder Sport besitzt, zu verlangen", oder

„auf irgendeine Weise das Recht des Einzelnen, Waffen zu besitzen und zu tragen, einzuschränken oder zu beeinträchtigen."[4] Ein Unterstützer des Gesetzes erklärte: „Vor der Machtübernahme Hitlers oder Stalins, die dem deutschen und russischen Volk die Macht entrissen, wurden den freien Gesetzgebern dieser Länder Praktiken aufgedrängt, um der Bevölkerung den Besitz und Gebrauch von Schußwaffen zu entziehen, so daß sie den Übergriffen solch teuflischer und abscheulicher staatlicher Polizeiorganisationen wie der Gestapo, der Ogpu und der Tscheka keinen Widerstand leisten konnten."[5]

Dies schien damals offensichtlich zu sein, doch 1968 war dies nicht mehr der Fall, als der Kongreß darüber debattierte, ob ein nationales Meldesystem für Schußwaffen in das Waffenkontrollgesetz aufgenommen werden solle. Die Gegner beschworen das Schreckgespenst der damals noch nicht so lange zurückliegenden Erfahrungen mit den Nazis,[6] und die Befürworter bestritten, daß die Nazis die Akten genutzt hätten, um Feinde zu entwaffnen.[7] Es wäre jedoch seltsam gewesen, wenn die Nazis, die über detaillierte schwarze Listen politischer Feinde verfügten, die Akten über die Registrierung und Ausstellung von Erlaubnissen nicht benutzt hätten, um jeden zu entwaffnen, den man als „Staatsfeind" ansah. Obwohl sich eine Studie der Library of Congress aus dem Jahre 1968 mit den Praktiken der Nazis in den besetzten Ländern befaßte, war es „nicht möglich, Hinweise auf eine deutsche Nutzung der Anmeldelisten für die Einziehung von Schußwaffen zu finden."[8] Offensichtlich waren die entsprechenden Recherchen auf ein Minimum beschränkt worden.

Im Jahre 2008 befaßte sich der Oberste Gerichtshof der USA mit der Frage, ob der Zweite Zusatzartikel das Recht, Schußwaffen zu besitzen, nur für von der Regierung bestätigte Milizen oder für den Einzelnen garantiere. Ein Gutachten pazifistischer jüdischer und christlicher Organisationen, das für ersteres plädierte, verurteilte Nazideutschland lediglich wegen „diskriminierender Gesetze, die Juden verboten, Schußwaffen zu besitzen", und verwies auf „den Mythos, daß die Bewaffnung aller es einer unterdrückten Minderheit erlauben würde", Widerstand zu leisten.[9] Die Jews for the Preservation of Firearms Ownership argumentierten für Letzteres und konzentrierten sich dabei auf den Holocaust und andere Völkermorde gegen unbewaffnete Bevölkerungen.[10] Der Oberste Gerichtshof schloß sich dieser Auffassung an und stellte fest, daß „die gesunden Männer einer Nation besser in der Lange sind, der Tyrannei zu widerstehen, wenn sie an Waffen geübt und organisiert sind."[11]

Während des Zweiten Weltkrieges gab Großbritannien an seine Bürger Waffen aus, die von den Vereinigten Staaten und privaten amerikanischen Bürgern bereitgestellt worden waren, um gegen eine erwartete Invasion der Nazis zu kämpfen[12], doch nun sind dort die meisten Schußwaffen verboten. In der Schweiz, deren traditionelle Milizarmee, bestehend aus einer Bevölkerung mit zu Hause aufbewahrten Waffen, dazu beitrug, die Nazis von einer Invasion abzubringen, lehnten 2011 mehr als 56 Prozent der Wähler eine Gesetzesinitiative ab, die die Registrierung sämtlicher und ein Verbot vieler Schußwaffen verlangte.[13] Einem Vorschlag, den zivilen Besitz von Schußwaffen zu verbieten, welcher 2005 in Brasilien anfänglich wie der sichere Sieger aussah, wurde gegen Ende der Kampagne eine Niederlage bereitet.[14] Die Vereinten Nationen hingegen vertreten die Auffassung, daß Regierungen bewaffnet sein sollten, während Einzelpersonen kein Recht auf bewaffnete Selbstverteidigung zustehe, und man versucht, den privaten Schußwaffenbesitz auf internationaler Ebene zu unterdrücken.[15]

Nur ein Jahr, bevor Hitler anno 1933 an die Macht kam, verfügte der deutsche Innenminister „eine gesicherte Aufbewahrung der Listen der Personen …, die ihren Waffenbesitz angemeldet haben. Es muß Vorsorge dafür getroffen werden, daß diese Listen nicht … in die Hände radikaler Elemente fallen können."[16] Wie in diesem Buch untersucht wird, war die Warnung des Ministers nur zu berechtigt: Diese Unterlagen fielen später in die Hände der NSDAP, welche sie benutzte, um politische Gegner und die Juden zu entwaffnen.

2013, im achtzigsten Jahr nach der Machtergreifung der Nazis, nahm Deutschland eine zentrale Datenbank aller registrierten legalen Schußwaffen in Betrieb, welche von allen Mitgliedsländern der EU bis zum Folgejahr gefordert wird.[17] Zwar heißt es, der deutsche Innenminister habe „versprochen, ein sehr hohes Niveau an Datensicherheit zu gewährleisten", doch ein Skeptiker merkte dazu an, daß „ alles, was registriert ist, durch die Regierung eingezogen werden kann."[18]

Die einheimische und internationale Kontroverse darüber, ob man eine Registrierung von Schußwaffen verlangen oder den zivilen Schußwaffenbesitz sogar verbieten soll, hat das Interesse der US-Rechtsgelehrten geweckt, sich mit dem Thema der Schußwaffenpolitik der Nazis zu befassen.[19] Als Reaktion auf die von ihnen vorgelegten Thesen haben die Befürworter eines Schußwaffenverbots die Bedeutung der Schußwaffenpolitik der Nazis heruntergespielt, indem bestritten wird, daß Hitler nur Juden entwaffnen und töten wollte.[20] Trotzdem scheint gerade dies der kritischste Punkt in der Debatte zu sein.

Dieses Buch soll bislang unbekannte historische Fakten bekanntmachen, um die Forschungsliteratur zur Entwicklung des Nationalsozialismus vor allem im Zeitraum vor dem Zweiten Weltkrieg, der das Vorspiel für den Holocaust darstellte, hinsichtlich der Unterdrückung des zivilen Schußwaffenbesitzes zu ergänzen. Berücksichtigt man die enorme Menge an Literatur in den diesbezüglichen Bereichen, so erscheint es unglaublich, daß die Entwaffnung der deutschen Juden nur spärlich, wenn überhaupt, Erwähnung findet. Praktisch keines der vielen Werke zum Dritten Reich erwähnt auch nur ansatzweise, wie die die Hitlerregierung die Gesetze und Verordnungen der Weimarer Zeit zur Festigung ihrer Macht nutzte, indem politische Feinde, Juden und sonstige „Staatsfeinde" entwaffnet wurden.

Waffenkontrollgesetze werden als gut und historisch fortschrittlich dargestellt. Aber die Gesetze und Praktiken der Nazis in Bezug auf Schußwaffen spielten, zusammen mit der Hysterie, die gegen jüdische Schußwaffenbesitzer entfacht wurde, eine herausragende Rolle bei der Schaffung des Fundaments für die Auslöschung des deutschen Judentums. Die Entwaffnung politischer Gegner war ein absolutes Muß für das Naziregime. Die Führer der Nationalsozialisten und leitende Polizeibeamte betrachteten die Entwaffnung derartiger „Staatsfeinde" als grundlegenden Baustein bei der Konsolidierung der Macht der Nazis. Adolf Hitler, Heinrich Himmler, Werner Best, Wilhelm Frick und andere Mitglieder der Nazihierarchie waren in diesen Prozeß stark eingebunden. Dies ist das erste Buch, das sich mit den Schußwaffengesetzen und -praktiken der Nazis auseinandersetzt, welche es ermöglichten, deutsche Bürger zu entwaffnen, insbesondere politische Gegner und Juden.

Dieses Buch versucht weder auf primitive Weise darzustellen, daß Waffenkontrolle unausweichlich zum Holocaust geführt habe, noch behauptet es einen inneren Zusammenhang zwischen Schußwaffen-Restriktionen und Völkermord oder Nazismus, wie es einige Polemiker gern behaupten. Natürlich war der Holocaust in vielerlei Hinsicht ein singularistisches Ereignis, das nur durch eine sehr große Anzahl von Faktoren ermöglicht wurde, welche Historiker immer noch zu ergründen versuchen.

Dieses Buch stellt die erste tiefgreifende Betrachtung von Deutschlands Praktiken zur Schußwaffenkontrolle vor dem Zweiten Weltkrieg dar und ist zugleich die erste umfassende Untersuchung darüber, wie Hitler diese Praktiken bei der Verfolgung von Juden und politischen Gegnern einsetzte. Manche Polemiker mögen vielleicht den Zusammenhang zwischen Waffenkontrolle und Völkermord zu weit ziehen, aber viel schlimmer ist das Versagen der Gelehrten beim Begreifen der realen Verbindung zwischen Entwaffnungspraktiken und Unterdrückung.

Das Buch ist in vier Teile gegliedert, die bestimmte historische Zeiträume zwischen 1918, der Geburt der Weimarer Republik, und 1938, der Zeit der Reichskristallnacht, betrachten. Teil I, „Tanz auf dem Vulkan: Die Weimarer Republik", beschreibt das Chaos, das auf den Ersten Weltkrieg folgte, insbesondere die Unterdrückung kommunistischer Aufstände und den Aufstieg der Nazi-Partei. Im Jahre 1928 verabschiedete die liberale Weimarer Republik Deutschlands erstes umfassendes Gesetz zur Schußwaffenkontrolle. Diese Zeit endete mit einem Erlaß, der die Registrierung aller Schußwaffen verlangte und die Behörden dazu autorisierte, alle Schußwaffen zu beschlagnahmen. Dies war allerdings nur gegen die Personen durchsetzbar, die ihre Waffen angemeldet hatten. Die Behörden warnten, daß die Anmeldungsunterlagen nicht in die Hände einer Extremistengruppe fallen dürften.

Teil II, „1933: Das Erscheinen des ‚Führers'", beschreibt, wie gerade eine solche extremistische Gruppe die Macht ergriff. Die Kapitel berichten von den massiven Durchsuchungen nach Schußwaffen und deren Beschlagnahme bei Sozialdemokraten und anderen politischen Gegnern, die stets als „Kommunisten" bezeichnet wurden. Auch Razzien der Nazis in jüdischen Vierteln, bei denen nach Schußwaffen gesucht wurde, fanden in dieser Zeit statt, und die Konsolidierung der Macht der Nazis erfolgte zum Teil durch die Entwaffnung der „politisch Unzuverlässigen" und „Staatsfeinde".

Teil III, „Gleichschaltung", befaßt sich mit den folgenden fünf Jahren der Unterdrückung. Die Führer der Nazis berieten in aller Ruhe über Änderungen des Weimarer Schußwaffengesetzes, das überarbeitet werden könne, da die Gesellschaft durch den Nationalsozialismus gesäubert werde. Doch diese theoretische juristische Diskussion war nur eine Episode an Rande. Die wesentlichen Ereignisse waren die Nacht der langen Messer (propagandistisch „Röhm Putsch"), die zeigte, daß Hitler jeden Gegenspieler ermorden konnte, und die Nürnberger Gesetze, welche die Rechte der Juden beschnitten. Die Geheime Staatspolizei (Gestapo) verbot unabhängige Schützenvereine und ordnete an, daß Juden keine Schußwaffenerlaubnisse mehr ausgestellt werden durften. 1938 unterzeichnete Hitler ein neues Gesetz über Schußwaffen, das Mitglieder der Nazi-Partei bevorzugte, den langjährigen „Staatsfeinden" jedoch den Schußwaffenbesitz verweigerte.

Teil IV, „Reichskristallnacht", beschreibt, wie die Fundamente des antijüdischen Pogroms in den Wochen davor geschaffen wurden: durch die systematische Entwaffnung der Juden in Deutschland. Nachdem ein jüdischer Teenager polnischer Abstammung einen deutschen Diplomaten in Paris erschossen hatte, genehmigte Hitler eine massive Durchsuchungs- und Beschlagnahmeaktion, die von Joseph Goebbels geleitet wurde: Angeblich wurde nach Waffen gesucht, doch beinhaltete dies die Plünderung von Wohnungen und Unternehmen. Himmler drohte jedem Juden, bei dem eine Schußwaffe gefunden würde, eine Strafe von zwanzig Jahren Konzentrationslager an. Tagebücher und andere Quellen belegen, wie die jüdischen Opfer selbst, sowohl die Besitzer von Schußwaffen als auch diejenigen, die nicht das geringste mit Waffenbesitz zu tun hatten, den Angriff erlebten.

Der Abschluß des Buches beschreibt eine Vielzahl von Ereignissen während des Zweiten Weltkrieges, der zweiten Hälfte des „Tausendjährigen Reiches", und befaßt sich mit den Auswirkungen der Entwaffnungspolitik der vergangenen beiden Jahrzehnte.

Warum gab es in Deutschland keine bewaffnete Partisanenbewegung gegen Hitler? Beförderte die vorangegangene Entwaffnung der Juden seine immer stärker werdende Aggression gegen sie? In den besetzten Ländern verhängten die Nazis die Todesstrafe für den Besitz einer Schußwaffe, doch es gab Beispiele heldenhaften Widerstands, von verschiedenen Widerstandsbewegungen bis zum heroischen Aufstand im Warschauer Ghetto.

Hannah Arendt merkte zutreffend an: „Erst mit dem Ausbruch des Krieges, am 1. September 1939, wurde das Naziregime offen totalitär und kriminell."[1] Trotzdem wurde dies zum Teil durch Praktiken ermöglicht, die in der Vorkriegszeit eingeführt wurden, und diese stehen in diesem Buch im Mittelpunkt. Während die Unterdrückung des zivilen Schußwaffenbesitzes in den besetzten Ländern ein komplexes Geschichtsfeld darstellt, das außerhalb des Fokus dieses Buches liegt, handelt es sich hier um einen weiteren „verborgenen Teil der Geschichte", den man ignorierte, der es aber verdient, ans Licht gebracht zu werden.[2]

Trotz der Bedeutung der Tatsache, daß es die Nazis selbst für notwendig erachteten, politische Feinde und Juden rücksichtslos zu entwaffnen, hat sich noch kein Historiker mit diesem Thema befaßt. Dieses Buch, die erste umfassende Abhandlung zu diesem Thema, basiert auf noch nie verwendeten Schriftstücken aus Archiven in Deutschland, deutschen Schußwaffengesetzen und -vorschriften, deutschen und ausländischen Zeitungen jener Zeit, Tagebüchern sowie historischer Literatur. Es präsentiert die erste wissenschaftliche Analyse darüber, wie Schußwaffengesetze und -maßnahmen benutzt wurden, um Hitlers Regime den Weg zu bereiten, es zu etablieren und zu konsolidieren, indem man alle „Staatsfeinde" wehrlos machte.

Alle Aspekte dessen, wie das Hitler-Regime in den Jahren 1933–1938 eine Tyrannei schuf, sollten keiner Rechtfertigung als legitimes historisches Thema bedürfen. In der riesigen Menge an Literatur zum Dritten Reich ist bislang kaum erwähnt worden, wie beträchtliche Teile der deutschen Bevölkerung in diesem Prozeß entwaffnet wurden, besonders Sozialdemokraten und andere politische Gegner ab 1933 und die Juden vor allem 1938. Dies wäre kein außergewöhnliches Versäumnis gewesen, wenn nur die Polizei und das Militär über Schußwaffen verfügt hätten, nicht aber ein beträchtlicher Teil der deutschen Bevölkerung. Doch bemerkenswert viele Deutsche, darunter Personen aller politischer Überzeugungen und sowohl „Arier" als auch Juden, besaßen Gewehre, Faustfeuerwaffen und Schrotflinten.[21]

Auch wenn die Meinungen darüber auseinandergehen, so war ein großer Teil der in privatem Besitz befindlichen Schußwaffen legal, und das Spektrum reichte von Repetiergewehren und mehrläufigen Schußwaffen bis zu Halbautomaten und Revolvern. Viele davon waren keine Überbleibsel aus dem Ersten Weltkrieg, wie zum Beispiel Maschinengewehre, die von paramilitärischen Gruppen versteckt worden waren. Der Begriff „Sturmgewehr" fand erst dann Eingang in die

Lexika, als ihn Hitler im Zweiten Weltkrieg einführte.[22] Doch schon lange davor waren extremistische Gruppen sehr geschickt darin, ihre Gegner mit Waffen aller Art anzugreifen.

Sowohl das Regime der Weimarer Republik als auch das der Nazis versuchten, Schußwaffen zu regulieren, zu registrieren und zu verbieten. Natürlich gab es dahingehend Unterschiede, wer den Maßnahmen unterworfen wurde und wie extrem Verstöße bestraft wurden. Das Endergebnis war die Monopolstellung der Nazidiktatur bei Schußwaffen, so daß man sie an bevorzugte Gruppierungen verteilen und nicht genehmen Gruppen verweigern konnte.

Manche mögen hinsichtlich der Relevanz für die heutige Zeit darauf hinweisen, daß sich die Geschichte wiederholen könnte und daß dies andernorts tatsächlich bereits geschehen sei, während andere die Meinung vertreten könnten, die Nazizeit sei ein Einzelereignis, das sich nicht wiederholen könne. Außer daß es auf diese Meinungsunterschiede hinweist, trifft dieses Buch keine weiteren Aussagen über aktuelle Kontroversen. Doch Dinge zu leugnen, die tatsächlich geschehen und historisch belegt sind, ist keine Option.

1 Bericht über einen polit. Vorfall, 4.10.38, Alfred Flatow. Rep PrBrRep. 030/21620 Bd. 5 Haussuchungen bei Juden 1938-39. (FB Bd. 5). Landesarchiv Berlin. Nähere Angaben zu Flatow in Kapitel 10.
2 Siehe Robert N. Proctor, *The Nazi War on Cancer* (Princeton, NJ: Princeton University Press, 1999).
3 *Davis v. United States,* 328 U.S. 582, 597 (1946) (Frankfurter, J., abweichende Meinung).
4 Property Requisition Act, P.L. 274, 55 Stat. 742 (1941). Siehe Stephen P. Halbrook, *Congress Interprets the Second Amendment: Declarations by a Co-equal Branch on the Individual Right to Keep and Bear Arms,* 62 TENN. L. REV. 597, 618–31 (Frühjahr 1995).
5 Erklärung des Abgeordneten Edwin Arthur Hall, 87 Cong. Rec., 77th Cong., 1st Sess., 6778 (5. Aug. 1941).
6 Rep. John Dingell argumentierte: „Sportschützen fürchten eine Schußwaffenregistrierung. Wir haben hier die gleiche Situation, die wir in kleinem Maßstab in Nazideutschland sahen." In *Federal Firearms Legislation: Hearings before the Subcommittee to Investigate Juvenile Delinquency,* Senate Committee on the Judiciary, 90th Cong., 2nd Sess., 478 (1968).
7 Senator Joseph Tydings bezweifelte, „daß es einen Zusammenhang zwischen der Registrierung oder Genehmigung von Schußwaffen und der Machtergreifung der Nazis in Deutschland gab." *Federal Firearms Legislation,* 478–79.
8 *Federal Firearms Legislation,* 483. Die Studie beinhaltete eine Übersetzung des Waffengesetzes der Nazis von 1938 (*Reichsgesetzblatt* 1938, I, 265). *Federal Firearms Legislation,* 489. (Das *Reichsgesetzblatt* diente zur öffentlichen Bekanntmachung deutscher Gesetze.) Senator Thomas Dodd (D–CT), der bei den Nürnberger Kriegsverbrecherprozessen Ankläger gewesen war und sich zum Hauptunterstützer des Waffenkontrollgesetzes entwickelte, stellte der Library of Congress sein eigenes Exemplar des „deutschen Originaltextes" für die Übersetzung zur Verfügung. *Federal Firearms Legislation,* 489.
9 Rechtsdarstellung zur Unterstützung von Petenten der Amici Curiae American Jewish Committee, et al., *District of Columbia v. Heller,* No. 07-290, auf 31 n. 11.
10 Rechtsdarstellung der Amicus Curiae Jews for the Preservation of Firearms Ownership in Unterstützung des Angeklagten, *District of Columbia v. Heller,* No. 07-290.
11 *District of Columbia v. Heller,* 128 S. Ct. 2783, 2801 (2008).
12 Winston Churchill, *The Second World War: Their Finest Hour* (Boston: Houghton Mifflin, 1949), 272; „Sporting Guns Sought: Group Here Also Wants Pistols to Send to Britain for Defense", *New York Times,* Sept. 12, 1940, 9.
13 „Swiss Voters Stick to Their Gun Tradition", *SwissInfo.com,* 13. Feb. 2011, http://www.swissinfo.ch/eng/Specials/Gun_debate/News/Results/Swiss_voters_stick_to_their_gun_tradition.html?cid=29485688 (aufgerufen am 31. Jan. 2013); Stephen P. Halbrook, *Citizens in Arms: The Swiss Experience,* 8 TEX. REV. L. & POLITICS 141, 162–74 (2003).
14 Todd Benson and Terry Wade, „Violence-Torn Brazil Votes to Keep Gun Sales Legal", http://www.njcsd.org/forum/archive/index.php?t-78.html (aufgerufen am 9. Feb. 2013).
15 Siehe Human Rights Council, *Subcommission on the Promotion and Protection of Human*

Rights, 58. Sitzung, Tagesordnung Punkt 8, Adoption of the Report on the Fifty-Eighth Session to the Human Rights Council, A/HRC/Sub.1/58/L.11/Add.1 (24. Aug. 2006) (empfiehlt Verbot ziviler Schußwaffen als ein „Menschenrecht"); David B. Kopel, Paul Gallant, and Joanne D. Eisen, *The Human Right of Self Defense,* 22 BYU JOUR. of PUBLIC LAW 43 (2008).

[16] Reichsminister des Innern (RMI) an Landesregierungen, 8. Feb. 1932, Maßnahmen gegen Waffenmissbrauch, Bundesarchiv (BA) Lichterfelde, R 1501/125940, Gesetz über Schußwaffen und Munition Bd. 4, 1931–32, 416–17. Der Gebrauch von „ss" or „ß" in diesem Buch richtet sich nach der deutschen Originalquelle.

[17] „German Weapon Registry to Take Effect in 2013", *Deutsche Welle,* 18. Dez. 2012, http://www.dw.de/german-weapon-registry-to-take-effect-in-2013/a-16461910 (aufgerufen am 9. Feb. 2013).

[18] Michael Birnbaum, „New Gun Database ‚Not a Problem' for Owners in Germany", *Washington Post,* 20. Jan. 2013, A16, http://www.highbeam.com/doc/1P2-34142374.html (aufgerufen am 17. April 2013).

[19] Stephen P. Halbrook, „*Arms in the Hands of Jews Are Danger to Public Safety*": Nazism, Firearm Registration, and the Night of the Broken Glass, 21 ST. THOMAS LAW REVIEW 109 (2009); David B. Kopel, *Lethal Laws,* XV NYL SCH. J. INT'L & COMP. L. 15 (1995); Don B. Kates and Daniel D. Polsby, *Of Genocide and Disarmament,* 86 CRIM. L. & CRIMINOLOGY 297 (1995).

[20] Siehe Stephen P. Halbrook, *Nazi Firearms Law and the Disarming of the German Jews,* 17 ARIZ. J. INT'L & COMP. L. 483 (2000), http://www.stephenhalbrook.com/article-nazilaw.pdf. Dieser Artikel traf auf Kritik in Bernard E. Harcourt, *On Gun Registration, the NRA, Adolf Hitler, and Nazi Gun Laws: Exploding the Gun Culture Wars (a Call to Historians),* 73 FORDHAM L. REV. 653 (2004); Deborah Homsher, *Response to Bernard E. Harcourt's „On Gun Registration",* 73 FORDHAM L. REV. 715 (2004); Robert J. Spitzer, *Don't Know Much about History, Politics, or Theory: A Comment,* 73 FORDHAM L. REV. 721 (2004). Ich antwortete Harcourt und den anderen in Stephen P. Halbrook, *Nazism, the Second Amendment, & the NRA: A Reply to Professor Harcourt,* 11 TEX. REV. L. & POLITICS 113 (2006), http://www.stephenhalbrook.com/law_review_articles/nazism.nra.pdf.

> [1] Hannah Arendt, *Eichmann in Jerusalem: A Report on the Banality of Evil* (New York: Penguin Books, 1992), 68.
>
> [2] See Stephen P. Halbrook, *Why Can't We Be Like France? How the Right to Bear Arms Got Left Out of the Declaration of Rights and How Gun Registration Was Decreed Just in Time for the Nazi Occupation,* 39 FORDHAM URBAN LAW JOURNAL, 101 (2013).

[21] Offenbar gibt es keine Statistiken über den Schußwaffenbesitz in Deutschland oder einem anderen Land in den 1920er und 1930er Jahren, und sogar Schätzungen zum aktuellen Niveau in verschiedenen Ländern wären mehr oder weniger spekulativ.

[22] Peter R. Senich, *The German Assault Rifle 1935-1945* (Boulder, CO: Paladin, 1987), 79.

Teil I

Tanz auf dem Vulkan: Die Weimarer Republik

1

Aufstand und Unterdrückung

Möglicherweise gab es „Im Westen nichts Neues", aber in Deutschland war es alles andere als ruhig. Die Niederlage im Ersten Weltkrieg läutete den Untergang des Zweiten Reiches und die Geburt der Weimarer Republik ein. Die in den Kindertagen der Republik verabschiedeten Reformen, welche das Land unter Kontrolle und in Übereinstimmung mit dem Versailler Vertrag bringen sollten, waren zugleich chaotisch und drakonisch. In einem Land ohne starke Tradition für den Besitz privater Waffen und auf jeden Fall ohne ein etabliertes und geschütztes Recht darauf, waren die auf Schußwaffen bezogenen Gesetze und Maßnahmen der Weimarer Republik vage und wurden zeitweilig hart durchgesetzt. Wie auch das Land selbst, so waren der rechtliche Status und die politische Bedeutung von Waffen ständig im Fluß. Eineinhalb Jahrzehnte Tanz auf dem Vulkan sollten vergehen, bis Hitler die Macht ergriff, aber in dieser Zeit würden die Fundamente für die Herrschaft der Nazis gelegt werden.

Während der November-Revolution von 1918 ergriffen Arbeiter- und Soldatenräte die politische Macht und riefen die Republik aus. Den Versuch, das Militär zu demokratisieren und zivile Milizen zu schaffen, konterte das Oberkommando des Militärs mit seinen Plänen, Berlin mit Kampftruppen abzuriegeln, die Bevölkerung zu entwaffnen und die Macht diktatorisch zu übernehmen.[23] Obgleich der zwischen Deutschland und den Alliierten unterzeichnete Waffenstillstand den Truppen erlaubte, nach Hause zurückzukehren, war die Einziehung der Waffen eine ganz andere Sache.

Wie eine deutsche juristische Publikation feststellte, „war die Bergung und Ablieferung der Waffen und des sonstigen Heeresgerätes stark im Rückstande geblieben ... Erhebliche Bestände befinden sich noch ohne Recht und Titel im Privatbesitze und bilden dort eine Gefahr für die öffentliche Sicherheit."[24] Daher verkündete die Reichsregierung am 14. Dezember 1918 eine Notverordnung, welche die deutschen Länder autorisierte, eine Frist für die Abgabe von Waffen zu setzen. Jedem, der nach Ablauf der Frist illegal im Besitz einer Schußwaffe war, drohten fünf Jahre Gefängnis und eine Geldstrafe von 100.000 Mark.[25]

Im Januar 1919 wurde die Nationalversammlung gewählt, und Friedrich Ebert von der Sozialdemokratischen Partei Deutschlands (SPD) wurde Reichspräsident. Die Kommunistische Partei Deutschlands (KPD) initiierte den Spartakisten-Aufstand, der von Regierungstruppen und des aus Freiwilligen bestehenden Freikorps unter der Führung des Sozialdemokraten Gustav Noske brutal niedergeschlagen wurde.[26]

Als Teil der Repression legte die Verordnung des Rates der Volksbeauftragten über Waffenbesitz vom 13. Januar 1919 fest: „Alle Schußwaffen sowie Munition aller Art zu Schußwaffen sind sofort abzuliefern."[27] Die Länder wurden angewiesen, eine weitere Frist für die Abgabe von Waffen zu setzen, Kontrollpunkte einzurichten und Ausnahmen festzulegen.[28] Erneut war jeder, der eine Schußwaffe oder Munition besaß, von fünf Jahre Gefängnis und einer Geldstrafe von 100.000 Mark bedroht.[29] Diese Verordnung blieb in Kraft, bis sie 1928 aufgehoben wurde.[30]

Zwei Tage nach der Verhängung des Schußwaffenverbots ermordeten Angehörige der Garde-Kavallerie-Schützen-Division in Berlin die Spartakistenführer Rosa Luxemburg und Karl Liebknecht. Bei Straßenkämpfen in mehreren anderen Städten, darunter auch in Weimar, wurden die schlecht bewaffneten Kommunisten vom Freikorps geschlagen.[31]

Als im März Spartakisten ein Berliner Polizeirevier angriffen und fünf Beamte töteten, verkündete Gustav Noske, der inzwischen Reichsminister für Verteidigung war, daß „jedermann, der sich mit Waffen den Regierungstruppen widersetzt, an Ort und Stelle erschossen wird."[32] Dieser Befehl wurde von der Garde-Kavallerie-Schützen-Division dahingehend vereinfacht, daß jeder, der eine Waffe auch nur besaß, exekutiert würde.[33] Auf Grund dieser Befehle wurden in Berlin Hunderte von Zivilisten wahllos erschossen, viele lediglich für den Besitz einer Schußwaffe.[34]

Auch in Bayern wurde ein kommunistischer Aufstand im April mühelos niedergeschlagen, was zu weiteren Greueltaten führte.[35] Bezugnehmend auf die Verordnung von Freikorps-General Burkhard von Oven[36], merkte Leutnant Rudolf Mann, ein Regimentsadjutant, amüsiert an: „Das Oberkommando klebte Anschlagzettel an die Mauern: ‚Warnung! Alle Waffen sind sofort abzuliefern. Wer mit der Waffe in der Hand ergriffen wird, wird erschossen!' Was sollte da ein Bürger mit durchschnittlichem Menschenverstand machen? Abliefern, aber wie? Nahm er das Gewehr unter den Arm, um zur Waffensammelstelle zu gehen, wurde er von einer zufällig ins Haus dringenden Patrouille schon auf der Treppe totgeschossen; kam er bis zur Haustür und öffnete sie, schoß alles auf ihn, weil er bewaffnet war; wurde er so auf der Straße gefaßt, stellte man ihn an die Mauer. Nahm er das Schießgewehr unter den Rock, war die Sache noch schlimmer… . Ich schlug vor, sie möchten das Gewehr an eine lange Stange binden und weit von sich abhalten. Ich hätte mich schief gelacht, wenn ich mal so einen auf der Straße gesehen hätte."[37]

In Zeiten der Ruhe wurden Personen, die man mit einer Schußwaffe erwischte, vor Gericht gestellt, statt sofort erschossen zu werden. Schon der Besitz einer Pistole galt als Verstoß gegen die Verordnung, die die Abgabe von Schußwaffen verlangte, und Unwissenheit über das Gesetz wurde nicht als Entschuldigung anerkannt.[38]

Inzwischen drängten die siegreichen Alliierten auf eine Entwaffnung. Der Versailler Vertrag hatte die Anzahl der Waffen streng limitiert, welche die deutschen Streitkräfte – die Reichswehr – besitzen durfte.[39] So waren beispielsweise als Höchstgrenze für Heer und Marine nur 102.000 Gewehre und Karabiner erlaubt.[40] Scheinbar galten die Festlegungen des Vertrages für die gesamte Bevölkerung, und nicht nur für die Streitkräfte. Dieses Ergebnis war möglicherweise nicht unbeabsichtigt. Festgelegt war, daß alle übrigen Waffen den Siegern zur Zerstörung zu übergeben waren.[41]

Die Herstellung von Waffen war stark eingeschränkt, ihr Import verboten.[42]

Universitäten, „Schützen- oder Reiseklubs" und anderen Vereinen war es „verboten, ihre Mitglieder im beruflichen Gebrauch oder der Handhabung von Waffen zu unterweisen oder zu trainieren, oder zuzulassen, daß sie unterwiesen oder trainiert werden."[43] Obwohl diese Maßnahmen vorgeblich dem Zweck dienten, den deutschen Militarismus zu unterdrücken, beförderten sie das Machtmonopol der Regierung und hielten die Bürger davon ab, Waffen zu besitzen und mit ihnen umgehen zu können.

Anfang 1920 riefen die Kommunisten im Ruhrgebiet den Generalstreik aus und griffen das Freikorps an, welches zum Gegenschlag ausholte und die Kommunisten niederschlug.[44] Ein junges Freikorps-Mitglied schrieb: „Unser Bataillon hat zwei Tote. Die Roten 200-300. Alles, was uns in die Hände kommt, wird mit dem Gewehrkolben zuerst abgefertigt und dann noch mit der Kugel. ... Das kommt nämlich daher, daß wir auch zehn Rote-Kreuz-Schwestern sofort erschossen haben, von denen jede eine Pistole bei sich trug. Mit Freuden schossen wir auf diese Schandweiber, und wie sie geweint und gebeten haben, wir sollten ihnen das Leben lassen. Nichts! Wer mit einer Waffe angetroffen wird, der ist unser Gegner und muss dran glauben."[45]

Die Versailler Restriktionen zur Stärke der Reichswehr beförderten die Entstehung inoffizieller paramilitärischer Einheiten, die zunehmend im Untergrund operierten, doch Hand in Hand mit dem Militär.[46] Obwohl die Weimarer Republik verkündete, man würde sich nicht mehr auf das Freikorps stützen, bekam dieses weiter finanzielle Unterstützung und Waffen von der Regierung, oftmals durch Diebstahl oder Betrug. In der Folge wurden die Mitglieder des Freikorps zum Rückgrat des Nazismus.[47]

Das Gesetz über die Entwaffnung der Bevölkerung vom 7. August 1920 sah einen Reichskommissar vor[48], der festlegte, welche Waffen als Militärwaffen anzusehen seien und damit der Beschlagnahme unterlagen.[49] Gewöhnliche Mauser-Repetiergewehre mit fünfschüssigem Magazin wurden genauso eingestuft wie Handgranaten.[50]

Massive Razzien der Polizei und reihenweise Hausdurchsuchungen, bei denen enorme Mengen „militärischer" Waffen bei Zivilisten beschlagnahmt wurden, waren die Folge.[51] In Berlin richtete die Polizei Waffenabgabestellen ein und zahlte 100 Mark für ein Gewehr oder einen Karabiner. Viele Waffen wurden von der Polizei versteckt und für den Eigengebrauch behalten.[52] Die Berliner Geheimpolizei suchte routinemäßig nach Waffen, verletzte die Privatsphäre und infiltrierte Organisationen.[53]

Deutsche Bürger hatten kein gesetzliches Recht, Waffen zu tragen. Ein Oberstes Gericht in Preußen vertrat die Auffassung, daß dies ohne juristische Nachprüfbarkeit in der alleinigen Entscheidungsbefugnis der Polizei liege.[54] Genausowenig wurde ein Recht, Waffen zu Hause zu besitzen, anerkannt. Das Landgericht Kassel bestätigte eine Verurteilung wegen des Besitzes von Jagdgewehren und militärischen Schußwaffen, die bei der Durchsuchung der Wohnung des Angeklagten gefunden worden waren.[55]

Unterdessen setzten die von Stalins Komintern manipulierten Kommunisten ihre Gewalttaktik fort.[56] Dieses Abenteurertum förderte das Wachstum der entstehenden Nazi-Partei – der *Nationalsozialistischen Deutschen Arbeiterpartei* (NSDAP) – unter der Führung von Adolf Hitler. Ihr paramilitärischer Flügel war die *Sturmabteilung* (SA).[57]

SA-Führer Kurt Lüdecke, der 1934 die „Säuberungen" in Hitlers Nacht der langen Messer überlebte, beschrieb die Situation folgendermaßen: „Da das Tragen von Waffen, oder sogar der Besitz und Verbergen derselben, schwer bestraft wurde, üblicherweise mit mehrjähriger Haft, war es natürlich keine leichte Aufgabe, sie zu beschaffen und verborgen zu halten. Waffen wurden geschmuggelt; es war eine spannende Sache. Man mußte sich hundertfach der Gefahr aussetzen, um eine einzige Waffe zu finden, die intakt war, ohne Rost, und zu den anderen paßte. Bis Ende Dezember 1922, … war es mir gelungen, fünfzehn schwere Maxim-Maschinengewehre, mehr als zweihundert Handgranaten, einhundertfünfund-siebzig perfekte Gewehre und Tausende Schuß Munition sicherzustellen und außerhalb Münchens zu verstecken – ein echtes Arsenal."[58]

Wie diese Darstellung zeigt, nahmen die Mitglieder extremistischer Parteien Risiken in Kauf, um sich zu bewaffnen. Gesetzestreue Bürger taten dies nicht.

Deutschland war noch ein Jahrzehnt von der Machtergreifung der Nazis entfernt, aber in Italien hatte sich der Faschismus gerade etabliert. 1923 erklärte Premierminister Benito Mussolini vor dem italienischen Senat, daß er die Ordnung durch die Eliminierung subversiver Kräfte wieder hergestellt habe, und merkte an: „Am Morgen jeden Konflikts erteilte ich den kategorischen Befehl, die größtmögliche Anzahl von Waffen aller Art zu beschlagnahmen. Diese Beschlagnahme, welche mit äußerstem Druck vorangetrieben wird, hat zufriedenstellende Ergebnisse erzielt."[59]

Die deutschen Kommunisten verwiesen auf Mussolinis neue Diktatur und auf „deutsche Faschisten" als Gründe für die Aufstellung und Bewaffnung der „Proletarischen Hundertschaften."[60] Angetrieben von Stalins Komintern starteten die Roten am 24.-25. Oktober 1923 den Hamburger Aufstand, griffen Polizeireviere an und bewaffneten sich. Wie ein Bericht ihres Anführers, des fünfundzwanzigjährigen Studenten Hans Kippenberger, zeigt,[61] standen die rund 1.300 Aufständischen, die nur achtzig schlecht erhaltene Schußwaffen besaßen, die meisten davon Revolver, etwa 5.000 Polizisten gegenüber, die mit Gewehren, Pistolen und Maschinengewehren bewaffnet waren.[62]

Die Kommunisten besetzten mehrere Polizeireviere und erbeuteten weitere Waffen. Einige Aufständische hatten überhaupt keine Ausbildung an Schußwaffen – sie erbeuteten drei Maschinenpistolen, mußten sich aber von den gefangenen Polizisten erklären lassen, wie man sie benutzte![63] Barrikaden wurden errichtet, und es kam zu Straßenkämpfen, aber wie vorherzusehen war, schlugen Regierungstruppen den Aufstand nieder.[64]

Abgesehen davon, ob die Kommunisten wirklich die Arbeiterklasse repräsentierten und nach einer Machtergreifung eine Tyrannei wie in Rußland errichtet hätten, macht diese Episode deutlich, warum das Proletariat ein Jahrzehnt später Hitler keinen Widerstand leistete. Die Arbeiterklasse verfügte über wenige

Schußwaffen; es gab für deren Besitz und Gebrauch keine Tradition. Selbst wenn es zutreffen sollte, daß „die proletarischen Hundertschaften 1923 aus 250.000 Arbeitern bestanden, so waren doch nur für wenige Tausend von ihnen Waffen vorhanden."[65] Proletarier ohne einen politische Anreiz, sich zu bewaffnen – diejenigen, die einfach arbeiteten und versuchten zu überleben – dürften wohl eine viel niedrigere Waffenbesitzquote gehabt haben.

Einem Bericht der Kommunisten zufolge zeigten der Hamburger Aufstand und andere Aktionen, daß „in Folge des Terrors der herrschenden Klasse und dem Mangel an eigenen finanziellen Ressourcen – die Militärorganisation des Proletariats oft nicht in der Lage ist, vor dem Aufstand genügend Waffen und Munition zu beschaffen, um zumindest sich selbst zu bewaffnen, geschweige denn die breite Masse der Proletariats. … Eine weitere Schwäche des Proletariats besteht darin, daß die meisten Aufständischen keine ausreichenden Kenntnisse haben, wie man mit Waffen umgeht."[66] Da es den Arbeitern generell an Waffen mangelte, hatten sie kaum Mittel zum Widerstand gegen die Tyrannei, die die Nazis später errichteten.

Nur zwei Wochen nach dem vergeblichen Hamburger Aufstand startete Hitler seinen eigenen erfolglosen Putsch in München. Wie andernorts auch, hatten Regierung und Reichswehr in Bayern große Mengen an Waffen und Munition vom Ersten Weltkrieg übrig. Wegen des Versailler Vertrages hatte die Regierung einen Teil davon beiseite geschafft, ließ einige Waffen paramilitärischen Gruppen zukommen, die als *Wehrverbände* (auch Schwarze Reichswehr, Einwohnerwehren, Grenzschutz Ost) bekannt waren, und übergab andere den Alliierten zur Vernichtung. Nach dem Zusammenbruch der Bayerischen Räterepublik im Jahre 1919 „entwaffneten die Behörden mit größter Sorgfalt die Arbeiter in den Großstädten und verhinderten durch eine anhaltende Serie von Durchsuchungen, daß sich diese wieder Waffen beschafften." Gleichzeitig bewaffnete man die Wehrverbände.[67]

Dies war der Kontext für Hitlers Bierhallenputsch am 8.-9. November 1923. Zu den bereits im Besitz der Nazis befindlichen Waffen, die man von der Regierung erhalten hatte, beschaffte SA-Führer Ernst Röhm von der Reichswehr weitere Waffen unter dem Vorwand, seine Gruppe würde Nachtübungen durchführen.[68] Während des Putsches nahm Hitler im Bürgerbräukeller, einer großen Bierhalle in München, Regierungsvertreter mit Waffengewalt als Geiseln. Erfolglos wurde versucht, das Polizeipräsidium einzunehmen; die Nazis versuchten vorzurücken, wurden jedoch von der Polizei aufgehalten. Die Polizisten eröffneten das Feuer und töteten vierzehn Nazi-„Märtyrer", während Hitler die Flucht ergriff.

Eine Woche später verordnete die Bayerische Regierung, daß den Nazis das Privileg versagt würde, staatliche Waffen zu besitzen, wie sie den patriotischen

Verbänden, die loyal zum Staat standen, gewährt worden waren. Loyale Gruppen konnten die Waffen behalten, wenn sie sich innerhalb von zehn Monaten bei der Reichswehr meldeten. Schußwaffen, die Privatpersonen zu Hause aufbewahrten, waren von der Verordnung nicht betroffen.[69]

Während er seine neunmonatige Haftstrafe wegen Verrats absaß, schrieb Hitler das Buch „Mein Kampf". Auch wenn er größtenteils gegen Liberale, Juden und Bolschewiken vom Leder zog, so äußerte er sich doch auch darüber, wie sich die deutsche Jugend körperlich ertüchtigen sollte: „Boxen und Jiu-Jitsu sind mir immer wichtiger erschienen als irgendeine schlechte, weil doch nur halbe Schießausbildung." Die Ideologie, und nicht Waffen, würden den „Volksstaat" vor seinen Feinden schützen: „Der beste Schutz wird dann nicht in seinen Waffen liegen, sondern in seinen Bürgern; nicht Festungswälle werden ihn beschirmen, sondern die lebendige Mauer von Männern und Frauen, erfüllt von höchster Vaterlandsliebe und fanatischer Nationalbegeisterung."[70]

In Folge all dieser Unruhen entstand 1924 die größte paramilitärische Gruppe, das republikanische *Reichsbanner*. Auch wenn die SPD die überwältigende Mehrheit stellte, gehörten ihm auch Mitglieder der Deutschen Demokratischen Partei und der Deutschen Zentrumspartei an.[71] Um nicht ins Hintertreffen zu geraten, formierten die Kommunisten den *Rote Frontkämpferbund* (RFB).[72] Eine bereits existierende Organisation war der *Stahlhelm*, dessen Mitglieder im Ersten Weltkrieg mindestens sechs Monate Frontdienst geleistet haben mußten, und der Sozialdemokraten, Juden und Konservativen gleichermaßen offenstand.[73]

Befördert von Arbeitslosigkeit und Extremismus kam es 1925 und 1926 zu gewalttätigen Auseinandersetzungen zwischen KPD, NSDAP, Stahlhelm und Reichsbanner. Gekämpft wurde mit Fahnenstangen, Fahrradketten, Schlagringen und Messern.[74] Die Berliner Behörden verboten die Benutzung von Spazierstöcken und das Mitführen von Stöcken und anderen Waffen bei politischen Versammlungen – doch ohne Erfolg.[75]

Theoretisch konnte man sich einen Waffenschein zum Zwecke der Selbstverteidigung ausstellen lassen, doch die Ablehnung einer Erlaubnis war gerichtlich nicht nachprüfbar.[76] Wenn man vergaß, die Erlaubnis verlängern zu lassen, so war dies ein Grund für eine Verurteilung wegen gesetzwidrigen Besitzes einer Waffe.[77]

Ob die Verordnung über Waffenbesitz von 1919 auf die Beschlagnahme aller Schußwaffen abzielte oder nur für militärische Schußwaffen gedacht war, blieb ungeklärt. Unter Bezug auf aktuelle Fälle der Beschlagnahme von Waffen und Verurteilungen wegen privater Schußwaffen argumentierte der Rechtsgelehrte Hugo Preuß dahingehend, daß das Gesetz zwar von „Alle Schußwaffen" spreche, aber zwischen Gewehren und Karabinern unterscheide, den militärischen Bezeichnungen für die Standardwaffe der Infanterie und den kürzeren Karabiner. Wenn man wirklich alle Schußwaffen hätte einbeziehen wollen, argumentierte er, dann würde das Gesetz auf ähnliche Weise zwischen Schrotflinten, Scheibengewehren, Jagdgewehren und sogar Luftgewehren unterschieden haben.[78]

Fritz Kunze, Beamter beim *Reichskommissar für die Überwachung der öffentlichen Ordnung* (eine Behörde des *Reichsministerium des Innern* von 1920-1929), hielt dagegen, daß die Verordnung von 1919 darauf abziele, militärische Schußwaffen sowie alle anderen Gewehre und Faustfeuerwaffen zu beschlagnahmen, nicht jedoch Gewehre des Kalibers .22 und Teschings, kleinkalibrige Salonbüchsen.[79] Allerdings befand das Reichsgericht 1926 in einem Urteil, daß die Abgabepflicht nach dem Gesetz von 1919 ausnahmslos für „alle Schußwaffen" gelte, also auch für Salonbüchsen.[80]

Viele Jäger und Sportschützen besaßen kleinkalibrige Schußwaffen, ohne dafür eine Erlaubnis zu haben. Sie verstießen somit, wie ein im Ruhestand befindlicher Richter aus Leipzig anmerkte, gemäß der im Gerichtsurteil getroffenen Gesetzesauslegung gegen das Gesetz. Mit dem Hinweis darauf, daß es in dem Fall um einen badischen Bauern ging, der über Jahre hinweg eine Salonbüchse ohne behördliche Erlaubnis besessen hatte, verwies er wegen der großen Zahl von Kleinkaliberklubs auf die Notwendigkeit, dieses Urteil bekannt zu machen.[81]

Wie gewöhnlich war die Freiheit des einfachen Bürgers, solch harmlosen Aktivitäten nachzugehen, von politischem Streit verdüstert. 1926 begannen rechtsgerichtete paramilitärische Gruppen, legal Kleinkaliber zu schießen. Das linksorientierte Reichsbanner gründete seinen eigenen republikanischen Kleinkaliberschützenverband.[82]

Trotzdem spielten Schußwaffen nur eine Nebenrolle bei der wachsenden Radikalisierung einiger Parteien. Am 1. Mai 1927 kam es im Berliner Scheunenviertel zu schweren Zusammenstößen zwischen Kommunisten und der Polizei. Die Kommunisten benutzten hauptsächlich Steine, Messer und andere Handwaffen, jedoch keine Schußwaffen. Unter den 51 verletzten Polizisten gab es nur einen mit einer Schußverletzung.[83]

Anders als die Kommunisten bereiteten sich die Nazis nicht auf bewaffnete Zusammenstöße mit der Polizei vor. Joseph Goebbels, der spätere Propagandaminister der Nazis, schrieb: „Gegenwärtig ist aller Widerstand gegen die Polizei und den Staat sinnlos, denn man wird immer schwächer sein als sie."[84] Die Nazis beabsichtigten, die Polizei für ihre eigenen Zwecke zu gewinnen.

Der Streit um die Auslegung der Schußwaffenverordnungen in den Gerichtssälen dauerte an. Im Januar 1928 entschied das Bayerische Oberste Landesgericht München entgegen der Auffassung des Reichsgerichts, daß nach Ablauf der Abgabepflicht für Schußwaffen gemäß der Verordnung von 1919 der Erwerb einer Schußwaffe nicht gegen das Gesetz verstoße.[85]

In einigen Fällen wurden solche Probleme vor Gericht geklärt, und nicht durch extremistische Gruppen auf der Straße und noch viel weniger durch Regierungsstellen. Da jedoch die Gerichtsurteile einander widersprachen, der normale Bürger davon nichts erfuhr, und die Entscheidungen von den Behörden nicht in jedem Falle anerkannt wurden, war die Durchsetzung der Gesetze und Verordnungen uneinheitlich, praxisfremd und gelegentlich mit Gewalt verbunden. Diese Art der Durchsetzung bedeutete, daß nur der normale Bürger davon abgeschreckt wurde, sich Schußwaffen für den Selbstschutz und die Verteidigung der Freiheit anzuschaffen. Es gab auf jeden Fall keinen etablierten Rechtsanspruch auf Waffen, und noch viel weniger einen faktischen Schutz für den Schußwaffenbesitz. Ganz im Gegenteil – die Polizei hatte uneingeschränkte Entscheidungsgewalt, wenn es darum ging, die schwammigen Gesetze über den Schußwaffenbesitz durchzusetzen.

Im Gegensatz dazu schienen die Gesetze bei der Unterdrückung von Gewalt weitestgehend unwirksam zu sein. Extremistische Gruppierungen bewaffneten sich, legal oder illegal, auf jede gerade gebotene Weise. Tatsächlich befeuerten die Straßenkämpfe zwischen Nazis und Kommunisten das Chaos nur, was zu weiteren Überarbeitungen der Schußwaffengesetze führte.

²³ Hans Mommsen, *The Rise and Fall of Weimar Democracy* (Chapel Hill: University of North Carolina Press, 1996), 32–33; James M. Diehl, *Paramilitary Politics in Weimar Germany* (Bloomington: Indiana University Press, 1977), 23.

²⁴ „Militärrechtliche Notverordnungen", *Deutsche Juristen-Zeitung*, 1. Jan. 1919, S. 67.

²⁵ *Reichsgesetzblatt* 1918, 1425.

²⁶ Diehl, *Paramilitary Politics in Weimar Germany*, 28–39; Robert G. L. Waite, *Vanguard of Nazism: The Free Corps Movement in Postwar Germany, 1918–1923* (Cambridge, MA: Harvard Univ. Press, 1952), 59–61.

²⁷ Verordnung des Rates der Volksbeauftragten über Waffenbesitz, *Reichsgesetzblatt* 1919, Nr. 7, 31, § 1.

²⁸ *Ebenda*, § 2.

²⁹ *Ebenda*, § 3.

³⁰ *Reichsgesetzblatt* 1928, I, 143, 147, § 34(1).

³¹ Waite, *Vanguard of Nazism*, 62, 65–71.

³² Waite, *Vanguard of Nazism*, 72–73, zitiert aus *Vorwärts*, 10. März 1919 (Morgenausgabe); Diehl, *Paramilitary Politics in Weimar Germany*, 316 n. 64.

³³ Waite, *Vanguard of Nazism*, 73 und n. 42, zitiert aus *Freiheit*, 18.März, 1919.

³⁴ Waite, *Vanguard of Nazism*, 73; Diehl, *Paramilitary Politics in Weimar Germany*, 316 n. 64.

³⁵ Waite, *Vanguard of Nazism*, 84–87.

³⁶ Waite, *Vanguard of Nazism*, 92, mit Zitat von E. J. Gumbel, *Vier Jahre politischer Mord*, 5. Ausgabe (Berlin, 1922), 111–12.

³⁷ Rudolf Mann, *Mit Ehrhardt durch Deutschland, Erinnerungen eines Mitkämpfers von der 2. Marinebrigade* (Berlin: Trowißsch & Sohn, 1921), 71–72.

³⁸ Urteil vom 16/10/1919, III 490/19, Landgericht Güstrow, in *Entscheidungen des Reichsgerichts in Strafsachen* (Berlin: Gruyter, 1920), Band 54, S. 4.

³⁹ Charles I. Bevans, Komp., *Treaties and Other International Agreements of the United States of America, 1776–1949* (Washington, DC: U.S. Department of State, 1969), 2:117–23 (chap. 2). Der Vertrag wurde am 28. Juni 1919 unterzeichnet und trat am 10. Januar 1920 in Kraft.

⁴⁰ Bevans, Komp., *Treaties and Other International Agreements*, 123 (Tabelle 3).

⁴¹ Bevans, Komp., *Treaties and Other International Agreements*, 118 (Art. 169). Ebenfalls im *Reichsgesetzblatt* 1919, I, S. 926, Art. 169.

⁴² Bevans, Komp., *Treaties and Other International Agreements*, 118–19 (Art. 168, 170).

⁴³ Bevans, Komp., *Treaties and Other International Agreements*, 120 (Art. 177).

⁴⁴ Waite, *Vanguard of Nazism*, 172–77, 180–81.

⁴⁵ Maximilian Scheer, *Blut und Ehre* (Paris: Editions du Carrefour , 1937), 43.

⁴⁶ Diehl, *Paramilitary Politics in Weimar Germany*, 18, 75.

⁴⁷ Waite, *Vanguard of Nazism*, 182, 194–95, 200–201, 268, 281.

⁴⁸ Gesetz über die Entwaffnung der Bevölkerung, *Reichsgesetzblatt* 1920, Nr. 169, I, 1553–57, §§ 1, 7.
⁴⁹ *Ebenda*, § 2.
⁵⁰ *Ebenda*, § 6.
⁵¹ Hsi-Huey Liang, *The Berlin Police Force in the Weimar Republic* (Berkeley: University of California Press, 1970), 97.
⁵² John R. Angolia and Hugh Page Taylor, *Uniforms, Organization, & History of the German Police* (San Jose, CA: R. James Bender, 2004), 61.
⁵³ Liang, *The Berlin Police Force in the Weimar Republic,* 6, Zitat von Rumpelstilzchen [Adolf Stein], *Berliner Allerlei* (Berlin Potpourri) (Berlin: Tägliche Rundschau, 1922), 54–55.
⁵⁴ Urteil vom 27. Jan. 1921, „Waffenschein", *Deutsche Juristen-Zeitung,* 1. Okt. 1921, 703.
⁵⁵ Urteil vom 23. Feb. 1922, (Landgericht) Kassel, in *Entscheidungen des Reichsgerichts in Strafsachen,* Band 56, S. 283.
⁵⁶ Mommsen, *The Rise and Fall of Weimar Democracy,* 126.
⁵⁷ Diehl, *Paramilitary Politics in Weimar Germany,* 105.
⁵⁸ Kurt G. W. Lüdecke, *I Knew Hitler: The Story of a Nazi Who Escaped the Blood Purge* (New York: Charles Scribner's Sons, 1938), 103.
⁵⁹ *Mussolini as Revealed in His Political Speeches* (London: J. M. Dent & Sons, 1923), 308–9.
⁶⁰ Diehl, *Paramilitary Politics in Weimar Germany,* 133, 141.
⁶¹ Kippenberger und Hauptautor Erich Wollenberg schrieben das Kapitel über den Hamburger Aufstand für das Buch *Der bewaffnete Aufstand*, veröffentlicht 1928 von „A. Neuberg", einem Pseudonym mehrerer von der Comintern bestätigter Mitarbeiter. Die Übersetzung stammt aus dieser Quelle: A. Neuberg, *Armed Insurrection* (New York: St. Martin's Press, 1970), 9, 12.
⁶² Neuberg, *Armed Insurrection,* 88–89.
⁶³ Neuberg, *Armed Insurrection,* 94–95.
⁶⁴ Neuberg, *Armed Insurrection,* 96–98.
⁶⁵ Neuberg, *Armed Insurrection,* 199.
⁶⁶ Neuberg, *Armed Insurrection,* 194–95.
⁶⁷ Harold J. Gordon, *Hitler and the Beer Hall Putsch* (Princeton, NJ: Princeton University Press, 1972), 160.
⁶⁸ Gordon, *Hitler and the Beer Hall Putsch,* 262.
⁶⁹ Gordon, *Hitler and the Beer Hall Putsch,* 496–98.
⁷⁰ Adolf Hitler, *Mein Kampf* (München: Zentralverlag der N.S.D.A.P., 1934), 611, 473.
⁷¹ Diehl, *Paramilitary Politics in Weimar Germany,* 153, 159, 176, 179.
⁷² Diehl, *Paramilitary Politics in Weimar Germany,* 184.
⁷³ Diehl, *Paramilitary Politics in Weimar Germany,* 96.
⁷⁴ Liang, *The Berlin Police Force in the Weimar Republic,* 101.
⁷⁵ Diehl, *Paramilitary Politics in Weimar Germany,* 194, 355 n. 133; „Polizeiverordnung

betreffend Waffentragen vom 16. Februar 1926", in Bernhard Weiss, *Die Polizeiverordnungen für Berlin,* (Berlin: C. A. Weller, 1931), vol. 1, 3.

[76] „Polizeiliche Befugnis zur Entziehung von Waffenscheinen", *Deutsche Juristen-Zeitung,* 1. Aug. 1925, S. 1197.

[77] Urteil vom 11/4/1926, Landgericht Stade, in *Entscheidungen des Reichsgerichts in Strafsachen,* Band 60, S. 419.

[78] Hugo Preuss, „Beschlagnahme von Privatwaffen", *Deutsche Juristen-Zeitung,* 1. Jan. 1926, S. 78.

[79] Fritz Kunze, „Zur VO über Waffenbesitz v. 13. Jan. 1919", *Deutsche Juristen-Zeitung,* 15. Jan. 1926, S. 161.

[80] Urteil vom 6/4/1926, I 231/26, Schwurgericht Mosbach, in *Entscheidungen des Reichsgerichts in Strafsachen,* Band 60, S. 266.

[81] „Ist der Besitz von Kleinkaliberschusswaffen jedermann, auch ohne behördliche Erlaubnis, gestattet?", *Deutsche Juristen-Zeitung,* 1. Nov. 1926, 1554.

[82] Diehl, *Paramilitary Politics in Weimar Germany,* 250, 368 n. 22.

[83] Liang, *The Berlin Police Force in the Weimar Republic,* 107.

[84] Joseph Goebbels, *Instructions to the S.A. Man* (1927), zitiert in Liang, *The Berlin Police Force in the Weimar Republic,* 95–96.

[85] „Verbotener Waffenbesitz", *Deutsche Juristen-Zeitung,* 1. Juni 1928, S. 810.

2

Das Schußwaffengesetz von 1928

Die Waffengesetze der nach dem Ersten Weltkrieg entstandenen Weimarer Republik waren drakonisch und unbestimmt; sie ließen sich nur auf willkürliche und chaotische Weise umsetzen. Die Verwirrung wurde noch dadurch verstärkt, daß die deutschen Länder nicht nur festlegten, wie diese Gesetze umzusetzen waren, sondern auch weiter ihre eigenen Gesetze verabschiedeten. Das daraus entstandene Flickwerk aus unterschiedlichen Gesetzen veranlaßte die Weimarer Regierung, ein einheitliches Gesetz für die gesamte Republik vorzuschlagen. Man hoffte, unrealistischerweise, mit einem solchen Gesetz die von extremistischen Gruppen ausgehende, bewaffnete Gewalt in den Griff zu bekommen.

Das Gesetz über Schußwaffen und Munition von 1928 war jedoch nicht auf die Eindämmung bewaffneter Gewalt ausgerichtet, sondern auf die Kontrolle der überwiegend friedlichen Bevölkerung. Die Millionen, die im Ersten Weltkrieg ums Leben kamen, starben durch Armeen, die von Nationalstaaten aufgestellt worden waren. Die Gewalt der zwanziger Jahre ließ sich nicht mit dem Krieg vergleichen und war letztendlich ein Ergebnis desselben. Mit seinen harten Reparationen war der Versailler Vertrag wenigstens zum Teil schuld an Arbeitslosigkeit, Depression und Chaos in Deutschland. Anstatt privaten Schußwaffenbesitzern die Schuld an dem Chaos zu geben, wäre es viel richtiger gewesen, diese Schuld beim Krieg und beim Nationalstaat zu suchen.

Doch die Regierenden der Weimarer Republik gingen von der Illusion aus, daß sie die Macht für das Wohl der Allgemeinheit ausübten. Sie rechneten nicht damit, daß sie die Macht verlieren könnten, daß ein neues Regime diese ergreifen und die Weimarer Gesetze dazu benutzen würde, die Bevölkerung in ihrer Gesamtheit zu unterdrücken. Das Gesetz über Schußwaffen von 1928 war eines von vielen derartigen Gesetzen.

In den Jahren 1926–1928 versandte der Reichsrat Gesetzentwürfe an die Länder, welche mit Kommentaren und Gegenvorschlägen reagierten.[86] Ergänzend zu den üblichen Argumenten für Schußwaffenkontrolle, die bis heute verwendet werden, wurde ein ethnisches Element in die Debatte aufgenommen. Bayern verlangt zu verbieten, daß Waffenscheine an „Zigeuner oder nach Zigeunerart umherziehende Personen" ausgestellt würden. Angeblich würden Zigeunerbanden die Landpolizei überwältigen und regelmäßig illegal Waffen einsetzen, und ein bayerisches Gesetz von 1926 untersagte ihnen den Schußwaffenbesitz.

Ein überarbeiteter Entwurf des Gesetzes enthielt Bayerns Vorschlag, Zigeunern Waffenerlaubnisse zu verweigern.[87] Es war nicht auf eine generelle Klassifizierung beschränkt, die für alle galt, beispielsweise für Personen, die wegen schwerer Verbrechen verurteilt worden waren. Man hatte nun einen Präzedenzfall geschafen, daß eine ganze ethnische Gruppe dämonisiert wurde; dies konnte jede Gruppe sein, die die amtierende Regierung festlegte. Ein Jahrzehnt später würde diese Dämonisierung auf die Juden ausgeweitet werden.

Mitte März 1928 legte Reichsinnenminister Walter von Keudell von der Deutschnationalen Volkspartei dem Reichstag den Gesetzentwurf vor.[88] Am 31. März wurde das Gesetz über Schußwaffen und Munition ohne Diskussion beschlossen.[89]

Zu jener Zeit wurde die Weimarer Republik von einer Mitte-Rechts Koalitionsregierung geführt; man stand kurz vor Wahlen, die die SPD an die Macht bringen würden. Am 12. April 1928 verkündete die Regierung das Gesetz über Schußwaffen und Munition.[90] Dieses umfangreiche Gesetz forderte eine Erlaubnis für die Herstellung, Montage oder Reparatur von Schußwaffen und Munition oder sogar zum Wiederladen.[91] Eine Genehmigung war ebenso erforderlich, um mit Schußwaffen zu handeln.[92] Auf Jahrmärkten, bei Schützenfesten und anderen Veranstaltungen war der Handel mit Schußwaffen, Hieb-und Stichwaffen verboten.[93]

Für den Erwerb einer Schußwaffe oder von Munition wurde ein Waffen- oder Munitionserwerbsschein benötigt, den die Polizei ausstellte.[94] Diese Erfordernis galt sowohl für den kommerziellen Verkauf als auch für private Transfers. Sie betraf nicht die Weitergabe einer Schußwaffe oder von Munition auf einem von der Polizei zugelassenen Schießstand, wenn dies einzig zum Gebrauch auf dem Schießstand erfolgte.[95] Ausgenommen waren Reichsbehörden und verschiedene Regierungsstellen.[96]

Obgleich diese Vorschriften bedeuteten, daß man für Schußwaffen, die man bereits besaß, keine Erlaubnis oder Registrierung benötigte, so brauchte doch jeder eine Munitionserwerbserlaubnis, der mehr Munition haben wollte, als er bereits besaß. Da die Polizei somit Angaben über Munitionskäufer haben würde, war das fehlende Erfordernis der Registrierung von Schußwaffen eine ziemliche Illusion.

Zum Führen einer Schußwaffe war ein Waffenschein erforderlich. Die ausstellende Behörde war berechtigt, dessen Gültigkeit auf bestimmte Anlässe oder Orte zu beschränken.[97] „Waffen- (Munitions-) Erwerbscheine oder Waffenscheine dürfen an Personen, gegen deren Zuverlässigkeit keine Bedenken bestehen, ausgestellt werden; Waffenscheine außerdem nur bei Nachweis eines Bedürfnisses."[98] Es erfolgte automatisch keine Ausgabe von Erlaubnissen „an Zigeuner oder nach Zigeunerart umherziehende Personen", an Personen mit Verurteilungen auf der Grundlage verschiedener Gesetze, dieses eingeschlossen, und „an Personen, gegen die auf Zulässigkeit von Polizeiaufsicht oder auf Verlust der bürgerlichen Ehrenrechte erkannt worden ist."[99]

Diejenigen Personengruppen, die vom Erhalt einer Erlaubnis zum Erwerb oder Führen einer Schußwaffe ausgeschlossen waren, durften auch keine Schußwaffen oder Munition besitzen. Alle, die nicht zum Besitz einer Schußwaffe berechtigt waren, wurden angewiesen, diese sofort abzuliefern. Sie konnten jedoch deren Weitergabe an einen Berechtigten verfügen oder wurden entschädigt.[100] Darüber hinaus brauchte man eine Erlaubnis für ein aus Schußwaffen oder Munition bestehendes Waffenlager. Als Waffenlager galten mehr als fünf Schußwaffen des gleichen Typs oder mehr als 100 Patronen.[101] (Für Sammler oder Wettkampfschützen dürften dies sehr niedrige Mengen gewesen sein.) Die Definition schloß auch mehr als zehn Jagdwaffen oder mehr als 1000 Jagdpatronen ein.[102] Erlaubnisse gab es nur für Personen „gegen deren Zuverlässigkeit keine Bedenken bestehen."[103]

Es war verboten, Schußwaffen herzustellen oder zu besitzen, „die zum schleunigen Zerlegen über den für Jagd- und Sportzwecke allgemein üblichen Umfang hinaus besonders eingerichtet" waren.[104] Schußwaffen mit Schalldämpfern oder Zielleuchten waren ebenfalls verboten.[105]

Für das gesetzwidrige Führen einer Schußwaffe drohten bis zu drei Jahre Gefängnis und eine Geldstrafe; gleiches galt beim Versäumnis, eine geerbte Schußwaffe zeitnah anzumelden.[106] Mit der gleichen Strafe mußte jede Person rechnen, die es vorsätzlich oder fahrlässig versäumte, einen Verstoß gegen dieses Gesetz durch ein Mitglied des eigenen Haushalts zu verhindern, das jünger als zwanzig Jahre war.[107] Andere Verstöße waren mit Geldstrafen und nicht näher definierten Haftstrafen belegt.[108]

Das neue Gesetz würde am 1. Oktober 1928 in Kraft treten; an diesem Tage sollte das Gesetz von 1919, das die sofortige Abgabe aller Schußwaffen verlangte, außer Kraft gesetzt werden.[109] Dieses Datum gab dem Einzelnen mehr als sechs Monate Zeit, die Vorgaben neuen Gesetzes zu erfüllen, während das viel drakonischere aber weitestgehend ignorierte Gesetz für diesen Zeitraum seine Gültigkeit behielt.

Seitens der Regierung war Herman Kuenzer dafür zuständig, das neue Gesetz zu erläutern. Selbst ein Mitglied der links-liberalen Deutschen Demokratischen Partei, leitete er das politische Büro des Reichsinnenministeriums und war Reichskommissar für Überwachung der öffentlichen Ordnung.[110]

Kuenzers Dienststelle sammelte nachrichtendienstliche Informationen über extremistische Gruppen des linken und rechten Spektrums und gab diese an Polizeidienststellen der Städte und Länder weiter.[111] Während der Aufstände des Jahres 1923 hatte er erkannt, daß die Kommunisten hauptsächlich mit Gummiknüppeln und nur wenigen Schußwaffen bewaffnet waren – daher wurden sie als militärisch wertlos aber politisch gefährlich eingeschätzt.[112]

Am Tag nach der Verabschiedung des neuen Schußwaffengesetzes veröffentliche Reichkommissar Kuenzer eine detaillierte Erläuterung zu dessen Hintergründen und Grundgedanken in der Deutschen Allgemeinen Zeitung.[113] Die lange Zeit bis zur Verabschiedung des Gesetzes begründete er damit, daß es in die polizeilichen Befugnisse der Länder eingriff. Doch als es 1928 in den Reichtag eingebracht wurde, wurde es als so dringend angesehen, daß es nicht von einer Kommission geprüft und vom Reichstag ohne Diskussion am drittletzten Tag der Sitzung verabschiedet wurde.

Ziel es Gesetzes war die Entwaffnung unbefugter Personen und ein klares, einheitliches Gesetz für das gesamte Reich. „Die schwierige Aufgabe bestand darin", erklärte Kuenzer, „angemessene Grenzen zu finden zwischen dieser staatlichen Notwendigkeit einerseits und den wichtigen Interessen der Schußwaffenindustrie, die eine große Anzahl von Arbeitern beschäftigte und durch den Friedensvertrag schwer geschädigt worden war, den Interessen der legalen Sportindustrie und der persönlichen Freiheit des Einzelnen auf der anderen Seite."

Nach dem Gesetz war eine polizeiliche Erlaubnis für das Führen einer Schußwaffe notwendig, nicht aber für den bloßen Besitz einer solchen in der eigenen Wohnung, es sei denn, man besaß ein Waffenlager. „Die Legislative hat die Pflicht, nur solche Gesetze zu verabschieden, die in der Praxis durchführbar sind, denn nichts ist demoralisierender für die Bevölkerung als Gesetze, die nur auf dem Papier stehen aber nicht umgesetzt werden können", stellte Kuenzer klar.

Kuenzer veröffentlichte auch eine Analyse des neuen Gesetzes in der periodisch erscheinenden juristischen Fachzeitschrift Deutsche Juristen-Zeitung. Deutlich brachte er sein Mißbehagen darüber zum Ausdruck, wie das Gesetz vom Reichsrat ohne jegliche Einbeziehung der Legislative entworfen worden war: „Es ist in der ganzen Geschichte des Reichstags wohl das erste Mal, daß ein so wichtiges und in das politische, Wirtschafts- und Rechtsleben so eingreifendes Gesetz ohne jede Beratung im Reichstag, man darf wohl sagen: nur so nebenbei, bei der Beratung des Etats des Reichsministeriums des Innern zur Annahme kam; man darf wohl auch die Hoffnung aussprechen, daß diese Art, Gesetze zu verabschieden, doch zu den größten Ausnahmen gehören muß."[114]

Kuenzer merkte an, daß Österreich, Portugal, Rußland und Ungarn eine polizeiliche Erlaubnis für den bloßen Besitz einer Schußwaffe verlangten. Davon hatte Deutschland abgesehen, verlangte jedoch mit der Verordnung von 1919 die Anmeldung der Waffen, die nach dem Krieg noch in der Bevölkerung vorhanden waren. „Aber jedermann weiß, daß diese absolut wirkungslos ist, in keiner Weise beachtet wird und nur gelegentlich einmal zu Denunziationen Anlaß gibt." Um den Respekt für das Gesetz wieder herzustellen, dürfe die Legislative nur Gesetze erlassen, die durchsetzbar sind.

„Dazu kommt, daß der Besitz von Schußwaffen innerhalb der Wohnung, der Geschäftsräume oder des befriedeten Besitztums im allgemeinen für die öffentliche Sicherheit und Ordnung keine große Gefahr bildet." Nur Personen, die zahlreiche Waffen sammelten oder Schußwaffen mit sich führten, sollten eine Erlaubnis benötigen.

Eine für das gesamte Reich geltende Erlaubnis zum Führen von Schußwaffen, schrieb Kuenzer, würde das Chaos verringern, das sich aus den unterschiedlichen Erteilungsvoraussetzungen der einzelnen Regierungsbezirke ergab. „Der Erfolg war der, daß die bestehenden Vorschriften von dem, der verschiedene Länder und Regierungsbezirke durchreiste und dazu vielleicht 10-15 Waffenscheine gebraucht hätte, einfach umgangen wurden."

Kuenzers Zusicherung, daß Personen, denen Erlaubnisse zum Handel mit Schußwaffen versagt wurden, das Recht auf richterliche Nachprüfung hätten, löste rechtliche Streitereien aus.[115] Gemäß der Preußischen Rechtspraxis konnten Richter nur darüber entscheiden, ob die Polizei im Rahmen ihrer Zuständigkeit gehandelt hatte; sie konnten nicht die Fakten überprüfen.

In der Zwischenzeit kam es durch die Reichstagswahlen vom 20. Mai 1928 zu einem Regierungswechsel in der Weimarer Republik. Die SPD, die seit Ende 1923 in der Opposition gewesen war, kam an die Macht, und die KPD erzielte beträchtliche Stimmen-Zuwächse.[116]

Karl Severing, der neu eingesetzte Innenminister des Reiches, gab am 14. Juli 1928 weitere Vorschriften zum Schußwaffengesetz bekannt.[117] Die Regularien sahen vor, daß eine Erwerbserlaubnis nur zum Erwerb einer Schußwaffe und von fünfzig Patronen berechtigte.[118] Der Verkäufer hatte die Erlaubnis bei der Polizei einzureichen,[119] die die Aufzeichnungen des Händlers bei Bedarf überprüfen konnte.[120]

Werner Hoche, Assistent des Innenministers, und Fritz Kunze vom Büro des Reichskommissars für Überwachung der öffentlichen Ordnung veröffentlichten juristische Abhandlungen zu dem neuen Gesetz. Ein Jahrzehnt später würden dieselben Autoren den Schußwaffenverboten eines neuen Regimes dienen, indem sie Kommentare zum Gesetz der Nazis von 1938 veröffentlichten.[121]

Die Schußwaffenbeschränkungen waren weniger gegen den Einsatz von Waffen bei Verbrechen, sondern vielmehr gegen politische Gewalt ausgerichtet.[122] Doch diese politischen Spielchen hatten wenig Wirkung und schränkten in erster Linie die gesetzestreuen Bürger ein. Die Kräfte, auf deren Agenda ein Umsturz des Staates stand, machten sich nicht die Mühe, die bürokratischen Hürden zu überwinden, welche die damaligen Behörden vor den Erwerb von Waffen gesetzt hatten.

Gelenkt von Moskau agierte die KPD über ihre Kampforganisation, der Rote Frontkämpferbund (RFB), zunehmend aggressiver. Die Zusammenstöße mit der Polizei, der SA der Nazis und dem Reichsbanner der SPD nahmen zu. Der

Reichsinnenminister forderte die Länder auf, die Überwachung des RFB zu verstärken, um Verstöße gegen das Waffengesetz aufzudecken.[123]

Schließlich kam es zum Verbot des RFB auf der Grundlage des Gesetzes zum Schutz der Republik.[124] Bei der Vorlage dieses Gesetzes erklärte der Preußische Innenminister, Carl Severing (SPD), im März 1930: „Das Versammlungsrecht ist zum Versammlungsunrecht geworden, und die Pressefreiheit zur Zügellosigkeit der Presse. Wir können nicht zulassen, daß Demagogen die Massen weiter aufstacheln."[125] Genauso wie das Recht, Waffen zu besitzen, wurden die Rechte auf Rede- und Versammlungsfreiheit eingeschränkt.

Anfang 1930 töteten Kommunisten den SA-Führer Horst Wessel, der von den Nazis daraufhin zum Märtyrer erhoben und mit einem bekannten Lied gepriesen wurde. Nazis infiltrierten heimlich die Polizei, welche die SA – schließlich griff diese die Polizei ja nicht an – als potentiellen Verbündeten gegen kommunistische Angriffe sah. Daher begrüßten die Beamten vom Polizeirevier 111 im Berliner Stadtteil Kreuzberg die Einrichtung von Joseph Goebbels SA-Hauptquartier in ihrem Revier.[126] In ganz Deutschland wurden in Polizei-Stationen wie diesem die Erlaubnis- und Anmeldeunterlagen für Schußwaffen aufbewahrt. Diese Unterlagen sollten sich für die Nazis noch als nützlich erweisen, als sie an die Macht kamen.

Die Stärke der SA wurde auch dadurch vergrößert, daß ihre Dienste in zunehmendem Maße von der Reichswehr genutzt wurden, deren Stärke durch den Versailler Vertrag begrenzt war. Obwohl auch der Stahlhelm und sogar das Reichsbanner als mögliche Grundlagen einer Miliz gesehen wurden, die vielleicht die Zustimmung der Genfer Abrüstungskonferenz finden könnte, war die SA besonders in Ostpreußen als Grenzpolizei gegen mögliche polnische Übergriffe von Nutzen. Die Linke jedoch sah die SA als zunehmend terroristisch an, was dazu führte, daß das Reichsbanner seine eigene paramilitärische „Eiserne Front" gründete.[127]

Als 1930-31 die Kämpfe und Unruhen zwischen Kommunisten und Nazis eskalierten, erließ Berlin schärfere Restriktionen für den Verkauf Handfeuerwaffen und den Besitz anderer Waffen.[128] Anstatt sich auf den Mißbrauch zu konzentrieren, schlug die Berliner Polizei vor, das Führen von Hieb- und Stichwaffen genauso zu kriminalisieren wie bei den Schußwaffen.[129]

Es ist natürlich völlig klar, daß sich die Welt mitten in der Großen Depression befand, und daß die Arbeitslosigkeit und die sehr ernste wirtschaftliche Lage in Deutschland von den Reparationen des Versailler Vertrages und anderen harten Bedingungen noch verschärft wurden. Der Extremismus florierte, und bewaffnete radikale Elemente – beziehungsweise „nicht berechtigte Personen" – bekamen nur begrenzt und vereinzelt die Auswirkungen des Schußwaffengesetzes von 1928 zu spüren. Im Gegensatz dazu schränkten solche Gesetze nur den normalen Bürger ein, der sich freiwillig der Herrschaft des Staates unterwarf. Somit existierte wenig Raum für die Entwicklung einer großen Gruppe bewaffneter und die Demokratie unterstützender Bürger, welche eine abschreckende Wirkung gegen Tyrannei oder Extremismus hätte haben können.

Zu dieser Zeit waren Inhalt, Zweck und Wirkung des Schußwaffen-Gesetzes bereits problematisch, doch dies wurde noch nicht als die Gefahr für die Bevölkerung wahrgenommen, als die sie sich später herauskristallisieren sollte. Es war die fehlende Verbindung zwischen dem erklärten Zweck des Gesetzes und seiner tatsächlichen Wirkung, die auf eine komplexere Realität hindeutete. Die Wirkungslosigkeit des Gesetzes in Bezug auf eine Beendigung der extremistischen Gewalt verleitete dazu, lieber den harmlosen Erwerb und Besitz von Schußwaffen noch weiter einzuschränken, als dem kriminellem Verhalten und Mißbrauch von Waffen direkt Einhalt zu gebieten. Tatsächlich eignete sich für die Herrschenden das Gesetz hervorragend für die Entwaffnung derjenigen ihrer politischen Feinde, die sich daran hielten, weil sie an seinen guten Zweck glaubten. Die Registrierung von Schußwaffen-Besitzern, das Infragestellen oder die Beschneidung der juristischen Nachprüfung, die Beschränkung von Erlaubnissen auf einen von den Behörden subjektiv definierten „Bedarf" und der Ausschluß bestimmter ethnischer Gruppen (anstelle von Kategorien, wie beispielsweise wegen schwerer Verbrechen verurteilte Personen) vom Waffenbesitz – besorgniserregende Erscheinungen in jeder freien Gesellschaft – entwickelten sich zur Norm.

Auch wenn die Weimarer Republik ganz sicher nicht mit ihrem eigenen Untergang oder dem Mißbrauch der Waffenkontrollnormen und -gesetze durch die Nazis rechnete, so setzte sie doch ihren gefährlichen Tanz fort. Ihre Gesetze hatten die Wirkung, den normalen Bürger hinsichtlich Waffenbesitz einzuschränken und ihn davon abzuhalten – genau diejenigen Menschen, bei denen es am wahrscheinlichsten war, daß sie die demokratische Regierung gegen Kommunismus oder Nationalsozialismus unterstützen würden – während sie gleichzeitig dabei versagten, den destabilisierenden Konflikt im Land unter Kontrolle zu bringen.

⁸⁶ Siehe Reichsratsausschüsse III, II und VII, Zusammenstellung der Anträge der Länder zum Entwurf eines Gesetzes über Schusswaffen und Munition – Nr. 116 der Drucksachen – nebst Stellungnahme der Reichsregierung, Dez. 1926, Generallandesarchiv Karlsruhe (GLAK) 234/5748. Diese GLAK-Akte enthält viele derartige Unterlagen aus 1928.

⁸⁷ Reichsratsausschüsse III, II and VII, Anträge des Berichterstatters zur zweiten Lesung des Entwurfs eines Gesetzes über Schusswaffen und Munition – Nr. 116 der Drucksachen von 1926, in der Fassung der Beschlüsse der Reichsratsausschüsse in erster Lesung, 3. Feb. 1928, GLAK 234/5748.

⁸⁸ Reichsministerium des Inneren, Entwurf eines Gesetzes über Schusswaffen und Munition, März 1928, GLAK 234/5748.

⁸⁹ Badischer Bevollmächtigter zum Reichsrat, Gesetz über Schusswaffen und Munition, April 1928, GLAK 234/5748.

⁹⁰ *Reichsgesetzblatt* 1928, I, 143. Ein Nachdruck des deutschen Textes mit englischer Übersetzung ist verfügbar in Jay Simkin and Aaron Zelman, „Gun Control": *Gateway to Tyranny* (Milwaukee: Jews for the Preservation of Firearms Ownership, 1992), 15.

⁹¹ *Reichsgesetzblatt* 1928, § 2(1).

⁹² *Ebenda*, § 5.

⁹³ *Ebenda*, § 7.

⁹⁴ *Ebenda*, § 10(1).

⁹⁵ *Ebenda*, § 10(3)1.

⁹⁶ *Ebenda*, § 11.

⁹⁷ *Ebenda*, § 15.

⁹⁸ *Ebenda*, § 16(1).

⁹⁹ *Ebenda*, § 16(2).

¹⁰⁰ *Ebenda*, § 17.

¹⁰¹ *Ebenda*, § 23.

¹⁰² *Ebenda*

¹⁰³ *Ebenda*

¹⁰⁴ *Ebenda*, § 24.

¹⁰⁵ *Ebenda*

¹⁰⁶ *Ebenda*, § 25.

¹⁰⁷ *Ebenda*, § 26.

¹⁰⁸ *Ebenda*, § 27.

¹⁰⁹ *Ebenda*, § 34(1), zitiert aus *Reichsgesetzblatt* 1919, Nr. 7, 31.

¹¹⁰ Herrmann A. L. Degener, *Wer ist's?* (Berlin: Hermann Degener, 1928), 888.

¹¹¹ James M. Diehl, *Paramilitary Politics in Weimar Germany* (Bloomington: Indiana University Press, 1977), 341 n. 81.

¹¹² Josef Schwarz, „Einheitsfront: Die linkssozialistische Regierung der republikanischen und proletarischen Verteidigung in Thüringen 1923", https://www.jungewelt.de/loginFailed.php?ref=/2003/10-29/003.php (besucht 9. Februar 2013).

[113] Reichskommissar Kuenzer, „Das Gesetz über Schußwaffen und Munition", *Deutsche Allgemeine Zeitung,* 13. April 1928, 1.

[114] "Die Bedeutung des Gesetzes über Schusswaffen und Munition für das Rechtsleben", *Deutsche Juristen-Zeitung,* 1. Mai 1928, S. 632

[115] "Die Rechtsmittel im Schusswaffengesetz", *Deutsche Juristen-Zeitung,* 15. Juni 1928, 871.

[116] Hans Mommsen, *The Rise and Fall of Weimar Democracy* (Chapel Hill: University of North Carolina Press, 1996), 247.

[117] Ausführungsverordnung zu dem Gesetz über Schusswaffen und Munition, 13. Juli 1928, *Reichsgesetzblatt* 1928, I, auf 198. Siehe „Cabinet of Personages", *Time,* 9. Juli 1928. Verfügbar auf http://www.time.com/time/magazine/article/0,9171,723466,00.html (besucht am 12. Mai 2013).

[118] Siehe *Reichsgesetzblatt* 1928, I, S. 197,199, § 12.

[119] Siehe ebenda, zu § 14(3).

[120] Siehe ebenda, zu § 10.

[121] Werner Hoche, *Schußwaffengesetz* (Berlin: Vahlen, [1928] 1931), 3; Werner Hoche, *Waffengesetz* (Berlin: Vohlen, 1938); Fritz Kunze, *Das Waffenrecht im Deutschen Reich* (Berlin: Parey, 1938), 3 (1929 Ed., 5).

[122] Hsi-Huey Liang, *The Berlin Police Force in the Weimar Republic* (Berkeley: University of California Press, 1970), 137.

[123] Diehl, *Paramilitary Politics in Weimar Germany,* 255–56; Mommsen, *The Rise and Fall of Weimar Democracy,* 233–34.

[124] Diehl, *Paramilitary Politics in Weimar Germany,* 256, 370 n. 46; Gesetz zum Schutze der Republik, *Reichsgesetzblatt* 1922, I, 585.

[125] Zitiert in Franz von Papen, *Memoirs* (London: Andre Deutsch, 1952), 132.

[126] Liang, *The Berlin Police Force in the Weimar Republic,* 109.

[127] Mommsen, *The Rise and Fall of Weimar Democracy,* 422–23.

[128] Liang, *The Berlin Police Force in the Weimar Republic,* 110–11.

[129] *Deutsche Juristen-Zeitung,* 1. Juli 1930, S. 877.

3

Keine Schußwaffenregistrierungen in falsche Hände?

Ende 1931 erlaubte die Weimarer Regierung den deutschen Ländern, die Anmeldung aller Schußwaffen zu fordern und deren Beschlagnahme anzuordnen. Doch die Befürworter machten sich Sorgen wegen eines Mißbrauchs der Listen der Schußwaffen. Nach der Machtübernahme der Nazis dürften die Weimarer Führer den Tag bereut haben, an dem sie die Registrierung billigten – einige von ihnen wurden als erste entwaffnet. Sowohl liberale als auch konservative Parteien ebneten den Weg zur ihrer eigenen Unterdrückung und zu der Anderer.

Wilhelm Elfes, Polizeipräsident von Krefeld und Mitglied des Preußischen Staatsrates, erklärte in einem Schreiben an Reichsinnenminister Joseph Wirth, daß für den Besitz jeglicher Waffen eine auf dem Nachweis der Zuverlässigkeit und des Bedarfs basierende Erlaubnis erforderlich sein sollte. „Ich bin der Meinung, daß jeder Waffenbesitz, sofern er nicht auf einer ausdrücklichen gesetzlichen Erlaubnis beruht, verboten und unter schwere Strafen gestellt werden müßte."[130]

Obgleich die Behörden nicht bereit waren, so weit zu gehen, verabschiedete der Reichstag das Gesetz gegen Waffenmißbrauch, welches Reichspräsident Paul von Hindenburg und Innenminister Wirth am 28. März 1931 unterzeichneten und damit in Kraft setzten. Es verbot das Führen eines Schlagstockes oder einer Stichwaffe außerhalb des eigenen Grundstücks – ausgenommen waren die Polizei, Inhaber einer Erlaubnis zum Führen einer Schußwaffe und Jäger. Zu einer Straftat wurde auch erklärt, sich bewaffnet an einem öffentlichen Ort für politische Zwecke zu versammeln.[131] Die Polizei erhielt uneingeschränkte Entscheidungsbefugnis bei der Ausstellung von Erlaubnissen und der Durchsetzung dieser Gesetze, obwohl die Praxis zeigte, daß die Polizeibehörden selbst nicht neutral oder zumindest unpolitisch bei der Anwendung des Gesetzes waren. Trotzdem wurde allgemein davon ausgegangen, daß die Polizei die primäre gesellschaftliche Instanz für den Schutz des einzelnen Bürgers darstellte, und diese gesellschaftliche und rechtliche Norm diente, an Stelle eines Rechts, Waffen zu führen, als Grundlage für restriktive Gesetze.

In einem Plädoyer für harte Strafe für Verstöße gegen das neue Gesetz zitierte Dr. Hagemann vom Oberverwaltungsgericht in Berlin ein Labyrinth von Gesetzen, Verordnungen und Anweisungen, welches statt dessen die Nutzlosigkeit breiter technischer Waffenverbote aufzeigte. Er betonte: „Die Praxis lehrt leider nur zu häufig, daß Waffen und Schußwaffen sich in Händen von Mitgliedern radikaler politischer Organisationen befinden, wohin sie eigentlich nur durch

Waffenschmuggel oder auf andere illegale Weise gelangt sein können."[132] Somit wirkten sich die neuen Gesetze, genauso wie frühere Maßnahmen, in erster Linie auf den einzelnen Schußwaffenbesitzer aus, anstatt die politisch motivierten Gruppen zu zügeln.

Erlaubnisse zum Führen von Schußwaffen (Waffenscheine) waren schwierig zu bekommen. Das Preußische Oberverwaltungsgericht befand: „Politische Gegnerschaft begründet kein Bedürfnis für einen Waffenschein." Das Gericht wies die Argumentation des Klägers ab, „daß seine politischen oder religiösen Gegner ihm auf der Straße auflauern könnten", und stellte fest: „Hier gilt der Satz, daß der Schutz des Publikums Sache der Polizei ist. Andernfalls könnten diejenigen, „die bei dem Gegner Anstoß erregen, einen Waffenschein verlangen, also auch die Vertreter extremer politischer Parteien."[133]

In diesem Falle war der Antragsteller für die Erlaubnis Mitglied in einem Verband, welcher den Glauben verbreitete, „daß im Christentum die Wurzel alles Uebels für unser Volk liege, daß das Christentum nichts weiter sei als Judentum, und durch das Christentum den Juden nicht nur das deutsche Volk sondern alle Völker ausgeliefert werden." Obwohl sich Menschen, die eine andere Auffassung vertraten, durch solche Äußerungen vor den Kopf gestoßen fühlten, stellte das Gericht fest, daß der Kläger das Recht habe, solche Gedanken zu äußern. „Er hat auch Anspruch darauf, gegen die von ihm hervorgerufene Erregung durch die Polizei, soweit möglich, geschützt zu werden, wie dies auch erfolgreich nach der Vers. in H. der Fall war; ein Recht, sich selbst mit der Schußwaffe durchzusetzen, hat er nicht."

Diese Entscheidung bestätigt das Sprichwort, daß schlechte Fakten zu schlechten Gesetzen führen. Die gleiche Schlußfolgerung würde für eine Person jüdischen Glaubens bei einem Angriff von Nazi-Banden gegolten haben.

In juristischen Kreisen entwickelten sich lebhafte Debatten. Dr. Flegel, ein Obermarinekriegsgerichtsrat, war entsetzt über die jüngste Zunahme von Unruhen, bei denen Menschen getötet wurden. Im August 1931 argumentierte er, die geltenden Waffengesetze, welche dieser Gewalt entgegenwirken sollten, seien kontraproduktiv: „Ist es gerechtfertigt, ein bloßes Beisichführen einer Waffe schon als „Mißbrauch" zu bezeichnen und unter Strafe zu stellen, wenn man die Waffe z. B. nur zu dem Zweck bei sich führt, nötigenfalls das jedem Staatsbürger gesetzlich zugebilligte Notwehrrecht ausüben zu können? Darf ein Staat, der nicht in der Lage ist, die Unversehrtheit des Körpers und Lebens seiner Angehörigen gegen widerrechtliche Angriffe zu gewährleisten, diesen Angehörigen die Ausübung ihres Notwehrrechts tatsächlich unmöglich machen? Denn einem wohlbewaffneten Angreifer gegenüber wird selbst der kräftigste, aber waffenlose Mann wehrlos sein. Die Sache ist doch die: Der friedliche Bürger, der noch Achtung vor dem Gesetz hat, wird durch die im Gesetz angedrohten Strafen gezwungen, auf die Mitführung von Waffen zu verzichten; nicht so der Friedensbrecher, der sich bewußt gegen die staatliche Ordnung auflehnt …" Er schloß mit dem klassischen Argument: „Man lasse dem ordnungsliebenden Bürger die Waffe, deren er zur Selbstverteidigung bedarf, schreite aber doppelt unnachsichtlich gegen den ein, der sich tatsächlich eines „Mißbrauchs" einer Waffe schuldig macht."[134]

Dem widersprach Herr Frey, Oberheeresanwalt aus Dresden: „Um so weniger, wenn eine verfehlte Gesetzgebung dem Waffenmißbrauch sogar Vorschub leistet. Die jetzt bestehenden Vorschriften des Schußwaffenrechts tun dies und verlangen deshalb Abhilfe." Er halte das Gesetz von 1928 für zu liberal, denn weil es erlaube, daß „jeder, ‚gegen dessen Zuverlässigkeit keine Bedenken bestehen', der über 20 Jahre alt, nicht entmündigt oder geistig minderwertig" und der keine Vorstrafen hat, „ein Waffenlager von 5 Langfeuer- und 5 Faustfeuerwaffen nebst 100 Patronen anlegen darf, ohne daß die Polizei weitere Beschränkungen aufzuerlegen imstande ist (§ 29), so liegt darin besonders in so unruhigen Zeiten eine große Gefahr." Außerdem: „Das Waffenlager, dessen Besitz sonach völlig rechtmäßig zustande kommt, kann aber noch wesentlich erweitert werden, wenn es sich um Jagdwaffen handelt", für die eine polizeiliche Erlaubnis nur notwendig sei, wenn der Jäger mehr als zehn besitze. Das heiße, „diese Waffensammlungen bilden auch für verhetzte und aufsässige Bevölkerungsteile einen gefährlichen Anreiz, sich auf verbotenem Wege in ihren Besitz zu setzen." Obwohl er nicht erläuterte, inwiefern die Entwaffnung von Personen mit absolut sauberem Hintergrund und von zugelassenen Jägern die Gewalt eindämmen würde, stellte Frey völlig richtig fest: „Daß bei Beurteilung der „Zuverlässigkeit" einer Person weite und enge Grenzen möglich sind, wobei die parteimäßige Einstellung der Polizeibehörde von größter Bedeutung zu sein pflegt, bedarf keiner Erwähnung."[135] Er konnte nicht ahnen, wie zutreffend dieser Punkt sein würde, als die Nazis an die Macht kamen.

Inzwischen kam es in Berlin zu einem für die Kommunisten folgenschweren Zwischenfall: Am 9. August 1931 erfolgte am Bülowplatz (seit 1969 Rosa-Luxemburg-Platz) ein geplantes Pistolen-Attentat auf Schutzpolizeibeamte, dem die Polizeihauptleute Paul Anlauf und Franz Lenk zum Opfer fielen. Hier mitten im Scheunenviertel hatte die KPD ihre Berliner Zentrale im sogenannten Karl-Liebknecht-Haus, hier ereigneten sich oft genug Zusammenstöße mit der Polizei oder den Nazis. An diesem Sonntag stand ein Volksentscheid über die Auflösung des Landtags und damit gegen die sozialdemokratische Regierung an. Immer wieder kam es zu Ansammlungen politischer Gruppen vor der KPD-Zentrale, die durch massive Polizeistreifen aufgelöst wurden. Die Atmosphäre war angespannt, am Tag zuvor war bei einem Zusammenstoß zwischen Polizeibeamten des zuständigen Reviers 7 und Kommunisten der Klempner Fritz Auge erschossen und ein weiterer Arbeiter durch verwundet worden. In der Nacht hatte jemand an die Wand des Polizeireviers mit Kreide geschrieben: „Für einen erschossenen Arbeiter fallen zwei Schupooffiziere!!! Rot Front. R.F.B. lebt, nimmt Rache!" Mordanschläge auf Polizisten gehörten fast zur Routine im Berlin jener Zeit – Ende Mai starb ein Beamter am Senefelder Platz durch Schüsse, am 30. Juni war ein Oberwachtmeister in der Frankfurter Allee erschossen worden, am 1. August ein Hauptwachtmeister in der gleichen Straße lebensgefährlich verwundet.

Gegen acht Uhr abends befanden sich der Revierleiter Paul Anlauf in Begleitung Oberwachtmeister August Willig auf Rundgang durch sein Gebiet, nachdem sie den ganzen Tag schon die angespannte Stimmung vor den Wahllokalen beobachtet hatten. Ihnen angeschlossen hatte sich Polizeihauptmann Franz Lenk vom Gewerbeaußendienst, dessen Leute zur Verstärkung des Reviers abgestellt worden waren. Im Gedränge vor dem Babylon Kino an der Ecke des Platzes an der Weydinger Straße näherten sich mehrere Männer den Beamten von hinten, Willig hörte noch den Befehl zum Losschlagen, da wurde er und die beiden Offiziere von zehn Schüssen aus drei Pistolen getroffen. Der Oberwachtmeister überlebte mit einem Bauchschuss und konnte noch mehrmals zurückschießen, bevor er zusammenbrach. Andere Polizisten auf dem Platz eröffneten nun auch das Feuer. Verstärkung erschien im Laufschritt, griffen mit Schlagstock und Schußwaffe in das Geschehen ein, suchten verzweifelt die Polizistenmörder. Mindestens ein Zivilist wurde in dem Durcheinander erschossen, 23 weitere Personen teils schwer verwundet.

Das kaltblütige Attentat erschütterte die Berliner Polizei bis ins Mark und beeinflusste stark die politische Haltung der Offiziere und Beamten, die nun immer stärker mit der NSDAP sympathisierten, weil diese ein entschiedenes Durchgreifen gegen Kommunisten und andere Staatsfeinde propagierten. Nach der Machtergreifung deckten Ermittlungen der Stapo die Hintergründe des Mordanschlags auf, der von der Parteiführung der KPD geplant und von dem Rotfrontkämpferbund-Führer Hans Kippenberger organisiert war. Als Schützen hatten sich der 23jährige Erich Mielke und der 24jährige Erich Ziemer freiwillig gemeldet, beide Angehörige des *Parteiselbstschutzes* (PSS) der KPD – dem Gegenstück zur SA. Ihnen und anderen Hintermännern des Anschlags, darunter auch Walther Ulbricht, gelang die Flucht in die Sowjetunion. Ziemer fiel im Oktober 1937 als Politoffizier im spanischen Bürgerkrieg. Mielke kehrte nach 1945 in die DDR zurück, wo er – vom SED-Gründer und Ministerratsvorsitzenden Ulbricht protegiert – sofort als Leiter einer Polizei-Inspektion in Ost-Berlin eingesetzt und bald zum Leiter des *Ministeriums für Staatssicherheit* und Mitglied des Politbüros der SED und des *Nationalen Verteidigungsrats der DDR* aufstieg. Als Mordsache Bülowplatz blieb der Vorfall im kollektiven Gedächtnis der Polizeibehörden bis weit in die 1970er Jahre lebendig. Aber erst nach der Wiedervereinigung Deutschlands konnte der inzwischen 86jährige Mielke im Oktober 1993 wegen Mordes vom Landgericht Berlin verurteilt werden.[136]

Im September fand in Berlin eine Konferenz der Innenminister der Länder statt, um Beschränkungen für politische Äußerungen und den Waffenbesitz zu diskutieren.[137] Reichsinnenminister Joseph Wirth empfahl Maßnahmen gegen subversive Schriften, die Schließung von Gasthäusern, in denen sich radikale Elemente versammelten, und ein Verbot der Kommunistischen Partei. Strengere Waffenkontrollen wurden erörtert. Wirth widersetzte sich einem Verbot des Uniformtragens bei Demonstrationen, indem er anmerkte, daß Präsident Hindenburg selbst ein Mitglied des Stahlhelm sei, einer Veteranenbewegung, die ihre Paraden in Uniform abhielt.

Auf einer Folge-Konferenz im November sprachen sich die meisten Innenminister für ein strengeres Waffengesetz aus, das entweder die Erfassung aller Waffen oder ein völliges Verbot enthalten sollte.[138] Es wurde jedoch davor gewarnt, daß die Registrierungslisten von unberechtigten Personen dazu mißbraucht werden könnten, sich Waffen zu beschaffen. Gesetzestreue Bürger würden die Leidtragenden sein, während sich kriminelle und subversive Elemente illegal Waffen beschaffen konnten. Möglich sei auch, daß die Polizei bei Jägern und Sportschützen keinerlei Bedarf für einen Waffenerwerb anerkennen würde.

Im Konferenzprotokoll heißt es weiter: „Die in der Konferenz der Innenminister von einigen Rednern aufgestellte These, daß Schußwaffen nur in die Hand der Reichswehr und der Polizei gehören, ist wohl theoretisch richtig. Die Verhältnisse in Deutschland sind aber zur Zeit leider noch nicht so ideal, daß der Bürger damit rechnen kann, von verbrecherischen Angriffen verschont zu bleiben oder wenigstens stets sofort die Polizei zu seinem Schutze zur Stelle zu haben." Tatsächlich hatte es ein Verbot von Waffen, wie es von einigen Rednern nun erneut gefordert wurde, ab der Verordnung von 1919 neun Jahre lang gegeben, ohne daß es eine erkennbare Wirkung gehabt hätte. Als das Schußwaffengesetz von 1928 in Kraft trat, hatten sich die Reichsregierung und alle Länder darauf geeinigt, die Verordnung von 1919 abzuschaffen.

Daß die Reichsregierung keine Erlaubnis für den Besitz von Schußwaffen verlangte, hatte einigen Vorteile. „Es besteht auch die Gefahr, daß die Listen der Waffenbesitzer in unruhigen Zeiten in unrechte Hände kommen und so Unbefugten die Möglichkeit gegeben würde, sich der Waffen zu bemächtigen und sie zu ungesetzlichen Handlungen zu gebrauchen." Ironischerweise würde es 1933 zu genau dieser befürchteten Wegnahme kommen – Registrierungslisten fielen in die „falschen Hände", die der Naziregierung, welche die Waffen politischer Gegner einzog und deren Besitzer verhaftete.

Gerade als die Konferenz im November 1931 stattfand, wurde bekannt, was die „falschen Hände" anrichten könnten, wenn sie erst an die Macht kämen

– nämlich die Aufzeichnungen benutzen, um Personen, die ihre Waffen nicht abgaben, zu identifizieren und hinzurichten. Eine Nazi-Gruppe unter Werner Best, Richter am Hessischen Amtsgericht, entwarf Pläne zur Machtergreifung, vermutlich im Nachgang einer erwarteten kommunistischen Revolution. Die als „Boxheimer Dokumente" (benannt nach dem Haus, in dem sich die Nazis trafen, dem Boxheimer Hof) bekannt gewordenen Pläne wurden der Hessischen Polizei von Dr. Hermann Schäfer offenbart, einem kürzlich ausgeschlossenen Mitglied der Nazi-Partei.[139]

Die Planungen sahen als erste Maßnahme die Exekution aller Personen vor, die sich weigerten, den Befehlen der SA (Sturmabteilung) Folge zu leisten, und als zweites „Jede Schußwaffe ist binnen vierundzwanzig Stunden an die SA abzuliefern. Wer nach Ablauf dieser Frist im Besitz einer Schußwaffe angetroffen wird, wird als Feind der SA und des deutschen Volkes ohne Verfahren auf der Stelle erschossen."[140] Die Pläne enthielten das nationalsozialistische Wirtschaftsprogramm, welches die Abschaffung von Privatbesitz, die Zwangsverpflichtung von Arbeitskräften und die Zuteilung von Lebensmitteln – außer an Juden – vorsah.[141]

Reichskanzler Heinrich Brüning und die Staatsanwaltschaft untersuchten, ob es sich hierbei möglicherweise um Verrat handeln könnte, kamen jedoch zu der Einschätzung, daß das Dokument nur theoretischer Natur sei. Hitler distanzierte sich von den Boxheimer Plänen, er gab vor, nur mit legalen Mitteln nach der Macht zu streben. Die Gegner der Nazis nutzten diese Episode in den Medien und bei den Wahlen weidlich aus, indem sie sie als Verschwörung gegen die Republik darstellten.[142]

Die Veröffentlichung der Boxheimer Dokumente in der internationalen Presse beeinflußte die Wahrnehmung des Nationalsozialismus in den Vereinigten Staaten und anderen Ländern. Die Zeitschrift Time berichtete, daß dem Plan der Nazis zufolge „jeder Bürger, der eine Waffe bei sich führte oder den Anweisungen eines ‚Sturmkommandeurs' nicht Folge leistete, ohne Gerichtsverhandlung erschossen werden sollte."[143]

Als die NSDAP an die Macht kam, wollte es der Zufall, daß Werner Best im März 1933 erst Chef der Polizei und danach Gouverneur in Hessen wurde. In dieser Funktion ließ Best Dr. Schäfer, der die Boxheimer Dokumente an die Polizei übergeben hatte, in „Schutzhaft" nehmen. Im Juli, während eines Transports Schäfers, der angeblich seiner Freilassung diente, wurde er erschossen und auf die Straße geworfen. Nach dem Zweiten Weltkrieg wurde Best für den Mord vor Gericht gestellt, doch aus Mangel an Beweisen freigesprochen.[144]

Best wurde zum leitenden Rechtsberater der Gestapo. Der Hitler-Verschwörer Hans Gisevius merkte an: „Es war Best, der das notorische Boxheimer Dokument verfaßte, den ersten Entwurf der Verordnungen, die später die Schreckensherrschaft ermöglichten."[145] In dieser Funktion trieb Best später aktiv die Entwaffnung politischer Gegner und der Juden voran. Während des Zweiten Weltkrieges hatte Best polizeiliche Vollmachten im besetzten Frankreich und später in Dänemark[146], wo angeordnet wurde, daß jede Person, die nicht sämtliche Schußwaffen innerhalb von vierundzwanzig Stunden ablieferte, hingerichtet würde.[147] Das war die gleiche Frist von vierundzwanzig Stunden, die er 1931 formuliert hatte.

1931 empfahlen auch einige Vertreter der Weimarer Regierung ein Verbot von Schußwaffen, allerdings ohne den Vorschlag, Gesetzesverletzer sofort zu erschießen. Der Krefelder Polizeipräsident Wilhelm Elfes schlug ein Verbot von Waffen oder alternativ die Registrierung aller Waffen vor: „Waffen gehören grundsätzlich nur in die Hand der Organe des Reiches und des Staates, die ihres Dienstes wegen einer Waffe bedürfen."[148]

Die Nazis lösten Elfes im März 1933 von seinem Posten als Polizeipräsident ab. Er gehörte 1944 dem Widerstand gegen Hitler an; danach ging er in die Illegalität.[149] Bedenkt man, wie die Nazis das Registrierungssystem für Schußwaffen benutzten, an dessen Einrichtung er mitgewirkt hatte, so dürfte er später vielleicht den Tag bereut haben, an dem er derartige Maßnahmen empfahl.

Reichsinnenminister Wilhelm Groener dankte Elfes für seinen zur rechten Zeit kommenden Artikel und merkte an, daß er ähnliche Ansichten vertrete.[150] Groener lud auch die Innenminister der Länder zu einer Besprechung mit folgender Tagesordnung ein:

    1. Empfiehlt es sich, eine Anmeldepflicht für den Besitz von Schußwaffen und Munition sowie von Hieb- und Stoßwaffen, sowie die Möglichkeit einer Ablieferungspflicht für alle diese Waffen und entsprechende scharfe Strafvorschriften einzuführen?

    2. Empfiehlt es sich, auch für den Erwerb von Schußwaffen den Nachweis des Bedürfnisses zu verlangen?[151]

Die Abordnung aus Bremen befand Registrierung und Berechtigung zur Einziehung als „dringend erwünscht"; ein Bedürfnis für den Kauf einer Waffe zu verlangen wurde als „dringend erforderlich" erachtet. Auch getarnte Waffen wurden erwähnt: „Diese Gegenstände, die vielfach von Angehörigen radikaler Verbände geführt werden, stellen eine erhebliche Gefahr dar."[152] Andere hingegen sprachen sich dagegen aus, friedlichen Bürgern das Recht, Waffen zum Schutz und sportlichen Gebrauch zu Hause zu haben, zu verweigern.[153]

Die Weimarer Verfassung gestattete der Exekutive, Notverordnungen zu erlassen, die nicht der Zustimmung des Reichstages bedurften. Ohne Zustimmung der Legislative gab Kanzler Brüning im zunehmenden Maße derartige Verordnungen heraus.[154] Trotzdem waren der Öffentlichkeit noch nicht verkündete Verordnungen bekannt, zum Beispiel diejenige, über die die New York Times am 4. Dezember 1931 aus Berlin berichtete:

> Wie wir heute erfahren haben, wird ein politischer Waffenstillstand zur Weihnachtszeit, welcher durch ein allgemeines Verbot aller politischen Versammlungen und Demonstrationen zwischen dem 20. Dezember und dem 3. Januar bewirkt wird, zu den Festlegungen der anstehenden Notverordnung der Regierung gehören.
>
> Außerdem wird die Beschlagnahme aller Waffen autorisiert werden, die man ohne spezielle Erlaubnis besitzt – Schußwaffen, Dolche und ähnliches… .
>
> Das Kabinett tagte heute unablässig, um die Vorschriften der Verordnung zu erörtern; die Veröffentlichung ihres vollständigen Wortlauts mußte auf Anfang nächster Woche verschoben werden.[155]

Zum Teil als Reaktion auf die geheimen Dokumente des Nazi-Führers Werner Best[156] erließ Präsident Hindenburg gemeinsam mit Kanzler Brüning, Finanzminister H. Dietrich und Innenminister Groener eine Ergänzung zum Schußwaffengesetz von 1928. Diese war in der Vierten Verordnung des Reichspräsidenten zur Sicherung von Wirtschaft und Finanzen und zum Schutze des inneren Friedens enthalten, einer kontroversen Maßnahme, die so unterschiedliche Themen umfaßte wie die Senkung der Löhne und ein Uniformtrageverbot für paramilitärische Verbände.[157] Sie autorisierte die Erfassung von Schußwaffen wie folgt: „Die obersten Landesbehörden oder die von ihnen beauftragten Stellen können für ihren Amtsbereich oder Teile davon anordnen, daß der Besitz von Schußwaffen und Munition, die den Vorschriften des Gesetzes über Schußwaffen und Munition unterliegen, sowie von Hieb- und Stoßwaffen (§ 1 des Gesetzes gegen Waffenmißbrauch) bei der Polizeibehörde anzumelden ist."[158]

Die Verordnung ermächtigte die Polizei zudem, alle Waffen zu beschlagnahmen, was praktisch nur auf die Personen anwendbar war, die diese pflichtgemäß angemeldet hatten: „Waffen und Munition, die sich in einem Bezirk befinden, für den eine Anordnung nach Abs. 1 erlassen ist, können, wenn die Aufrechterhaltung der öffentlichen Sicherheit und Ordnung es erfordert, für die Geltungsdauer dieses Kapitels in polizeiliche Verwahrung genommen werden. Der Besitzer hat sie auf Erfordern an die Polizeibehörde abzuliefern. Die Ablieferungspflicht kann auch auf Gegenstände erstreckt werden, die ihrer Natur nach keine Waffen sind, aber von denen nach den Umständen anzunehmen ist, daß sie als Waffen dienen sollen."[159]

Jeder, der es versäumte, Waffen anzumelden oder sie nach Aufforderung abzuliefern, oder bei dem solche gefunden wurden, mußte mit einer Freiheitsstrafe von mindestens drei Monaten rechnen, eine Obergrenze gab es nicht.[160] In den folgenden Jahren machten die Nazis von den Anmeldungen eifrig Gebrauch; bei der Beschlagnahme von Waffen bei politischen Widersachern und Juden hielten sie sich genau an den Wortlaut dieses Gesetzes.

Die Vorschriften ergänzten das Gesetz von 1928 dergestalt, daß festgelegt wurde, „Waffen- (Munitions-) Erwerbsscheine oder Waffenscheine dürfen nur an Personen, gegen deren Zuverlässigkeit keine Bedenken bestehen, und nur bei Nachweis eines Bedürfnisses ausgestellt werden."[161] Dieses für die Erwerbserlaubnis neu hinzugefügte Erfordernis „Bedürfnis", welches bis dahin nur für Waffenscheine gegolten hatte, verschärfte das vorhandene Erfordernis der „Zuverlässigkeit", um der Polizei unbeschränkte Entscheidungsgewalt einzuräumen. Wer „bedurfte" einer Schußwaffe zur Selbstverteidigung, wenn die Polizei die Gesellschaft schützte und Sportschießen und Jagd nicht wirklich ein „Bedürfnis" darstellten?

Das Gesetz von 1928 wurde zudem dahingehend geändert, daß jeder Person eine Haftstrafe von mindestens drei Monaten drohte, die ohne die notwendige Erlaubnis eine Schußwaffe oder Munition zum Zwecke der Gewinnerzielung erwarb oder weitergab oder den Erwerb oder die Weitergabe versuchte.[162] Außerdem war eine Erlaubnis vonnöten, um Hieb- und Stichwaffen herzustellen und mit ihnen zu handeln."[163]

Dies war eine weitere Notverordnung, die Brüning im Reichstag mit den Worten verkündete: „Der Präsident und die Regierung sind die einzigen Horte verfassungsmäßiger Autorität, und wir werden nötigenfalls den Notstand ausrufen, wenn diese Autorität von äußeren Organisationen herausgefordert werden sollte."[164]

Die Durchführungsbestimmungen wurden am 10. Dezember 1931 verkündet.[165] Sie begannen mit folgender politischen Erklärung, die die Härte aus der schwerwiegenden und auf Beschlagnahme gerichteten Verordnung nehmen sollte, aber wenig juristische Wirkung hatte: „Ziel der Maßnahmen gegen Waffenmißbrauch ist es, den Personen, die ihre politischen Auseinandersetzungen mit der Waffe in der Hand zu führen pflegen, die Mittel dazu zu nehmen. Bei Durchführung der Maßnahmen ist darauf Bedacht zu nehmen, daß es unbescholtenen Staatsbürgern, von denen keine Gewalttätigkeiten zu erwarten sind, nicht unmöglich gemacht wird, Leben und Eigentum innerhalb ihres befriedeten Besitztums nötigenfalls auch mit der Waffe zu verteidigen."[166]

Die Bestimmungen erklärten alle Gegenstände zu Hieb- und Stichwaffen, die als Waffen verwendet werden konnten, auch geschärfte Spaten. Ausgenommen waren Andenken und Antiquitäten.[167] Die Verordnung galt nicht für die üblichen Verdächtigen: die Reichs-, Landes- und Ortsbehörden, Soldaten und die Polizei.[168]

Am 12. Dezember versandte Reichsinnenminister Groener zusätzliche Anweisungen an die Innenminister der Länder. „Die neuen Maßnahmen gegen Waffenmißbrauch geben den Polizeibehörden die gesetzliche Grundlage, um in Zukunft bei allen polizeilich nicht völlig einwandfreien Personen Waffenbesitz und Waffenerwerb zu verhindern." Allerdings dürften Personen mit lupenreiner Zuverlässigkeit Waffen besitzen, sofern die Polizei nicht aus lokalen Gründen festlege, daß in einem speziellen Bezirk jeglicher Waffenbesitz die Sicherheit gefährde. „Daß dies dem Grundgedanken der Verordnung entspricht, zeigt diese selbst dadurch, daß nach § 1 Abs. 2 Satz 1 die Ablieferung der Waffen nur angeordnet werden soll, wenn die Aufrechterhaltung der öffentlichen Sicherheit und Ordnung dies erfordert." Zudem könnten Mitglieder angesehener Schießsportvereine, besonders derjenigen, die Kleinkaliberwaffen benutzten, unter normalen Umständen Waffen besitzen.[169]

All diese internen Anweisungen minderten die Härte der neuen Verordnung, doch sie waren kein Bestandteil derselben, und kein Bürger konnte sie als ein legales Recht einfordern. Die Polizei verfügte über praktisch unbegrenzte Entscheidungsgewalt. Juristisch interessierte Angehörige der Öffentlichkeit konnten die Erläuterungen von Werner Hoche, Assistent des Innenministers und Autor einer Abhandlung zu den Schußwaffen-Gesetzen, zu Rate ziehen.[170]

Am 8. Februar 1932 ergänzte Innenminister Groener seine Anweisungen an die Länder. Die Polizei dürfe bei den loyalen, friedlichen Bürgern keine Irritationen hervorrufen. Die Verordnung stellte keine Waffen in Frage, die bei gewalttätigen Auseinandersetzungen nicht zum Einsatz kamen, wie Waffen, die zur Gesellschaftsuniform der alten und neuen Wehrmacht gehörten, sowie Säbel, Schwerter und Dolche der Gesellschaftsuniform der Marine, die an Militärangehörige ausgegeben wurden, wenn sie den Dienst verließen. Er wiederholte die folgende Ermahnung: „Im Zusammenhang hiermit möchte ich die Aufmerksamkeit der Landesregierungen auf eine gesicherte Aufbewahrung der Listen der Personen lenken, die ihren Waffenbesitz angemeldet haben. Es muss Vorsorge dafür getroffen werden, dass diese Listen nicht etwa bei örtlichen Unruhen in die Hände radikaler Elemente fallen können. Zu diesem Zwecke dürfte es sich empfehlen, die Listen nicht in den einzelnen Polizeirevieren oder an ähnlichen lokalen Stellen aufzubewahren, sondern sie für grössere Bezirke zentral in sichere Verwahrung zu nehmen."[171]

Entsprechend der Verordnung von 1931 verlangten verschiedene Regierungsbezirke, daß alle Schußwaffen, Munition und sonstigen Waffen bei der Polizei angemeldet wurden. 1938, kurz vor der Kristallnacht, waren die Berliner Akten verfügbar, um jüdische Schußwaffenbesitzer zu identifizieren. So wurde beispielsweise in einem Festnahmebericht vermerkt: „Der Jude Alfred Flatow hatte" Schußwaffen und Faustfeuerwaffen. „Die Waffen sind von dem Fl. am 26.1.1932 dem 13. R. gemeldet worden. Bescheinigung liegt vor."[172]

In den deutschen Ländern entbrannte die Debatte, ob man eine Anmeldung verlangen solle. Das an Berlin angrenzende Brandenburg mit seiner Hauptstadt Potsdam lehnte die Anmeldung ab. Potsdams Polizeipräsident äußerte dazu: „Die von dem Herrn Polizeipräsidenten in Berlin auf Grund des Achten Teils

Kapitel I § 1 der Notverordnung des Herrn Reichspräsidenten zur Sicherung von Wirtschaft und Finanzen und zum Schutze des inneren Friedens vom 8. Dezember 1931 (RGBl.I S.699) erlassene Anordnung über die Anmeldepflicht des Besitzes von Schußwaffen und Munition hat innerhalb des Polizeibezirkes Potsdam teilweise zu der irrtümlichen Auffassung geführt, daß eine gleiche Anmeldepflicht für Potsdam bestände. Demzufolge sind mir von zahlreichen Einwohnern des Polizeibezirks diesbezügliche Anmeldungen zugegangen." Dies sei nicht überraschend: „Aus vereinzelten Anmeldungen geht hervor, daß die Meldenden, die überwiegend dem großen Kreise der hier wohnhaften pensionierten Offiziere angehören, im Besitze von Armeepistolen, Karabinern und umgearbeiteten Karabinern sind." Er nahm auch Bezug auf eine Verordnung von 1927 und merkte an: „Der Einziehung jener Einzelwaffen setzen die Besitzer meistens erheblichen Widerstand entgegen und begründen das damit, daß sie die Waffen ja doch nur als Erinnerungsstücke in Verwahrung behalten hätten."[173]

Am 20. Februar 1932 fragte der Regierungspräsident von Potsdam bei allen Landräten an, ob aus deren Sicht eine Anmeldung von Waffen notwendig und wirkungsvoll wäre.[174] Die Landkreise lehnten dies ab, während die Stadtkreise – mit Ausnahme von Potsdam – dafür waren. Der Landrat von Westhavelland begründete seine Ablehnung der Anmeldung folgendermaßen:

„Eine solche Anordnung würde zur Folge haben, daß die ordentliche und ruhige Bevölkerung die nach meiner Überzeugung nur in geringem Maße zu Jagd- oder besonderen Schutzzwecken vorhandenen Waffen anmeldet. Der unruhige Teil der Bevölkerung wird keinesfalls Waffen anmelden. Wir bekommen daher nur solche Anmeldungen, die uns wenig interessieren. Einen Schaden der Anmeldepflicht sehe ich darin, daß auch nunmehr absolut ruhige und ungefährliche Leute eine Waffe aus Unkenntnis oder Leichtsinn nicht anmelden und dann jeder feindlichen Denunziation ausgesetzt sind. Ich glaube im übrigen nicht, daß im Kreise von irgendeiner politischen Gruppe irgendwie bedeutende Waffen angesammelt sind. Alle bisher vorgenommenen Durchsuchungen haben außer vereinzelten alten verrosteten Gewehren, die, wohl noch von der Einwohnerwehr herstammend, nicht mehr brauchbar waren, nichts ergeben."[175]

Der Chef der Polizeiverwaltung Brandenburg unterstützte die Anmeldung und merkte an: „Zweifellos steht fest, daß im hiesigen Bezirk sich insbesondere Schußwaffen im Besitze solcher Personen befinden, die als gewalttätig oder sonst als polizeilich nicht einwandfrei bekannt sind und diese unter Umständen unrechtmäßig ihre Schußwaffe führen und gebrauchen."[176] Ähnlich äußerte sich der Bürgermeister von Eberswalde: „Es ist hier bekannt, dass die Anhänger radikaler politischer Gruppen Waffen besitzen. Bei Durchsuchungen werden immer wieder Schußwaffen in unberufenen Händen gefunden. Die Ablieferungspflicht... (aus dem Schußwaffengesetz von1928) ...ist trotz Bekanntmachung in der Presse unbeachtet geblieben."[177] Er zitierte den Paragraphen des Gesetzes, in dem unbefugte Personen aufgefordert wurden, Schußwaffen sofort abzugeben.[178] Allerdings blieb er die Erklärung schuldig, warum diese Personen sie gerade jetzt anmelden würden.

Der Landrat von Teltow, einem in Brandenburg gelegenen Vorort Berlins, befürwortete die Anmeldung wegen ihrer erfolgreichen Durchsetzung durch den Berliner Polizeipräsidenten.

Unter Verweis auf einen Bericht, in dem es hieß, daß „bei Durchsuchungen verdächtiger Personen oder bei anderen Gelegenheiten Waffen gefunden worden sind", erklärte er, „dass in der Bevölkerung noch Waffen unbefugt vorhanden sind", und empfahl daher eine Anmeldung. „Allerdings ist m.E. nur mit einem bedingten Erfolg zu rechnen, da vermutlich viele Waffeninhaber der Aufforderung zur Anmeldung ihrer Waffen nicht Folge leisten werden.[179]

Der beigefügten Bericht, auf den er Bezug nahm, beinhaltete die Beschlagnahme von Waffen bei lediglich zehn Personen über einen Zeitraum von zwei Monaten, Ende 1931 und Anfang 1932. Fünf Waffen wurden bei Kommunisten beschlagnahmt: Eine Pistole Modell 08 mit zwei geladenen Magazinen wurde einem Arbeiter abgenommen, der von einer Veranstaltung in Berlin zurückkehrte; eine Pistole wurde bei einem Aufmarsch gefunden; und die folgenden Waffen wurden am selben Tag bei der Durchsuchung von drei örtlichen Arbeiterwohnungen beschlagnahmt: drei Pistolen mit 36 Patronen, eine Pistole, und ein mit Blei gefüllter Gummischlauch.

Drei Beschlagnahmen erfolgten bei Nazis, die als Arbeiter identifiziert wurden: Bei einer Schlägerei wurde eine Eisenstange sichergestellt; eine Pistole fand man in einem Auto; und bei Ermittlungen zu einer Schießerei stieß man auf eine Pistole Kaliber 7,65mm mit 36 Patronen. Und schließlich wurden bei zwei Personen, deren politischen Neigungen nicht genannt wurden, folgende Waffen beschlagnahmt: Während eines Streiks wurde einem Arbeiter eine Pistole Modell 08 Luger mit sieben Patronen abgenommen, und man fand zwei Militärgewehre Modell 98, einen Revolver, eine Pistole Kaliber 7,65mm sowie vierhundert Patronen, die der Besitzer zum Zwecke der Selbstverteidigung besaß.

Die die in dem Bericht gemachten Angaben zu den bei „verdächtigen Personen" beschlagnahmten Waffen, sprachen durchaus nicht für die Wirksamkeit der Anmeldepflicht – die einzige Waffe, die bei einer Schlägerei beschlagnahmt wurde, war eine Stahlstange, ein Gegenstand, der wohl kaum angemeldet worden wäre.

Der Polizeipräsident von Potsdam vertrat die Auffassung, daß eine Anmeldung weder notwendig noch wirkungsvoll sei.[180] Angesichts dieses Widerstands seitens des Polizeichefs der größten Stadt im Land ist es nicht überraschend, daß Brandenburg keine Meldepflicht für Schußwaffen anordnete.

Der folgende Erlaß des Innenministers des Freistaats Baden vom 6. Januar 1932 ist ein Beispiel für eine Anmeldeverordnung; er war 1936, drei Jahre nach der Machtübernahme durch die Nazis, immer noch gültig:

> „Der Besitz von Schußwaffen, die den Vorschriften des Gesetzes über Schußwaffen und Munition unterliegen, sowie von Hieb- oder Stoßwaffen (§ 1 des Gesetzes gegen Waffenmißbrauch) ist auf dem Gebiet des Freistaats Baden von dem Besitzer dem örtlich zuständigen Bezirksamt (Polizeidirektion) anzumelden. Als Waffen gelten auch Gegenstände, denen erst durch eine besondere Zurichtung die Natur einer Waffe gegeben ist, z.B. Schulterriemen mit Metalleinlage und zum Gebrauch als Waffe geschärfte Spaten.
>
> Die Anmeldung hat für bereits im Besitze befindliche Waffen bis zum 6. Februar 1932, im übrigen binnen 1 Woche nach dem Erwerb des Besitzes zu erfolgen.
>
> Die Anmeldung ist schriftlich einzureichen. Sie muß den Zu- und Vornamen, den Geburtsort und Geburtstag, den Beruf, Wohnort und die Anschrift des Besitzers enthalten und die Waffen nach Art und Anzahl einzeln aufführen. Weitere Angaben können gefordert werden. Zum Nachweis der Anmeldung erteilt das Bezirksamt (Polizeidirektion) eine kostenfreie Anmeldebescheinigung."[181]

Von der Meldepflicht ausgenommen waren Regierungsbehörden, die Polizei, das Militär und bestimmte private Einrichtungen, beispielsweise Transportfirmen. Ebenfalls befreit waren Personen, deren Waffen auf Grund anderer Gesetze bei der Polizei anzumelden waren; dazu gehörten auch Personen mit Erlaubnissen zum Erwerb oder Führen von Schußwaffen sowie Personen mit einem Jahresjagdschein.[182]

Zur Befugnis, angemeldete Schußwaffen von bestimmten Einzelpersonen oder der Bevölkerung insgesamt zu konfiszieren, hieß es in der Verordnung: „Als Polizeibehörden, auf deren Anfordern die Waffen und die Munition abzuliefern sind, gelten die Bezirkämter (Polizeidirektion). Die Ablieferung kann durch Einzelverfügung oder allgemein angeordnet werden. Im letzteren Falle erfolgt die Anordnung durch amtliche Bekanntmachung." Inhaber von Jagdscheinen waren mit ihren Jagdwaffen ausgenommen, „wenn gegen die Zuverlässigkeit der Inhaber keine Bedenken bestehen." Der Besitz einer Erwerbserlaubnis oder eines Waffenscheins „schließt die Pflicht zur Ablieferung der Waffen und Munition auf Anfordern nicht aus."[183]

Über die Herstellung und den Verbleib von Hieb- und Stoßwaffen mußten kommerzielle Aufzeichnungen geführt werden. Zudem mußten Kopien der Verordnung, des Gesetzes gegen Waffenmißbrauch von 1931 und die Reichsanmeldeverordnung deutlich sichtbar in den Verkaufsräumen von Waffengeschäften ausgehängt werden.[184]

Ähnliche Anmeldeverordnungen wurden in Oppeln, der Hauptstadt von Oberschlesien in Preußen,[185] und in Allenstein in Ostpreußen[186] erlassen. Nazigerichte zitierten später aus beiden Verordnungen, um Verurteilungen wegen nicht angemeldeter Schußwaffen zu bestätigen. Herauszufinden, in welchen Regierungsbezirken Verordnungen über eine Anmeldepflicht für Waffen erlassen wurden, würde Stoff für eine große Studie ergeben, doch die Reichsverordnung von 1931 selbst läßt vermuten, daß große Gebiete, insbesondere die Zentren mit hoher Bevölkerungsdichte, in denen es zu Unruhen gekommen war, wohl davon Gebrauch machten. Zudem benutzten manche Regierungsbezirke ihre Ermächtigung, um den Notstand auszurufen und Schußwaffen zu beschlagnahmen. Am 3. März 1932 wandte sich der Büchsenmacher Rudolf Reger aus Königsberg, der Hauptstadt Ostpreußens, mit einem Brief an Präsident Hindenburg und bat um Kompensation, weil das neue Waffengesetz zu einer Depression im Waffenhandel geführt hatte. Dabei bezog er sich auf eine Feststellung, die ein Beamter der ostpreußischen Regierung getroffen hatte: „Bei einer Rücksprache auf der hiesigen Regierung ist mir gesagt worden, dass die verschärfte Notverordnung über die Waffenanmeldung sich tatsächlich wie ein Schlag ins Wasser ausgewirkt hat, da nur das anständige und ruhige Publikum die Waffen angemeldet hat, während von seiten der radikalen Elemente nichts angemeldet ist. Ausgewirkt hat sie sich aber in sofern, als kein Mensch mehr eine Waffe kauft in der Befürchtung, dass nach dem Muster einiger Regierungsbezirke im Westen die Waffen beschlagnahmt werden."[187]

Offensichtlich war es nicht so, daß sich die Beschlagnahmen nur gegen Unruhestifter richteten und die gesetzestreuen Bürger nicht behelligten. Im ersten Quartal 1932 verstärkte die SA ihre Angriffe gegen Kommunisten und brachte einige von ihnen um, und mit Mitgliedern des Reichsbanners lieferte sie sich Straßenkämpfe. Die Polizei reagierte mit einer Razzia gegen das Hauptquartier der SA in Berlin. Eine Depesche von Frederic M. Sackett, dem US-Botschafter in Berlin, verwies auf Berichte über Vorbereitungen für einen Putsch der Nazis und ergänzte: „Die Preußische Regierung hatte diese Polizei-Razzien angeordnet, um diese Berichte zu überprüfen. … Wie Minister Severing erklärte, hätten die beschlagnahmten Dokumente den Nachweis erbracht, daß die Nazis im Zusammenhang mit ihren Plänen, die Macht gewaltsam an sich zu reißen, systematisch die zivilen Behörden, die Polizei und die Reichswehr ausspionierten." Die sichergestellten Dokumente ähnelten „ähnlichen Enthüllungen über vergangene subversive Aktivitäten der Kommunisten. Dies ist nicht verwunderlich, da von vielen ehemaligen Mitgliedern und Führern der Rot Front bekannt ist, daß sie sich nach dem Verbot der Organisation den Sturmabteilungen der Nazis angeschlossen haben." Weiter schrieb Sackett: „Wie es scheint, handelt es sich bei den den Nazis zugeschrieben Verratsaktivitäten um den geplanten Versuch, sich der Waffen der Reichswehr, insbesondere in den östlichen Grenzgebieten Deutschlands, zu bemächtigen und diese in ihrem Kampf gegen den republikanischen Teil der Bevölkerung einzusetzen, besonders gegen die Eiserne Front, von der starker Widerstand gegen ein diktatorisches Naziregime erwartet wird. Es wird darauf hingewiesen, daß die Nazis durch die Entwaffnung der Reichswehr die nationale Verteidigung gefährdet hätten, indem Teile des Landes einer polnischen Invasion ausgesetzt gewesen wären, und es wird eine harte Bestrafung der Nazis gefordert, die diese Verschwörung angezettelt haben."[188]

Am 14 April 1932 verbot Präsident Hindenburg die SA einschließlich ihrer Eliteverbände (Schutzstaffel, SS), die von Heinrich Himmler geführt wurden. Die Polizei führte Razzien gegen hunderte SA-Standorte durch, darunter waren Wohnheime, Gaststätten und sogar der Wohnsitz von Wolf Heinrich Graf von Helldorff, der später unter den Nazis Polizeipräsident von Berlin wurde.[189]

Unterdessen wurden Verstöße gegen die Erlaubnispflicht gemäß dem Schußwaffengesetz von 1928 weiter verfolgt. Das Landgericht Kassel urteilte, die Angeklagten hätten sich des Erwerbs von Schußwaffen ohne Erwerbserlaubnis schuldig gemacht, auch wenn sie polizeiliche Erlaubnisse zum Führen von Schußwaffen besäßen[190], die man viel schwieriger bekam.

Im Gegensatz dazu urteilte das Reichsgericht in Berlin, daß eine Person, die gesetzwidrig eine Pistole führte und mit dieser auf einen Polizeibeamten schoß, wegen versuchten Totschlags mit einer Schußwaffe verurteilt werden könne, aber nicht zusätzlich wegen gesetzwidrigen Führens. Das Gericht räumte ein, daß das Gesetz von 1928 dabei versagt habe, die Verbreitung von Schußwaffen unter Personen mit gewalttätigen Neigungen zu verringern und den illegalen Gebrauch dieser Schußwaffen zu begrenzen. Daher sei es notwendig, die Strafen für illegale Angriffe mit Schußwaffen zu verschärfen.[191]

Am 29. Februar 1932 schrieb der Preußische Minister für Handel und Gewerbe an den Reichsinnenminister, daß die Schußwaffengesetze eine Wirtschaftskrise in der Waffenindustrie verursacht hätten. Zu den dringenden Angelegenheiten, so erklärte er, gehörten die innere Sicherheit und die politische Unruhe unter den arbeitslosen Büchsenmachern, der Stellenwert der Waffenindustrie für die nationale Verteidigung und Ergänzungen zum Gesetz, um der Industrie zu helfen. Die Bedingungen in Suhl und im angrenzenden Thüringen leisteten einen Beitrag zur Radikalisierung der Bevölkerung. Regelungen, die für das polizeiliche Interesse nicht absolut notwendig seien, sollten abgemildert werden, um den Kollaps der Industrie zu verhindern. Er regte an, Ausnahmen für Langwaffen zu erwägen, die

– im Gegensatz zu Faustfeuerwaffen – bei Straftaten mit Schußwaffen nicht in Erscheinung traten. „Die mißbräuchliche Verwendung von Langwaffen ist wohl nur bei größeren organisierten Aufständen zu befürchten." Selbst dann würden Jagdgewehre, Sportschützengewehre und qualitativ hochwertige Waffen keine substantielle Rolle in derartigen Rebellionen spielen.[192]

Der Verband Zella-Mehliser Waffenfabriken in Thüringen wandte sich mit einem Schreiben an den Innenminister dieses Landes, in dem vorgeschlagen wurde, Jagdgewehre verschiedener Art sowie Flobertgewehre und -pistolen, bei denen es sich um einschüssige Schußwaffen mit geringer Mündungsenergie handelte, die für Sport und Freizeitschießen verwendet wurden, von dem Gesetz auszunehmen.[193] Der Minister leitete den Vorschlag an den Reichsinnenminister weiter und empfahl dessen Bestätigung.[194] Reichsinnenminister Groener lehnte ihn jedoch mit der Behauptung ab, daß sogar die Ausnahme von Flobertpistolen eine Bedrohung der inneren Sicherheit darstellen würde.[195]

Allerdings verfaßte Groener ein dringendes Rundschreiben an die Regierungen der Länder, in dem er eine geringfügige Liberalisierung empfahl. Ihm war bewußt, daß sich vom Versailler Vertrag über das Schußwaffengesetz von 1928 bis zur aktuellen Verordnung von 1931 die Schlinge um die Schußwaffenindustrie immer enger zog. Eine Milderung der aktuellen Vorschriften war angesagt. Dies bedeutete nicht, daß es dem einfachen Bürger erleichtert werden sollte, gewöhnliche Waffen zu erwerben. Statt dessen sollten teure Jagdwaffen, zum Beispiel Waffen mit Goldgravuren, die sich nur Wohlhabende leisten konnten, Gegenstand einer begrenzten Deregulierung sein: „Die Grösse dieser Waffen, die Unhandlichkeit ihrer Patronen und ihre geringe Feuergeschwindigkeit lassen sie für Benutzung zu politischen Ausschreitungen als wenig geeignet erscheinen. Ausserdem wird ihr verhältnismässig hoher Preis ihren Erwerb jedenfalls bei der gegenwärtigen wirtschaftlichen Lage immer mehr oder weniger zu einer Luxusausgabe machen und keinesfalls zulassen, dass etwa Mitglieder radikaler Organisationen mit diesen kostspieligen Waffen bewaffnet werden."[196]

Im Juni 1932 wurden die Vorschriften abgeändert, um sehr eng definierte Jagd- und Sportwaffen von der Erwerbsscheinpflicht freizustellen.[197] Dazu gehörten bestimmte zwei- und dreiläufige Flinten- und Gewehrkombinationen mit einem Verkaufspreis von mindestens 135 bis 200 Mark, was für den einfachen Arbeiter mehrere Wochenlöhne bedeutet hätte. Eingeschlossen war eine eng begrenzte Klasse von Scheibengewehren, die mindestens vier Kilogramm wogen und 8,15x46mm Randfeuerpatronen mit Bleigeschossen verwendeten. Außerdem gehörten noch Schußwaffen dazu, die eine Gesamtlänge von mindestens einem Meter aufwiesen und mindestens 200 Mark kosteten. Es handelte sich sämtlich um hochspezielle und teure Schußwaffen, die der Durchschnittsbürger nicht besitzen würde.

Die neuen Vorschriften enthielten eine einzige Regelung für den Normalbürger: Für den Besitz von Patronen im Kaliber .22 würde keine Erlaubnis mehr benötigt werden, sofern die Menge 1000 Schuß nicht überstieg.[198]

Der Reichsverband Deutscher Büchsenmacher, Waffen- und Munitionshändler protestierte beim Reichsinnenminister, daß die neuen Vorschriften die gesetzestreue Bevölkerung entwaffneten, während die Radikalen von Schmugglern und Schwarzmarkthändlern mit Waffen versorgt würden. Es seien so viele Einschränkungen verhängt worden, daß der gesetzeskonforme Handel ohne eine Lockerung der Vorschriften nicht überleben könne. „Wir für unseren Teil glauben noch immer, dass drakonische Strafen für jede vorsätzliche Zuwiderhandlung gegen das Schusswaffengesetz und auch für das blosse Mitsichführen von Waffen bei Begehung von Straftaten die beste Gegenwirkung ausüben würden."[199]

Am „Blutsonntag", dem 17. Juli 1932, kam es in Altona, einem Arbeitervorort von Hamburg, bei einer Nazidemonstration zu einem Feuergefecht zwischen Kommunisten und der Polizei; achtzehn Menschen wurden getötet und viele mehr verwundet.[200] Karl Severing, ehemaliger Innenminister des Reiches, der nun diese Position in Preußen innehatte, versuchte die Gewalt von Links und Rechts einzudämmen, indem er gegen den illegalen Waffenbesitz vorging und die örtlichen Behörden bevollmächtigte, Demonstrationen zu verbieten.[201] Auch wenn diese Taktik eine neue Phase im Kampf gegen politische Gewalt ankündigte, so hatte sie trotzdem nicht mehr Erfolg als die anderen Maßnahmen zur Entwaffnung, die seit 1918 verhängt worden waren.[202]

Im Verlaufe des Jahres 1932 wurde eine wackelige Regierung von der nächsten abgelöst, während die Weimarer Republik in ihren Todeskampf schlitterte. Mitte Januar 1933 unternahm der nur kurz amtierende Reichskanzler General Kurt von Schleicher einen vergeblichen Versuch, die harten Beschränkungen des Versailler Vertrags für die deutschen Streitkräfte zu beseitigen. Dabei handelte es sich um ein primäres Thema, mit dem die Nazis Wähler gewannen. Als Verteidigungsminister auftretend, verlangte Schleicher eine Waffengleichheit mit den Siegern des Ersten Weltkriegs und reflektierte: „Seit undenklichen Zeiten ist für einen Deutschen das Recht, Waffen zu tragen, das Zeichen eines freien Mannes. Unsere Gegner wußten sehr wohl, daß sie Deutschland direkt ins Mark trafen, als man es wehrlos und somit zu einem Volk zweiter Klasse machte. Die Armee, welche letztendlich das bewaffnete deutsche Volk repräsentiert, empfand nichts als unfreundlicher, unverdienter, schmachvoller und, ja, unritterlicher von Seiten ihrer Feinde als das Verbot, Waffen zu tragen."[203]

Dieses Konzept von einem „Recht, Waffen zu tragen" entsprach der Hegelschen staatlichen Tradition und bezog sich auf die Pflicht, Wehrdienst zu leisten, anstelle einer individuellen Freiheit. Die deutsche Militärführung lehnte das schweizerische Milizsystem „ein Volk in Waffen" ab, bei dem der Bürgersoldat seine Waffen zu Hause aufbewahrte.[204] Im Deutschland der Zeit nach dem Ersten Weltkrieg kam diese Ablehnung als ein Standard zum Ausdruck, wonach der Einzelne von Polizei und Staat geschützt wird.

Schleicher hoffte, daß die Lenkung junger Männer zum Militärdienst – eine Million der Männer unter fünfundzwanzig war zu jener Zeit in Deutschland arbeitslos – die Anziehungskraft des Nationalsozialismus verringern würde. Er schlug sogar vor, Reichsbanner und Stahlhelm in einer Miliz zu vereinigen, um die nationale Verteidigung zu fördern und die Lage im Lande zu stabilisieren.[205] Doch für solche Illusionen war es zu spät.

Im Zeitraum von 1918 bis 1932 hatte Deutschland den Übergang von einer brutalen Politik, die in unruhigen Zeiten die sofortige Exekution allein für den Besitz einer Schußwaffe einschloß, zu einem modernen, wenn auch mangelhaft umgesetzten Gesetz zur Schußwaffenkontrolle vollzogen. Von einer liberalen Republik verabschiedet, stellte dieses Gesetz ursprünglich sicher, daß die Polizei Aufzeichnungen über jeglichen rechtskonformen Waffenerwerb (aber natürlich nicht über einen gesetzwidrigen Erwerb) erstellte, und daß Besitz und Führen von Waffen auf legaler Grundlage der polizeilichen Zustimmung bedurften. In ihrer Endzeit autorisierte die Weimarer Republik, daß die Registrierung aller Schußwaffen und die Beschlagnahme von Waffen im Ermessen der Behörden lagen.

Trotzdem bedeuteten die Versuche, die Gewalt im Land unter Kontrolle zu bekommen, daß in erster Linie Privatpersonen und gemeinhin harmlose Bürger diejenigen waren, deren Namen auf den Schußwaffenlisten auftauchten. Dieser Zeitraum etablierte auch ein chaotisches rechtliches Umfeld für Schußwaffengesetze. Die Polizeibehörden erhielten uneingeschränkte Entscheidungsbefugnis, und die Gesetze selbst wurden verabschiedet und danach umgeschrieben, je nachdem, welche Waffe oder Aktivität (zum Beispiel öffentliche Demonstrationen) zum jeweiligen Zeitpunkt unter Kontrolle gebracht werden mußte. Das Kontrollregime zu Schußwaffen und allgemein die Macht, Notverordnungen zu erlassen, sollten sich für das folgende Naziregime als recht nützliche Dinge erweisen.

Die auf den Einzelfall bezogene und willkürliche Umsetzung von immer restriktiveren und „zunehmend moderneren" Einschränkungen zum Zwecke der Waffenkontrolle waren ein Grundbaustein von Deutschlands politischer Ordnung; somit waren sie ebenso instabil und unsicher, wie jene sich verschlechternde Ordnung. Es war ein gefährlicher Tanz zwischen politischen Parteien, der Polizei und staatlicher Kontrolle, welcher generell auf dem Rücken der Bürger ausgetragen wurde. Und das Verbot von Schußwaffen wurde zu einem wichtigen Eröffnungsschritt für die Nazi-Partei, als sie ins Rampenlicht trat.

Schon bald würde der Tanz ein Ende finden, denn der Vulkan, der unter Deutschland grollte, brach aus.

[130] Wilhelm Elfes, Polizeipräsident, an Reichsminister des Innern (RMI) Dr. Wirth, 20. März 1931, Bundesarchiv (BA) Lichterfelde, R 1501/125939, Gesetz über Schußwaffen und Munition Bd. 3, 1929–31, S. 475–76.

[131] Gesetz gegen Waffenmißbrauch, *Reichsgesetzblatt* 1931, I, 77, § 3.

[132] „Kriminal-Archiv", *Deutsche Juristen-Zeitung,* 15. Juli 1931, S. 949.

[133] Urteil vom 9. Juli 1931, „Preußisches Oberverwaltungsgericht", *Deutsche Juristen-Zeitung,* 15. Dez. 1932, S. 1554.

[134] „Gedanken zum Gesetz gegen Waffenmißbrauch", *Deutsche Juristen-Zeitung,* 1. Aug. 1931, S. 1015.

[135] „Zum Waffenmißbrauch", *Deutsche Juristen-Zeitung,* 1. Sept. 1931, S. 1172

[136] Hsi-Huey Liang, *The Berlin Police Force in the Weimar Republic* (Berkeley: University of California Press, 1970), 112. Götz Aly: *Der Jahrhundertprozeß. Erich Mielke und die „Bülowplatzsache".* In: Ders.: *Macht – Geist – Wahn. Kontinuitäten deutschen Denkens.* Argon, Berlin 1997

[137] Niederschrift über Ministerkonferenz, 26. Sept. 1931, BA Lichterfelde, R 1501/125940, Gesetz über Schußwaffen und Munition Bd. 4, 1931–32, S. 198–199.

[138] Dem Herrn Min., 23. Nov. 1931, BA Lichterfelde, R 1501/125940, Gesetz über Schußwaffen und Munition Bd. 4, 1931–32, S. 275–277.

[139] Ulrich Herbert, *Best: Biographische Studien über Radikalismus, Weltanschauung und Vernunft 1903–1989(* (Bonn: J. H. W. Dietz Nachfolger, 1993), 112–19. Siehe auch Hubert Beckers, „Das Boxheimer Dokument vom November 1931", http://www.shoa.de/content/view/590/102/ (aufgerufen am 3. Feb. 2008).

[140] Zitiert in Martin Loiperdinger, „Das Blutnest vom Boxheimer Hof", in *Hessen unterm Hakenkreuz,* Ed. Eike Hennig (Frankfurt am Main: Insel, 1983), 435, und in Anton Maria Keim, „Entwurf einer Diktatur: Am 26. November 1931 wurden die ‚Boxheimer Dokumente' enthüllt", *Mainzer Vierteljahreshefte* 4 (1981), 117, 119.

[141] Loiperdinger, „Das Blutnest vom Boxheimer Hof", 436–38.

[142] Loiperdinger, „Das Blutnest vom Boxheimer Hof", 438–65.

[143] "Repudiators", *Time,* 7. Dez. 1931, http://www.time.com/time/magazine/article/0,9171,930407,00.html?promoid=googlep (aufgerufen am 19. April 2013).

[144] Loiperdinger, „Das Blutnest vom Boxheimer Hof", 449; Herbert, *Best,* 129–30, 449.

[145] Hans Bernd Gisevius, *To the Bitter End: An Insider's Account of the Plot to Kill Hitler, 1933–1944,* Übers. Richard Winston und Clara Winston (New York: Da Capo Press, 1998), 184.

[146] Herbert, *Best,* Kapitel. 4 und 5.

[147] Ordonnance concernant la détention d'armes et de radio-émetteurs dans les territoires occupés, on display at the Musée de l'Ordre de la Libération, Paris; Harold Flender, *Rescue in Denmark* (Princeton, NJ: Princeton University Press, 1963; Reprint, Washington, DC: Holocaust Library, n.d.), 40–41; Werner Best, *Dänemark in Hitlers Hand: Der Bericht des Reichsbevollmächtigten Werner Best,* Ed. Siegfried Matlok (Husum, Germany: Husum Druck GmbH, 1988), 52–53.

[148] Wilhelm Elfes, „Die Waffen heraus!" *Kölnische Volkszeitung*, 1. Dez. 1931. BA Lichterfelde, R 1501/125940, Gesetz über Schußwaffen und Munition Bd. 4 1931-32, S. 283.

[149] Albert Esser, *Wilhelm Elfes, 1884–1969: Arbeiterführer und Politiker* (Mainz: Matthias-Grunewald, 1990); Ingrid Schupetta, „Die Geheime Staatspolizei in Krefeld – von Polizisten und Schreibtischtätern", *Der vollständige Aufsatz – mit Bildmaterial und Fußnoten – erschien in der Zeitschrift Die Heimat,* Jg. 76/2005, S. 115–27.

[150] RMI an Polizeipräs. Elfes, 3. Dez. 1931, BA Lichterfelde, R 1501/125940, Gesetz über Schußwaffen und Munition Bd. 4, 1931–32, S. 286.

[151] RMI an Innenminister der Länder, 1. Dez. 1931, BA Lichterfelde, R 1501/125940, Gesetz über Schußwaffen und Munition Bd. 4, 1931–32, S. 280.

[152] Bremische Gesandtschaft, 3. Dez. 1931, BA Lichterfelde, R 1501/125940, Gesetz über Schußwaffen und Munition Bd. 4, 1931–32, S. 282.

[153] Vermerk, 3. Dez. 1931, BA Lichterfelde, R 1501/125940, Gesetz über Schußwaffen und Munition Bd. 4, 1931–32, S. 312.

[154] Hans Mommsen, *The Rise and Fall of Weimar Democracy* (Chapel Hill: University of North Carolina Press, 1996), 361.

[155] "Germany Will Enforce Truce for Christmas by Barring Meetings and Controlling Arms", *New York Times,* 5. Dez. 1931, 1.

[156] Loiperdinger, „Das Blutnest vom Boxheimer Hof", 443.

[157] Vierte Verordnung des Reichspräsidenten zur Sicherung von Wirtschaft und Finanzen und zum Schutze des inneren Friedens vom 8. Dezember 1931, Achter Teil, Kapitel I, *Reichsgesetzblatt* 1931, I, S. 699, 742. Siehe auch William L. Patch, *Heinrich Brüning and the Dissolution of the Weimar Republic* (Cambridge: Cambridge University Press, 1998), 172, 210–13, 227–29; Mommsen, *The Rise and Fall of Weimar Democracy,* 378.

[158] Vierte Verordnung des Reichspräsidenten, § 1(1).

[159] *Ebenda,* § 1(2).

[160] *Ebenda,* § 1(3).

[161] *Ebenda,* § 2, Änderung von § 16(1), erster Satz, des Gesetzes über Schußwaffen und Munition vom 12. April 1928, *Reichsgesetzblatt* I, S. 143, 144.

[162] Vierte Verordnung des Reichspräsidenten § 3.

[163] *Ebenda,* § 4–6.

[164] Zitiert in Franz von Papen, *Memoirs* (London: Andre Deutsch, 1952), 145.

[165] *Reichsgesetzblatt* 1931, I, 750.

[166] *Ebenda,* zu § 1.

[167] *Ebenda*

[168] *Ebenda,* zu § 2.

[169] RMI an Landesregierungen, 12. Dez. 1931, Durchführung der Massnahmen geg. Waffenmissbrauch, Teil 8, Kap. I der Vierten VO des RP 8.12.31, RGBL I, p. 699, BA Lichterfelde, R 1501/125940, Gesetz über Schußwaffen und Munition Bd. 4, 1931–32, S. 314-15.

[170] Werner Hoche, „Die neuen waffenrechtlichen Vorschriften", *Reichsverwaltungsblatt*, 26. Dez. 1931, S. 1025–1027. Siehe auch Werner Hoche, *Schußwaffengesetz*, (Berlin: Vahlen Berlin, [1928] 1931), 3.

[171] RMI an Landesregierungen, 8. Feb. 1932, Massnahmen gegen Waffenmissbrauch, BA Lichterfelde, R 1501/125940, Gesetz über Schußwaffen und Munition Bd. 4, 1931–32, 416–17.

[172] Bericht über einen polit. Vorfall, 4. Okt. 1938, Alfred Flatow, A Rep Pr. Br. Rep. 030/21620 Bd. 5, Haussuchungen bei Juden 1938–39 (FB Bd. 5), Landesarchiv Berlin.

[173] Der Polizeipräs, Potsdam an Reg. Präs., 21. Feb. 1932, Kriegsgerät, Brandenburgisches Landeshauptarchiv (BrLHA), Pr. Br. Rep. 2A Reg, Potsdam I Pol/3492, Ablieferung von Waffen Bd. 8, 1923–33. Die Verordnung, auf die er sich bezieht, ist das Kriegsgerätegesetz, *Reichsgesetzblatt* 1927, 239.

[174] Reg. Präs. Potsdam an Landräte, 20. Feb. 1932, Massnahmen geg. Waffenmissbrauch, BrLHA, Pr. Br. Rep. 2A, Reg. Potsdam I Pol/3492, Ablieferung von Waffen Bd. 8, 1923–33.

[175] Landrat d. Kr. Westhavelland an Reg. Präs., 1. März 1932, Massnahmen geg. Waffenmissbrauch, BrLHA, Pr. Br. Rep. 2A, Reg. Potsdam I Pol/3492, Ablieferung von Waffen Bd. 8, 1923–33.

[176] Polizeiverw. Brandenburg an Reg. Präs., 3. Feb. 1932, Massnahmen geg. Waffenmissbrauch, BrLHA, Pr. Br. Rep. 2A, Reg. Potsdam I Pol/3492, Ablieferung von Waffen Bd. 8, 1923–33.

[177] Bürgermeister Eberswalde an Reg. Präs., 24. Feb. 1932, Massnahmen geg. Waffenmissbrauch, BrLHA, Pr. Br. Rep. 2A, Reg. Potsdam I Pol/3492, Ablieferung von Waffen Bd. 8, 1923–33.

[178] Paragraph 17(2), Gesetz über Schußwaffen und Munition, *Reichsgesetzblatt* 1928, I, 143, 145.

[180] Pol. Präs. Potsdam an Reg. Präs., 26. Feb. 1932, Massnahmen geg. Waffenmissbrauch, BrLHA, Pr. Br. Rep. 2A, Reg. Potsdam I Pol/3492, Ablieferung von Waffen Bd. 8, 1923–33.

[181] Kurt Bader and Alfred Schühly, Hrsg., *Sammlung badischer Polizeiverordnungen* (Berlin: Verlag für Recht und Verwaltung, 1936), 4.

[182] Bader and Schühly Hrsg., *Sammlung badischer Polizeiverordnungen*, 5.

[183] Bader and Schühly Hrsg., *Sammlung badischer Polizeiverordnungen*, 5.

[184] Bader and Schühly Hrsg., *Sammlung badischer Polizeiverordnungen*, 5–6.

[185] *Anordnung des Regierungspräsidenten in Oppeln v. 19. Febr. 1932 – Abl.*, S. 69, zitiert in „Artikel 48, 102 der Reichsverfassung", *Deutsche Juristen-Zeitung*, 15. Jan. 1934, 150.

[186] Urteil vom 21. Januar 1937, Landgericht Allenstein, *Entscheidungen des Reichsgerichts in Strafsachen* (Berlin: Gruyter, 1938), Band 71, S. 40.

[187] Rudolf Reger an Hindenburg, 3. März 1932, BA Lichterfelde, R 1501/125941, Gesetz über Schußwaffen und Munition Bd. 5, 1932–33, S. 4–5.

188 U.S. Department of State, *Foreign Relations of the United States: Diplomatic Papers 1932,* Vol. 2: *The British Commonwealth, Europe, Near East, and Africa* (Washington, DC: U.S. Government Printing Office, 1947), 288–89, 289, und 290, zum Versand am 7. April 1932.

189 John R. Angolia and Hugh Page Taylor, *Uniforms, Organization, & History of the German Police* (San Jose, CA: R. James Bender, 2004), 147.

190 Urteil vom 23.5.1932, III 235/32, Landgericht Kassel, *Entscheidungen des Reichsgerichts in Strafsachen,* Band 66, S. 249.

191 Urteil vom 23.5.1932, II 496/32, Reichsgericht, *Entscheidungen des Reichsgerichts in Strafsachen,* Band 66, S. 262.

192 Der Pr. Min. für Handel u. Gewerbe an den RMI, 29. Feb. 1932, Schusswaffengesetz, BA Lichterfelde, R 1501/125941, Gesetz über Schußwaffen und Munition Bd. 5, 1932–33, S. 424-29.

193 Verband Zeller-Mehliser Waffenfabriken e.V. an den Thür. Min.d.Inn, 16. März 1932, Änderung der Ausführungsbestimmungs-VO zum Reichsschusswaffengesetz, BA Lichterfelde, R 1501/125941, Gesetz über Schußwaffen und Munition Bd. 5, 1932–33, S. 461–62.

194 Thür. Min.d.Inn an den RMI, 17. März 1932, BA Lichterfelde, R 1501/125941, Gesetz über Schußwaffen und Munition Bd. 5, 1932–33, S. 462 (Rückseite).

195 RMI an den Thür. Min.d.Inn, 4. April 1932, Schusswaffengesetz, BA Lichterfelde, R 1501/125941, Gesetz über Schußwaffen und Munition Bd. 5, 1932–33, S. 469.

196 RMI an die Landesregierungen, 29. März 1932, Änderungen der Ausführungsverordnung zum Schusswaffengesetz, BA Lichterfelde, R 1501/125941, Gesetz über Schußwaffen und Munition Bd. 5, 1932–33, S. 453–60.

197 Verordnung zur Änderung der Ausführungsverordnung zu dem Gesetz über Schußwaffen und Munition, *Reichsgesetzblatt* 1932, I, S. 253

198 Ebenda

199 Reichsverband Dt. Büchsenmacher, Waffen- u. Munitionshändler eV, an RMI, 4. Aug. 1932, Schusswaffengesetz, BA Lichterfelde, R 1501/125941, Gesetz über Schußwaffen und Munition Bd. 5, 1932–33, S. 374–372.

200 Mommsen, *The Rise and Fall of Weimar Democracy,* 441–42.

201 Mommsen, *The Rise and Fall of Weimar Democracy,* 444–45.

202 Werner Hoche, „Die neue Phase im Kampf gegen politische Ausschreitungen", *Deutsche Juristen-Zeitung,* 15. Jan. 1933, 138.

203 Zitiert in „Schleicher Hails Virtures of Army", *New York Times,* 16. Jan. 1933, 4.

204 *New York Times,* 22. Jan. 1933, 3.

205 Mommsen, *The Rise and Fall of Weimar Democracy,* 504.

Teil II

1933: Das Erscheinen des „Führers"

4

Die Machtübernahme der Nazis

Am 30. Januar 1933 wurde Adolf Hitler zum Reichskanzler ernannt. Die *Neue Ordnung* griff die Schußwaffenverbote und repressiven Notverordnungen der Weimarer Republik auf und begann sofort mit einer Kampagne zur Entwaffnung und Beseitigung aller Feinde des Staates. Um die Beschlagnahme von Waffen und die Unterdrückung ihrer Feinde zu rechtfertigen, bezeichneten die Nazis ihre Gegner stets als „Kommunisten". Zwar blieb Hindenburg bis zu seinem Tode im Folgejahr Präsident, doch der alte Generalfeldmarschall konnte nur wenig tun, um den ehemaligen Gefreiten zu zügeln, den er ansonsten nur verachtete.

Die Nazis gingen mit aggressiven Unterdrückungsmaßnahmen gegen angebliche und tatsächliche Kommunisten vor. Dazu gehörten von der Polizei durchgeführte Durchsuchungen von Personen und Häusern nach Waffen, was wieder bewaffnete Zusammenstöße und Tote zur Folge hatte.[206] So traf am 1. Februar eine große Polizeieinheit im Bezirk Charlottenburg in Berlin ein, um die angebliche Erschießung von zwei führenden Mitgliedern der Nazi-Partei durch Kommunisten in der vorangegangenen Nacht zu untersuchen. Die Polizei sperrte die Straße für allen Verkehr, während Kriminalbeamte umfangreiche Razzien in den Häusern durchführten. „Jede einzelne Wohnung wurde nach Waffen durchsucht."[207] Allerdings stellte ein solcher Einsatz von polizeilicher Gewalt keinen unverhofften oder völligen Bruch mit den Methoden dar, die von der Republik angewandt worden waren.

Am 12. Februar wurden bei politischen Zusammenstößen in deutschen Großstädten elf Personen getötet. In Eisleben wurde ein SA-Trupp beim Überfall auf die örtliche Geschäftsstelle der KPD angeblich beschossen; daraufhin wurde dieses und weitere Gebäude von den Nazis gestürmt. Ein SA-Mann und drei Arbeiter starben, vierundzwanzig wurden schwer verletzt. In Braunschweig schoß die Polizei auf zwei Frauen, weil diese nicht weggingen, als eine Gruppe Nazi vorbeizog. In Düsseldorf gab die Polizei vor, Waffen entdeckt zu haben, und verhaftete fünfzig Kommunisten.[208]

Die Polizei wurde ermächtigt, die Schußwaffe gegen Staatsfeinde einzusetzen. Der Preußische Innenminister Hermann Göring wies am 17. Februar an: „Polizeibeamte, die in Ausübung dieser Pflichten von der Schußwaffe Gebrauch machen, werden, ohne Rücksicht auf die Folgen des Schußwaffengebrauchs von mir gedeckt; wer hingegen in falscher Rücksichtnahme versagt, hat dienststrafrechtliche Folgen zu gewärtigen."[209]

Da Hitler auf legalem Wege und ohne Verletzung der Verfassung an die Macht gekommen war, gab es von keiner der Parteien aus dem linken, mittleren oder rechten Spektrum einen Plan oder irgendwelche Unterstützung für den bewaffneten Widerstand. Nicht nur die Kommunisten (KPD) und Sozialdemokraten (SPD) sondern auch die Deutsche Zentrumspartei und die Deutsche Staatspartei wurden attackiert.[210] Wie Leon Dominian, der US-Generalkonsul in Stuttgart, schrieb, zogen aufgeputschte Gruppen von Nazis herum und drangen in Häuser ein um herauszufinden, ob die Bewohner Nazis oder Juden seien. „Wie in Italien werden von diesen Faschisten offen Waffen getragen, und ihr Verhalten zeigt deutlich, daß ihr Herumziehen als vorsätzliche Provokation gedacht ist, um Zwischenfälle zu provozieren und friedliche Bürger einzuschüchtern." Trotz des Widerstandes aus Kreisen der Linken, der Mitte und demokratischer Kräfte sei es unwahrscheinlich, daß „diese Opposition die konkrete Form eines bewaffneten Kampfes der Bürger annehmen werde."[211]

Beispielhaft für die Gewalt gegen die politische Mitte ist ein Angriff auf eine Parade der mit der Bayrischen Volkspartei verbundenen Pfälzer Garde in Stuttgart, bei dem Nazis mehrere Personen durch Schüsse verwundeten. Die Polizei „nahm mehrere Nazis für das verdeckte Tragen von Waffen fest, doch nur wenig deutet darauf hin, daß den Festnahmen auch Bestrafung folgen wird." Auch katholische Versammlungen in mehreren anderen Städten wurden von Nazis angegriffen.[212]

Am 24. Februar autorisierte Göring die Bewaffnung und den Einsatz von Mitgliedern der SA, der SS und des Stahlhelm als Hilfspolizei. Er rügte preußische Provinz- und Kreisgouverneure wegen unzureichender Zensur und befand, „es werde das Erscheinen von Zeitschriften, Flugblättern und Postern geduldet, die den Kanzler [Hitler] und Mitglieder des Kabinetts verunglimpften."[213]

Angriffe richteten sich auch gegen den Föderalismus. Reichsinnenminister Wilhelm Frick attackierte „gewisse Staatsregierungen, welche die Bedeutung dieser neuen Zeit noch nicht begriffen haben und sich der Politik der Reichsregierung widersetzen." Staatsrat Fritz Schaeffer, Chef der Bayerischen Volkspartei, hielt dagegen: „Die Reichsregierung kann sich sicher sein, sollte sie einen Bundeskommissar entsenden, so wird dieser an der Landesgrenze verhaftet werden. Wir werden keinen Büttel der Braunen Partei über uns dulden." Er verurteilte den Nationalsozialismus und pochte auf das Recht zur Abspaltung für den Fall, daß „Berlin aufhört, das Gesetz und die Verfassung zu respektieren, die Bayerns Freiheit verbrieft, und wir können die Staatsform wählen, die wir wollen."[214]

In der Nacht des 27. Februar wurde der Reichstag in Brand gesteckt. Ein holländischer Kommunist wurde in dem Gebäude gefaßt, doch die Brandstiftung könnte von Naziführern als Vorwand gegen ein ihnen verhaßtes Parlament organisiert worden sein. Unter Görings Befehl und unter Nutzung bereits vorbereiteter Listen begann die Gestapo noch in derselben Nacht, jeden Abgeordneten und Funktionär der Kommunistischen Partei zu verhaften.[215]

Am 28. Februar brachten Hitler und Göring den Präsidenten Paul von Hindenburg dazu, eine Notverordnung nach Paragraph 48 der Weimarer Verfassung zu erlassen, welche die von der Verfassung verbürgten Garantien außer Kraft setzte und das Reich bevollmächtigte, die Exekutivgewalt in jedem Bundesland zu übernehmen, welches nicht in der Lage war, Recht und Ordnung wieder herzustellen. Es hieß, bei einer Durchsuchung des Karl-Liebknecht-Hauses, dem Berliner Hauptquartier der Kommunisten, seien Pläne für kommunistischen Terror gefunden worden, die Kommunisten seien für den Reichstagsbrand verantwortlich, und die Kommunisten würden am folgenden Wahlsonntag die Nazis angreifen und die Polizei entwaffnen.[216] Vizekanzler Franz von Papen zufolge kam es den Kabinettmitgliedern, die nicht zu den Nazis gehörten, nie in den Sinn, daß die gefundenen Dokumente gefälscht sein könnten. Er fügte hinzu: „Wir waren alle davon überzeugt, daß die Kommunisten einen bewaffneten Aufstand geplant hatten und eine Bedrohung für die Sicherheit des Staates darstellten."[217]

Die „Reichsverordnung zum Schutz von Volk und Staat" vom 28. Februar 1933 bevollmächtigte die Regierung, die von der Verfassung garantierten Rechte auf persönliche Freiheit, freie Meinungsäußerung, Pressefreiheit, Versammlungsfreiheit und die Bildung von Vereinigungen auszusetzen. Das Brief- und Telefongeheimnis wurde aufgehoben, und die Regierung erhielt die Vollmacht, Wohnungen zu durchsuchen und Beschlagnahmungen vorzunehmen.[218] Die Verordnung legte fest, daß jede Person, die sich an schwerem Aufruhr oder schwerem Landfriedensbruch beteiligte und „die Tat mit Waffen oder in bewußtem und gewolltem Zusammenwirken mit einem Bewaffneten begeht", mit der Todesstrafe oder mit bis zu lebenslanger Haft zu rechnen hatte.[219] Würde die Verordnung bei einem Protestmarsch politischer Gegner angewandt, so würde schon der Besitz oder das Tragen einer Waffe zu einem Kapitalverbrechen werden.

Im Prinzip wurde diese Reichsverordnung zur Verfassung des Dritten Reiches, auch wenn die Weimarer Verfassung formell während der gesamten NS-Herrschaft ihre Gültigkeit behielt. Sie setzte an die Stelle des Rechtsstaats einen „Maßnahmenstaat", in dem das Regime nicht nach dem Gesetz sondern mit willkürlichen Maßnahmen regierte. Schutzhaft und andere Unterdrückungsmaßnahmen, die von der Weimarer Republik eingeführt worden waren, wurden von dem neuen Regime als äußerst nützlich befunden.[220] Gleiches galt für die Einschränkungen bei Schußwaffen und deren Anmeldepflicht.

„Die Aufgabe, alle Bewegungen zu bekämpfen, die dem Staat gefährlich sind, beinhaltet die Befugnis, alle notwendigen Mittel zu nutzen, sofern sie nicht im Konflikt mit dem Gesetz stehen", erläuterte später Werner Best, oberster Rechtsberater der Gestapo. „Derartige Konflikte mit dem Gesetz sind jedoch nicht länger möglich, weil in Folge der Verordnung vom 28. Februar 1933 und des Triumphes der nationalsozialistischen Rechts- und Politiktheorie alle Einschränkungen beseitigt worden sind."[221]

In dieser bizarren Neuen Ordnung waren rechtliche Formalitäten weiterhin von großer Bedeutung – für die deutsche Bevölkerung, welche erwartete, daß staatliche Anweisungen auf rechtlichen Bestimmungen basierten, für die Polizei, die darin ausgebildet war, alle Rechtsverletzungen ordnungsgemäß zu benennen, wie „Ihre Papiere sind nicht in Ordnung.", für Beamte, die das Gesetz buchstabengetreu ausführten, unabhängig davon, wer an der Macht war, und sogar für Richter, die sich dem Willen des Führers als Gesetz widersetzten. Dieses Weltbild sollte bestehen bleiben, doch letztlich würde Hitler doch zum Führer werden, auch wenn es ein halbes Jahrzehnt brauchte, bis seine totale Macht und die der Gestapo gefestigt waren.

Zu diesem Zeitpunkt durchsuchte die Polizei in ganz Deutschland unter dem Vorwand, die Kommunisten zu bekämpfen, Büros und Häuser nach subversiver Literatur und illegalen Waffen. Währenddessen waren in Preußen rund 60 000 Mitglieder der NSDAP und des Stahlhelms mit Revolvern und Schlagstöcken bewaffnet worden. Über den Ausgang der bevorstehenden „Wahl" konnte es keine Zweifel geben.[222]

Am 1. März schickte Reichsinnenminister Frick ein eiliges Rundschreiben an staatliche Stellen, das die KPD betraf, die Deutsche Kommunistische Partei: „Nach Feststellungen des Polizeipräsidiums Berlin beabsichtigt die KPD, in den nächsten Tagen planmäßig angelegte Überfälle auf Angehörige der nationalen Verbände, insbesondere der SA und SS, durchzuführen und hierbei etwaige bewaffnete Angehörige dieser Organisationen rücksichtslos unter Anwendung von Waffengewalt unschädlich zu machen. Die Aktion soll derart durchgeführt werden, daß die Urheber nach Möglichkeit nicht als Kommunisten erkannt werden. Auch sollen auf Streifengängen befindliche Polizeibeamte unter Anwendung von Waffengewalt zur Abgabe der Schußwaffen gezwungen werden."[223] Auch wenn die Kommunisten zu derartigen Angriffen möglicherweise in der Lage gewesen waren, so paßte diese Sprache zu den Angriffen der Nazis gegen Demokraten und andere Gegner der Nazis, die vielleicht „nicht als Kommunisten erkennbar" waren und bei denen auch nur der Besitz einer Schußwaffe als Beweis einer Verschwörung angesehen wurde.

In Berichten über Hausdurchsuchungen hieß es, daß nicht nur Waffen und illegale Publikationen gefunden worden waren, sondern auch Katakomben, die als Versteck für angebliche Kommunisten und deren Waffen genutzt wurden.[224]

Der *Völkische Beobachter*, die offizielle Zeitung der Nazis, fand viel Stoff aus dem sich Profit schlagen ließ. Am 4. März wurde in mehreren Artikeln behauptet, daß bei Hausdurchsuchungen Zünder, subversive Literatur und ein Maschinengewehr gefunden worden seien. Alarmistisch lautete eine Schlagzeile „Feuergefecht in Hamburg, Kommunistische Dachschützen mit Karabinern bewaffnet", und im Artikel wurde behauptet, daß Schüsse auf SA-Männer abgefeuert worden seien, die bei einem Nazi-Fackelzug mitmarschierten, und daß die Polizei bei der Durchsuchung von Häusern und Restaurants Waffen gefunden habe. Alte Rechnungen für Anti-Nazi-Aktivitäten, die noch vor Hitlers Machtübernahme geschehen waren, wurden beglichen – ein Berliner Staatsanwalt klagte Kommunisten wegen schweren Landfriedensbruchs, versuchtem Mord und Verstößen gegen das Schußwaffengesetz bei einem Angriff auf Nazis im November 1932 an.[225]

Ähnliche Berichte erschienen in der ausländischen Presse. Eine schweizerische Zeitung berichtete von Durchsuchungen in Düsseldorf, bei denen ein geheimer Verlag, kommunistische Propaganda und Waffen gefunden worden seien.[226] Es gelang den Nazis, das Schreckgespenst „Kommunistischer Waffenbesitzer" entstehen zu lassen, um umfangreiche Durchsuchungen und Beschlagnahmen zu rechtfertigen, bei denen die Polizei Schußwaffen sicherstellte und deren Besitzer verhaftete. Zur Durchführung dieser Maßnahmen wurden allein in Berlin etwa 5 000 Mitglieder der SA, SS und des Stahlhelm zu Hilfspolizisten ernannt.[227]

Trotz der Repressionen gewannen die Nazis bei den Wahlen am 5. März nur rund 44 Prozent der Wählerstimmen. Doch dies reichte dem Hitler-Regime, um in der Koalitionsregierung an der Macht zu bleiben und die Exekutivgewalt in allen deutschen Ländern zu erlangen.[228]

Die Durchsuchungen und die Beschlagnahme von Schußwaffen bei Personen aller Art, nicht nur bei sogenannten Kommunisten, wurden fortgesetzt. Wilhelm Willers aus der bayerischen Stadt Bad Tölz beschwerte sich beim Bayrischen Innenministerium über eine von Polizei und SA durchgeführte Durchsuchung seines Hauses, die unter dem Vorwand stattfand, daß sein Sohn Kontakte zu den Kommunisten habe. Allerdings wurden auch in einem Komposthaufen, der sich nicht einmal auf seinem Grundstück befand, keine Waffen gefunden. Sie kamen am Folgetag frühmorgens wieder, um „die erklärte Hausuntersuchung auf Waffen und Schriften vornehmen zu müssen... . Es wurde vom Boden bis zum Keller jeder Winkel, jeder Schrank und jede Schublade, auch im Schlafzimmer meiner Tochter und meinem eigenen, in meinen Schriften und sogar in meinem Bett durchsucht." Sein Sohn war vor zehn Jahren Mitglied sozialistischer Studentenorganisationen gewesen; seitdem aber nicht mehr aktiv. Willers verlangte die Rückgabe seiner beschlagnahmten Pistole.[229]

Die monatliche Cocktailparty von Bella Fromm, einer Dame der Berliner High Society und Journalistin, die Jüdin war, wurde von einer SA-Truppe überfallen. Ein SA-Offizier behauptete, Informanten hätten gesehen, „daß Waffen und Munition in das Haus gebracht worden sind... Wir wissen ganz genau, daß dieses Haus Nicht-Ariern gehört." Später traf die reguläre Polizei ein, die sie mit Kaffee und Kuchen bewirtete. Nachdem der Hauptmann ihr Angebot, „das Haus nach Waffen und Munition zu durchsuchen", abgelehnt hatte, begab sie sich in voller Abendgarderobe zu einem Essen mit dem Vize-Reichskanzler, Franz von Papen.[230]

Berichte über gegen Juden gerichtete Aktivitäten begannen zu erscheinen. In einem Artikel hieß es: „Heute drangen Mitglieder der Nazi-Sturmabteilungen in die Lebensmittelbörse in Breslau ein, die das Gebäude nach Waffen durchsuchten und die Bewohner hinausjagten. Mehrere in jüdischem Besitz befindliche Kaufhäuser wurden gewaltsam geschlossen, und die SA-Männer vertrieben jüdische Richter und Anwälte aus den Gerichtsgebäuden."[231]

Razzien gegen Gewerkschaftsgebäude wurden damit gerechtfertigt, daß die kommunistische Unterwanderung zerschlagen werden müsse. Am 11. März wurde in einer im gesamten Reich verbreiteten Radiosendung aus München erklärt, daß die Besetzung eines Gewerkschaftsgebäudes in München sich nicht gegen den Allgemeinen Deutschen Gewerkschaftsbund richte, sondern gegen die SPD und das Reichbanner, welche als „Zentrale des Marxistischen Terrors" bezeichnet wurden. „Bei der Durchsuchung wurden 2 Maschinengewehre, Handgranaten, Pistolen, Munition und zahlreiche Hieb- und Stichwaffen gefunden."[232]

In Dresden verbot der Reichkommissar für den Staat Sachsen die republikanische Reichsbanner-Organisation. Der folgende Bericht war für jene Zeit typisch: „In Königsberg besetzten SA-Einheiten nach einem Schußwechsel, bei dem vier Angehörige des Reichsbanners verwundet wurden, die Gewerkschaftszentrale. Die Polizei berichtete, daß eine Anzahl von Waffen beschlagnahmt wurde." Die Büros sozialistischer Zeitungen wurden besetzt und zahlreiche Kommunisten und Sozialisten verhaftet. „Ein prominenter Anwalt in Kiel, der Sozialisten in einer Anzahl politischer Prozesse vertreten hatte, wurde umgebracht, als er mehrere Männer in seine Wohnung einließ, die sich als Polizisten ausgaben."[233]

Am Sonntag, dem 12. März, überfielen sechs SA-Männer die Wohnung der Witwe von Friedrich Ebert, dem Sozialdemokraten, der von 1919 bis zu seinem Tod im Jahre 1925 der erste Präsident der Weimarer Republik gewesen war. Sie forderten von der Witwe die Herausgabe der „Senffahne", das republikanische schwarz-rot-goldene Emblem, doch ihr Sohn protestierte, daß sie keine Fahne besäßen. „Letztendlich beschlossen sie, nach versteckten Waffen zu suchen, fanden jedoch nur einen Revolver, der Herrn Ebert gehörte.

Dieser übergab ihnen die Waffe zusammen mit einer abgelaufenen Erlaubnis. Präsident Hindenburg ordnete eine polizeiliche Untersuchung dieser „unritterlichen Behandlung" an.[234] Allerdings machte das Schußwaffengesetz aus Weimarer Zeit die Beschlagnahme des Revolvers schon allein deswegen rechtskonform, weil die Erlaubnis nicht erneuert worden war.

In der Akte zu einer Verhaftung konnte es einfach heißen, daß der Beschuldigte eine Schußwaffe besessen hatte. Ein Musterformular für Verhaftungen, das später in einem Ausbildungshandbuch der Gestapo verwendet wurde, identifizierte den Beschuldigten, einen Schlosser aus Bayern, und gab vor: „Straftat: wurde heute um 14.10 im Hause Nr. 17a mit einem Gewehr 98 (Nr. 250) angetroffen."[235] Das Mauser Modell 98 war das Repetier-Dienstgewehr des Militärs.

Die Polizei meldete, daß deutsche Zollbeamte in Igel an der Mosel drei Kisten aus Antwerpen, Belgien, beschlagnahmt hatten, die an einen Waffenhändler in Hessen-Nassau adressiert waren. Die Kisten enthielten 99 Dienstpistolen Modell 08 mit der Erfurter Fabriksstempelung. „Die Staatsanwaltschaft von Trier hat eine Untersuchung angeordnet, um festzustellen, ob der betreffende Waffenhändler wirklich existiert oder ob diese Waffen etwa für eine kommunistische Organisation bestimmt waren." Man würde auch untersuchen, wie sie aus der Fabrik in Erfurt verschwinden konnten und anschließend nach Belgien und dann zurück nach Deutschland gelangten.[236] Es folgten die Durchsuchungen der Häuser vermutlicher Kommunisten und die Beschlagnahme von Waffen und subversivem Material, begleitet von zahlreichen Verhaftungen und der Erschießung zweier Kommunisten, die angeblich versucht hatten zu fliehen.[237]

Am 17. März erschoß Christian Daniel Nußbaum, ein jüdischer Abgeordneter der SPD im Landesparlament von Baden, welcher Morddrohungen erhalten hatte, mit einer 7,65mm-Pistole zwei Eindringlinge, die in seine Wohnung in Freiburg einbrachen. Er befürchtete, sie seien gekommen, um ihn umzubringen, doch dann stellte sich heraus, daß es zwei Polizisten gewesen waren, die angeblich gekommen waren, um sein Haus zu durchsuchen. Er wurde wegen Mordes angeklagt.[238]

Dieses „Marxistenverbrechen" diente den Nazis als Anlaß für eine Terrorkampagne, in deren Verlauf auch gewählte Vertreter der SPD und Gewerkschafter verhaftet wurden.[239] Presseberichte schlachteten die Fakten aus, daß der „SPD-Mörder Nussbaum" Jude war und von der Polizeidirektion einen Waffenschein erhalten hatte.[240] Zu den „politischen Folgen der Bluttat" gehörte die Auflösung des Reichsbanners, verschiedener linker Organisationen und der marxistischen Schützenvereine, deren Besitz konfisziert wurde.[241]

Nussbaum erklärte seinem Anwalt, er wisse von zahlreichen Fällen, „wo Menschen meiner politischen Überzeugung ermordet wurden." Er erklärte: „Bei Rücksprache mit dem Polizeidirektor, wo ich um einen Waffenschein bat, habe ich 2 Drohbriefe vorgezeigt, wobei der Direktor noch auf die verstellte Handschrift aufmerksam machte." Hätte er die Personen für Polizisten gehalten, so „hätte ich von der Waffe keinen Gebrauch gemacht."[242]

Da die Nazis möglicherweise keinen Prozeß wollten, in dem derartige Beweismittel vorgetragen werden würden, wurde Nussbaum in der psychiatrischen Abteilung des Gefängnisses untergebracht, wo er 1938 auf mysteriöse Weise ums Leben kam. Nussbaums Schicksal war auch noch Jahrzehnte später von Interesse, und 1978 erklärte ein Vertreter des Krankenhauses, „dass die Psychiater so nur gegutachtet hatten, um ihn zu retten."[243]

Die Repressionen gingen unvermindert weiter. In Sachsen startete die Polizei eine großangelegte Aktion gegen vermeintliche Kommunisten, bei der angeblich zahlreiche Gewehre, 1000 Patronen und eine Bombe beschlagnahmt wurden.[244] Überall in Deutschland wurden linke Verlage geschlossen, und neutrale Verlage oder solche der Mitte waren sofortiger Unterdrückung unterworfen. Deutsche durften keine Informationen mehr an Ausländer weitergeben; Telefone wurden angezapft; Informanten lauerten in Cafes; und Juden flüchteten vor der Verfolgung ins Ausland.[245]

„Nazis auf Waffen-Jagd in Einsteins Haus" lautete am 21. März eine Schlagzeile der *New York Times*, doch der Untertitel vermerkte genüßlich: „Brotmesser ist einzige Trophäe der Braunhemden bei Suche nach angeblich riesigem Lager."

In dem Bericht aus Berlin vom 20. März hieß es:

> „Unter dem Vorwurf, dass Prof. Albert Einstein eine riesige Menge an Waffen und Munition in seinem abgelegenen Haus in Caputh lagere, schickten die Nationalsozialisten heute ihre Braunhemden und Polizisten zu einer Durchsuchung. Der bei der Durchsuchung gefundene Gegenstand, der einer Waffe am meisten ähnelte, war ein Brotmesser.
>
> Professor Einsteins Haus, welches derzeit leer steht, weil sich der Professor auf der Rückreise aus den Vereinigten Staaten befindet, wurde auf allen Seiten umstellt, und dann nahm eine der perfektesten Razzien in der jüngeren deutschen Geschichte ihren Lauf. Das Ergebnis war eine Enttäuschung für all diejenigen, die Professor Einsteins pazifistischen Äußerungen schon immer als blanke Fassade abgetan hatten."[246]

Eine Reihe von Angriffen auf Juden, die unter dem Vorwand stattfanden, sie könnten möglicherweise Schußwaffen besitzen, wurde in Lion Feuchtwangers „Die Geschwister Oppenheim" beschrieben. Dieser realitätsbezogene historische Roman eines deutsch-jüdischen Emigranten erschien in dem Jahr, in dem die Angriffe begannen.[247] In diesem Roman, den Hitler ins Feuer werfen ließ, finden der Anwalt und Nazi-Gegner Dr. Bilfinger und der jüdische Schriftsteller Gustav Oppermann eine Zuflucht und treffen in der Schweiz aufeinander. Der Roman erzählt von einem sehr realen Dorf in Süddeutschland mit einem fiktiven Namen: „Am 25. März nun war er nach dem Orte Künzlingen gefahren, um Geld von der Bank zu beheben. Er hatte mitangesehen, wie völkische Truppen unter Führung des Standartenführers Klein aus Heilbronn den Ort besetzten, die Synagoge umstellten, den Gottesdienst – es war ein Samstag – unterbrachen. Sie trieben die Männer aus der Synagoge und schlossen die Frauen dort ein, ohne ihnen zu sagen, was weiter mit den Männern geschehen werde. Die Männer brachten sie aufs Rathaus und untersuchten sie ‚auf Waffen'. Warum die Männer zum samstäglichen Gottesdienst in die Synagoge Waffen mitgenommen haben sollten, blieb unerfindlich. Wie auch immer, es wurde jeder einzelne mit Stahlruten und Gummiknüppeln geschlagen, so daß die meisten, als sie das Rathaus verließen, erbärmlich ausschauten." Der Roman beschreibt auch andere Orte, an denen „ein Teil der Bevölkerung nach Waffen durchsucht" und mißhandelt wurde. Bei einem Vorfall stirbt eine ältere jüdische Frau in ihrem Bett, denn „Nazis durchsuchten das Haus nach ‚Waffen'".[248]

Der Historiker William Allen beschreibt die Entwaffnungskampagne der Nazis so, wie er sie in der Stadt Northeim in Niedersachsen erlebt hatte. Die Stadt hatte mehrere Traditionsschützenvereine, die Wettbewerbe und Feste veranstalteten. Ein Klubmitglied erläuterte: „Der Schützenverein von 1910" war für die breite Masse; die „Jäger" bestanden hauptsächlich aus der Mittelschicht; die „Frei-Hand-Schützen" waren die oberen zehn Prozent. Die Juden der Stadt, die sich in die Bevölkerung eingeordnet hatten, beteiligten sich an den Schützenvereinen bis die Nazis an die Macht kamen.[249]

In dem verschlafenen Ort gab es keine reale kommunistische Bedrohung, die Repressionen gerechtfertigt hätte, doch „Nordheims Nazis lieferten diese, indem sie verschiedene Waffen in und um Nordheim ausfindig machten und diese Funde in den Lokalzeitungen veröffentlichten." Die Bürger von Northeim stellten fest, „daß es extrem ungesund war, irgendeine Art von Waffe im Haus zu haben."[250]

Mitglieder des Reichsbanners allerdings „nahmen die Bedrohung eines Nazi-Putsches ernst genug, um Waffen und Munition für einen Gegenschlag zusammenzutragen." Doch es gab keine Befehle für einen organisierten Widerstand. Professor Allen vertritt die Auffassung, die Sozialdemokraten seien „die einzigen Verteidiger der Demokratie in Deutschland" gewesen, „die Männer, die Waffen hätten sammeln und den Generalstreik ausrufen sollen". Doch statt dessen wurden ihre Wohnungen bei mitternächtlichen Razzien nach Waffen durchsucht und sie selbst in Konzentrationslager verschleppt.[251]

Das Ermächtigungsgesetz, so der volkstümliche Name für das beschönigend formulierte „Gesetz zur Behebung der Not von Volk und Reich" vom 24. März 1933, war der letzte Nagel im Sarg der Weimarer Republik, der durch den Staatsstreich der Nazis eingeschlagen wurde. Verabschiedet vom Reichstag, der sich danach selbst auflöste, sorgte das Gesetz dafür, daß das Kabinett Gesetze ohne Rücksprache mit dem Reichstag oder dem Präsidenten verkünden konnte. Der Kanzler – Hitler – war ermächtigt, Gesetze zu verfassen, die von der Verfassung abweichen konnten.[252]

Die Beschlagnahme von Waffen, insbesondere von „militärischen" Schußwaffen, wurde intensiviert. Die „Verordnung über die gesetzte Frist zur Ablieferung der Waffen" des Bayerischen Innenministers nannte als letzten Termin den 31. März. Auch wenn Personen mit „wohlbegründetem Anliegen" bei der örtlichen Polizei eine Erlaubnis zum Besitz einer Faustfeuerwaffe beantragen konnten, so waren militärische Schußwaffen den von den Nazis bestätigten Organisationen vorbehalten: „Die Verbände der nationalen Erhebung, SA, SS und Stahlhelm geben jedem unbescholtenen deutschen Manne Gelegenheit in ihren Reihen mitzukämpfen. Wer daher nicht einem der genannten Verbände angehört und trotzdem seine Waffe unberechtigt behält oder gar versteckt, muss als Feind der nationalen Regierung betrachtet werden und wird rücksichtslos mit der vollen Schärfe zur Verantwortung gezogen."[253]

Von den drei genannten Organisationen entwickelte sich die von Heinrich Himmler, zu jener Zeit auch Polizeipräsident von München, geführte SS (die elitäre Schutzstaffel) der Nationalsozialistischen Partei zur mächtigsten Polizeiorganisation der Nazis.[254] Die SA (Sturmabteilung), die von Erich Röhm geführt wurde, zeichnete für viele der Exzesse der Nazi-Revolution verantwortlich, bis ihre Führung 1934 in der „Nacht der langen Messer" beseitigt wurde.[255]

Schon zuvor, ab April 1933 schaffte Hitler den „Stahlhelm, Bund der Frontsoldaten", schrittweise ab. Der um 1930 eine halbe Million Mitglieder zählende Veteranen-Verband mit Präsident Hindenburg als Ehrenkommandeur, hatte in ihren Reihen zu viele Nicht-Nazis, sogar ehemalige Reichsbanner- und SPD-Mitglieder und andere Linke. Sie galt in der Weimarer Republik als bewaffneter Arm der Deutschnationalen Volkspartei (DNVP).[256] Nun wurden ihre Abteilungen und Ortsgruppen systematisch unter Druck gesetzt und zur politischen Gleichschaltung gezwungen. Dies begann bereits am 27. März mit dem sogenannten Stahlhelm-Putsch in Stadt und Land Braunschweig, bei dem die NSDAP-Kräfte, SA und SS, zusammen mit der Polizei die örtlichen Stahlhelm-Büros und Versammlungsräume in einer großangelegten Entwaffnungsaktion mit Schlagstock- und Schußwaffeneinsatz stürmte und rund 1400 Mitglieder und Führungskräfte, darunter viele KPD- und SPD-Genossen inhaftierte. Als Vorwand diente das von Braunschweigs NSDAP-Innenminister Dietrich Klagges verbreitete Gerücht, die regionalen Kräfte des Stahlhelms hätten einen Staatsstreich gegen die Reichsregierung Adolf Hitlers vorbereitet und dazu auch Angehörige des ab Anfang März verbotenen SPD-dominierten Reichsbanners in ihre Reihen aufgenommen. Die Registrierung mehrerer hundert, nach anderen Aussagen bis zu viertausend ex-Reichsbanner-Leuten war für den 27. März geplant gewesen.

Stahlhelm-Gründer Franz Seldte, der als Reichsarbeitsminister in der Regierung Hitlers fungierte, trat danach demonstrativ im April 1934 in die NSDAP ein und wurde bald darauf als SA-Obergruppenführer in den Generalsrang erhoben. Deutschlandweit überführte er die Mitglieder des Stahlhelms nun in die SA als „Wehrstahlhelm". Der Verband selbst wurde in „Nationalsozialistischer Deutscher Frontkämpferbund (Stahlhelm)" umgetauft.

Im Nachhinein wirkt der vorgebliche Stahlhelm-Putsch von Braunschweig wie eine Generalprobe für die wenige Monate später durchgeführte Säuberung der SA von unliebsamen und widerspenstigen Parteigenossen: Auch bei der als Röhm-Putsch deklarierten massenweise Ermordung von SA-Führungskadern Ende Juni/Anfang Juli 1934 durch Kommandos der SS, Gestapo und Reichswehr diente eine angeblich geplante Revolte gegen Reichsführung und Reichswehr. Letztere hatte im April eine Propaganda-Kampagne gestartet, in der sich die Streitkräfte als alleiniger Waffenträger der Nation und der Wehrkraft stilisierten. Aber gegen die 100.000 Mann-Armee des Versailler Vertrages konnte die SA mit ihren vier Millionen Mitgliedern durchaus punkten. Ihr Führer Ernst

Röhm zeigte sich nach der sogenannten Machtergreifung durchaus gewillt, als zweiter Mann im NS-Staat die Reichswehr zu beerben und die SA in eine Art Miliz-Armee umzuwandeln. Der von Hitler persönlich mit seinen engsten Vertrauten Göring, Goebbels, Himmler und Heydrich geführte Schlag gegen die SA-Führung und alle damit verbundenen Mordtaten wurden im Nachhinein mittels eines von Adolf Hitler als Reichskanzler am 3.Juli 1934 erlassenen und vom Reichsminister des Innern, Wilhelm Frick und Franz Gürtner als Reichsminister der Justiz gegengezeichneten „Gesetz über Maßnahmen der Staatsnotwehr" legalisiert. Darin wurde in nur einem Satz kategorisch erklärt: „Die zur Niederschlagung hoch- und landesverräterischer Angriffe am 30. Juni, 1. und 2. Juli 1934 vollzogenen Maßnahmen sind als Staatsnotwehr rechtens." So war für die meisten Zeitgenossen anscheinend alles juristisch in Ordnung, und kein Geringerer als der zu jenen Zeiten hochgeachtete Staatsrechtler Carl Schmitt lieferte noch schnell eine formale Rechtfertigung mit seinem kurz gefassten Beitrag in *der Deutschen Juristen-Zeitung* Ausgabe 39, 1934, S. 945–950, betitelt „Der Führer schützt das Recht".

Die Durchsuchungen der Häuser angeblicher „Kommunisten" dauerten zwischenzeitlich unvermindert an, was zu der in dieser Zeit gemeldeten Beschlagnahme zahlreicher Waffen und zu den „Geständnissen" der Beschuldigten führte.[257]

In den folgenden Jahren würde Reichsinnenminister Wilhelm Frick eine entscheidende Rolle zukommen, indem er die Entwaffnung angeblicher Staatsfeinde, insbesondere der Juden, anordnete. Hitler hatte Frick, der in den zwanziger Jahren Chef der Münchener politischen Polizei war, in seinem Buch *Mein Kampf* lobend erwähnt.[258] Nach seiner Ernennung zum Reichsinnenminister durch Hitler im Jahre 1933, schrieb Frick an Polizeireviere, daß als SA-Männer verkleidete Kommunisten Unruhen verursachten und jüdische Schaufenster einschlügen.[259]

Am 28. März 1933 wies Innenminister Frick die Landesregierungen darauf hin, daß die Unterlagen der Schußwaffenhersteller von der Polizei genauestens zu überprüfen seien:

„Aus den Waffenschiebungen, die im vorigen Jahre durch Suhler Waffenfirmen vorgenommen wurden, ist bekannt geworden, daß in Spalte 7 der Waffenhandelsbücher Namen von Auslandsfirmen eingetragen worden sind, die überhaupt nicht bestehen.

Weiter hat sich in einer Strafsache wegen Vorbereitung zum Hochverrat herausgestellt, daß ein Messerschmied, der eine Genehmigung zum Handel mit Schusswaffen besitzt, über 400 Pistolen von einem Waffenhändler bezogen und ohne Eintrag in sein Waffenhandelsbuch nach Entfernung der Nummern an Kommunisten, die keinen Waffenerwerbsschein besassen, weitergeliefert hat. Das zuständige Innenministerium hat daher für seinen Bereich angeordnet, daß die Waffenbücher der Hersteller von Schusswaffen und Munition bis auf weiteres in kurzen Zwischenräumen und möglichst durch Beamte des Landeskriminalpolizeiamts durchgesehen und daß über alle auffallenden Lieferungen, insbesondere über größere Waffenbestellungen durch kleine unbekannte Firmen Auszüge aus den Waffenbüchern gefertigt und diese unverzüglich den Polizeibehörden, in deren Bezirk die Empfänger der Lieferungen einen Waffenhandel treiben, zum Zwecke der Nachprüfung der richtigen Verbuchung der Lieferungen übermittelt werden." [260]

Neben höheren Strafen drängte Frick darauf, daß die Polizei strengere Kontrollen durchführen und die Waffenbestellungen kleiner unbekannter Firmen genauer untersuchen solle. Staatsanwälte sollten bei Straftaten mit Waffen die höchstmöglichen Strafen anstreben und gegen niedrige Strafen Rechtsmittel einlegen.

An Regierungsstellen, Polizei, städtische Kommissare und Sonderkommissare des höchsten SA-Führers wurde eine Anweisung zum Vollzug der Verordnung über die Ablieferung der Militärwaffen übermittelt. In der Einführung hieß es: „Trotz aller bisherigen Maßnahmen befinden sich noch immer Bestände von Militärwaffen und Militärmunition im Besitze von

Kreisen der Bevölkerung, die gegen die nationale Regierung und die hinter ihr stehende nationale Bewegung feindlich eingestellt sind." Es erging der Befehl, die Polizeidienststellen „haben unverzüglich die Bevölkerung zur fristgerechten Ablieferung der Militärwaffen an die Sonderkommissäre in ihren Amtsblättern sowie in der örtlichen Presse aufzufordern." Zu den abzuliefernden Waffen gehörten nicht nur schwere Waffen; als „Militärwaffen" wurden auch Repetiergewehre und Armeerevolver angesehen. Weiter hieß es in der Anweisung:

„Auf Grund des § 4 Abs.2 der Verordnung kann der Sonderkommissar des Obersten SA.-Führers die Angehörigen der SA-, SS- und Stahlhelmverbände sowie der Kriegervereine durch vertrauliche Verfügung an die zu seinem Bereiche gehörigen Führer dieser Vereinigungen von der Ablieferungspflicht befreien. Ein Hinweis auf diese Befreiung in der Öffentlichkeit, insbes. in der Presse, muß im Hinblick auf die noch bestehenden Entwaffnungsbestimmungen des Versailler Vertrags unter allen Umständen unterbleiben. Ferner beläßt der Sonderkommissar zuverlässigen Personen auf Wunsch ein Gewehr nebst der erforderlichen Munition zum Schutze von Haus und Hof. Das gleiche gilt für Armeerevolver, die persönliches Eigentum des Besitzers sind. Als zuverlässig können nur solche Personen erachtet werden, von denen eine loyale Haltung gegenüber der nationalen Regierung erwartet werden kann. Auch diese Ausnahmebewilligungen sind vertraulich zu behandeln." [261]

Die abgelieferten Waffen sollten bei der SA, der SS oder dem Stahlhelm gelagert werden. Diese Gruppen wiederum würden der Polizei helfen, die „Waffendurchsuchungen dort vorzunehmen, wo noch Militärwaffen und Militärmunition vermutet werden."[262] Das Nettoergebnis dieser Anweisung war eine Entwaffnung aller Gegner des Nationalsozialismus sowie der Bevölkerung insgesamt, sowie im Gegenzug die Bewaffnung der Mitglieder der SA, der SS und des Stahlhelms.

Am 29. März wurden Stadtverwaltungen wie die im bayrischen Bad Tölz eilig über die Anweisung zur Ablieferung der Militärwaffen informiert. „Es darf wohl angenommen werden, daß die Bevölkerung durch die amtlichen Bekanntmachungen und durch die Tagespresse hinreichend über die Pflicht zur Ablieferung der Militärwaffen unterrichtet ist. Letzter Ablieferungstermin ist der 31.März." [263] Nach Erläuterung des Begriffs „Militärwaffen" hieß es zum Abschluß: „Wer nicht rechtzeitig oder nicht vollständig abliefert, setzt sich der Gefahr aus, daß nach Waffen gesucht wird. Die für Verheimlichung von Waffen angedrohten Strafen sind schwer."[264]

Nichtmilitärische Revolver wie der, den Frau Bella Fromm, die bereits erwähnte jüdische Prominente aus Berlin, besaß, fielen nicht unter den Bann. Am Abend des 29. März war sie vom Vizekanzler und Frau von Papen zu einem Empfang eingeladen. Dort hatte Adolf Hitler seinen ersten gesellschaftlichen Auftritt seit er Kanzler geworden war. Der Führer sprach mit Bella und küßte ihre Hand, was ihr „leichte Übelkeit" verursachte. Ihrem Tagebuch vertraute sie an: „Seltsame Ideen gingen mir durch den Kopf. Warum bloß hatte ich meinen kleinen Revolver nicht dabei?" Nach höflicher Unterhaltung über Bellas Rot-Kreuz-Auszeichnungen aus dem Ersten Weltkrieg küßte ihr Hitler erneut die Hand und wechselte zu anderen Gästen. Da sie ihren Revolver nicht dabei hatte und eine höfliche Dame war, konnte sie Hitler nicht erschießen, doch sie wischte ihre Hand am Ärmel eines Freundes ab und scherzte: „Angeblich kann er einen Juden aus zehn Meilen Entfernung riechen, nicht wahr? Offenbar scheint sein Geruchssinn heute Abend nicht zu funktionieren."[265]

Obwohl sich die Nazis weiterhin auf die Entwaffnung ihrer politischen Feinde konzentrierten – beispielsweise bei einer Polizeirazzia im örtlichen Gewerkschaftsbüro in Hamburg, wo es zu Schußwechseln kam und die Polizei das Gebäude nach Waffen durchsuchte[266] – waren auch die Juden bald an der Reihe. Die Regierung kündigte an, daß ein antisemitischer Boykott nicht wieder aufgenommen werde, sofern die „Schreckenskampagne" im Ausland beendet würde. Dies bezog sich auf Anschuldigungen von Juden aus dem Osten gegen die Nazis, die von den Konsulaten Amerikas und Polens aufgegriffen und wiederholt worden waren. Offenbar in der Hoffnung, Juden als subversiv darstellen zu können indem man ihnen den Besitz von Schußwaffen nachwies, wurden am 4. April 1933 Durchsuchungen durchgeführt. Die New York Times berichtete: „Ein großes Aufgebot an Polizei, verstärkt durch Nazi-Hilfstruppen, unternahm eine Razzia in einem jüdischen Viertel im Osten Berlins, wo überall nach Waffen und Papieren gesucht wurde. Straßen wurden gesperrt und Fußgänger angehalten. Gläubige, die Synagogen verließen, wurden durchsucht und diejenigen verhaftet, die keine zwei Ausweise bei sich hatten. Selbst Blumenkästen wurden bei der Durchsuchung der Häuser ausgekippt und einige Druckerzeugnisse sowie einige wenige Waffen wurden beschlagnahmt."[267]

Der *Völkische Beobachter*, Hitlers Tageszeitung, beschrieb die Razzia unter der alarmistischen Schlagzeile „Die Zeit des Ghetto hat sich erfüllt; Gross-Razzia im Scheunenviertel; Unzählige Waffenfunde – Beschlagnahme hochverräterischen Zersetzungsmaterials; Zahlreiche Festnahmen ostgalizischer ‚Einwanderer'." Der Artikel beschrieb In dramatischer Form, wie die Polizei mit Unterstützung der SS und von Kriminalbeamten auf das Berliner Scheunenviertel[268] vorrückte und die Häuser und Keller der jüdischen Bewohner durchsuchte. Man berichtete: „Bei der Durchsuchung, die sehr eingehend vorgenommen wurde, fanden die Suchkommandos eine ganze Reihe von Waffen. Ferner wurden eine Menge hochverräterische Druckschriften beschlagnahmt. Es wurden außerdem 14 Personen zwangsgestellt, die sich nicht ausweisen konnten. Es handelt sich bei den meisten von ihnen um Juden aus Polen und Galizien, die sich unangemeldet in Berlin aufhalten."[269]

Der Name Scheunenviertel bezog sich ursprünglich auf ein Armenviertel in Berlins Mitte, das auch wegen seine hohen Kriminalitätsrate verrufen war. Um die Berliner Juden zu verunglimpfen, dehnten die Nationalsozialisten die Verwendung des berüchtigten Namens auf das westlich angrenzende, gut-bürgerliche jüdische Viertel namens Spandauer Vorstadt aus.

Der Artikel machte keine Angaben darüber, wie viele oder welche Arten von Waffen beschlagnahmt wurden, oder ob sie gar unregistriert waren – tatsächlich könnten die Schußwaffenanmeldungen aus der Weimarer Zeit der Polizei verraten haben, bei welchen Juden nach Waffen zu suchen sei. Später wird sich zeigen, daß es bis 1938 keine Verordnung gab, die Juden den Besitz von Schußwaffen verbot. Genauer geht der Artikel auf das „subversive Material" ein, das gefunden wurde. Zu dem Artikel gehören auch zwei Fotografien. Die erste zeigt eine Ansammlung von SS und Polizei auf der Straße; die zweite ein pathetisches Bild eines älteren Juden an einem Mikrophon, der den anwesenden Radioreportern der Nazis erklärt, daß er nicht weißt, warum er durchsucht wird. Vermutlich wurde bei den Lesern des *Beobachters* vorausgesetzt, daß sie „verstehen würden, worum es gehe", doch das Bild und die Erklärung wecken nur Mitgefühl für den alten Mann.

Am 12. April verkündete Reichsinnenminister Frick das neue Gesetz über rassische und politische Beschränkungen im öffentlichen Dienst, durch das Nicht-Arier (mit Ausnahme von Kriegsveteranen) sowie Mitglieder demokratischer und sozialistischer Gruppen aus dem Regierungsapparat entlassen wurden. Ein Bericht von Associated Press lieferte unter der Überschrift „Beschlagnahme von Literatur" folgende Beschreibung:

„Einem heute abend herausgegebenen offiziellen Bericht zufolge hat die systematische polizeiliche Durchsuchung von Passagiergepäck, das in den Gepäckaufbewahrungen der Preußischen Eisenbahn aufgegeben worden war, eine reiche Ernte an verraterischem Material erbracht.

Wie es in dem Bericht heißt, wurden Lastwagenladungen mit Koffern voller kommunistischer Literatur, Waffen und Munition in Berlin und anderen Großstädten beschlagnahmt." [270]

Ein Bericht vom 21. April, „Breslauer Juden wird Waffenbesitzerlaubnis entzogen", beschrieb die Ereignisse in Breslau (heute Wroclaw, Polen), wo 10.000 Juden lebten:

„Der Polizeipräsident von Breslau hat verfügt, daß alle Personen, die derzeit jüdischen Glaubens sind oder dies früher waren und Waffenscheine oder Schußwaffenerlaubnisse besitzen, diese sofort den Polizeibehörden übergeben müssen."

Diese Anweisung wird offiziell damit gerechtfertigt, daß jüdische Bürger ihre Waffen für rechtswidrige Angriffe auf Mitglieder der Nazi-Organisation und der Polizei verwendet haben.

Da die jüdische Bevölkerung „nicht als vertrauenswürdig betrachtet werden kann", so hieß es weiter, werden an Mitglieder derselben künftig keine Waffenscheine mehr ausgestellt." [271]

Natürlich kannte die Breslauer Polizei die Identitäten derartiger Personen, denn sie selbst hatte die Schußwaffenerlaubnisse und Anmeldungen ausgestellt, die von den Weimarer Gesetzen von 1928 und 1931 gefordert wurden. Es waren dieselben Gesetze, die dazu berechtigten, Schußwaffen von Personen zu beschlagnahmen, die nicht als „vertrauenswürdig" galten. [272]

Als die Nazis ihre Macht festigten, wurden traditionelle Elemente, denen zeitweilig die Anerkennung gewährt worden war, zum Angriffsziel. Der Stahlhelm, dessen Veteranen im Ersten Weltkrieg gekämpft hatten und die von einigen Waffenbeschlagnahmen ausgenommen worden waren, wurde nun unter die

Lupe genommen. Ein Informant teilte der Münchener Politischen Polizei mit, daß ein Verdächtiger, „der dem Stahlhelm angehört, zur Zeit damit beschäftigt sei, für den Stahlhelm Waffen zu verstecken. Schnürpel soll wiederholt geäußert haben, daß der Stahlhelm, der seine Auflösung befürchtet, daran gehe, einen Teil der Waffen zu verstecken."[273] Der Stahlhelm wurde im Juli dem Kommando der SA unterstellt und ging bis Anfang des Folgejahres komplett in der SA auf.[274]

Eine Polizeirazzia in Frankfurt führte zur Festnahme von 200 angeblichen Kommunisten und der Beschlagnahme von fünfzig Waffen und eines Vervielfältigungsapparats.[275] Eine große Razzia in Berlin fand „umfangreiches schriftliches Hetzmaterial" sowie „Hieb- und Stichwaffen"[276]. Victor Klemperer, ein jüdischer Kriegsveteran, vermerkte in seinem Tagebuch: „Einem Heidenauer Kommunisten gräbt man den Garten um, dort solle ein Maschinengewehr liegen. Er leugnet, man findet nichts; um ein Geständnis zu erpressen, prügelt man ihn zu Tode. Die Leiche ins Krankenhaus. Stiefelspuren im Bauch, faustgroße Löcher im Rücken, Wattebäusche dreingestopft. Offizieller Sektionsbefund: Todesursache Ruhr, was vorzeitige „Leichenflecke" häufig zur Folge habe."[277]

Im Mai wurden die Zeitungen, Gebäude und anderen Werte politischer Feinde an den Staat übertragen,[278] und die berüchtigte Bücherverbrennung ließ „subversive", jüdische und „entartete" Werke in Flammen aufgehen.[279] Die SPD wurde im Juni verboten, und die sogenannten bürgerlichen Parteien mit dem Gesetz gegen die Neubildung von Parteien vom 14. Juli 1933.[280]

Der aufblühende Polizeistaat benötigte detaillierte Informationen über jede einzelne Person. Während der vergangenen fünfzig Jahre hatten die Standesämter Akten über den Stand und die Religion jeder Person geführt, was Juden rasch erkennbar machte.[281] Im Juni begann ein neuer Zensus, der den Behörden detaillierte Informationen über jeden Haushalt liefern würde. Für den Zensus stellte die Deutsche Hollerith Maschinen Gesellschaft (Dehomag), Tochterunternehmen der US-Firma International Business Machines (IBM) ihr neues Lochkarten- und Kartensortiersystem zu Verfügung, das es ermögliche, eine enorme Menge an Daten in den 600 Kartenlochmöglichkeiten je Karte zu speichern. Neben Name, Anschrift, Geschlecht, Geburtsdatum, Muttersprache, Familie und Beschäftigung, enthielten die Karten in Spalte 22: Loch1 für Protestant, Loch 2 für Katholik und Loch 3 für Jude.[282] Es ist nicht bekannt, ob der Besitz von Schußwaffen auch erfaßt wurde, aber es dürfte nicht schwierig gewesen sein, die Zensusunterlagen mit den Polizeiakten abzugleichen, um Juden, politische Gegner und andere Personen zu identifizieren, die eine Erlaubnis zum Kauf oder Führen einer Schußwaffe erhalten oder Schußwaffen gemäß der Verordnung von 1931 angemeldet hatten.

Tatsächlich wies die Gestapo am 19. Juli den Berliner Polizeipräsidenten und andere Polizeidienststellen in Preußen an, monatliche Statistiken über beschlagnahmte Schußwaffen und Sprengstoffe zu führen. Dazu gab es den Hinweis: „In der letzten Zeit, insbesondere bei Durchsuchungsaktionen größeren Maßstabes, sind Waffen und Sprengstoffe pp. in großer Zahl sichergestellt worden." Die Aufmerksamkeit galt auch „Militärwaffen und sonstigen Schußwaffen."[283]

Dieses Sammeln von Informationen beschränkte sich nicht auf den Zensus und die Polizeiakten zu Schußwaffen. In einem Tagebucheintrag vom August entzauberte Victor Klemperer die scheinbare Unterstützung für Hitler mit diesem Kommentar: „Aber alles, buchstäblich alles erstirbt in Angst. Kein Brief mehr, kein Telefongespräch, kein Wort auf der Straße ist sicher. Jeder fürchtet im anderen Verräter und Spitzel."[284]

Gegner der Neuen Ordnung wurden nun unweigerlich als „Kommunisten" bezeichnet, doch diese Staatsfeinde waren häufig Sozialdemokraten, politisch Gemäßigte verschiedenster Art und Juden. Die Weimarer Gesetze und Verordnungen zu Schußwaffen paßten genau, um die zunehmenden Polizeirazzien nach ungemeldeten oder anderweitig unerlaubten Schußwaffen zu rechtfertigen. Der scheinbare Schwund der Herrschaft des Rechts basierte paradoxerweise selbst auf einem pervertierten Konzept der Herrschaft des Rechts, das sich daraus ergab, daß die Legislative die Macht der Gesetzgebung an die Exekutive – nun verkörpert in der Person des Führers Adolf Hitler – abgetreten hatte. Die Unterdrückung würde noch systematischer und gezielter werden als die Nazis ihre Macht festigten und die wachsenden Muskeln und die Feuerkraft des Polizeistaates spielen ließen.

206 Beispiele in *Völkischer Beobachter,* 29. Jan. 1933, 2; *New York Times,* 3. Feb. 1933, 1; *Der Bund* (Bern), 1. Feb. 1933 (Samstagsausgabe), 1.

207 "Razzia in Charlottenburg", *Der Bund* (Bern), 2. Feb. 1933 (Abendausgabe), 2

208 *New York Times,* 13. Feb. 1933, 4.

209 Zitiert in Konrad Heiden, *Geburt des Nationalsozialismus* (Zürich, 1934), zitiert in Gerd H. Padel, *Dämme Gegen die Braune Flut: Die Schweizerpresse und der Aufstieg des Dritten Reiches 1933–1939* (Zürich: Thesis, 1998), 16.

210 Hans Mommsen, *The Rise and Fall of Weimar Democracy* (Chapel Hill: University of North Carolina Press, 1996), 535–37, 542.

211 Leon Dominian an Außenminister, 21. Feb. 1933, in U.S. Department of State, *Foreign Relations of the United States: Diplomatic Papers 1933,* vol. 2: *The British Commonwealth, Europe, Near East,*

212 "Hitlerites Wreck Catholic Meetings", *New York Times,* 22. Feb. 1933, 1.

213 Zitiert in Frederick T. Birchall, „Hitler Arms Nazis as Prussian Police", *New York Times,* 25. Feb. 1933, 1, 5. Siehe auch Mommsen, *The Rise and Fall of Weimar Democracy,* 534–35, 542.

214 Zitiert in Birchall, „Hitler Arms Nazis as Prussian Police", *New York Times,* 25. Feb. 1933, 1, 5.

215 Hans Bernd Gisevius, *To the Bitter End: An Insider's Account of the Plot to Kill Hitler, 1933–1944,* Übers. Richard Winston und Clara Winston (New York: Da Capo Press, 1998), 13, 33–36.

216 "Red Terror Plans Alleged by Reich", *New York Times,* 1. März 1933, 11. Siehe auch William L. Shirer, *The Rise and Fall of the Third Reich* (New York: Simon & Shuster, 1990), 194, zitiert aus Nürnberg Document 1390-PS, *Nazi Conspiracy and Aggression* (Washington, DC: U.S. Government Printing Office, 1946), III, 968–70.

217 Franz von Papen, *Memoirs* (London: Andre Deutsch, 1952), 269.

218 Reichsverordnung zum Schutz von Volk und Staat, *Reichsgesetzblatt* 1933, I, 83, § 1.

219 Reichsverordnung zum Schutz von Volk und Staat, *Reichsgesetzblatt* 1933, I, 83, § 5.

220 Ernst Fraenkel, *The Dual State: A Contribution to the Theory of Dictatorship* (New York: Oxford University Press, 1941), 3; Mommsen, *The Rise and Fall of Weimar Democracy,* 542–43.

221 *Deutsche Allgemeine Zeitung,* 1. Juli 1937, zitiert in Fraenkel, *The Dual State,* 25, 216 n. 71.

222 "Red Terror Plans Alleged by Reich, New York Times, 1. März 1933, 11.

223 Der Reichsminister des Innern (RMI) an Landesregierungen, 1. März 1933, I A 2130/1.3, Bayerisches Hauptstaatsarchiv, München (BHStA), (MA) 106312.

224 *Der Bund* (Bern), 3. März 1933, 3.

225 Siehe „2000 Sprengkapseln in der Wohnung eines Kommunisten gefunden"; „Maschinengewehr bei Kommunisten beschlagnahmt"; „Feuergefecht in Hamburg, Kommunistische Dachschützen mit Karabinern bewaffnet";, *Völkischer Beobachter,* 4.März 1933, 2. Siehe auch „Anklage gegen 9 Kommunisten", *Völkischer Beobachter, Tägliches Beiblatt,* 4. März 1933, 2.

226 *Journal de Genève* (Switzerland), Mar. 6, 1933, 6.
227 Hsi-Huey Liang, *The Berlin Police Force in the Weimar Republic* (Berkeley: University of California Press, 1970), 171
228 Ingo Müller, *Hitler's Justice: The Courts of the Third Reich*, Übers. Deborah Lucas Schneider (Cambridge, MA: Harvard University Press, 1991), 33; Frederick T. Birchall, „Hindenburg Drops Flag of Republic", *New York Times,* 13. März 1933, 6.
229 An das Bayerische Staatsministerium des Innern., Bad Tölz, den 9.III.1933, BHStA, MA 105475.
230 Bella Fromm, *Blood & Banquets: A Berlin Social Diary* (New York: Carol Publishing Group, 1990), 84, 87.
231 "Nazis Seek Sweep of Local Offices", *New York Times,* Mar. 12, 1933, 19.
232 Bayhsta Reichsstatt-Halter Epp, Nr. 37, München Abt. II, Der Beauftragte der Reichsregierung, München 11: III.33, BHStA.
233 "Hindenburg Drops Flag of Republic", *New York Times,* 13. März 1933, 6.
234 "Nazis Raid Home of President Ebert's Widow: Hindenburg Orders Inquiry of Flag Search", *New York Times,* 15. März 1933, 11.
235 *The Gestapo and SS Manual,* Übers. Carl Hammer (Boulder, CO: Paladin Press, 1996), 87–88.
236 „Eigentümliche Waffengeschichte", *Der Bund* (Bern), 15. März 1933 (Abendausgabe), 2
237 *Der Bund* (Bern), 17. März 1933, 2.
238 Christian Daniel Nussbaum, Der Untersuchungsrichter am Landgericht Freiburg, Freiburg i.Br., 18. März 1933, Generallandesarchiv Karlsruhe (GLAK), 463-1983-20-2876.
239 "Stadtrat in der NS-Zeit: Geschichte des Freiburger Gemeinderats unter dem Nationalsozialismus", http://www.freiburg.de/pb/,Lde/231027.html?QUERYSTRING=%22+Geschichte+des+Freiburger+Gemeinderats+unter+dem+Nationalsozialismus%22 (aufgerufen am 9. Feb. 2013).
240 Der SPD.-Mörder Nussbaum", *Der Allemanne: Kampfblatt der Nationalsozialisten Oberbadens, Extrablatt!* (Freiburg im Breisgau), 17. [?] März 1933, 1, Stadtarchiv Freiburg I. Br., C4-XIII-25–5.
241 "Die Politischen Folgen der Bluttat", *Freiburger Tagespost,* 18. März 1933, Kopie im Stadtarchiv Freiburg I. Br., C4-XIII-25-5.
242 Chr. D. Nussbaum, Abschrift, Herrn Rechtsanwalt O. Werle, 8. Mai 1933, GLAK 463-1983-20-7469.
243 Prof. B. Mueller-Hill—Herrn Dr. Gebhardt, 29. Okt. 1978, GLAK 463-1983-20-2876.
244 *Journal de Genève,* 20. März 1933, 6.
245 "All News Is Censored and Opposition Press Suppressed", *New York Times,* 20. März 1933, 1.
246 *New York Times,* 21. März 1933, 10. Siehe auch Ronald E. Clark, *Einstein: The Life and Times* (New York: Avon, 1971), 562.

247 Lion Feuchtwanger, *Die Geschwister Oppenheim* (Amsterdam: Querido, 1933; Nachdruck Frankfurt am Main: Fischer Taschenbuch Verlag, 1981); zu den englischen Übersetzungen zählen *The Oppermanns* (London: Secker, 1933) und *The Oppermanns* (New York: Viking Press, 1934).

248 Feuchtwanger, *Die Geschwister Oppenheim* 254-56 (Nachdruck 1981).

249 William Sheridan Allen, *The Nazi Seizure of Power: The Experience of a Single German Town 1922–1945* (New York: Franklin Watts, 1984), 19, 218, 221.

250 Allen, *The Nazi Seizure of Power,* 184, 186.

251 Allen, *The Nazi Seizure of Power,* 184–85, 191–92

252 Gesetz zur Behebung der Not von Volk und Reich vom 24. März 1933, *Reichsgesetzblatt,* I S.141. Siehe Ernst Fraenkel, *The Dual State: A Contribution to the Theory of Dictatorship* (New York: Oxford University Press, 1941), 3–4; „Hitler Cabinet Gets Power to Rule as a Dictatorship: Reichstag Quits sine Die", *New York Times,* 24. März 1933, 1.

253 Zur Verordnung des kommissarischen bayer. Innenministers vom 24.3.33 über Wehrverbände, BHStA, Landsratsamt (LRA) Bad Tölz 133992, N02501c51. Die genannte Verordnung für die Abgabe von Waffen war die „Verordnung gesetzte Frist zur Ablieferung der Waffen".

254 Raphaël Lemkin, *Axis Rule in Occupied Europe: Laws of Occupation, Analysis of Government, Proposals for Redress* (Washington, DC: Carnegie Endowment for International Peace, 1944), 15–16.

255 Gisevius, *To the Bitter End,* 103, 148–49.

256 Gisevius, *To the Bitter End,* 608; William L. Shirer, *The Rise and Fall of the Third Reich* (New York: Simon & Schuster, 1990), 157, 226; James M. Diehl, *Paramilitary Politics in Weimar Germany* (Bloomington: Indiana University Press, 1977), 294.

257 *Völkischer Beobachter,* 25. März 1933, 2; *Journal de Genève,* 26. März 1933, 12.

258 Adolf Hitler, *Mein Kampf* (München: Zentralverlag der N.S.D.A.P., 1934), 403.

259 Saul Friedländer, *Nazi Germany and the Jews,* vol. 1: *The Years of Persecution, 1933–1939* (New York: Harper Collins, 1997), 18, 26–27, 119.

260 RMI an Landesregierungen, 28. März 1933, Kontrolle der Waffen- u. Waffenhandelsbücher, Bundesarchiv (BA) Lichterfelde, R 1501/125942, Gesetz über Schußwaffen und Munition Bd. 6, 1932–33, S. 267.

261 Staatsministerium des Innern an 1. die Regierungen, KdJ. [et al.], Betreff: Vollzug der Verordnung über die Ablieferung der Militärwaffen, 28. März 1933, BHStA, LRA Bad Tölz 133992, No. 2501c51.

262 Ebenda

263 Bezirksamt Tölz, An den Stadtrat Bad Tölz, Betreff: Ablieferung der Militärwaffen, 29. März 1933, BHStA, LRA Bad Tölz 133992, Nr. 572.

264 „Waffenablieferung", *Staatsanzeiger,* Nr. 76, 29. März 1933, BHStA, LRA Bad Tölz 133992, Nr. 572.

265 Fromm, *Blood & Banquets,* 98.

266 *Der Bund* (Bern), 3. April 1933 (Morgenausgabe), 1.
267 "Raid on Jewish Quarter", *New York Times,* 5. April 1933, 10.
268 Das Scheunenviertel, Berlin's jüdisches Viertel, wurde 1938 zum Schauplatz des Kristallnacht-Pogroms. Dave Rimmer, *Time Out Berlin* (London: Time Out, 1998), 53–54. Dieser Bereich Berlins ist saniert worden, und die Neue Synagoge in der Oranienburger Straße ist nach der Wiedervereinigung Deutschlands im Jahre 1989 wieder aufgebaut worden.
269 "Die Zeit des Ghetto hat sich erfüllt; Gross-Razzia im Scheunenviertel; Unzählige Waffenfunde – Beschlagnahme hochverräterischen Zersetzungsmaterials; Zahlreiche Festnehmen ostgalizischer ‚Einwanderer'" *Völkischer Beobachter,* 5. April 1933, 1.
270 *New York Times,* 13. April 1933, 8.
271 *New York Times,* 23. April 1933, 1.
272 *Reichsgesetzblatt* 1928, I, 143, § 23; *Reichsgesetzblatt* 1931, I, 742, § 1(2).
273 *Der Präsident des Landesarbeitsamts Bayern,* München 1, 12. April 1933, BHStA, Reichsstatt-Halter Epp, Nr. 37, München Abt. II, Reichsstatthalter 37
274 John R. Angolia and Hugh Page Taylor, *Uniforms, Organization, & History of the German Police* (San Jose, CA: R. James Bender, 2004), 520.
275 "Wieder Mordlisten und Terrorpläne", *Völkischer Beobachter,* 21. April 1933, 3.
276 "Razzien", *Der Bund* (Bern), 24. April 1933 (Morgenausgabe), 2.
277 Victor Klemperer, *I Will Bear Witness 1933–1941,* Übers. Martin Chalmers (New York: Modern Library, 1999), 17 (Eintrag für 15. Mai 1933).
278 Richard L. Miller, *Nazi Justiz: Law of the Holocaust* (Westport, CT: Praeger, 1995), 99.
279 "Der Vollzug des Volkswillens", *Völkischer Beobachter,* 12. Mai 1933, http://www.cyberussr.com/hcunn/volkisch.html (Deutsch und Englisch, aufgerufen am 9. Feb. 2013).
280 Gesetz gegen die Neubildung von Parteien, *Reichsgesetzblatt* 1933, I, 479; Müller, *Hitler's Justice,* 53–55.
281 Götz Aly and Karl Heinz Roth, *The Nazi Census: Identification and Control in the Third Reich,* Übers. Edwin Black und Assenka Oksiloff (Philadelphia: Temple University Press, 2004), 73.
282 Edwin Black, *IBM and the Holocaust: The Strategic Alliance Between Nazi Germany and America's Most Powerful Corporation* (New York: Random House, 2001), 93–100.
283 Gestapo 19.7.33 Einrichtung einer Statistik ... beschlagnahmten bzw. gefundenen Waffen, Brandenburgisches Landeshauptarchiv (BrLHA), Pr. Br. Rep. 2A Reg., Potsdam I Pol/3477, Waffenangelegenheiten Bd. 3, 1928–37.
284 Klemperer, *I Will Bear Witness,* 30–31 (Eintrag für 19. Aug. 1933).

5

Die Entwaffnung der politisch Unzuverlässigen: Der Fall Brandenburg

Im Februar 1933 wies der Naziführer Hermann Göring in seiner Funktion als Preußischer Innenminister die Regionalregierungen in Preußen an, die Meldelisten mit allen Inhabern von Schußwaffenerlaubnissen zu übersenden. Dahinter steckte die Absicht, die an politische Feinde ausgegebenen Erlaubnisse einzuziehen und deren Schußwaffen zu beschlagnahmen. Auch wenn nicht von allen Provinzen Aufzeichnungen verfügbar waren, so sind doch die Reaktionen auf diese Anweisung in Teilen der Provinz Brandenburg beispielhaft für die im allgemeinen vorgenommenen Handlungen.

Überall im Land Brandenburg wurden die vorhandenen Aufzeichnungen benutzt, um die politische Einstellung und Zuverlässigkeit jedes einzelnen Schußwaffenbesitzers im Zusammenhang mit dem „Bedürfnis" für eine Schußwaffe zu bewerten. Es gab kein angenommenes Recht auf den Besitz geschweige denn das Führen von Waffen, und keine Einschränkungen hinsichtlich der Benutzung politischer Label bei der Entscheidung, ob dem einzelnen Bürger der Besitz von Schußwaffen erlaubt oder verboten wurde.

Die damalige preußische Provinz (heute Bundesland) Brandenburg, deren Hauptstadt Potsdam war, umgibt den seit 1920 als *Groß-Berlin* bezeichneten Ballungsraum, beinhaltet aber regierungspolitisch nicht Berlin selbst. In dessen 878 Quadratkilometer großem Territorium wurden im April 1920 per Gesetzesbeschluß des Preußischen Landtages neben acht früheren Stadt- und 59 Landgemeinden auch 27 Gutsbezirke zu einer zentralisierten und verwaltungstechnisch vereinfachten Einheitsgemeinde zusammen gefaßt.

Anders als Berlin hatte Brandenburg darauf verzichtet, gemäß der Verordnung vom 8. Dezember 1931 die Anmeldung aller Schußwaffen durch deren Besitzer zu verlangen. Daher mußte sich die nationalsozialistische Regierung auf Listen derjenigen Personen verlassen, denen die Polizei Erlaubnisse zum Erwerb oder zum Führen von Schußwaffen ausgestellt hatte. Das Ergebnis würde die Zurücknahme der Erlaubnisse sein, die Mitgliedern der SPD (der deutschen sozialistischen Partei), Juden und anderen sogenannten politisch Unzuverlässigen ausgestellt worden waren.

Nur zwei Wochen nach Hitlers Machtantritt, am 15. Februar 1933, ordnete Göring an: „An die Herren Regierungspräsidenten und den Herrn Polizeipräsidenten in Berlin. Ich ersuche ergebenst, die Inhaber von Waffenscheinen sofort listenmäßig zu erfassen und diese Listen nach Stadt bzw. Landkreisen getrennt binnen 3 Wochen hier vorzulegen. Vordruck liegt bei."[285]

Nach Erhalt der Anordnung Görings versandte Potsdam Kopien an die Behörden und Polizeidienststellen im eigenen Zuständigkeitsbereich und verlangte die Erfüllung bis zum 2. März. Man wies an: „Vor Aufstellung der Nachweisung bitte ich die genehmigten Anträge nachzuprüfen und, sofern Zweifel über die Zuverlässigkeit der Inhaber von Waffenscheinen bestehen, diese Genehmigung sofort zurückzuziehen."[286] Das beigefügte Formular für die Registrierung fragte nach der Nummer der Erlaubnis, nach dem Namen, Beruf, Wohnsitz, Gültigkeitsbereich und Enddatum sowie nach dem Waffentyp und der Bedürfnisbegründung.

Görings Anordnung ging auch in Frankfurt an der Oder ein, einer brandenburgischen Stadt die heute an der deutsch-polnischen Grenze liegt, damals aber Zentrum eines Regierungsbezirks beiderseits der Oder war. Daraufhin versandte Frankfurt/Oder Kopien innerhalb des eigenen Zuständigkeitsbereiches. Einige Antworten der Leiter der dortigen Verwaltungseinheiten sollen als Beispiel für die politischen Ziele der Überprüfung dienen.

Spremberg antwortete, daß die fünfundsechzig Inhaber von Waffenerlaubnissen bereits sorgfältig überprüft worden seien, und zwar gemäß der Verordnung vom 8. Dezember 1931, welche eine gründliche Prüfung des Antragstellers und des „Bedürfnisses" für die Waffe vorsehe.[287] Drei Personen allerdings seien politisch suspekt, da sie Mitglieder der SPD seien – der Bericht enthielt Details zu ihren politischen Aktivitäten – und man erbat Anweisungen, ob ihre Schußwaffenerlaubnisse aus diesem Grunde eingezogen werden sollten.

Der Landrat des Landkreises Reppen reagierte mit einem Brief und zwei Tabellen, von denen die eine politisch zuverlässige Inhaber aufführte und die andere diejenigen, bei denen der Verdacht bestehe, sie seien politisch nicht zuverlässig. In dem Schriftstück hieß es:

„Abschnitt A enthält die Personen, die nach meiner eigenen Kenntnis und nach den Auskünften der von mir persönlich befragten Führer der NSDAP, und des Stahlhelm, als nationalpolitisch unbedingt zuverlässig zu betrachten sind. Die des weiteren durch die Landjägereibeamten als national unbedingt einwandfrei festgestellten Personen sind im Verzeichnis mit rotem Kreuz(+) besonders angemerkt. Die im Abschnitt A Verzeichneten sind mit geringen Ausnahmen eingeschriebene Mitglieder der hinter der Regierung stehenden Parteien und Verbände (NSDAP, Stahlhelm, D.N.V.P.). Soweit einzelne Personen nicht eingeschriebene Mitglieder der nationalen Parteien sind, sind sie oben genannten Führern bzw. mir als unbedingt national zuverlässig bekannt.

Im Abschnitt B sind die Waffenscheininhaber verzeichnet, deren Zuverlässigkeit zweifelhaft ist oder sein könnte. Sie gehören zum Teil dem Zentrum der S.P.D. oder der Staatspartei an, zum anderen Teil steht ihre politische Zugehörigkeit nicht fest oder sie ist zweifelhaft. Im einzelnen gestatte ich mir, auf die Vermerke in Spalte „Bemerkungen" hinzuweisen."[288]

Königsberg reagierte mit einer detaillierten Liste verdächtiger Waffenerlaubnisinhaber, einschließlich politischer Gegner und Juden.[289] Auf Grund geheimer Polizeiinformationen konzentrierte sich dieser Bericht auf die Stadt Küstrin. Die Beispielfälle zeigen die Betonung auf verdächtige, „politisch unzuverlässige" Inhaber von Waffenscheinen (den Personen, deren Namen fett gedruckt sind, wurde später die Waffenberechtigung entzogen):

„Nr. 5 **Lemke**, Geschäftsführer, ist führendes Mitglied der S.P.D., Leiter der Geschäftsstelle des Volksfreund. Ihm wird der Waffenschein zu entziehen sein; dringend notwendig hat er ihn m.E. nicht."

„Nr. 6 _Dr. Blankenburg_, Amtsgerichtsrat. Er dürfte wohl nicht zu den Anhängern der nationalen Regierung gehören. Er braucht eine Waffe aus dienstlichen Gründen, da er Gerichtstage in Soldin abzuhalten hat, dorthin mit dem Auto fährt und wegen seiner dienstlichen Tätigkeit als Vorsitzender des Arbeitsgerichts unvermeidlicherweise sich mancherlei Feindschaft zugezogen hat. Im übrigen ist er ein durchaus zuverlässiger und besonnener Mann, dem nichts ferner liegt, als sich etwa an politischen Umtrieben zu beteiligen. Er ist ein in jeder Beziehung korrekter Staatsbeamter. Abgesehen von den dienstlichen Gründen, die dafür sprechen, ihm die Waffe zu belassen, würde es eine ganz unverdiente Kränkung bedeuten, wenn sie ihm entzogen würde. Politisch hervorgetreten ist er niemals. Zu erwähnen ist noch, dass er jüdischer Konfession ist."

„Nr. 10 _Nicolai_, Landwirtschaftlicher Sachverständiger. Es war leider unmöglich, über die politische Einstellung des Herrn Nicolai irgend etwas zu erfahren. Es ist durchaus nicht ausgeschlossen, dass er Anhänger der nationalen Regierung ist, doch war dies, wie bemerkt, mit Bestimmtheit nicht festzustellen. Politisch hat er sich nie, also auch nicht etwa in einem anderen Sinne, bestätigt. Er braucht die Waffe, weil er häufig über Land reisen muss. Es wird befürwortet, ihm den Waffenschein zu belassen."

„Nr. 15 **Raabe**, Kernmacher, gehörte der S.P.D. an. Waffe und Waffenschein sind bereits vor längerer Zeit eingezogen worden, weil Raabe an einer Schiesserei beteiligt war."

„Nr. 22 prakt. Arzt **Dr. Asch** gehörte bisher den Linksparteien an. Es ist nicht anzunehmen, dass er jetzt Anhänger der nationalen Regierung ist. Er ist ein leicht erregter Mann, der sich auch politisch betätigt hat. Der Waffenschein wird ihm zu entziehen sein. Der Umstand, dass er bei Fahrten über Land, insbesondere des Nachts, in Ausübung seines Berufes die Waffe allerdings benötigt, wird ein hinreichender Grund nicht sein, sie ihm zu belassen."

„Nr. 35 __Östreich__, Otto, Arbeiter, Sozialdemokrat und führendes Mitglied der Eisernen Front. Die Waffe ist ihm zu entziehen."

„Nr. 46 __Leschke__, Kraftfahrer. Ist hier nicht bekannt, Auch über seine politische Einstellung ist nichts zu ermitteln. Mitglied der N.S.D.A.P. ist er bestimmt nicht. Der Waffenschein wird ihm zu entziehen sein. Der Umstand, dass er als Kraftfahrer Ueberlandfahrten macht, wird kein hinreichender Grund sein, dies zu unterlassen.

„Nr. 59 __Kühnert__, Kraftwagenführer. Der Fall liegt genau ebenso wie der vorstehend erörterte Fall Nr. 46, Leschke."

„Nr. 60 _Benicke_, Fischereiaufseher, soll Sozialdemokrat gewesen sein, doch ist er nicht irgendwie politisch hervorgetreten. Ob er etwa inzwischen seine politische Einstellung geändert hat, war nicht zu ermitteln. In seinem Beruf als Fischereiaufseher braucht er nun allerdings eine Waffe ganz dringend. Aus diesem Grunde und weil er politisch niemals irgendwie hervorgetreten ist, möchte ich glauben, dass ihm die Waffe zu belassen ist."

„Nr. 61 __Müller__, Ernst, Kaufmann, Sohn des Kaufmanns und Stadtrats J.D. Müller, gehört, wie mit Bestimmtheit angenommen werden muss, ebenso wie sein Vater, der Staatspartei an. Er ist jüdischer Konfession, hat sich politisch nicht irgendwie betätigt und ist sicherlich weit davon entfernt, sich an irgendwelchen politischen Umtrieben zu beteiligen. Er macht in seinem Geschäftsbetriebe (Lebensmittel-Grosshandlung) häufig Kraftwagenfahrten über Land und es wird das Bedürfnis zur Führung einer Waffe in diesem Fall immerhin anerkannt werden müssen, zumal die von ihm mitgeführten Waren für verbrecherische

Anschläge besonders verlockend sind. Wieweit politische Gründe als überwiegend anzusehen sind, darf dem dortigen Ermessen anheimgestellt werden."

„Nr. 64 __Rockoff__, Gewerkschaftsangestellter. Waffe und Waffenschein sind vor kurzer Zeit eingezogen worden. Es ist darüber dorthin berichtet worden."

„Nr. 66 _Stollorcz_, Bücherrevisor, gehörte bisher der Staatspartei an und dürfte die gleiche politische Einstellung auch jetzt noch einnehmen. Er ist ein ruhiger und besonnener Mann, der sich an politischen Umtrieben ganz bestimmt nicht beteiligen würde. In seiner Eigenschaft als Bücherrevisor hat er nicht selten Fahrten über Land zu machen und er legt deshalb zum Schutze seiner Person Wert darauf, den Waffenschein zu behalten. Auch hier wird entscheidend sein, wie weit politische Gründe dem entgegen stehen."

„Nr. 67 _Hoffmann_, Ernst, Inhaber eines Bewachungsgeschäfts (Wach- und Schliessgesellschaft). Er ist links eingestellt, betont recht nachdrücklich, dass er Dissident ist. Ob er der S.P.D. angehört, ist nicht mit Bestimmtheit zu sagen. Für seinen Beruf als Wächter braucht er nun allerdings eine Waffe ganz dringend. Er wird geradezu in seinem Beruf lahmgelegt, wenn sie ihm entzogen wird. Politisch hervorgetreten ist er nicht, ist auch ein ruhiger und verständiger

Mensch. Es würde sich doch vielleicht verantworten lassen, ihm die Waffe zu belassen."

Das Königsberger Memorandum schloß wie folgt: „Ich beabsichtige, die Waffenscheine zu lfd. Nr. 5, 6, 15, 22, 35, 61, 64, 66, und 67, soweit sie nicht bereits eingezogen sind, einzuziehen. Ich bitte um Verfügung, ob die Waffenscheine zu lfd. Nr. 10, 46, 59 und 60 ebenfalls eingezogen werden sollen." Dies war zwar nicht die abschließende Entscheidung, doch die meisten Erlaubnisse wurden eingezogen. Auf jeden Fall illustrieren diese Beispiele, wie die Behörden eines Ortes, nur wenige Wochen nach der Machtübernahme Hitlers, auf der Grundlage politischer Sympathien entschieden, Waffenscheine einzuziehen und Waffen zu beschlagnahmen.

Ein Königsberger Folgememorandum vom Juli berichtete über die Einziehung der Waffenscheine derjenigen Personen, deren Namen vorstehend fett gedruckt sind.[290] Bei jedem Mitglied oder Sympathisanten der SPD wurde die Erlaubnis zurückgenommen. Von den Juden durfte nur der Richter seine Erlaubnis behalten; die des Kaufmanns wurde eingezogen.

Am 22. Februar 1933 teilte Göring als der *Reichskommissar* für das Preußische Innenministerium den Regierungspräsidenten und dem Berliner Polizeipräsidenten in einem Schreiben mit, daß eingezogene und beschlagnahmte Schußwaffen, insbesondere die Armeepistole Modell 08 (auch als deutsche Luger bekannt), zur Bewaffnung der örtlichen Polizei verwendet werden sollten.[291] Die Listen hatten auszuweisen, ob die Pistolen aus Armeebeständen oder Privatbesitz stammten oder unbekannter Herkunft waren. Zur Rechtfertigung dieser Politik wurden Verordnungen aus der Weimarer Zeit herangezogen.

Mit Anschreiben vom 30. März übersandte das Regierungspräsidium Potsdam die Registrierungslisten für Waffenscheininhaber an den Preußischen Innenminister.[292] Bedauerlicherweise waren die Listen selbst in den Archiven nicht auffindbar.

Am 8. Juni schickte Innenminister Göring eine Anweisung bezüglich der Waffenberechtigungen von SPD-Mitgliedern an die Regierungspräsidenten, den Berliner Polizeipräsidenten und die Gestapo in Berlin.[293] Wie andere Behörden auch, leitete Potsdam die Anweisung an die entsprechenden Zivil- und Polizeibehörden weiter. Bezogen auf „Angehörige der SPD und deren Hilfs- und Nebenorganisationen", wurde die Bestätigung verlangt, daß jede Art von Waffenberechtigung – Erwerb, Führen, Besitz und Jagd – eingezogen worden war. „Daß bei Angehörigen kommunistischer Organisationen (einschl. Sympathisanten) die Einziehung überall und restlos erfolgt ist, setze ich als selbstverständlich voraus."[294]

Als Reaktion darauf meldete die Stadtverwaltung Wittenberge die Einziehung der Erlaubnisse und die Beschlagnahme der Schußwaffen von drei Mitgliedern der SPD und von einem jüdischen Geschäftsmann.[295] Jüterbog-Luckenwalde bestätigte die Einziehung der Erlaubnisse von SPD-Mitgliedern und wies zudem darauf hin, daß die Schußwaffen von Rudolf Mosse beschlagnahmt worden waren, weil seine jüdische Herkunft ihn der subversiven Tätigkeit verdächtig erscheinen ließ.[296] Aus Soldin kam der folgende Bericht über die dort übliche Politik und Praxis:

> "Im hiesigen Kreise sind bis zum Februar 1933 im Laufe des Jahres nur 106 Waffenscheine erteilt worden. Hierin sind die Waffenscheine der Gutsaufsichtsbeamten, der Nachtschutzbeamten, der Amtsvorsteher sowie der Kassenbeamten, die Geldtransporte auszuführen haben, enthalten, sodass nur ganz wenige Waffenscheine auf Privatpersonen entfallen. Diejenigen Scheine, die an Amts- und Gemeindevorsteher ausgegeben waren, die wegen ihrer Zugehörigkeit zur S.P.D. s. Zt. ihres Amtes enthoben worden sind, waren inzwischen abgelaufen, bezw. sind eingezogen worden, sodass heute Angehörige der S.P.D. nicht mehr im Besitze von Waffenscheinen sind. Dass Angehörige der K.P.D. im Besitze von Waffenscheinen gewesen sind, hat die Prüfung der Waffenscheinliste nicht ergeben. "[297]

Die Stadt Sorau in der Niederlausitz (heute Żary in Polen) deutete an, daß die dortige Polizei bei der Feststellung, ob Personen Mitglied der SPD oder anderweitig unzuverlässig seien, nachlässig gewesen sei. So hieß es:

> "Eine allgemeine Einziehung von Waffenscheinen usw. von Angehörigen der S.P.D. und deren Hilfs- und Nebenorganisationen hat bisher nicht stattgefunden. Die Durchführung solcher Maßnahme würde dadurch erschwert werden, daß bei vielen Inhabern von Waffenscheinen deren Zugehörigkeit zur S.P.D. nicht hinreichend bekannt ist. Bei der Neuausfertigung von Waffenscheinen wird der Frage der Parteizugehörigkeit der Antragsteller besonderes Augenmerk zugewendet.
>
> Bei Angehörigen kommunistischer Organisationen ist die Einziehung vorhandener Waffen überall erfolgt. Waffenscheine waren für diese Waffen nicht ausgestellt."[298]

Ähnlich äußerte sich der Oberbürgermeister von Frankfurt/Oder: "Die im hiesigen Zuständigkeitsbereich an Angehörige der S.P.D. und deren Hilfs- und Nebenorganisationen ausgestellten Bescheinigungen über das Recht zum Erwerb, zum Führen und zum Besitz von Waffen sind unter Mitwirkung der politischen Polizei, soweit die Zugehörigkeit des Einzelnen zur S.P.D. u.s.w. festgestellt werden konnte, eingezogen worden. Maßnahmen bezüglich der Waffen, die die Inhaber auf Grund der fraglichen Bescheinigungen rechtmässig erworben und im Besitz haben, sind nicht getroffen worden."²⁹⁹ Aus „sicherheits- und staatspolitischen Gründen" zog in Spremberg Polizeihauptmann Knippel alle an SPD-Mitglieder ausgegebenen Waffenscheine und Erwerbsberechtigungen ein. Es wurde festgestellt, daß an Kommunisten keine Erlaubnisse ausgegeben worden waren.³⁰⁰

Der Oberbürgermeister von Landsberg (Warthe) wies auf die Einziehung der Waffenscheine und die Beschlagnahme der Schußwaffen von Mitgliedern der SPD hin und sprach sich für die Rückgabe der Schußwaffen aus „nachdem ruhigere Zeiten eingetreten sein werden." Eine weitere Einziehung von Waffenscheinen oder Beschlagnahme von Schußwaffen, so fuhr er fort, habe nicht stattgefunden, denn die Behörden hatten die Anmeldung von Schußwaffen, Munition sowie von Hieb- und Stichwaffen nach der Verordnung vom 8. Dezember 1931 nicht gefordert. Trotzdem ging die Verschärfung weiter: „Die Waffenscheinliste ist wiederholt überprüft worden. Marxistische oder kommunistische Waffenscheininhaber sind nicht vorhanden. Eine Sicherstellung von Waffen, die ordnungsmäßig beschafft waren und die die Besitzer auch ohne Waffenschein halten durften, fand wiederholt bei Durchsuchungen von Wohnungen linksgerichteter Kreise statt."³⁰¹

Der Landkreis Seelow äußerte sich zur Überwachung von Erlaubnissen wie „Waffenscheine, Waffenerwerbscheine, Waffenlagerscheine, Jahresjagdscheine usw." und erklärte, daß an „Leute, deren kommunistische Einstellung bekannt war", bereits seit einiger Zeit keine Erlaubnisse mehr ausgegeben worden waren. Weiter hieß es in dem Bericht: „Nach dem 30. Januar 1933 sind Waffenscheine usw. auch an SPD-Angehörige nicht mehr erteilt worden. Soweit Waffen bei SPD-Angehörigen und Kommunisten vermutet wurden, hat eine Durchsuchung stattgefunden. Die dabei ermittelten Waffen sind restlos beschlagnahmt worden. Soweit in diesen Fällen Bescheinigungen ausgestellt waren, sind sie eingezogen worden."³⁰²

Im Juli berichteten die Landkreise detaillierter. Aus Spremberg hieß es: „Am 1. März d.Js. ist aus sicherheits- und allgemeinen staatspolitischen Gründen von dem damaligen Leiter der gesamten Kreispolizei, Polizeihauptmann Knippel, angeordnet [worden], alle der SPD angehörenden Personen ausgestellten Waffenscheine und Waffenerwerbsscheine einschließlich der von ihnen geführten Schußwaffen (Pistolen) abzunehmen und in entsprechender Weise sicherzustellen."³⁰³ Guben meldete die Einziehung von „2 Waffenscheinen, 3 Jagdscheinen und eines Waffenerwerbscheines."³⁰⁴

Der Landkreis Luckau informierte über ehemalige Beamte der Stadt Finsterwalde, die Mitglieder der SPD waren. Der ehemalige Bürgermeister Geist hatte seinen Waffenerwerbschein vernichtet, nachdem dieser seine Gültigkeit verloren hatte; er hatte keine Schußwaffe erworben. Die Erlaubnis des ehemaligen Stadtverwalters Starke war nicht aufzufinden, doch im März hatte die Polizei festgestellt, daß er im Besitz einer Pistole war, und das Verfahren zur Beschlagnahme lief bereits. Die Erlaubnis des ehemaligen stellvertretenden Stadtverwalters Pietsch sei eingezogen worden, aber: „Eine auf Grund dieses Scheines erworbene Waffe konnte bisher nicht eingezogen werden, da sich Pietsch mit unbekannter Adresse in Berlin aufhält."[305]

Inzwischen wurden die Schußwaffen, die bei Gegnern der Nazis und bei Juden beschlagnahmt worden waren, an die Konzentrationslager geschickt, um bei der Bewachung eben dieser Feinde des Regimes eingesetzt zu werden. Am 28. Juli wies der Preußische Innenminister Göring die Regierungspräsidenten an, das Konzentrationslager Sonnenburg über beschlagnahmte Schußwaffen, die verfügbar waren, zu informieren.[306] Besonderes Interesse bestand an Karabinern 98, Armeepistolen 08, 9mm-Maschinenpistolen und Munition. Die Waffen wurden dringend für die Bewaffnung der Wachen der Konzentrationslager benötigt. Auch das Konzentrationslager Oranienburg hatte Bedarf an Karabinern.

Die vorstehende, sehr ins Detail gehende Betrachtung zeigt exemplarisch, wie die nationalsozialistische Regierung die durch das Schußwaffengesetz von 1928 geschaffenen Antragsunterlagen der Polizei dazu benutzte, die Inhaber von Waffenerlaubnissen zu identifizieren und die Schußwaffen derjenigen zu beschlagnahmen, die als Staatsfeinde eingestuft wurden. Ganz deutlich wird auch aufgezeigt, daß die politische oder religiöse Bindung des Einzelnen bestimmte, ob ihm Zugang zu Schußwaffen gewährt wurde. Die Landesbehörden konnten feststellen, wer Schußwaffen besaß, und diese Waffenbesitzer – für den Fall, daß sich deren „Zuverlässigkeit" ändern sollte – im Auge behalten. In Zuständigkeitsbereichen, in denen die vollständige Anmeldung aller Schußwaffen gemäß der Verordnung vom Dezember 1931 angeordnet worden war, dürfte die Beschlagnahme um so einfacher gewesen sein.

285 Der Pr.Min.d.Inn. an Reg. Präs., 15. Feb. 1933, Inhaber von Waffenscheinen listenmäßig zu erfassen, Brandenburgisches Landeshauptarchiv (BrLHA), Pr. Br. Rep. 3B, Reg. Frankfurt/O I Pol/1877, Waffenscheine 1933–42.

286 Reg.Präs. Potsdam, 17. Feb. 1933, BrLHA, Pr. Br. Rep. 2A, Reg. Potsdam I Pol/3477, Waffenangelegenheiten Bd. 3, 1928–37.

287 Der Landrat d.Kr. Spremberg an Reg. Präs Frankfurt/O, 28. Feb. 1933, Verzeichnis der Waffenscheininhaber, BrLHA, Pr. Br. Rep. 3B, Reg. Frankfurt/O I Pol/1877, Waffenscheine 1933–42.

288 Der Landrat an Reg. Präs. Frankfurt/O, 28. Feb. 1933, Verzeichnis der Waffenscheininhaber, BrLHA, Pr. Br. Rep. 3B, Reg. Frankfurt/O I Pol/1877, Waffenscheine 1933–42.

289 Der Landrat Königsberg an Reg. Präs. Frankfurt/O, 10. März 1933, Einziehung von Waffenscheinen, BrLHA, Pr. Br. Rep. 3B, Reg. Frankfurt/O I Pol/1877, Waffenscheine 1933–42.

290 Der Landrat Königsberg an den Reg. Präs. Frankfurt/O, 3. Juli 1933, Einziehung von Waffenscheinen, BrLHA, Pr. Br. Rep. 3B, Reg. Frankfurt/O I Pol/1877, Waffenscheine 1933–42.

291 Der Pr. Min.d.Inn. an Reg. Präsidenten, 22. Feb. 1933, Verwertung eingezogener u. beschlagnahmter Waffen, BrLHA, Pr. Br. Rep. 2A, Reg. Potsdam I Pol/3477, Waffenangelegenheiten Bd. 3, 1928–37.

292 Reg. Präs. Potsdam an Pr. Min.d.Inn, 30. März 1933, Erteilte Waffenscheine, BrLHA, Pr. Br. Rep. 2A, Reg. Potsdam I Pol/3477, Waffenangelegenheiten Bd. 3, 1928–37.

293 Der Pr. Min.d.Inn. an Reg. Präsidenten, 8. Juni 1933, Pr. Br. Rep. 2A, Reg. Potsdam I Pol/3477, Waffenangelegenheiten Bd. 3, 1928–37.

294 Reg. Präs. Potsdam an Landräte, 17. Juni 1933, Pr. Br. Rep. 2A, Reg. Potsdam I Pol/3477, Waffenangelegenheiten Bd. 3, 1928–37.

295 Der Erste Bürgermeister Wittenberge an Reg. Präs. Potsdam, 7. Juli 1933, Einziehung von Waffenscheinen, Pr. Br. Rep. 2A, Reg. Potsdam I Pol/3501, Ausstellung u. Einziehung von Waffenscheinen 1929–38.

296 Der Landrat des Kr. Jüterbog-Luckenwalde an Reg. Präs. Potsdam, 27. Juli 1933, Waffenschein pp. für SPD-Angehörige, Pr. Br. Rep. 2A, Reg. Potsdam I Pol/3501, Ausstellung u. Einziehung von Waffenscheinen 1929–38.

297 Der Landrat Soldin an Reg. Präs. Frankfurt/O, 24. Juni 1933, Einziehung von Bescheinigungen, BrLHA, Pr. Br. Rep. 3B, Reg. Frankfurt/O I Pol/1877, Waffenscheine 1933–42.

298 Der Landrat Sorau/Lausitz an Reg. Präs. Frankfurt/O, 28. Juni 1933, Waffenscheine für Angehörige der SPD, BrLHA, Pr. Br. Rep. 3B, Reg. Frankfurt/O I Pol/1877, Waffenscheine 1933–42.

299 Der Oberbürgermeister F/O an Reg.Präs. Frankfurt/O, 26. Juni 1933, Verfügung 16. Juni 1933, BrLHA, Pr. Br. Rep. 3B, Reg. Frankfurt/O I Pol/1877, Waffenscheine 1933–42.

300 Der Landrat d.Kr. Spremberg, 22. Juni 1933, Erteilung von Waffenscheinen an Angehörige der SPD, BrLHA, Pr. Br. Rep. 3B, Reg. Frankfurt/O I Pol/1877, Waffenscheine 1933–42.

[301] Der Oberbürgermeister Landsberg an Reg. Präs. Frankfurt/O, 22. Juni 1933, BrLHA, Pr. Br. Rep. 3B, Reg. Frankfurt/O I Pol/1877, Waffenscheine 1933–42.

[302] Der Landrat Seelow an Reg. Präs. Frankfurt/O, 30. Juni 1933, Einziehung von Waffenscheinen, BrLHA, Pr. Br. Rep. 3B, Reg. Frankfurt/O I Pol/1877, Waffenscheine 1933–42.

[303] Der Landrat d. Kr. Spremberg an Reg. Präs. Frankfurt/O, 19. Juli 1933, Erteilung von Waffenscheinen, BrLHA, Pr. Br. Rep. 3B, Reg. Frankfurt/O I Pol/1877, Waffenscheine 1933–42.

[304] Der Landrat Guben an Reg. Präs. Frankfurt/O, 25. Juli 1933, Einziehung von Waffenscheinen, BrLHA, Pr. Br. Rep. 3B, Reg. Frankfurt/O I Pol/1877, Waffenscheine 1933–42.

[305] Der Landrat d. Kr. Luckau an Reg. Präs. Frankfurt/O, Aug. 18, 1933, Bescheinigung, BrLHA, Pr. Br. Rep. 3B, Reg. Frankfurt/O I Pol/1877, Waffenscheine 1933–42.

[306] Der Pr. Min.d.Inn. an Reg. Präsidenten, 28. Juli 1933, Asservatwaffen, BrLHA, Pr. Br. Rep. 2A, Reg. Potsdam I Pol/3477, Waffenangelegenheiten Bd. 3, 1928–37.

6
Die Einordnung als Staatsfeinde

Die Repressionen gegen Waffenbesitzer in Brandenburg waren beileibe kein Einzelfall. Nach ihrer Machtergreifung begannen die Nazis mit ihrer Politik der Gleichschaltung, bei der alle Institutionen der Gesellschaft gezwungen wurden, sich in ein totalitäres System einzureihen. „Jeder Bereich des Staates, einschließlich Industrie, Arbeit, Bildung, Gesetzlichkeit, Kultur und Sport, wurde eingespannt, um dem nationalsozialistischen Staat zu dienen, und jeder Einzelne hatte sich diesem Ziel unterzuordnen.[307] Schußwaffenbesitzer, Schützenvereine, Waffenhändler sowie die Importeure und Hersteller von Schußwaffen, sie alle waren der Gleichschaltung unterworfen, sofern sie nicht gleich verboten wurden.

Diese Gleichschaltung galt allgemein für alle Sportorganisationen und in besonderem Maße für die Schützenvereine. Dies war ein besonders sensibles Thema, denn die Mitglieder derselben verfügten über Schußwaffen – und diese konnten ja möglicherweise gegen das Regime eingesetzt werden. Viele Schießsportvereine hatten ihre Wurzeln in Schützengesellschaften, Gilden, Zünften und Bruderschaften des Mittelalters. Sie hatten eine große Rolle bei der demokratischen Revolution von 1848 gespielt, welche zumindest teilweise erfolglos geblieben war, weil die stehenden Heere der reaktionären Kräfte viel besser bewaffnet waren als die Bevölkerung.[308] Auch wenn es keine umfassende Literatur zur Unterdrückung der Schützenvereine seitens der Nazis gibt, so existieren doch Studien zu diesem Thema für die Regionen Rheinland und Westfalen.[309]

Vor allem in ländlichen Gegenden dienten Schützenvereine der örtlichen Bevölkerung als soziale Treffpunkte und politische Foren. Manche waren gegen die Nazis, und sie breiteten sich in der Weimarer Zeit stark aus. Der Prozeß, mit dem diese Vereine 1933-34 gleichgeschaltet wurden, beleuchtet die Phasen, Ziele und Unterwanderungsmethoden der Nationalsozialisten. Bei der Gleichschaltung der Schützenvereine setzten die Nazis auf formelle, institutionelle und, letztendlich, strukturelle Prozesse.[310]

In der Weimarer Republik war der *Deutsche Schützenbund* Mitglied im *Deutschen Reichsausschuss für Leibesübungen*, der Dachorganisation der deutschen Sportverbände, die am 10. Mai 1933 aufgelöst wurde.[311] Die neue Dachorganisation, der zwei Wochen später gebildete *Reichsführerring des deutschen Sports*, formierte den *Deutschen Schießsportverband*, der den *Deutschen Schützenbund* ersetzte.[312] Hans von Tschammer und Osten wurde *Reichssportkommissar* (später umbenannt in *Reichssportführer*); er leitete später die Ausrichtung der Olympischen Spiele von 1936 in Deutschland.

Gemäß des Führerprinzips hatte der Reichssportkommissar die alleinige Entscheidungsgewalt; er diktierte den Führungsebenen in Gau, Landkreis und Kommune seine Anweisungen. Am 12. Juli 1933 erging an alle Schützenvereine die Anweisung, sich dem Deutschen Schießsportverband anzuschließen. Vereine, die sich nicht bis zum gesetzten Termin, dem 15. August, anmeldeten, wurden aufgelöst.[313] Vereine, die bestehen blieben, waren in der Folge viel stärker der institutionellen Gleichschaltung mit der Agenda der Nazis ausgesetzt. Diejenigen, die sich widersetzten, wurden verboten.

Die alten Vereinsführungen behielten bis weit ins Jahr 1933 hinein ihre Funktion, wodurch das vorgegebene Führerprinzip oft nur auf dem Papier umgesetzt wurde und nicht in der Praxis. Diese größtenteils oberflächliche Anwendung blieb dem Regime allerdings nicht lange verborgen, woraufhin man anwies, daß mehr als die Hälfte der Mitglieder sowie der Präsident und der gesamte Vorstand Nazis sein mußten.[314] Unterdessen tat die Schußwaffenindustrie das gleiche wie in der Weimarer Republik und sie bat den Regierungschef um Befreiung von drückenden Vorschriften. Der Reichsverband Deutscher Büchsenmacher, Waffen- und Munitionshändler e.V. wandte sich am 18. März 1933 mit einem Brief an Kanzler Hitler, in dem man sich über die Waffenbeschränkungen beklagte, die die gesetzestreuen Bürger entwaffneten, während Schmuggler und Schwarzmarkthändler die Kriminellen mit Waffen versorgten.[315] In Anlehnung an eine kürzlich zu Ende gegangene Automobilausstellung in Berlin, auf der Hitler die Notlage jenes Industriezweigs anerkannte und wirtschaftliche Erleichterungen geschaffen hatte, versuchte der Brief, die gleiche Aufmerksamkeit für die dringenden Bedürfnisse der Schußwaffen-Industrie zu wecken, darunter auch für eine Liberalisierung der Gesetze und Verordnungen.

Auch eine Vereinigung der Waffenhersteller aus Thüringen schrieb an Hitler und bat um eine Entschärfung der Waffengesetze.[316] Man verwies auf die Waffenindustrien in Rußland, Polen, Finnland, Schweden, der Tschechoslowakei, Dänemark und der Schweiz, die Militärwaffen lieferten und darüber hinaus Waffen für Jagd, Sport und Verteidigung herstellten. In seinem Schreiben wies der Verband darauf hin, wie sehr man geschmuggelte Waffen aus Belgien und Spanien ablehne, insbesondere Pistolen und Revolver, an die Teile der Bevölkerung ohne das Wissen der Polizei herankamen. Außer über die Weimarer Schußwaffengesetze beklagte man sich in dem Brief über Monopolverträge zur Lieferung von Militär- und Polizeiwaffen, die zwischen der Regierung und Firmen wie Simson & Co. aus Suhl geschlossen worden waren und jeden Wettbewerb seitens anderer Firmen verhinderten.

Hitler antwortete nicht auf diese Briefe, und ebensowenig wurde seine neue Regierung im Sinne der Petition tätig.

In der Tat spielten die Schußwaffengesetze von 1928 und 1931 den Nazis nach ihrer Machtergreifung in die Karten. Am deutlichsten wurde dies daran, daß die Gesetze für Waffenbesitzer eine polizeiliche Erlaubnis oder die Anmeldung bei der Polizei vorschrieben und die Behörden bevollmächtigten, die Beschlagnahme von Schußwaffen anzuordnen. Der zivile Besitz von Pistolen wurde zunehmend als verdächtig angesehen, und das Nazi-Regime beschloß, durch das Verbot von Importen das Angebot zu verringern. Volle Sorge wegen der Importe von Pistolen wandte sich Reichsinnenminister Wilhelm Frick am 31. Mai mit einem Schreiben an Hermann Göring, Innenminister Preußens und Chef der Polizei dieses Landes, und erläuterte:

„In den letzten Monaten hat die Einfuhr von Pistolen aus dem Auslande, namentlich aus Belgien und Spanien, einen immer stärkeren Umfang angenommen. Nach mir gemachten Mitteilungen sind im März d.J. rund 17 000 Pistolen aus dem Auslande eingeführt worden. Das ist gegenüber der Durchschnittseinfuhr der letzten drei Monate eine Erhöhung auf das Zehnfache. Es liegt auf der Hand, daß aus Gründen der öffentlichen Sicherheit die hemmungslose Einfuhr solcher Waffenmengen nicht geduldet werden kann. Wenn auch nach den Bestimmungen des Schusswaffengesetzes der Erwerb von Schusswaffen in Deutschland nur unter erschwerten Voraussetzungen zulässig ist, so ist tatsächlich doch damit zu rechnen, daß nicht alle Waffenhändler sich nach diesen Vorschriften richten, dass die einströmenden ausländischen Waffen in unbefugte Hände kommen und dass versteckte Waffenlager angelegt werden. Ich halte es daher für notwendig, für einige Zeit aus sicherheitspolizeilichen Gründen die Einfuhr von Handfeuerwaffen aus dem Auslande zu verbieten."[317]

Unter Verweis auf das Schußwaffengesetz von 1928 erklärte Frick weiter, daß in bestimmten Fällen für Einzelpersonen im Rahmen einer Erwerbsberechtigung, eines Waffenscheins oder eines Jagdscheins Ausnahmen gemacht werden könnten, doch Waffenhändlern sollte der Import von Pistolen verboten werden, auch wenn sie nach dem Waffenrecht dazu berechtigt seien. Bezug nehmend auf das System der Gesetzgebung per Verordnung ergänzte Frick: „Falls mir nicht bis zum 10. Juni d.J. eine gegenteilige Aeusserung zugeht, werde ich Einverständnis mit diesem Entwurf annehmen und die Verordnung in Kraft setzen."[318] Dies war ein weiteres Beispiel dafür, wie das Hitler-Regime geltende Gesetze durch Verordnung außer Kraft setzte.

Göring hatte keine Einwände, und am 12. Juni verkündete Frick per Verordnung das Einfuhrverbot für Faustfeuerwaffen.[319] Am folgenden Tag schickte er ein Memorandum an die Regierungen der Länder und an den Innenminister

Preußens (Göring), in dem er erklärte: „Die Einfuhr ausländischer Faustfeuerwaffen hat in den letzten Monaten in erschreckender Weise zugenommen. Dieser Zustand konnte aus Gründen der öffentlichen Sicherheit nicht länger geduldet werden." Es sei nun bis auf weiteres illegal, Handfeuerwaffen einzuführen. Ausnahmen konnten für Einzelpersonen wie Jäger, die von einer Auslandsreise zurückkehrten, gemacht werden, aber Händler konnten nicht länger Handfeuerwaffen importieren.[320]

In den folgenden fünf Jahren gab es ohne Eile geführte Diskussionen über mögliche Änderungen im Waffenrecht. Zu den Gesprächsteilnehmern gehörten Wilhelm Frick als Reichsinnenminister, Hermann Göring, dem als Innenminister Preußens die Polizei dieses Landes unterstand, Heinrich Himmler als Reichsführer der SS und Chef der Deutschen Polizei, das Hauptamt Sicherheitspolizei, zu dem die Kriminalpolizei und die Gestapo gehörten,[321] sowie weitere Mitglieder der Nazi-Hierarchie.

Im Juli 1933 veranlaßte Frick eine Überprüfung des Schußwaffengesetzes, die nach fünf Jahren gemächlicher Diskussion 1938 zu einer Novellierung führte. Inzwischen hatte die NS-Regierung unter Nutzung der Anmeldelisten erfolgreich die Schußwaffen von Mitgliedern der SPD und anderen politischen Gegnern beschlagnahmt. Am 7. Juli schrieb Frick an den Reichminister der Justiz, den Reichsminister für Wirtschaft, den Sekretär der Reichskanzlei, den Preußischen Innenminister und die Länder: „Nach dem Sieg der nationalen Revolution halte ich eine grundsätzliche Durchprüfung des Schußwaffengesetzes daraufhin für veranlaßt, ob und welche seiner Vorschriften noch unbedingt beizubehalten sind, insbesondere, ob der Erwerb von Schußwaffen noch weiterhin der viel Verwaltungsarbeit erfordernden polizeilichen Erlaubnis zu unterstellen ist oder ob es nicht genügt, wie vor dem Krieg, nur gewissen Personenkategorien, wozu insbesondere volks- und staatsfeindliche Elemente zu zählen wären, das Tragen von Waffen zu verbieten." Dies klang zwar wie eine Liberalisierung der Schußwaffengesetze, war es aber nicht. „Volks- und staatsfeindliche Elemente" umfaßte nun große Teile der Bevölkerung – praktisch jeden, der mit dem neuen Regime nicht einverstanden war. Unter Bezug auf eine Notwendigkeit, „zu regeln, um der deutschen Waffenindustrie ... Erleichterungen ... zu gewähren", regte Frick an, daß der laut Verordnung von 1931 notwendige Nachweis eines „Bedürfnisses für den Waffenerwerb"[322] überdacht werden sollte: „Es wird hierdurch nationalgesinnten Staatsbürgern erleichtert, eine Schußwaffe zu erwerben." Allerdings schränkte er ein: „An der Vorschrift, daß es zur Erteilung des zum Führen von Schußwaffen außerhalb der Wohnung usw. berechtigenden Waffenscheins des Nachweises eines Bedürfnisses bedarf, soll nichts geändert werden."[323]

Frick regte auch an, daß es angebracht sei, „Scheibenpistolen, d.s. Faustfeuerwaffen mit einer Lauflänge über 20 cm und einem Kaliber nicht [über] 6 mm, von der Waffenerwerbscheinpflicht zu befreien, da diese Waffen wegen ihrer Unhandlichkeit bei innerpolitischen Auseinandersetzungen keine Rolle spielen."[324] Sportpistolen würden also ausgenommen werden, Verteidigungspistolen aber nicht.

Die angebliche Fähigkeit, die Spur von bei Verbrechen benutzten Waffen zu verfolgen, und Schutzmaßnahmen für die einheimischen Hersteller kamen in Fricks nächstem Vorschlag zusammen. Er schrieb: „§ 9 des Schußwaffengesetzes schreibt zur Erleichterung der Aufklärung von strafbaren Handlungen, die mittels Schußwaffen begangen werden, eine Kennzeichnung der Schußwaffen vor, die es der Polizei, wenn sie am Tatorte eines Verbrechens eine Schußwaffen auffindet, ermöglichen soll, zunächst den Hersteller der Waffe oder den Händler, der sie in den Verkehr gebracht hat, und sodann aus dem Waffenbuch oder Waffenhandelsbuch den Erwerber festzustellen." Die aktuelle Gesetzgebung erfordere, daß die Waffe mit dem Namen des Händlers gestempelt war, nicht aber mit dem des Herstellers. „Dies hat dazu geführt, daß in großem Umfange in Deutschland ausländische Waffen auf den Markt kommen, die lediglich die Firma eines deutschen Waffenhändlers tragen, ohne daß für den Käufer ersichtlich ist, daß es sich um ausländische Ware handelt. Diesen Zustand halte ich aus nationalen und aus wirtschaftlichen Gründen nicht für länger tragbar. Es erscheint mir daher notwendig, für alle Waffen den Aufdruck des Herstellers zwingend vorzuschreiben, und zwar auch für den Fall, daß es sich um ausländische Hersteller handelt."[325] Somit müßten alle Hersteller, auch ausländische, ihre Namen auf die Schußwaffen stempeln.

Die positive Reaktion des Innenministers von Thüringen, einem Zentrum der Waffenherstellung, zu einer Liberalisierung des Schußwaffengesetzes kam nicht überraschend. Er merkte an, „dass es genügen wird, wie vor dem Kriege, nur gewissen Personenkreisen, besonders volks- und staatsfeindlichen Personen, das Tragen von Waffen zu verbieten." Von Firmen der Schußwaffenindustrie wisse er, daß potentielle Kunden durch den bürokratischen Aufwand zur Erlangung einer Erwerbsberechtigung, für die die Polizei ihre Zuverlässigkeit festzustellen hatte, von Käufen abgeschreckt würden. Dieser Antragsprozeß sei eine Belastung für die Kunden und die Polizei, die dadurch gemildert werden könne, daß eine Erwerbsberechtigung nur für Revolver und Selbstladepistolen benötigt würde, während für alle anderen Waffenkäufe die Hersteller und Händler die Aufzeichnungen vorzunehmen hätten.[326]

Der Innenminister Thüringens empfahl, daß importierte Waffen mit dem Herkunftsland und dem Namen des Herstellers versehen werden sollten, so wie dies bereits in England und Frankreich vorgeschrieben war. Des weiteren wären „Wilddiebsgewehre" ein wichtiger Exportartikel Thüringens für den Balkan, die Türkei und Südamerika gewesen, doch das Waffengesetz verbiete den Handel mit diesen Waffen, welche nun in Belgien gefertigt würden. „Es kann nicht Sache der deutschen Gesetzgebung sein, für den Jagdschutz der fremden Länder zu sorgen." Daher, so argumentierte er, sollte die Herstellung für Exportzwecke erlaubt werden.

Als Reaktion hierauf brachte der Landespolizeipräsident des Hessischen Staatsministeriums seine Ablehnung jeglicher Art von Liberalisierung des Schußwaffengesetzes zum Ausdruck. „Den Waffenerwerbsschein künftig ganz wegfallen zu lassen, dürfte jedoch bedenklich sein, da dann auch kommunistische und marxistische Elemente zum unkontrollierbaren Erwerb von Waffen berechtigt sind." Jeglicher Nutzen würde durch „die Gefahr, welche die Bewaffnung staatsfeindlicher Personen mit sich bringt, nicht ausgeglichen werden."[327]

Er schlug vor, daß die Mitglieder der *nationalen Verbände* – eine Umschreibung für SS, SA und Stahlhelm – einen leichteren Zugang zu einer polizeilichen Erlaubnis für Schußwaffen und Munition erhalten sollten, als dies das aktuelle Schußwaffengesetz vorsah. Um Mißbrauch zu vermeiden, könnte gefordert werden, daß die Waffen für den Dienst in der Organisation vorgesehen seien, und die Erlaubnis sollte nur erteilt werden, wenn der Antragsteller seit wenigstens zwei Jahren Mitglied der Organisation sei.

Bezeichnenderweise ermöglichte es das Weimarer Gesetz, Personen aus Gründen sowohl der Zuverlässigkeit als auch des Bedürfnisses den Zugang zu Waffen zu verweigern, und die Kommentare des Hessischen Polizeipräsidenten zeigen, wie die Polizei eine Erlaubnis aus jedem dieser Gründe verweigern konnte: „Vom Nachweis eines *Bedürfnisses* für den *Erwerb* von Waffen oder Munition sollte jedoch, nachdem die Polizeigewalt des Reichs von einheitlichen nationalsozialistischen Gesichtspunkten geleitet wird, durchweg abgesehen werden. Bei ehemaligen Marxisten jeder Schattierung wäre zum Ausgleich entsprechend reichsrechtlicher Richtlinien die Zuverlässigkeit allgemein zu verneinen." Obgleich der Zustand der Waffenindustrie Anlaß zu großer Sorge gebe, sollten ihre Vorschläge abgelehnt werden. Insbesondere gelte: „Der Marxismus ist noch keineswegs zu Boden geworfen, mit dem Aufflackern kommunistischen Widerstands muß nach wie vor gerechnet werden. Ich halte es daher zur Zeit nicht für angängig, Langwaffen vom Erwerbsscheinzwang auszunehmen." Zudem, erklärte er, sollte die Herstellung von Wilddiebsgewehren für Exportzwecke verboten bleiben, denn Waffenhändler würden immer Wege finden, Wilddiebsgewehre im Inland zu verkaufen.[328]

Herr Fischer vom Preußischen Innenministerium reagierte mit allgemeiner Zustimmung. Die Erfordernis einer polizeilichen Erlaubnis sei der einfachste Weg, um den Waffenerwerb durch ‚nicht vertrauenswürdige' Personen zu verhindern. Da sich die politischen Umstände ständig weiterentwickelten, sei die Feststellung der ‚Zuverlässigkeit' des Antragstellers unbedingt notwendig. Jegliche Veränderung an den Vorschriften für den Waffenerwerb sollte „Ihnen, Herr Minister [Frick]" überlassen werden, entsprechend „der politischen Verhältnisse und der öffentlichen Sicherheit".[329]

Der Württemberger Innenminister vertrat folgende Meinung: „Nach dem Sieg der nationalen Revolution und der Durchführung des Waffeneinzugs bei den politisch nicht zuverlässigen Personen halte ich eine wenn auch zunächst vorsichtige Lockerung der Vorschriften des Schußwaffengesetzes für vertretbar." Auch wenn auf den Bedürfnisnachweis für die Erwerbsberechtigung verzichtet würde, so wäre es vom Standpunkt der Sicherheitspolizei doch gefährlich, bestimmte Waffen von dieser Berechtigung auszunehmen, die bei internen politischen Konfrontationen benutzt werden könnten. Insbesondere, so stellte er fest, sollten kleinkalibrige Scheibenpistolen nicht von der Erlaubnispflicht ausgenommen werden, da sie über gezogene Läufe und präzise Visierungen verfügten. „Auch wenn eine Lauflänge über 20 cm und ein Kaliber von nicht mehr als 6 mm vorgeschrieben werden sollte, sind Scheibenpistolen, da mit ihnen nur auf kurze Entfernungen geschossen wird, geeignet, den sofortigen Tod eines Menschen herbeizuführen." Auch sollten Langwaffen nicht vom Erwerbsscheinzwang ausgenommen werden.[330]

Der Sächsische Minister für Auswärtige Angelegenheiten lehnte Änderungen des Schußwaffengesetzes ab. Die Verfügbarkeit von mehr Waffen in der Bevölkerung insgesamt würde nur den Feinden des Nationalsozialismus nützen:

> „Nach dem Berichte des Polizeipräsidiums Dresden, das im Laufe der Jahre in der Waffenfrage größere Erfahrungen gesammelt hat, ist der Zeitpunkt, nur gewissen Personenkreisen, insbesondere volks- und staatsfeindlichen Elementen, das Tragen von Waffen zu verbieten, noch verfrüht. Eine dringende oder auch nur allgemeine Notwendigkeit, daß die große Masse der Staatsbürger bewaffnet herumlaufe, bestehe durchaus nicht, denn die Polizei habe auch in Zeiten größerer Unruhen immer noch Mittel und Wege gefunden, sich durchzusetzen und die friedlichen Bürger zu schützen. In der Jetztzeit, wo ihr außerdem die SA und SS, der Stahlhelm und das Bürgertum helfend zur Seite stehe, sei eine so weitgehende Bewaffnungsmöglichkeit überflüssig. Sie könne im Gegenteil sich schädlich auswirken, denn gewisse Kreise, welche deshalb noch nicht zu den volks- und staatsfeindlichen Elementen zu zählen seien, könnten das Bedürfnis empfinden, sich an Behörden und Einzelpersonen zu rächen, durch die sie in der Zeit der nationalen Erhebung Schaden erlitten haben und so die öffentliche Ruhe und Sicherheit gefährden. Die volks- und staatsfeindlichen Elemente aber, denen ihre streng geheim gehaltenen

Waffen genommen worden seien, würden jede Gelegenheit benutzen, ihren Vorrat wieder zu ergänzen, was sie um so leichter tun könnten, je mehr Personen im Besitze von Waffen seien."

Der Sächsische Minister war besonders gegen jegliche Erleichterungen beim Erfordernis der polizeilichen Zustimmung für den Erwerb von Langwaffen. Er erklärte: „In den bei Kommunisten und Marxisten ausgehobenen Waffenbeständen spielten die Langwaffen eine nicht zu unterschätzende Rolle. Man denke dabei an die Straßenkämpfe und Dachschützen, bei denen die Langwaffen stark in Gebrauch waren. In späterer Zeit, etwa Jahresfrist, wenn alle feindlichen Elemente erfaßt oder wenigstens von der Aussichtslosigkeit feindlicher Bestrebungen überzeugt sind, und wenn die jetzt noch beiseite gebrachten Parteimittel erschöpft sind und keine Ergänzung mehr finden, kann dieser Frage wieder näher getreten werden."[331]

Im Gegensatz dazu antwortete der Bayerische Innenminister, daß das Waffengesetz gefahrlos geändert werden könne, weil die innere Lage unter Kontrolle sei. Die Sicherheit des Staates sei nicht unvereinbar mit den Interessen der Waffenindustrie. Eine Überarbeitung des Gesetzes könne vorgenommen werden: „Die Staatsgewalt ist derart gefestigt, daß Gegenströmungen, die gefährlich werden könnten, nicht zu erwarten sind und deshalb für die Sicherheit des Staates sowie für die Aufrechterhaltung der Ruhe und Ordnung nichts Ernstliches zu befürchten ist, sodaß auch aus diesem Grunde gewisse Erleichterungen in Aussicht genommen werden können."[332]

Der Bayerische Minister merkte an, daß das Erfordernis zum Nachweis eines „Bedürfnisses" für eine Waffenerwerbsberechtigung abgeschafft werden könne, weil die „Zuverlässigkeit" des Antragstellers trotzdem nachzuweisen sei und somit „nicht vertrauenswürdige" Elemente ausgesondert würden. Kleinkaliberpistolen mit langen Läufen könnten etwas dereguliert werden, da sie in den politischen Kämpfen im Lande keine Rolle gespielt hätten. Für Langwaffen jedoch sollte eine Erwerbsberechtigung beibehalten werden, da andernfalls vertrauensunwürdige Elemente die Gelegenheit sehen könnten, sich mit Langwaffen auszurüsten, die bei Straßenkämpfen eingesetzt werden würden. Die Aufhebung der Kontrolle über zum Export bestimmte „Wilddiebsgewehre" sei nicht ratsam, weil sie zweifellos den Weg auf dem einheimischen Markt finden würden.

Abschließend ersuchte der Bayerische Minister um Klarstellung, ob Mitglieder der SA und der SS, die noch nicht wie etwa Militär oder Polizei von der Pflicht ausgenommen waren, sich eine Waffenerwerbsberechtigung ausstellen lassen müßten.

Am 31. August stellte das Reichsinnenministerium in einer Zusammenfassung der Kommentare aus den großen Ländern zur Reform des Waffengesetzes fest, daß sich nur Thüringen für eine Liberalisierung einsetze, die die Erfordernis einer polizeilichen Erlaubnis zum Schußwaffenerwerb generell abschaffen und nur bestimmten Kategorien von Personen verbieten würde, Waffen zu führen.[333] Natürlich, Thüringen war das Zentrum der Waffenherstellung. Preußen, Sachsen, Württemberg, Baden, Hessen, Hamburg, Lippe und Lübeck verlangten die Beibehaltung der Erwerbsberechtigung. Bayerns Vorschlag, daß Mitgliedern der SA besondere Privilegien eingeräumt werden sollten, hätte mit dem vorliegenden Sachverhalt nicht zu tun.

Der Innenminister von Mecklenburg-Strelitz schickte einen warnenden Kommentar, in dem er darauf hinwies, daß subversiven Kräften der Zugang zu Waffen genommen und die politische Zuverlässigkeit jeder Person festgestellt werden müsse: „Wenn auch nach dem Siege der nationalen Revolution eine Auflockerung des Bestimmungen des Schusswaffengesetzes zu einem gewissen Grade erfolgen kann, so muss doch eine Massenbewaffnung verhindert und die Beschaffung von Waffenmaterial durch volks- und staatsfeindliche Elemente, denen es bekanntlich auch trotz des Waffengesetzes immer wieder möglich war, sich in den Besitz von Schusswaffen zu setzen, nach Möglichkeit erschwert werden. Die Nachprüfung des Bedürfnisses zum Erwerbe einer Schusswaffe könnte weniger scharf gehandhabt werden, wenn dafür mehr auf die Persönlichkeit des Erwerbers und seine einwandfreie nationale Gesinnung Wert gelegt würde."[334]

Die vorstehende Diskussion zwischen den Vertretern der Länder war insofern nur theoretischer Natur, als das Schußwaffengesetz in den nächsten fünf Jahren nicht geändert wurde. Sie zeigt jedoch deutlich, wie die Vorschriften der Weimarer Republik herangezogen wurden, um jeder Person den Zugang zu Waffen zu verweigern, die nicht Anhänger des Nationalsozialismus war.

Am 05. Oktober 1933 schrieb der Reichsinnenminister in einem Memorandum, daß präzisere Definitionen benötigt würden, um den Besitz von Schußwaffen bei „Sicherheitsgefährlichen und volks- und staatsfeindlichen Elementen" zu verbieten; auch sollten „Zuwiderhandlungen mit Zuchthaus bestraft werden". Das von einem Experten im Reichsjustizministerium verfaßte Memorandum empfahl, sich am englischen Recht zu orientieren, so daß einem Täter, der ein schweres Verbrechen begangen hatte und bei dem man eine Schußwaffe fand, drastische Bestrafung drohte. Weimarer Verordnungen von 1931-32, die ähnlich lauteten, aber geringere Strafen vorsahen, waren in der „Verordnung des Reichspräsidenten zum Schutze des deutschen Volkes" vom 3. Februar 1933 nicht enthalten, „da der Herr Reichskanzler [Hitler] damals keine neuen waffenrechtlichen Strafvorschriften gewünscht hatte."[335]

Angesichts der Tatsache, daß Hitler nur drei Tage zuvor zum Kanzler ernannt worden war, ist es nicht verwunderlich, daß er zu jenem Zeitpunkt keine Revision wünschte. Die Festigung seiner Macht hatte gerade erst begonnen, und es war nicht absehbar, wie lange er sich halten würde. Möglicherweise wollte er ausschließen, daß Nazi-Hooligans verurteilt werden konnten, wenn sie bei kriminellen Aktivitäten Schußwaffen mitführten.

In einem Schreiben an den Justizminister erklärte das Innenministerium, daß das Schußwaffengesetz eine Definition des Begriffs „subversiv" benötigte. Eine Einigung über die Definition würde die Zustimmung des Reichskabinetts vereinfachen. Als erstes und wichtigstes Ziel galt: „Personen, die die öffentliche Sicherheit gefährden, sowie volks- und staatsfeindlichen Personen ist es verboten, Schußwaffen zu erwerben, zu besitzen oder zu führen."[336] Der Besitz einer Schußwaffe nach Verurteilung wegen einer schweren Straftat oder einem vorsätzlichen Vergehen würde mit einer Haftstrafe von zehn Jahren geahndet werden.

Die weitere Diskussion illustrierte die Kontinuität zwischen den neuen Ministerien und denen der Weimarer Republik. Die Ansichten von Reichsinnenminister Frick wurden vom Assistenten des Ministers, Werner Hoche[337], dargelegt, der bei der Arbeit am Schußwaffengesetz von 1928 dieselbe Position innegehabt hatte. Dr. Franz Gürtner, seit 1932 Justizminister, hielt ein Verbot des Waffenbesitzes für durchsetzbar – für subversive Kräfte und andere Personen, die die öffentliche Sicherheit gefährdeten, weil den Behörden „die in Betracht kommenden Elemente dank der Tätigkeit der politischen und Kriminalpolizei" bekannt sind."[338]

Am 21. November übersandte Innenminister Frick den Gesetzesentwurf zur Änderung des Schußwaffengesetzes an den Staatssekretär in der Reichskanzlei. Im Anschreiben bat er darum, den Entwurf in die Tagesordnung der nächsten Kabinettssitzung aufzunehmen und unter dem Ermächtigungsgesetz zu verabschieden, welches dem Kabinett erlaubte, Gesetze ohne Bestätigung durch die Legislative zu erlassen.[339] Nicht überraschend trug der erste Paragraph des Entwurfs die Überschrift „Schußwaffenverbot für Feinde von Volk und Staat", und die Änderung beinhaltete die Bestrafung von Gesetzesbrechern mit zehn Jahren Haft. Die Entscheidung darüber, wer ein Subversiver war oder eine „Gefahr für die öffentliche Sicherheit" darstellte, lag bei der Polizei. Der Entwurf bestätigte erneut die im Gesetz von 1928 enthaltene Beschränkung von Erwerbserlaubnis und Waffenschein auf „Personen, gegen deren Zuverlässigkeit keine Bedenken bestehen", verzichtete jedoch auf Änderung von 1931, welche den Nachweis eines Bedürfnisses für eine Erwerbserlaubnis verlangte. Verboten werden sollten „Schußwaffen, die zum schleunigen Zerlegen über den für Jagd- und Sportzwecke allgemein üblichen Umfang hinaus besonders eingerichtet oder die in Stöcken, Schirmen, Röhren oder in ähnlicher Weise verborgen sind, Schußwaffen, die mit einer Vorrichtung zur Dämpfung des Schußknalles oder mit Gewehrscheinwerfern versehen sind, und Patronen Kaliber .22 (= 5,6mm) kurz, lang oder lang für Büchsen (Kleinkaliberpatronen) mit Hohlspitzgeschoß." Die Verordnung vom 12. Juni 1933, die den Import von Faustfeuerwaffen untersagte, galt unbefristet weiter.

Der Entwurf endete mit einem einzusetzenden Datum, „ … November 1933". Doch die Stellen für die Unterschriften von „Der Reichskanzler" Hitler und Innenminister Frick blieben frei. Ein Memorandum, das den Entwurf unterstützte, setzte seinen Schwerpunkt bei der Notwendigkeit, die Waffenindustrie anzukurbeln, ganz genauso wie dies bei anderen Industriezweigen praktiziert wurde. Einen Hinweis, daß die Reform den Interessen der Bevölkerung am Waffenbesitz für Selbstverteidigung oder Sport entsprach, gab es nicht. Obwohl jede Revision des Gesetzes das Ziel haben würde, den Markt für Schußwaffen deutscher Produktion zu erweitern, so machte der Gesetzesentwurf trotzdem deutlich, daß Personen ohne nationalsozialistische Gesinnung von diesem Markt zu entfernen waren. Das Memorandum stellte fest:

> „Für eine Neuregelung des gesamten Waffenrechts wird der Zeitpunkt erst gekommen sein, wenn die Durchdringung des deutschen Volkes mit dem nationalsozialistischen Gedankengut so weit fortgeschritten ist, daß bewaffnete Ausschreitungen volks- und staatsfeindlicher Elemente in nennenswertem Umfange nicht mehr zu erwarten sind. Jedoch gestattet die Beruhigung der innerpolitischen Lage schon jetzt, eine Reihe von Erleichterungen gegenüber dem bisherigen Rechtszustand eintreten zu lassen, die von der Waffenindustrie als vordringlich angeregt worden sind… Voraussetzung für jede Lockerung des geltenden Waffenrechts ist aber, daß die Straf- und Polizeibehörden in der Lage bleiben, gegen jeden Waffenbesitz volks- und staatsfeindlicher Personen mit rücksichtsloser Schärfe vorzugehen."

Der Gesetzentwurf sah nicht nur die Bestrafung beim Mitführen einer Schußwaffe bei einem Verbrechen vor. „Er will nicht nur Personen der bezeichneten Art drakonisch bestraft wissen, die bei Begehung einer strafbaren Handlung eine Schußwaffe bei sich gehabt haben, sondern er will allgemein den selbstverständlichen Grundsatz durchsetzen, daß Feinde von Volk und Staat und sonstige sicherheitsgefährdende Elemente nicht im Besitz von Schußwaffen sein dürfen. Zu diesem Zweck gibt er der Polizei das Recht, solchen Personen Erwerb, Besitz und Führen von Schußwaffen zu verbieten, und stellt Zuwiderhandlungen gegen dieses Verbot unter hohe Zuchthausstrafe."[340]

Kurz gesagt, die völlige Nazifizierung der deutschen Gesellschaft würde „zuverlässigen" Personen den Besitz von Schußwaffen erlauben, alle „Feinde" jedoch entwaffnen. Während die Notverordnung von 1931 den Nachweis eines

„Bedürfnisses" für den Erwerb einer Schußwaffe verlangte, kehrte der neue Vorschlag zum Schußwaffengesetz von 1928 zurück: „Nach der ursprünglichen Fassung des Schußwaffengesetzes (§ 16 Abs.1) war Voraussetzung für die Erteilung des Waffen- oder Munitionserwerbscheins lediglich, daß gegen die Person des Antragstellers keine polizeilichen Bedenken bestehen." Unter den neuen Nazibehörden hatte die Polizei natürlich „Bedenken" bei großen Teilen der Bevölkerung.

Es würde Zeit brauchen, bis der Nationalsozialismus alles durchdrungen haben würde – es galt viele Staatsfeinde zu eliminieren und den Polizeistaat zu errichten, und das totalitäre Regime mußte die Bevölkerung unter Druck setzen und einer Gehirnwäsche unterziehen. Erst 1935 würde Frick wieder von Überarbeitungen der Schußwaffengesetze sprechen.

In der Zwischenzeit entschieden Nazi-Gerichte weiterhin auf der Grundlage der äußerst nützlichen Weimarer Waffengesetze. Ein Urteil des Kammergerichts in Berlin vom November bezog sich auf das Schußwaffengesetz von 1928, auf die Verordnung vom 08. Dezember 1931 (die den Staat berechtigte, die Anmeldung von Schußwaffen zu fordern), und auf eine Verordnung zur Waffenregistrierung, die 1932 vom Landkreis Oppeln, der Provinzhauptstadt von Oberschlesien in Preußen, verabschiedet worden war.[341]

Der Angeklagte hatte eine Schußwaffe gekauft, ohne eine Erwerbsberechtigung dafür zu besitzen, und argumentierte nun, man könne von ihm nicht verlangen, eine solche zu beantragen, weil er sich dadurch selbst belasten würde. Das Gericht urteilte: „Die Neuordnung des Staatswesens durch die Ereignisse des Jahres 1933 hat die Bindung des Strafrichters an die Rechtsnormen der Vergangenheit (hier: NotV. des Reichspräsidenten) jedenfalls insoweit nicht beseitigt, als diese Normen den wesentlichen Grundsätzen des nationalsozialistischen Gedankengutes nicht widerstreiten." Bezug nehmend auf die Oppelner Verordnung von 1932, die die Anmeldung von Schußwaffen zur Pflicht erklärte, hob das Gericht hervor: „Die entfernte Möglichkeit, wegen Erwerbes von Waffen strafrechtlich belangt zu werden, befreit noch nicht von der Erfüllung der den überwiegenden Belangen des Gemeinwohls dienenden Verpflichtung zur Anmeldung von Waffen, wenn die Meldung als solche in einer Form zu erstatten ist, die den Tatbestand einer Strafanzeige gegen die eigene Person noch nicht enthält."

Hier kann man sich nur fragen, wie „entfernt" die Möglichkeit war, daß eine Person eines Vergehens beschuldigt werden würde, nachdem sie sich durch die Anmeldung einer Schußwaffe selbst belastet hatte.

Allerdings waren es nicht nur „unzuverlässige" Personen, die sich mit der Diskriminierung und einer immer strenger werdenden Kontrolle des Nazi-Staates konfrontiert sahen. Alle, von den Schützenvereinen bis zur Waffenindustrie, verspürten den Druck und wurden gleichgeschaltet. Auch wenn die Diskussionen über eine Aktualisierung der Waffengesetze sehr lange dauerten, so waren sie letztlich doch nur ein Versuch, die Praktiken, die sich immer mehr etablierten, in Schriftform zu bringen. Natürlich waren die Buchstaben des Gesetzes zu diesem oder jedem anderem Thema durchaus zu vernachlässigen, denn der Wille des Führers stellte das ultimative Gesetz dar und konnte von der Gestapo ohne juristische Überprüfung umgesetzt werden. Trotzdem zeigte die Art und Weise, wie die Schußwaffengesetze und ihre Änderungsentwürfe formuliert waren, deutlich auf, daß Diskriminierung und Unterdrückung auf allen Ebenen zum Alltag gehörten.

Das Jahr 1933 endete mit dem Triumph des Nationalsozialismus, der von Anfang an die Bedrohung durch den Kommunismus benutzte, um eine Diktatur zu schaffen, in der die Unterdrückung genauso stark oder gar noch schlimmer ausgeprägt war. Diese Tatsache wurde von dem deutsch-jüdischen Kriegsveteran Victor Klemperer in seinem Tagebucheintrag vom 31. Dezember ganz präzise dargestellt: „Ich habe … immer wieder betont, daß ich … Nationalsozialismus und Kommunismus gleichsetze: beide sind materialistisch und tyrannisch, beide mißachten und negieren die Freiheit des Geistes und des Individuums."[342]

307 Hajo Bernett, *Der Weg des Sports in die nationalsozialistische Diktatur* (Schorndorf, Germany: Hofmann, 1983); Hajo Bernett, *Sportpolitik im Dritten Reich. Aus den Akten der Reichskanzlei* (Schorndorf, Germany: Hofmann, 1971).

308 Siehe allgemein Jonathan Sperber, *Rhineland Radicals: The Democratic Movement and the Revolution of 1848–1849* (Princeton, NJ: Princeton University Press, 1991).

309 Siehe Walter M. Plett, *Die Schützenvereine im Rheinland und in Westfalen 1789–1939* (Köln: Rheinischer Verein für Denkmalpflege und Landschaftsschutz, 1995); Michael Schwartz, „Schützenvereine im ‚Dritten Reich': Etappen der Gleichschaltung traditioneller Vereinskultur", *Archiv für Kulturgeschichte* 79 (1997), 439. Siehe auch Hendrik Schulze Ameling, *Schützenvereine im westlichen Münsterland in der NS-Zeit 1933–1939* (Münster, Germany: Magisterarbeit, unveröffentlicht, 2004).

310 Schwartz, „Schützenvereine im ‚Dritten Reich'", 441–42.

311 Bernett, *Sportpolitik im Dritten Reich,* 25–32.

312 Staatsarchiv Nürnberg, Vereinsregisterakte DSB 1933, p. 138, zitiert in Stefan Grus, „Allgemeines Verhältnis des Naziregimes zu den Schützenvereinen", unveröffentlichtes Manuskript, Wiesbaden, Okt. 2005, 1.

313 *Deutsche Schützen Zeitung,* 1933, No. 31, S. 2, zitiert in Grus, „Allgemeines Verhältnis", 1.

314 Schwartz, „Schützenvereine im 'Dritten Reich'", 444–45.

315 Der Reichsverband Dt. Büchsenmacher, Waffen- u. Munitionshändler e.V. an Reichskanzler Hitler, 18. März 1933, Bundesarchiv (BA) Lichterfelde, R 1501/125942, Gesetz über Schußwaffen und Munition Bd. 6, 1932–33, S. 284–88.

316 Der Reichswehrminister an Reichsminister des Innern (RMI), 27. Nov. 1933, Weiterleitung des Briefes vom Verband Zella-Mehliser Waffenfabrikanten e.V., BA Lichterfelde, R 1501/125942, Gesetz über Schußwaffen und Munition Bd. 6, 1932–33, S. 442.

317 Der Reichsminister des Innern, Betrifft: Einfuhr von Schusswaffen, I A 8310/24.4, 31. Mai 1933, BA Berlin, R 43 II/399, Fiche 1, Reihe 1.

318 Der Reichsminister des Innern, Betrifft: Einfuhr von Schusswaffen, I A 8310/24.4, 31. Mai 1933, unter Bezug auf *Reichsgesetzblatt* 1928, I, 143, § 22.

319 Verordnung über ein vorübergehendes Verbot der Einfuhr von Faustfeuerwaffen, *Reichsgesetzblatt* 1933, I, 367.

320 Der Reichsminister des Innern, Betrifft: Einfuhr von Faustfeuerwaffen, I A 6310/24.5.II, 13. Juni 1933, BA Berlin, R 43 II/399, Fiche 1, Reihe 2.

321 Raphaël Lemkin, *Axis Rule in Occupied Europe: Laws of Occupation, Analysis of Government, Proposals for Redress* (Washington, DC: Carnegie Endowment for International Peace, 1944), 15–16.

322 *Reichsgesetzblatt* 1931, I, 699, 742.

323 Der Reichsminister des Innern, Betrifft: Schußwaffengesetz, I A 6310/19.6, 7. Juli 1933, BA Berlin, R 43 II/399, Fiche 1, Reihe 2.

324 Der Reichsminister des Innern, Betrifft: Schußwaffengesetz, I A 6310/19.6, 7. Juli 1933.

325 Der Reichsminister des Innern, Betrifft: Schußwaffengesetz, I A 6310/19.6, 7. Juli 1933.
326 Thür. Min.d.Inn. an RMI, 24. Juli 1933, Schußwaffengesetz, BA Lichterfelde, R 1501/125942, Gesetz über Schußwaffen und Munition Bd. 6, 1932–33, S. 500–502.
327 Der Landes-Polizeipräsident u. Leiter der Abt. Ia des Hess Staatsmin. an RMI, Schußwaffengesetz, 27. Juli 1933. BA Lichterfelde, R 1501/125942, Gesetz über Schußwaffen und Munition Bd. 6, 1932–33, S. 503–504.
328 Der Landes-Polizeipräsident u. Leiter der Abt. Ia des Hess Staatsmin. an RMI Schußwaffengesetz, 27. Juli 1933.
329 Der Pr. MindInn, 28. Juli 1933, BA Lichterfelde, R 1501/125942, Gesetz über Schußwaffen und Munition Bd. 6, 1932–33, S. 470–74.
330 Württ. Innenmin. an RMI, 3. Aug. 1933, Schußwaffengesetz, BA Lichterfelde, R 1501/125942, Gesetz über Schußwaffen und Munition Bd. 6, 1932–33, S. 492–94.
331 Sächs. Min. d. Ausw. Angelegenheiten an RMI, 23. Aug. 1933, BA Lichterfelde, R 1501/125942, Gesetz über Schußwaffen und Munition Bd. 6, 1932–33, S. 489–90.
332 Staatsmin. d. Inn. Munich an RMI, 26. Aug. 1933, Schußwaffengesetz, BA Lichterfelde, R 1501/125942, Gesetz über Schußwaffen und Munition Bd. 6, 1932–33, S. 484–87.
333 Aufzeichnung über die beabsichtigten Änderungen des Schußwaffengesetzes, 31. Aug. 1933, BA Lichterfelde, R 1501/125942, Gesetz über Schußwaffen und Munition Bd. 6, 1932–33, S. 526–29.
334 Mecklenburg-Strelitz. Min.d.Inn. an RMI, 12. Sept. 1933, Schußwaffengesetz, BA Lichterfelde, R 1501/125942, Gesetz über Schußwaffen und Munition Bd. 6, 1932–33, S. 522–23.
335 RMI Vermerk, 5. Okt. 1933, BA Lichterfelde, R 1501/125942, Gesetz über Schußwaffen und Munition Bd. 6, 1932–33, S. 530–34. Bezüglich der Verordnung, siehe Verordnung des Reichspräsidenten zum Schutze des deutschen Volkes, *Reichsgesetzblatt* 1933, I, 35.
336 RMI an Reich Minister der Justiz (RMJ), 12. Okt. 1933, Schußwaffengesetz, BA Lichterfelde, R 1501/125942, Gesetz über Schußwaffen und Munition Bd. 6, 1932–33, S. 535–36.
337 Zu I A 6310/16.10, 20. Okt. 1933; RMI an RMJ, 24. Okt. 1933; Min.Rat. Dr. Hoche an RMJ, 7. Nov. 1933 – allesamt in BA Lichterfelde, R 1501/125942, Gesetz über Schußwaffen und Munition Bd. 6, 1932–33, S. 538–49.
338 RMJ an RMI, 4. Nov. 1933, Schu0waffengesetz, BA Lichterfelde, R 1501/125942, Gesetz über Schußwaffen und Munition Bd. 6, 1932–33, S. 543–46.
339 Hinsichtlich des Änderungsentwurfs und des Briefes, siehe RMI an Staatssekretär in der Reichskanzlei, 21. Nov. 1933, Entwurf eines Gesetzes zur Änderung des Schußwaffengesetzes, BA Lichterfelde, R 1501/125942, Gesetz über Schußwaffen und Munition Bd. 6, 1932–33, S. 574–578; Zitate aus Brief und Entwurf stammen aus dieser Quelle. Der Änderungsentwurf ist auch auffindbar in BA Berlin, R 43 II/399, Fiche 1, Reihe 3.
340 Memorandum zur Unterstützung des Gesetzentwurfes, siehe RMI an Staatssekretär in

der Reichskanzlei, 21. Nov. 1933, Entwurf eines Gesetzes zur Änderung des Schusswaffengesetzes, BA Lichterfelde, R 1501/125942, Gesetz über Schußwaffen und Munition Bd. 6, 1932–33, S. 579–585.

[341] „Artikel 48, 102 der Reichsverfassung", *Deutsche Juristen-Zeitung,* 15. Jan. 1934, S. 150

[342] Victor Klemperer, *I Will Bear Witness 1933–1941,* Übers. Martin Chalmers (New York: Modern Library, 1999), 45.

Teil III

Gleichschaltung

7

Von der Nacht der langen Messer zu den Nürnberger Gesetzen

Bis 1935 wußte man außerhalb Deutschlands praktisch nichts von den Konzentrationslagern im nationalsozialistisch regierten Deutschland. In jenem Jahr wurde in der Schweiz „Die Moorsoldaten" veröffentlicht, ein auf eigenen Erlebnissen beruhender Bericht von Wolfgang Langhoff, der dreizehn Monate interniert gewesen war.[343] Die englische Fassung bekam den Titel „Rubber Truncheon" (Gummiknüppel), der sich auf die Schlagstöcke bezog, mit denen die Insassen geschlagen wurden.[344] Sein Werk zeigte die aggressive Unterdrückung von Intellektuellen und politisch unkorrekten Personen, welche sich in zunehmendem Maße auf die deutschen Juden als „unzuverlässige Personen" konzentrierte, insbesondere in Bezug auf den Waffenbesitz. Die Polizei setzte auf Gewalt, und die Nazi-Behörden übertünchten die zunehmend brutalen und aggressiven Praktiken mit einem Hauch von Legalität und Normalität. Langhoff wußte einiges darüber, und sein Bericht über seine traumatische Haft zwischen März 1933 und April 1934 enthält zahlreiche Bezüge auf die Besessenheit, mit der die Nazis jeden entwaffneten, der ihr Regime nicht unterstützte.

Langhoff, ein Düsseldorfer Produzent und Schauspieler, der zugleich ein moderater Linksintellektueller war, wurde aus politischen Gründen denunziert. Am 28. Februar 1933 stürmte die Polizei seine Wohnung und befahl ihm, die Hände zu heben. Als man seine Taschen durchsuchte, erklärte er: „Ich trage keine Waffen."[345] Die Polizei durchwühlte sein Haus und brachte ihn ins Gefängnis.

Wie er von seiner Frau erfuhr, wurde seine Wohnung erneut durchsucht. „Es war ein Trupp von sechs bis acht S.S.-Männern, die die ganze Wohnung zwei Stunden lang auf den Kopf stellten. Angeblich suchten sie nach Munition. Meinem Vater und meiner Sekretärin wurde der Revolver an die Stirne gehalten. um sie zu irgend einer Aussage zu bringen." Die Schläger waren kaum verschwunden, als ein weiterer SS-Trupp eintraf und die Wohnung in einen Trümmerhaufen verwandelte. Sie fanden zwar keine Munition, nahmen aber Geld, Kleidung, eine Schreibmaschine und einen Brillantring mit.[346]

Nach mehr als einem Jahr Haft wurde Langhoff eines Tages in eine kalte, leere Zelle gebracht. Er wurde von einem halben Dutzend SS-Männer verhört, die unbarmherzig mit Gummiknüppeln auf ihn einschlugen. Ein SS-Mann fuchtelte mit dem Revolver vor seinem Gesicht herum und wollte wissen: „Raus mit der Sprache, wo hast Du Waffen versteckt?" Sie prügelten und traten auf ihn ein und ließen ihn schließlich wie tot daliegen. Nachdem sie auch mehrere andere Insassen furchtbar verprügelt hatten, zogen die SS-Männer ab. Die Nachricht von der Mißhandlung wurde im Gefängnis und in der Stadt von Hilfskräften verbreitet, die aus der SA und dem Stahlhelm rekrutiert worden waren. Letztere – Rivalen der militärischen Verbände der Nazis – waren über das Vorgefallene entsetzt.[347]

Als nächstes wurde Langhoff in das Preußische Staatskonzentrationslager bei Börgermoor gebracht. Ein SS-Mann machte sich einen Scherz daraus, Revolverpatronen in den Knappsack eines Gefangenen zu stecken, um sie anschließend wieder hervorzuholen und sie dem verängstigten Gefangenen vor die Nase zu halten. Dieser bestritt, irgend etwas davon zu wissen. Langhoff schrieb dazu: „Man stelle sich vor, was das bedeutet! Das Auffinden der Munition konnte für uns alle die furchtbarsten Folgen haben!" Mehre Insassen riefen, daß dies ein Trick sei. Der SS-Mann grinste und ging.[348]

Die Gefangenen sehnten sich nach Rettung, und es verbreiteten sich Gerüchte: „Hitler pfeift aus dem letzten Loch! ... Im Ruhrgebiet bewaffnen sich die Arbeiter schon." Und weiter hieß es: „Paßt auf, die Arbeiter holen uns mit den Waffen hier heraus. – Wenn die S.S. uns nicht vorher über den Haufen schießt!" Langhoff erkannte, daß die Sehnsucht nach Freiheit zu stark war, um gegen diese Phantastereien anzukommen.[349]

Schließlich wurde Langhoff nach Schloß Lichtenburg verlegt, das als Gefängnis genutzt wurde. Er beschrieb das Verhör eines Insassen am ersten Weihnachtsfeiertag 1933:

> „Man hat irgendwo im Mitteldeutschland Waffen gefunden. Er soll etwas darüber wissen. Der Kommandant leitet das Verhör. … Nach zwei Stunden wird der Kamerad ins Lazarett getragen. Die Wände im Zimmer des Kommandanten sind mit seinem Blut bespritzt. Man sieht es noch nach den Feiertagen."[350]

Nach 13 Monaten Haft wurde Langhoff schließlich freigelassen; dies dürfte etwa im April 1934 gewesen sein. Wieder in Berlin angekommen, wurde er unter „Polizeikontrolle" gestellt, was bedeutete, daß ihn die Polizei zu Verhören in seiner Wohnung aufsuchte. Er wurde aus der Schauspielergewerkschaft ausgeschlossen und war somit nicht beschäftigungsfähig. Als er ein Angebot des Schauspielhauses in Zürich erhielt, wurde sein Paßantrag für die Ausreise in die Schweiz aus politischen Gründen abgelehnt.[351] Trotzdem überquerte Langhoff heimlich die Grenze und fand Zuflucht in der Schweiz.

Ursprünglich bestand die Aufgabe der SS (im April 1925 als *Schutzstaffel des Führers* gegründet) darin, die Funktionäre und Redner der Nationalsozialistischen Partei auf Veranstaltungen zu schützen. Sie unterstand formal bis zum August 1934 der SA. 1929 wurde Heinrich Himmler von Hitler zum *Reichsführer SS* ernannt, aber das reichte ihm nicht. Schon im Spätsommer 1931 begann er, einen SS-eigenen Nachrichtendienst aufzubauen, den *Sicherheitsdienst des Reichsführers SS,* kurz SD, der über alle NS-Größen und Untergruppierungen der NSDAP Informationen sammelte. Als dessen Leiter setzte er den ehemaligen Reichsmarineoffizier Reinhard Heydrich ein, einen relativen Neuling in Partei und SS, der ihm den Entwurf zu dem SS-eigenen Geheimdienst geliefert hatte.

Mit der Machtergreifung wurde Himmler zum Polizeipräsidenten in München, der „Hauptstadt der Bewegung" ernannt. Er sorgte dafür, dass sein Protegé zum stellvertretenden Chef der Polizei in Bayern befördert wurde, wo sich Heydrich bei der Verfolgung von „Staatsfeinden" durch die bayrische politische Polizei besonders hervortat, namentlich im Fall des Literatur-Nobelpreisträgers Thomas Mann. Heydrich lieferte mit Bayern das Modell für die Nazis, wie man die politische Polizei aus der herkömmlichen Polizei-Struktur herauslösen und sie mit SS und SD zu einem neuen Machtinstrument der Schreckensherrschaft verzahnen konnte. Bezeichnenderweise befahl Himmler zwei Wochen nach seiner Amtsübernahme als Polizeipräsident Münchens im März 1933 die Errichtung des ersten Konzentrationslagers in Dachau zur Aufnahme der vielen „Schutzhäftlinge" aus den Razzien nach dem Reichstagsbrand.

Die Machtergreifung im Januar 1933 war anfangs noch von gewissen Rivalitäten zwischen den Paladinen Hitlers – Göring, Himmler und Frick – begleitet, bei dem es um Posten und Kompetenzen ging. Ein Austragungsfeld dieses Machtkampfs bildete die Herrschaft über die diversen Polizeibehörden der fünfzehn Teilstaaten Deutschlands. Der *Freistaat Preußen* als größter Gliedstaat der Weimarer Republik hatte darin eine Schlüsselrolle . Göring war umgehend von Hitler im Januar als *Reichskommissar für das preußische Innenministerium* ins Kabinett berufen worden. Ab dem 11. April des Jahres übernahm er auch das Amt des preußischen Ministerpräsidenten und begann sofort, die Polizei zu seinem eigenen Machtapparat umzuformen und sie von republikanisch gesinnten Angehörigen zu säubern.

Dazu gliederte er per Erlass vom 26. April die *Preußische Geheimpolizei* aus der Polizei Preußens aus und richtete sie als das eigenständige *Geheime Staatspolizeiamt* ein, abgekürzt Gestapa. Mit einem weiteren Geheimpolizei-Gesetz vom 30. November entwickelte sich dieses Amt – nun als *Gestapo* bezeichnet – zu einer eigenständigen, Göring direkt unterstellten Vollzugsbehörde der inneren Verwaltung. Dann übertrug er im März 1934 die Dienstaufsicht der Landespolizei Preußens vom Innenministerium zum Amt des Preußischen Ministerpräsidenten. Der 1945 als einer der 24 Hauptkriegsverbrecher vor dem *Internationalen Militärgerichtshof* in Nürnberg angeklagte und 1946 hingerichtete Jurist Dr. Wilhelm Frick wurde am folgenden 1. Mai von Göring als preußischer Innenminister bestellt, nachdem er bereits von Hitler Ende Januar 1933 zum *Reichsminister des Innern* ernannt worden war. Frick war in der Folgezeit, besonders nach dem Reichstagsbrand, mit einer Reihe unter seiner Federführung formulierten Gesetze maßgeblich an der *Gleichschaltung der Länder* mit dem Reich, den Euthanasie-Regelungen und der juristischen Umsetzung der NS-Rassenideologie beteiligt.

Heinrich Himmler dagegen zog ab März 1933 schrittweise die Leitung der aus der *Politischen* oder *Geheimen Polizei* hervorgegangenen „Staatspolizeien" in allen deutschen Ländern an sich. Am 20. April 1934 wurden die Weichen für das zukünftige Machtgefüge im NS-Regime gestellt: Himmler erhielt vom Führer den neuen Titel eines *Inspekteurs und stellvertretenden Chefs der preußischen Gestapo*. Die operative Führung gab er an seinen Mitarbeiter Heydrich weiter, der zum *Preußischen Staatsrat* ernannt wurde und den Amtssitz des SD nun nach Berlin verlegte. Damit formierten sich auch die Kräfte, mit denen Hitler zwei Monate später die SA entmachten konnte. Göring blieb zwar formal noch der Dienstherr der Polizei, verlor aber zunehmend die faktische Kontrolle über den Apparat.

Es gab in der Weimarer Republik verschiedene Arten von Polizei: die *Ordnungspolizei* (die in Preußen, Bayern, Sachsen und Württemberg vornehmlich *Schutzpolizei* oder Schupo hieß) und die *Sicherheitspolizei*. Zur Ordnungspolizei gehörten neben der Schutzpolizei als reguläre, zumeist blau uniformierte Polizei, auch Wasserschutz-, Verkehrspolizei und Verwaltungsdienste sowie die Land- und Verkehrsgendarmerie und die Gemeindepolizei. Der Begriff *Sicherheitspolizei* bezeichnete ursprünglich eine kasernierte, straff paramilitärisch geführte und grün uniformierte Polizeitruppe der Länder in den Jahren 1919-1920. Auf Betreiben der alliierten Siegermächte, die darin eine Art Ersatzheer sahen, wurde diese Polizei aber Anfang der 1920er wieder aufgelöst und die meisten Sipo-Angehörigen von den Ordnungs- oder Schutzpolizeien als kasernierte Bereitschaftspolizei übernommen. Mit der Machtergreifung änderte sich aber auch das sehr schnell, die Gliedstaaten verloren die Kontrolle über ihre Landespolizei. Die kasernierte Schutzpolizei wurde größtenteils aufgelöst, Teile davon als Kader in die im März 1935 als Reichswehr-Nachfolge gegründete *Wehrmacht* überstellt.

Die gesamte uniformierte Polizei Deutschlands wurde nun von einem *Hauptamt Ordnungspolizei* zentralistisch geführt. Das hatte seinen Sitz im Reichsministerium des Innern am Berliner Prachtboulevard „Unter den Linden" und unterstand nun Heinrich Himmler als *Chef der deutschen Polizei im Reichsministerium*. Den anderen polizeilichen Dienstzweig bildete die nicht uniformierten Sicherheitsbehörden. Unter dem Titel *Hauptamt Sicherheitspolizei* wurden nun 1936 die Kriminalpolizei (alias Kripo) und die Geheime Staatspolizei dem Befehl des SS-Gruppenführers Heydrich unterstellt. Als 1939 auch der Sicherheitsdienst (SD) des Reichsführers SS als interne Spionageorganisation für Staat und Partei diesem Machtapparat angeschlossen wurde, erhielt das Amt den neuen Titel *Reichssicherheitshauptamt*.[353]

Dies alles begann – juristisch geschickt abgesegnet – am ersten Jahrestag der Ernennung Hitlers zum Reichskanzler, denn am 30. Januar 1934 wurde das Gesetz über den Neuaufbau des Reichs verabschiedet, das die Auflösung der Länder besiegelte und die Macht im Reich festschrieb.[354]

Der wachsende Polizeistaat sorgte für eine Atmosphäre der Angst, doch in der Gesellschaft zeigten sich erste Spuren von Opposition. In seinem Tagebucheintrag vom 7. Februar 1934 schrieb Victor Klemperer: „Es tut wohl, wie diese ganz ‚arischen' Leute aus ganz anderen Gesellschaftskreisen … an ihrem leidenschaftlichen Haß gegen das Regime festhalten und an ihrem Glauben, es müsse in absehbarer Zeit stürzen."[355]

Sporadische Angriffe gegen Juden in jener Zeit waren „Angriffe gegen verteidigungsunfähige Menschen, die zu einer Bedrohung, zu einem ‚Geschwür im Körper der deutschen Volkes' erklärt worden waren", schreibt der Historiker Michael Wildt. „Die Gewalt gegen Juden traf auf unbewaffnete zivile Opfer, deren Möglichkeiten, sich zu verteidigen, durch die staatliche Entmündigung zunehmend eingeschränkt waren."[356]

Die wachsende Zahl von Säuberungsaktionen gegen nicht nationalsozialistisch gesinnte Gruppen erreichte bis Sommer 1934 auch den Stahlhelm, die

Organisation der Veteranen des Ersten Weltkriegs, deren Mitglieder zunächst Sonderprivilegien für den Besitz von Waffen besaßen. Ihre wachsende Kritik am Regime wurde mit Angriffen beantwortet. Hans Gisevius, ein Verschwörer gegen Hitler, berichtete: „Die Stahlhelmer versuchten sich zu verteidigen, und es kam zu blutigen Gefechten zwischen Angehörigen der SA und des Stahlhelm. Die SA war immer im Vorteil, denn sie konnte die von ihren eigenen SA-Führern kommandierte Polizei anfordern, damit die sie vor diesen neuen „Staatsfeinden" schützte."[357]

Doch dann war die SA selbst an der Reihe: In der „Nacht der langen Messer" am 30. Juni 1934 wurden auf Hitlers Befehl Ernst Röhm und andere SA-Führer ermordet. Diese Aktion beseitigte den Ansatz einer „zweiten Revolution" und brachte Hitler die Loyalität der Reichswehr ein, die scheinbar ihr Streitkräftemonopol zurückerlangte. Letztendlich bestand das Ergebnis jedoch darin, daß die SA von der SS als ultimative Kraft ersetzt und die Diktatur gefestigt wurde.[358]

Wie US-Botschafter William Dodd berichtete, hielt Hitler anschließend mehrere Reden vor der Reichswehr, in denen er „sein Vertrauen in die Streitkräfte zum Ausdruck brachte, die als einzige die Waffen des Staates trügen."[359] Als Reichspräsident Hindenburg am 2. August starb, faßte Hitler die Ämter des Präsidenten und Kanzlers zusammen und wurde somit Führer und Reichskanzler, was ihm erlaubte, per Verordnung zu regieren.[360] Am selben Tag schworen alle Angehörigen der Streitkräfte Hitler, und nicht mehr Deutschland, unbedingten Gehorsam. In Ansprachen an die Nationalsozialisten und an das deutsche Volk, so berichtete Dodd, „dankte Hitler der Reichswehr öffentlich für ihren Treueschwur und unterstrich erneut ihre unangefochtene Stellung als einzige waffentragende Kraft der Nation."[361]

In jenem Herbst fiel Dodd eine Rede auf, die Göring vor der Akademie für Deutsches Recht hielt. Er betonte darin „die absolute Abhängigkeit jedes Deutschen vom Führer. Es dürfe niemals Widerstand geben." Dodd kommentierte: „An einer Stelle sagte der dicke General, es würden Kopfe rollen, wenn die Menschen dem begnadeten Führer nicht gehorchen würden und sich seinen Verordnungen nicht unterwürfen." Derartige Aussagen fehlten in den Druck-Versionen der Rede, aber die anwesenden Richter und Anwälte „wurden nachdrücklich darauf hingewiesen, was sie zu tun hatten."[362] Derartig strenge Anweisungen ließen kein Abweichen bei der Durchsetzung vieler Gesetze zu, darunter auch der Schußwaffengesetze, die den Behörden völlige Entscheidungsfreiheit gaben, eine Schußwaffenerlaubnis auszustellen oder zu versagen. Denn letztendlich gab es keinen rechtlichen oder verfassungsmäßigen Anspruch darauf, Waffen zu besitzen und zu führen.

Die Kampagne zur Entwaffnung aller Feinde und zur Lieferung von beschlagnahmten Waffen an Polizeidienststellen und Konzentrationslagerwachen zum Zweck der weiteren Unterdrückung solcher Feinde wurde fortgesetzt. Am 30. Juli wies Görings Preußisches Innenministerium an, beschlagnahmte Schußwaffen an das Gestapo-Hauptquartier in Berlin zu übergeben: „Ich ersuche ergebenst, die dort lagernden nicht militärischen Asservatwaffen, sowie dazugehörige Munition und Zubehörteile, ausgenommen Jagdwaffen, auch wenn reparaturbedürftig, an das Geheime Staatspolizeiamt SW.11. Prinz Albrechtstr. 8 zu übersenden."[363] Waffen, die noch als Beweismittel benötigt wurden oder über die noch keine Entscheidung getroffen worden war, waren nach Abschluß der Fälle zu übersenden.

Es war üblich, die Zielpersonen der Beschlagnahmeaktionen als Kommunisten zu bezeichnen. Der Politische Polizeikommissar des Bayerischen Innenministeriums berichtete, daß am 24. August „ein umfangreiches Waffenlager der KPD" ausgehoben worden war. Es bestand aus einer Kiste mit 35 Infanteriegewehren, die bei einem Lagerplatz alter Eisenbahngleise in München-Obergiesing vergraben war. Kommunisten hatten die Waffen 1930 gestohlen und für einen bewaffneten Aufstand vorgehalten. Zwei Personen wurden verhaftet, eine weitere befand sich bereits in Schutzhaft, und zwei waren auf der Flucht. Es wurden Anzeigen wegen Verrats aufgenommen.[364]

Dem Bericht war die „Denkschrift über die kommunistische Wühlarbeit im Winter 1932/33" beigefügt. Ein Abschnitt mit dem Titel „Die Bewaffnung des Proletariats" erläuterte die Vorbereitung eines bewaffneten Aufstands durch „die Ansammlung von Waffen jeder Art, von Munition und Sprengstoffen". Angeführt wurde, daß das Reichsgericht zwischen 1923 und 1930 in Strafprozessen zahlreiche KPD-Funktionäre wegen der Beschaffung von Waffen für einen gewaltsamen Umsturz verurteilt hatte. Angeblich hatten sich die Beschaffungsbestrebungen intensiviert:

> „Auch die in letzter Zeit im ganzen Reiche beobachteten, auf komm. Einflüsse zurückzuführenden Diebstähle in Waffengeschäften, Einbrüche in Munitionsdepots, Verschiebungen von Waffen, Nachfragen in Waffengeschäften nach Munition für Handfeuerwaffen und die Entdeckung komm. Waffenlager liessen deutlich erkennen, dass die KPD. auf die Waffenbeschaffung gesteigerten Wert legt und die planmässige Bewaffnung ihrer Anhänger versucht, um beim Beginn des bewaffneten Aufstandes ausreichend mit Handfeuerwaffen und Sprengstoffen ausgerüstet zu sein."[365]

Dann kam Hitler an die Macht und rettete Deutschland, so in etwa ging die Mythologie weiter. Doch abgesehen von dramatischen Suchmaßnahmen brauchten die Nazis nur ihre schwarzen Listen mit den polizeilichen Unterlagen über

Waffenbesitzer abzugleichen, um ihre Feinde zu entwaffnen, und dies auch noch legal unter Bezug auf das Schußwaffengesetz von 1928. In der führenden juristischen Zeitschrift wurde im November 1934 angemerkt: „Beim Vorliegen polizeilicher Gefahr im Einzelfall kann vielmehr denjenigen Personen, welchen gem. § 16 I wegen Bedenken gegen ihre Zuverlässigkeit Waffen- (Munitions-) Erwerbsscheine und Waffenscheine nicht hätten ausgestellt werden dürfen, auch der Besitz von Waffen und Munition polizeilich untersagt werden."[366] Dieser Abschnitt des Gesetzes aus der Weimarer Republik bevollmächtigte die Polizei zu entscheiden, wer als „zuverlässig" galt, wer eine Schußwaffe besitzen durfte und wer nicht.

Allerdings sah das Schußwaffengesetz auch vor, daß im Falle der Beschlagnahme der Besitzer einen Berechtigten benennen konnte, an den die Schußwaffe übergehen sollte; andernfalls hatte der Staat dem Besitzer den Marktwert zu erstatten, wenn die Waffe eingezogen wurde.[367] Anfang 1935 schickte der Polizeipräsident von Stettin eine Anfrage an die Gestapo, ob diese Vorschrift angesichts der Notstandverordnung gegen subversive Kräfte von 1933 anzuwenden sei.[368]

Diese Anfrage veranlaßte Reinhard Heydrich, nach Heinrich Himmler zweithöchster Vorgesetzter in der Gestapo und eine Schlüsselfigur in der Nacht der langen Messer, ein umfassenderes Memorandum zu verfassen, in dem er die Entscheidungshoheit der Gestapo in Fragen der Schußwaffengesetze klarstellte. Unter Bezug auf eine verwirrende Vielzahl von Anweisungen der Gestapo schrieb Heydrich:

> „Die Angelegenheiten des materiellen Waffenrechts sind in Verfolg des Gesetzes über die Geheime Staatspolizei[369] vom 30. November 1933 – Gs.S.413 – von der früheren Politischen Gruppe des Preussischen Ministeriums des Innern, in dem sie geschäftsordnungsmässig bearbeitet wurden, auf den Herrn Ministerpräsidenten als Chef der Geheimen Staatspolizei übergegangen, der mir die vertretungsweise selbständige Führung der ihm vorbehaltenen Geschäfte durch den auch dorthin mitgeteilten Erlass vom 20. November 1934 – St.M.P.1317 – übertragen hat. Durch diese Aenderung der Zuständigkeit in der Zentralinstanz hat sich an der bisherigen Zuständigkeit der nachgeordneten Behörden der Allgemeinen und Inneren Verwaltung nichts geändert, da, wie der Polizeipräsident in Stettin zutreffend ausführt, bisher keine dahingehende Bestimmung getroffen worden ist. Die Uebernahme neuer, bisher nicht vorgesehener Aufgaben durch die Staatspolizeistellen kommt infolgedessen nicht in Frage. Ich verweise im übrigen auf den Runderlass des Herrn Preussischen Ministerpräsidenten – Chef der Geheimen Staatspolizei – vom 6

Juli 1934 – St.M. I 70 22 – , insbesondere dessen Abschnitt IV. Selbstverständlich sind die Staatspolizeistellen bei der Ausstellung von Waffenscheinen usw, soweit politische Belange berührt werden, in weitreichendem Masse zu beteiligen."[370]

Das bedeutete, Erlaubnisse für Schußwaffen würden zwar auf staatlicher Ebene bearbeitet, wahrscheinlich durch die Ordnungspolizei, doch Stapo und Gestapo würden die Entscheidung fällen, ob bei Antragsteller oder Antrag politische Bedenken vorlagen.

Wie das Preußische Oberverwaltungsgericht am 2. Mai 1935 entschied, gab es hinsichtlich der von Stapo oder Gestapo getroffenen Entscheidungen keinen Anspruch auf gerichtliche Überprüfung.[371] Dazu gehörten beispielsweise Entscheidungen, die einem Juden eine Schußwaffenerlaubnis verweigerten, oder die Anordnung von Schutzhaft für eine Person, selbst wenn diese vor Gericht freigesprochen worden war. Nur gegen Handlungen der normalen Polizei waren Rechtsmittel einlegbar. Um jeden Zweifel an der Rechtmäßigkeit der absoluten Macht der Gestapo auszuräumen, wurde 1936 ein Gesetz verabschiedet, das eine gerichtliche Überprüfung ausdrücklich verbot.[372]

Durch eine Änderung des Strafgesetzbuches im Juni 1935 wurden die Richter sogar autorisiert, eine Handlung per Analogie als kriminell einzustufen: „Bestraft wird, wer eine Tat begeht, die das Gesetz für strafbar erklärt oder die nach dem Grundgedanken eines Strafgesetzes und nach gesundem Volksempfinden Bestrafung verdient."[373]

Welchen Einfluß hatte all dies auf die Handlungen der Polizei und auf das Leben der deutschen Bevölkerung? Ein Ergebnis war die ständig steigende Zahl von Verhaftungen und Durchsuchungen. In einem Routinebericht vom April 1935 erwähnte die Kölner Stapo zwei erst kürzlich durchgeführte Verhaftungen. Die eine betraf einen Arbeiter, „weil derselbe in übler Weise den Führer beleidigt und die Massnahmen der Reichsregierung verächtlich gemacht hat." Bei der zweiten ging es um unerlaubten Waffenbesitz eines Stellmachers. „In der Wohnung des Schiffer, der früher ein führendes Mitglied der K.P.D. war, wurde 1 Karabiner, 1 Jagdgewehr, 1 Seitengewehr und ein als Totschläger umgearbeitetes Kabelstück vorgefunden."[374]

Bei einem anderen Vorfall, so heißt es in dem Bericht weiter, fiel in Euskirchen einem SA-Sturmführer beim Einsteigen ins Auto seine Pistole aus der Tasche und es löste sich versehentlich ein Schuß, der einen SS-Rottenführer traf und tötete. Es entstand das Gerücht, der Rottenführer sei von einem Juden erschossen worden, worauf in den folgenden zwei Nächten von Randalierern, darunter auch SA-Männer, (mehrere jüdische Einwohner mißhandelt und) die Fensterscheiben jüdischer Häuser und Geschäfte eingeworfen wurden.

Das Alltagsleben unter der Naziherrschaft wurde von Victor Klemperer in einem Tagebucheintrag im Juli derart beschrieben: „Die Judenhetze und die Pogromstimmung wächst Tag für Tag. Der ‚Stürmer', Goebbels' Reden (‚wie Flöhe und Wanzen vertilgen!'), Gewalttätigkeiten in Berlin, Breslau, gestern auch hier in der Prager Straße. Es wächst auch der Kampf gegen Katholiken, ‚Staatsfeinde' reaktionärer und kommunistischer Richtung. Es ist, als seien die Nazis zum Äußersten gedrängt und bereit, als stünde eine Katastrophe bevor."[375]

Passend zu Klemperers Beschreibung verfaßte die Berliner Polizei einen geheimdienstlichen Bericht über verschiedene Juden. „Der Jude Bruno Cohn hat in einem Lokal am Stettiner Bahnhof u.a. gesagt: ‚Mir wurden damals von den Nazis in den Revolutionstagen 25 000 RMS gekappt, und man hätte mir auch meine Pferde weggenommen, wenn ich sie nicht mit dem Revolver herausgebracht hätte.'" Cohn sagte einen frühen Zusammenbruch des Regimes voraus. Und ein Lauscher bei einem Treffen des konservativen Verbands nationaldeutscher Juden berichtete über eine patriotische Rede von Dr. Max Naumann. „Der Redner begrüßte das neue Wehrgesetz und bedauerte lediglich, daß die Juden vom Tragen der Waffe ausgeschlossen seien."[376] (Das Gesetz forderte arische Abstammung als Voraussetzung für den Militärdienst.[377]) Das Treffen endete mit dem Singen deutscher patriotischer Lieder.

Der Bericht endete mit zwei schwerwiegenden Feststellungen. Erstens zogen Juden immer noch die Nationalflagge auf, was verboten war. Zweitens hatten Arier, darunter sogar Mitglieder der Nazi-Partei, versucht, sich für verhaftete Juden einzusetzen.

Am 15. Oktober 1935 wurden anläßlich des jährlich stattfindenden Reichsparteitags der Nazi-Partei vom eigens einberufenen Reichstag einstimmig die Nürnberger Gesetze angenommen. Dazu gehörte das Reichsbürgergesetz, das von Hitler und Innenminister Frick unterzeichnet wurde; darin hieß es: „Reichsbürger ist nur der Staatsangehörige deutschen oder artverwandten Blutes, der durch sein Verhalten beweist, daß er gewillt und geeignet ist, in Treue dem deutschen Volk und Reich zu dienen."[379] Juden behielten zwar die deutsche Staatsangehörigkeit, waren jedoch keine Reichsbürger und hatten somit keine Bürgerrechte; ein Konzept, das zuvor keine rechtliche Bedeutung hatte.

Zu den Nürnberger Gesetzen gehörte auch das Gesetz zum Schutze des deutschen Blutes und der deutschen Ehre, in dem erklärt wurde, „daß die Reinheit des deutschen Blutes die Voraussetzung für den Fortbestand des deutschen Volkes ist." Es verbot „Eheschließungen zwischen Juden und Staatsangehörigen deutschen oder artverwandten Blutes" und drohte bei Verstößen mit Gefängnis und Zuchthaus.[380] Dieses Gesetz wurde von Hitler, seinem Stellvertreter Rudolf Heß, Innenminister Frick und Justizminister Gürtner unterzeichnet.

Außerhalb Deutschlands war man fassungslos und aufgebracht. Victor

Klemperer hörte von Bekannten nach deren Rückkehr aus London, daß ihre christlichen Wirtin dort die Frage gestellt hatte: „Gibt es denn niemanden, der dieses Riesenschwein umbringt?" In Deutschland jedoch war die Stimmung der Juden gedrückt, und Klemperer merkte an: „Wir erleben nicht das Ende dieser Tyrannei, das Volk hängt begeistert am Führer."[381]

Am 14. November ergänzten Frick und Heß die Nürnberger Gesetze um die Erste Verordnung zum Reichsbürgergesetz, in der festgelegt wurde: „Ein Jude kann nicht Reichsbürger sein. Ihm steht ein Stimmrecht in politischen Angelegenheiten nicht zu; er kann ein öffentliches Amt nicht bekleiden."[382] Es folgte eine Vielzahl von Formeln um festzulegen, wer Jude sei; zugrundegelegt wurden Blut, Abstammung, Heirat und Mitgliedschaft in der jüdischen Religionsgemeinschaft.

Die jüdischen Gemeinden mußten den Behörden bereits quartalsweise ihre Mitglieder melden.[383] Die Fähigkeit, Aufzeichnungen über Juden vorzuhalten und schnell darauf zuzugreifen, wurde durch die Lochkartentechnologie von IBM ermöglicht, die von der deutschen IBM-Tochter Dehomag eingesetzt wurde; dabei wurden alle Geburten und Eheschließungen erfaßt, einschließlich der Religion.[384]

Am 12. November, zwei Tage vor der Bekanntgabe der Verordnung mit der Definition des Begriffs Jude, gab Frick den neuen Entwurf eines Waffengesetzes in Umlauf.[385] Offensichtlich brauchte die Säuberung der Gesellschaft von Feinden der Nazis länger als erwartet, denn nach seinem Vorschlag im Jahre 1933 war die Diskussion über eine Reform des Gesetzes für zwei Jahre ausgesetzt worden.

In diesem Entwurf wurden Schußwaffen so definiert: „Waffen, bei denen ein fester Körper durch Pulvergase oder Druckluft durch einen Lauf getrieben werden kann." Diese Einbeziehung von Druckluftwaffen war eine radikale Neuerung, und noch viel wichtiger war die Einbeziehung aller „Munition", denn das schloß nun Rundkugeln und ähnliche Munition für Luftgewehre ein. Für jegliche Herstellung von Schußwaffen und Munition (einschließlich des Wiederladens von Patronen) wurde eine Lizenz benötigt. Der Entwurf stellte folgende neue Einschränkung für die Ausstellung einer solchen Erlaubnis vor: „Die Erlaubnis darf nicht erteilt werden, wenn der Antragsteller oder die für die technische Leitung seines Betriebes in Aussicht genommene Person Jude ist."[386] Allerdings konnten Juden durchaus die Erlaubnis erhalten, mit Schußwaffen zu handeln. Vorgesehen aber war das Verbot des Handels mit Schußwaffen für Personen „im Umherziehen", beispielsweise für Zigeuner, und auf Jahrmärkten, Schützenfesten und Messen mit Ausnahme der Mustermessen.

Im Gesetz von 1928 hieß es: „Waffenscheine dürfen nur an Personen, gegen deren Zuverlässigkeit keine Bedenken bestehen, und nur bei Nachweis eines

Bedürfnisses ausgestellt werden." Personen, von denen man annahm, sie seien „volks- oder staatsfeindlich" eingestellt, würden keine Erlaubnisse erhalten. Außer der Polizei und der Wehrmacht (so lautete der neue Name der Reichswehr) sollten folgende Personen keine Erlaubnis benötigen: „politische Leiter der Nationalsozialistischen Deutschen Arbeiterpartei vom Ortsgruppenleiter an aufwärts und Angehörige der SA, der SS und des Nationalsozialistischen Kraftfahrkorps vom Sturmführer an aufwärts, denen von dem Stellvertreter des Führers oder der von diesem bestimmten Stelle das Recht zum Führen von Schußwaffen verliehen ist."[387]

Personen, die das Naziregime nicht unterstützten, würde der Besitz jeglicher Waffen verboten sein. Im Entwurf hieß es: „Die zuständige Behörde kann einer Person, die sich volks- oder staatsfeindlich betätigt hat, oder durch die eine Gefährdung der öffentlichen Sicherheit zu befürchten ist, für eine bestimmte Zeit Erwerb, Besitz und Führen von Schußwaffen und von Hieb- oder Stoßwaffen verbieten."[388]

Niemand durfte „Schußwaffen, die zum Zusammenklappen, Zusammenschieben, Verkürzen oder zum schleunigen Zerlegen über den für Jagd- und Sportzwecke üblichen Umfang hinaus" vorgesehen waren, herstellen oder auch nur besitzen, und sogar „Patronen Kaliber .22 (= 5,6 mm) kurz, lang oder lang für Büchsen (Kleinkaliberpatronen) mit Hohlspitzgeschoß" würden verboten sein.[389]

Die allgemeine Strafe für Verstöße gegen das Gesetz waren drei Jahre Haft, und bei einer Person, die als „volks- oder staatsfeindlich" galt, drohten für den Besitz einer Waffe zehn Jahre Haft.

Ein Memorandum mit einer Analyse des Gesetzentwurfs begann mit folgender Grundprämisse: „Denn Voraussetzung für jede Lockerung des geltenden Waffenrechts muß es sein, daß die Polizeibehörden in der Lage bleiben, gegen jeden Waffenbesitz volks- und staatsfeindlicher Personen mit rücksichtsloser Schärfe vorzugehen."[390] Es wurde darauf hingewiesen, daß der Paragraph 20 – der die Behörden ermächtigte, jeder als „volks- oder staatsfeindlich" angesehenen Person den Besitz einer Waffe zu verbieten – „das polizeiliche Kernstück des Entwurfs bildet." Auf Grund dieser absoluten Entscheidungsvollmacht der Polizei, Feinden des Staates den Waffenbesitz zu verweigern, galt: „Es ist daher vom Inkrafttreten des Gesetzes ab jedem staatstreuen Volksgenossen möglich, ohne besondere Erlaubnis Schußwaffen zu erwerben."[391] Würde man jedoch jedermann erlauben, eine Schußwaffe mitzuführen, „so würde daraus eine schwere Gefahr für die öffentliche Sicherheit und Ordnung erwachsen", und daher würden Waffenscheine für das Führen erforderlich sein.[392] Die Diskussion über Erlaubnisse zum Handel mit Schußwaffen deutet darauf hin, daß es zum Teil auch darum ging, den Wettbewerb auszuschalten. Angemerkt wurde, daß „das

Waffengewerbe einer scharfen Kontrolle durch den Staat unterliegen muß", was „dem Wunsche des Waffengewerbes selbst nach seiner Reinhaltung von ungeeigneten Elementen entspricht." Daher konnten nur Bürger des Deutschen Reichs eine Erlaubnis erhalten, in der Schußwaffenindustrie zu arbeiten, und weiter hieß es: „Für Juden ist im deutschen Waffengewerbe kein Platz mehr." Der Gesetzentwurf „bestimmt daher, daß die Erlaubnis zu versagen ist, wenn der Antragsteller oder die für die technische Leitung des Betriebes in Aussicht genommene Person Jude ist."[393]

Zu diesem Zeitpunkt waren die Nazis gerade dabei, den Waffenhersteller Simson & Co. zu enteignen, der den jüdischen Brüdern Arthur und Julius Simson gehörte. Zwischen 1925 und 1934 war dies die einzige Firma gewesen, die unter dem Versailler Vertrag von der Inter-Allied Disarmament Commission die Erlaubnis erhalten hatte, Maschinengewehre und Luger-Pistolen für die Reichswehr herzustellen und zu reparieren. Das Unternehmen, das auch Jagdwaffen und Taschenpistolen herstellte, wurde zum größten Hersteller von Schußwaffen in Thüringen.[394]

Schon in der Zeit der Weimarer Republik hatte der Nazi-Gauleiter Fritz Sauckel die „jüdische" Firma des Betrugs bezichtigt. Nach der Machtübernahme Hitlers wurde Sauckel zum *Reichsstatthalter* in Thüringen ernannt. Er leitete Strafverfahren ein, aber nach einem Schauprozeß wies das Gericht die Anschuldigungen ab. Sauckel verlegte sich auf Erpressung, zwang der Firma „Parteikameraden" als Manager auf und erzwang einen Zusammenschluß unter dem Namen Berlin-Suhler Waffen-und Fahrzeugwerke, beziehungsweise BSW. Arbeiter, die gegen die Nazis eingestellt waren, gaben BSW eine andere Bedeutung: „Bis Simson Wiederkommt".

Am 14. April 1935 wurde Arthur Simson verhaftet und zu anderen politischen Gefangenen in eine der Isolationszellen des Gefängnisses Moabit in Berlin geworfen. Hitler persönlich genehmigte Sauckels Übernahme des Waffenherstellers, und am 28. November lag ein unterzeichnungsreifer „Vertrag" vor. Im Keller des Gestapo-Hauptquartiers in Berlin wurden Julius und Arthur Simson gezwungen zuzugeben, daß sie das Reich um 10 Millionen Reichsmark betrogen hätten. Dann mußten sie die Enteignung ihres Unternehmens unterzeichen. Sie wurden freigelassen und flüchteten anschließend in die Schweiz.

Die Enteignung der Firma Simson, die in Europa für ihre Sport- und Militärwaffen berühmt war, durch die Nazis sandte Schockwellen über den Kontinent – als Angriff auf privates Unternehmertum und erste große „Arisierung" eines jüdischen Unternehmens. Später benannte Sauckel die Firma in Gustloff Werke um, nach einem Nazimärtyrer, der von einem jüdischen Studenten in der Schweiz erschossen worden war. Das Unternehmen galt als „erste nationalsozialistische Industriestiftung und als modernste Musterfabrik."[395] Nach dem Krieg wurde Sauckel wegen seiner Beteiligung am Sklavenarbeitsprogramm durch den Strang hingerichtet.

Wie die Episode Simson zeigt, spielte es keine Rolle, daß der Gesetzentwurf, der Juden aus der Schußwaffenindustrie verbannte, nicht verabschiedet worden war. Die Verabschiedung war unnötig, denn die Firma wurde unter dem Vorwand, daß die Eigentümer den Staat betrogen hätten, enteignet. Natürlich konnten die Nazis nach Belieben derartige Anschuldigungen erheben und Firmen übernehmen.

Auch wenn die Überarbeitung des Gesetzentwurfs nicht enthielt, daß den Juden der Besitz von Schußwaffen verweigert werden sollte, so würde dies die Gestapo sicherstellen. Diese Mischung aus de facto Umsetzung von Politik und juristischer Rhetorik ermöglichte ein Programm der gründlichen Entwaffnung der Bevölkerung. Es lag im Interesse der Nazis, jeder Person und jeder Partei die Waffen zu nehmen, die sich ihrer Herrschaft oder Laune widersetzen könnten – und die deutschen Juden waren bereits eine besondere Zielgruppe gewesen, bevor die Nürnberger Gesetze in Kraft traten.

[343] Wolfgang Langhoff, *Die Moorsoldaten: 13 Monate Konzentrationslager* (Zürich: Schweizer Spiegel, 1935).
[344] Wolfgang Langhoff, *Rubber Truncheon*, Übers. Lilo Linke (New York: E. P. Dutton, 1935).
[345] Langhoff, *Die Moorsoldaten*, 12 [*Rubber Truncheon*, 4].
[346] Ebenda, 73-73
[347] Ebenda, 83, 94
[348] Ebenda, 229-30
[349] Ebenda, 248
[350] Ebenda, 310
[351] Ebenda, 318
[351] Ebenda, 318
[352] Raphaël Lemkin, *Axis Rule in Occupied Europe: Laws of Occupation, Analysis of Government, Proposals for Redress* (Washington, DC: Carnegie Endowment for International Peace, 1944), 15–16.
[353] Lemkin, *Axis Rule in Occupied Europe*, 16.
[354] Gesetz über den Neuaufbau des Reichs, *Reichsgesetzblatt* 1934, I, S. 75.
[355] Victor Klemperer, *I Will Bear Witness 1933–1941*, Übers. Martin Chalmers (New York: Modern Library, 1999), 54.
[356] Michael Wildt, „Violence Against Jews in Germany, 1933–1939", in *Probing the Depths of German Antisemitism: German Society and the Persecution of the Jews, 1933–1941*, Ed. David Bankier (New York: Berghahn Books, 2000), 187.
[357] Hans Bernd Gisevius, *To the Bitter End: An Insider's Account of the Plot to Kill Hitler, 1933–1944*, Übers. Richard Winston und Clara Winston (New York: Da Capo Press, 1998), 124–25.
[358] James M. Diehl, *Paramilitary Politics in Weimar Germany* (Bloomington: Indiana University Press, 1977), 291. Siehe auch Kurt G. W. Lüdecke, *I Knew Hitler: The Story of a Nazi Who Escaped the Blood Purge* (New York: Charles Scribner's Sons, 1938). Lüdecke fand Zuflucht in den Vereinigten Staaten, wurde aber nach dem Zweiten Weltkrieg abgeschoben. Siehe *Ludecke v. Watkins*, 335 U.S. 160 (1948).
[359] U.S. Botschafter William E. Dodd an Außenminister, 24. Juli 1934, U.S. Department of State, *Foreign Relations of the United States: Diplomatic Papers 1934*, vol. 2: *Europe, Near East, and Africa* (Washington, DC: U.S. Government Printing Office, 1951), 243.
[360] Richard L. Miller, *Nazi Justiz: Law of the Holocaust* (Westport, CT: Praeger, 1995), 46.
[361] U.S. Botschafter William E. Dodd, Telegramm, 21. Aug. 1934, in U.S. Department of State, *Foreign Relations of the United States: Diplomatic Papers 1934*, 2:245.
[362] William E. Dodd, *Ambassador Dodd's Diary: 1933–1938*, Ed. William E. Dodd Jr. und Martha Dodd (New York: Harcourt, Brace, 1941), 189–90 (Eintrag für 13. Nov. 1934).
[363] Der Pr. Min.d.Inn. an Staatspol. Potsdam, 30. Juli 1934, Brandenburgisches Landeshauptarchiv (BrLHA), Pr. Br. Rep. 2A, Reg. Potsdam I Pol/3477, Waffenangelegenheiten Bd. 3, 1928–37.

364 Staatsministerium des Innern, Der Politische Polizeikommandeur, G6358 I1A, München, 25. Aug. 1934, Bayerisches Hauptstaatsarchiv, München (BHStA), (MA) 106312.
365 Denkschrift über die kommunistische Wühlarbeit im Winter 1932/33, RR.ie.r. von Lengriesser, BHStA, MA 106312, IAN.2160/14.3, auf 33–35.
366 „Schusswaffengesetz 12.4.28, 16, 17", *Deutsche Juristen-Zeitung,* 15. Nov. 1934, 1417.
367 *Gesetz über Schußwaffen und Munition* §§ 17(2), 18(2), *Reichsgesetzblatt* 1928, I, 143, 145.
368 Preußische Geheime Staatspolizei, B.-Nr. 80 249/34—I 1 D, 6. Feb. 1935, Bundesarchiv (BA) Lichterfelde, R 58/2507.
369 Gesetz über die Geheime Staatspolizei, Pr. GS., S. 413 (1933), erlassen von Göring; es unterstellte die Gestapo als Zweig des Innenministeriums seiner direkten Leitung.
370 Preußische Geheime Staatspolizei, Betrifft die Angelegenheiten des materiellen Waffenrechts, 21. Februar 1935, BA Lichterfelde, R 58/2507.
371 Ernst Fraenkel, *The Dual State: A Contribution to the Theory of Dictatorship* (New York: Oxford University Press, 1941), 26, 216 n. 74. Das Gericht bezog sich auf das Gesetz über die Geheime Staatspolizei), 30. Nov. 1933, *Preussische Gesetzessammlung,* 1933, 41.
372 Gesetz über die Geheime Staatspolizei, 10. Februar 1936, *Preussische Gesetzessammlung,* 1936, 21, zitiert in Fraenkel, *The Dual State,* 26, 217 n. 78. Siehe auch Edward Crankshaw, *Gestapo: Instrument of Tyranny* (London: Greenhill Books, 1956), 89.
373 Gesetz zur Änderung des Strafgesetzbuchs vom 28.6.1935, *Reichsgesetzblatt* 1935, I, 839; Ingo Müller, *Hitler's Justice: The Courts of the Third Reich,* Übers. Deborah Lucas Schneider (Cambridge, MA: Harvard University Press, 1991), 74.
374 Der Regierungspräsident, 25. Apr. 1935, Tagesbericht der Stapo Köln, BA Lichterfelde, R58/3864.
375 Klemperer, *I Will Bear Witness,* 128 (Eintrag für den 21. Juli 1935).
376 Der stellv. Polizeipräsident, Bericht über die innerpolitische Lage im Landespolizeibezirk Berlin, 30. Juli 1935, BA Lichterfelde, R 58/3657.
377 Paragraph 15(1), Wehrgesetz vom 21. Mai 1935, *Reichsgesetzblatt* 1935 I, 609.
378 Eine juristische Abhandlung einschließlich der entsprechenden Gesetze und der nachfolgenden Regelungen ist zu finden in: Bernhard Lösener und Friedrich A. Knost, *Die Nürnberger Gesetze* (Berlin: Franz Vahlen, 1936).
379 Reichsbürgergesetz, *Reichsgesetzblatt,* I, 1935, 1146, § 2.
380 Gesetz zum Schutze des deutschen Blutes und der deutschen Ehre, *Reichsgesetzblatt,* I, 1935, 1146–47, § 1.
381 Klemperer, *I Will Bear Witness,* 138 (Eintrag für den 31. Oktober 1935).
382 Erste Verordnung zum Reichsbürgergesetz, *Reichsgesetzblatt* 1935, I, 1333, § 4.
383 Götz Aly and Karl Heinz Roth, *The Nazi Census: Identification and Control in the Third Reich,* Übers. Edwin Black und Assenka Oksiloff (Philadelphia: Temple University Press: 2004), 72.

[384] Edwin Black, *IBM and the Holocaust: The Strategic Alliance Between Nazi Germany and America's Most Powerful Corporation* (New York: Random House, 2001), 188, 197–98.

[385] Der Reichs- und Preußische Minister des Innern, An die Herren Reichsminister [et al.], I A 13258/6310, 12. Nov. 1935, BA Berlin, R 43 II/399, Fiche 1, Reihe 6.

[386] Ebenda, § 3(3).

[387] Ebenda, § 16.

[388] Ebenda, § 20.

[389] Ebenda, § 22.

[390] Der Reichs- und Preußische Minister des Innern, An die Herren Reichsminister [et al.], A 13258/6310, 12. November 1935. BA Berlin, R 43 II/399, Fiche 1, Reihe 7, S. 1.

[391] Ebenda, auf 3.

[392] Ebenda, auf 4.

[393] Ebenda, auf 4-5.

[394] Ulrike Schulz, „Die Enteignung der Firma ‚Simson & Co' 1929–1935", in *Thüringer Blätter zur Landeskunde*, (Erfurt, Deutschland: Landeszentrale für politische Bildung Thüringen, 2006), http://www.thueringen.de/imperia/md/content/lzt/die_enteignung_der_firma_simson.pdf (aufgerufen am 28. April 2013). Siehe auch Robert Codek, „There is No Way Back", in *The Simson Company in Suhl: Simson—BSW—WAFFA—Gustloff: The Almanacs of German Hunting Guns and Their Makers,* Nr. 3 (Meriden, NH: German Gun Collectors Association, 2009), 4–5; Edward B. Tinker und Graham K. Johnson, *Simson Lugers: Simson & Co, Suhl, the Weimar Years* (Galesburg, IL: Brad Simpson, 2007), 15–16, 28–29, 81; Ed Buffaloe, „The Simson Model 1922 and 1926 Vest Pocket Pistol", http://unblinkingeye.com/Guns/Simson/simson.html (aufgerufen am 28. April 2013).

[395] *Zeitschrift des Vierjahresplan* 3 (1939), 225, und *Das Schwarze Korps* (4. Mai 1939), zitiert in Michael Thad Allen, *The Business of Genocide: The SS, Slave Labor, and the Concentration Camps* (Chapel Hill: University of North Carolina Press, 2002), 190–91.

8

Die Gestapo

Für die Ausarbeitung und Durchsetzung ihrer Politik zur Unterdrückung des privaten Waffenbesitzes brauchte die Naziführung einen starken Arm, auf den sie sich verlassen konnte. Am 16. Dezember 1935 verschickte Dr. Werner Best, oberster Rechtsberater und stellvertretender Leiter der Gestapo, einen Erlaß „Erteilung von Waffenscheinen an Juden" an alle Dienststellen der Geheimen Staatspolizei, der Staatspolizei und der Politischen Polizeien der Länder – außer Preußen. Darin hieß es:

„Mit Rücksicht darauf, daß vor der Erteilung von Waffenscheinen an Juden stets von den ordentlichen Polizeibehörden die Stellungnahme der Behörden der Geheimen Staatspolizei über die politische Zuverlässigkeit der einzelnen Gesuchsteller einzuholen ist, ersuche ich, folgendes zu beachten:

Grundsätzlich wird man nur wenigen Ausnahmefällen gegen die Erteilung von Waffenscheinen an Juden keine Bedenken erheben können. In der Regel muß davon ausgegangen werden, daß Schußwaffen in den Händen von Juden eine nicht unbeträchtliche Gefahr für die deutsche Bevölkerung bedeuten. Es ist daher in Zukunft in allen Fällen, in denen zu der Frage der Erteilung von Waffenscheinen an Juden Stellung zu nehmen ist, ein möglichst scharfer Maßstab an die politische Zuverlässigkeit der Gesuchsteller zu legen. Nur auf diese Weise kann verhindert werden, daß in Zukunft zahlreiche Juden in den Besitz von Schußwaffen gelangen und damit eine Gefahr für die deutsche Bevölkerung bilden."[396]

Der Erlaß verwies darauf, daß damit auch eine Anfrage der Stapo Stettin vom 30. September beantwortet werde. Angesichts der Tatsache, daß die Beantwortung eineinhalb Monate dauerte, dürfte die ernste Gefahr, die angeblich von Juden mit Schußwaffen ausging, wohl doch nicht so groß gewesen sein. Zudem gab es in der Sache unterschiedliche Auffassungen. Die Stapo in der Stadt Magdeburg in Sachsen-Anhalt hatte im Januar 1935 entschieden, daß Juden weiterhin Besitzerlaubnisse für Schußwaffen erhalten durften. Um einer Gefahr für die Bevölkerung zuvorzukommen, würde die Polizei neue Abwägungen treffen, falls zu viele Juden Anträge stellen sollten.[397] Mit dem Erlaß von Werner Best war diese Frage nun geklärt.

Ein Beispiel dafür, wie solche Strategien nach unten weitergegeben wurden, zeigt die Weiterleitung dieses Erlasses durch die Bayerische Politische Polizei an alle nachgeordneten Polizeidienststellen, die am 5. Februar per Verfügung erfolgte. Nach dem Hinweis, daß „vor der Erteilung von Waffenscheinen an Juden von den Polizeibehörden stets die Stellungnahme der Behörden der Geheimen Staatspolizei über die politische Zuverlässigkeit der einzelnen Gesuchsteller einzuholen" sei, legte die Verfügung fest: „Anträge auf Erteilung eines Waffenscheins, die von Juden gestellt werden, sind daher zur Stellungnahme über die politische Zuverlässigkeit der Gesuchsteller an die Bayerische Politische Polizei II/1 z.b.V. einzusenden." Die Verfügung schloß mit einer fast wortgetreuen Wiedergabe aus dem Erlaß: „Eine Übersendung von Anträgen dürfte aufgrund vorstehender Erwägungen nur in besonderen Fällen in Frage kommen.[398]

Das Gesetz aus der Weimarer Zeit erlaubte der Polizei, einer „nicht zuverlässigen" Person den Besitz von Schußwaffen zu verweigern. Zu jener Zeit konzentrierte sich die Gestapo sehr stark auf die Beschlagnahme von Schußwaffen. Dr. Best hatte sich erst kürzlich, am 27. November 1935, hinsichtlich der Verwertung eingezogener oder sonstiger bei der Polizei befindlicher Waffen schriftlich an den Berliner Polizeipräsidenten sowie an die Regierungspräsidenten und Polizeidienststellen gewandt: Selbstladepistolen (keine Revolver) seien an das Gestapohauptquartier in Berlin zu schicken. Regierungsstellen und die Polizei könnten andere beschlagnahmte Waffen beziehen, und nicht benötigte Waffen seien zu zerstören.[399]

Diese Klarstellung stammte von demselben Werner Best, der – wie in Kapitel 3 beschrieben – 1931 die Boxheimer Dokumente abgefaßt hatte, in denen er für eine Machtübernahme der Nazis empfohlen hatte, bei Androhung der Todesstrafe die Ablieferung sämtlicher Schußwaffen anzuordnen. Nun war er unter Heydrich und Himmler einer der Spitzenbeamten der Gestapo; während des Krieges würde er in Frankreich und Dänemark die Unterdrückung durch die Gestapo leiten, wo ein Zurückbehalten von Schußwaffen Grund genug für die Hinrichtung sein würde.

Die Gestapo befaßte sich mit den Angelegenheiten der „politischen Polizei", und ihre Schutzhaft-Anordnungen waren, wie das Gesetz über die Gestapo vom 10. Februar 1936 klarstellte, vor den Verwaltungsgerichten nicht anfechtbar. War eine Anschuldigung „politischer Natur", dann konnte eine Person von einem normalen Gericht durchaus freigesprochen werden, nur um anschließend von der Gestapo auf unbestimmte Zeit in Schutzhaft genommen zu werden.[400]

Unter diesem bizarren Regime waren Gesetze für einen Teil der Regierung weiterhin wichtig, doch die Gestapo benötigte kein Gesetz, um zu tun was sie wollte – und dies wiederum wurde als Gesetz verkündet. Daher konnte die Gestapo Juden gemäß dem Weimarer Waffengesetz als „unzuverlässig" einstufen, und kein Gericht konnte dagegen angerufen werden. Zeitgleich wurde im Kabinett Hitlers weiter darüber debattiert, ob das Schußwaffengesetz überarbeitet werden sollte. In einem Vermerk an die anderen Minister entschied Innenminister Frick Anfang 1936, das Thema von der Tagesordnung zu nehmen: „Von maßgebender Seite sind bei mir Bedenken geäußert worden, ob der gegenwärtige Zeitpunkt geeignet ist, den Erwerbscheinzwang für Schußwaffen und Munition durch die Zulässigkeit eines polizeilichen Waffenverbots zu ersetzen. Ich habe mich daher entschlossen, die Frage einer Neuregelung des Waffenrechts, auch soweit es sich um Einzelfragen handelt, einstweilen zurückzustellen."[401]

Durchsuchungen nach Waffen gehörten inzwischen zum Alltag. Beispielsweise berichtete die Stapo Halle am 15. Dezember 1935 an die Gestapo in Berlin, daß Informationen eines Spitzels dazu geführt hätten, daß in einem Hausgarten nach Waffen gesucht wurde. In eineinhalb Meter Tiefe fand die Polizei eine Holzkiste mit einer Pistole 08, 120 Patronen und ein Bajonett. Im Verhör zeigte sich, daß die Gegenstände während des Ersten Weltkrieges in den Besitz des Arbeiters Otto Max Haller gelangt waren und bis April 1932 in dessen Haus aufbewahrt wurden; danach versteckte er sie in einem Schuppen im Garten. „Nach dem Umbruch habe er aus Angst vor Unannehmlichkeiten sich nicht getraut, die Waffen abzugeben." Da er keinen Ärger wollte, übergab er sie seinem Schwager, den Arbeiter Werner Rolle. Obwohl er wußte, daß er zur Ablieferung der Waffen verpflichtet war, vergrub sie Rolle im Garten seiner Eltern. Auch er fürchtete sich davor, die Waffen abzugeben. „Beide Beschuldigten geben zu, daß sie sich im vorliegenden strafbar gemacht haben."[402]

Zugleich konnten Personen, die mit Zustimmung der Regierung bewaffnet worden waren, Amok laufen und Verbrechen gegen Juden und andere begehen, die sich nur mit stumpfen Gegenständen improvisiert verteidigen konnten. Die Düsseldorfer Gestapo meldete einen Vorfall vom 10. Februar 1936, bei dem sich eine jüdische Familie vergeblich gegen einen mit Revolver und Schlagstock bewaffneten Wachmann zur Wehr zu setzen versuchte, der ihr Haus beschädigt hatte:

„Am 10. Februar 1936, gegen 2.40 Uhr, wurden durch den Wachmann Wilhelm Schmitz aus Hemmerden im Kreise Grevenbroich-Neuß an dem Hause des jüdischen Händlers Jakob Daniel aus Bedburdyck mit einem Zaunpfahl zwei Oberlichtfenster eingeschlagen. Als der Sohn des Geschädigten mit dem Fahrrade den Täter, der noch in Begleitung einer weiteren Person war, verfolgte und einholte, wurde er von diesem mit einem Gummiknüppel verprügelt, so daß er unter Zurücklassung des Fahrrades und eines von ihm mitgeführten Stahlstockes flüchten mußte. Schmitz schoß mit einem Revolver hinter dem Fliehenden her. Daniel kam nach kurzer Zeit mit seinem Vater zurück und holte sein Fahrrad wieder. Auf dem Nachhauseweg wurden beide von Schmitz verfolgt und an der Schule zu Bedburdyck von diesem erneut angegriffen. Hierbei erhielt der Beschädigte, Daniel sen., mit dem Gummiknüppel einen Schlag über den Kopf. Die Angegriffenen verteidigten sich mit einer mitgeführten Zaunlatte und wurden daraufhin von Schmitz bedroht mit den Worten: „Drei Schritte vom Leibe oder ich schieße". Daniels (Vater und Sohn) flüchteten nunmehr in ihre Wohnung. Gegen Schmitz wurde Strafanzeige erstattet. Die polizeilichen Vernehmungen stehen vor dem Abschluß."[403]

Unter anderen gesellschaftlichen Verhältnissen hätte man den Vorfall propagandistisch nutzen können, um zu zeigen, daß Schußwaffen in den Händen von „Ariern" eine Gefahr für die deutschen Juden darstellten. Wie bereits erwähnt, behauptete Werner Bests Gestapo-Erlaß, „daß Schußwaffen in den Händen von Juden" – gemeint waren damit die deutschen Juden, denen man dementsprechend Schußwaffenerlaubnisse vorenthielt – „eine nicht unbeträchtliche Gefahr für die deutsche Bevölkerung bedeuten." Kurz nachdem Best seinen Erlaß herausgegeben hatte, manipulierten die Nazis einen Vorfall im Ausland, um seine Behauptung zu bestätigen – obwohl gar kein deutscher Jude beteiligt war.

Am 4. Februar 1936 erschoß David Frankfurter, ein junger jüdischer Medizinstudent aus Jugoslawien, in Davos in der Schweiz Wilhelm Gustloff, den Leiter der NSDAP-Landesgruppe.[404] In jedem anderen Land gab es einen lokalen Ableger der Nazipartei für die im Ausland lebenden Deutschen, und Gustloff war der Chef der in der Schweiz lebenden deutschen Nazis. Der Vorfall zeigte nicht nur die angeblich von jüdischem Schußwaffenbesitz ausgehende Gefahr auf, sondern auch die liberalen Gesetze der Schweiz, die leichten Zugang zu Schußwaffen und eine freie Presse ermöglichen, welche Kritik am Naziregime äußern durfte.

Frankfurter, der an ernsten medizinischen Problemen seines Nervensystems litt, hatte während seines Studiums in Deutschland die Verfolgung der Juden miterlebt; nun studierte er in Bern. Im Dezember 1935 kaufte er in einem Waffengeschäft in Bern für 10 Franken eine automatische 6,35mm Pistole der Marke Browning. „Für mich selbst und irgendeinen Nazi", erklärte er später gegenüber den Behörden. Auf einem Schießstand in der Nähe von Bern erlernte er den Umgang mit der Waffe.

Frankfurter fuhr nach Davos und ging zu Gustloffs Wohnung. Er klingelte, wurde von Frau Gustloff eingelassen und wartete im Arbeitszimmer. Er hörte, wie Gustloff am Telefon gegen „Judenschweine und Kommunisten" wetterte, und als der Naziführer das Arbeitszimmer betrat, feuerte Frankfurter drei oder vier Schüsse ab, die tödlich waren. Allerdings konnte er sich nicht selbst umbringen, so wie er es geplant hatte, und ergab sich der schweizerischen Polizei.

Gustloff war eine unbedeutende Person gewesen, aber sein Status wurde als Stoff für die Propagandamaschinerie der Nazis und als Vorwand für weitere Maßnahmen gegen Juden überhöht. In ganz Deutschland wurden die Fahnen auf Halbmast gesetzt, vermerkte U.S.-Botschafter William Dodd in seinem Tagebuch, und er fügte hinzu: "Hitler griff erstaunlich aggressiv alle Juden an. Andere Ansprachen gab es in Hamburg und anderen Städten, mit zehntausenden Zuhörern, gezwungen dabeizusein ... Die Zeitungen heute sind voller Angriffe gegen die Schweizer."[405]

Ein Bericht der Gestapo bestätigte: "In allen Kreisen der Bevölkerung hat dieses feige Verbrechen eines Juden tiefste Empörung hervorgerufen, da allgemein die Meinung vorherrscht, daß das Weltjudentum in seinem abgrundtiefen Haß gegen das neue Deutschland durch die Schüsse auf den Landesleiter der NSDAP [Gustloff] das ganze deutsche Volk treffen wollte."[406] Berichtet wurde von einer riesigen Trauerfeier in Erfurt, aus der sich Kundgebungen entwickelten, auf denen Gustloff als Märtyrer der Nazis gepriesen und der Mord als Folge der Hetze der ausländischen kommunistisch-jüdisch-marxistischen Presse bezeichnet wurde.

Wenige Tage nach der Beerdigung, so hieß es in dem Bericht weiter, fand in Bern eine Gerichtsversammlung mit ständiger Diffamierung statt, bei der ein deutscher „Sachverständiger" auftrat, um die Echtheit der *Protokolle der Weisen von Zion* zu bestätigen, eines angeblichen jüdischen Plans zur Erlangung der Weltherrschaft. Er hatte mit der Post eine Patrone des Kalibers 7,65mm und einen Zettel erhalten, auf dem „Hitler-Fleischhauer-Gustloff" stand und der Name „Gustloff" durchgestrichen und mit einem roten Kreuz daneben versehen war. Das schweizerische Gericht in Bern bezeichnete später die Protokolle als Fälschung, was in dem Bericht allerdings nicht erwähnt wird.

Dem Gestapo-Bericht zufolge wurde von der Schweiz wie zum Hohn auch noch die NSDAP verboten. Der Bericht stellte die Nazis als verfolgte Opfer dar – ein Jude mit Schußwaffe brachte einen Naziführer um, weltweit applaudierten Juden dem Mord, andere Nazis erhielten Androhungen von Schußwaffengewalt, und die Schweizer verboten die Nazipartei.

Während seines Prozesses sagte Frankfurter aus, daß nicht Gustloff als Person das Ziel gewesen sei, aber er sei ein Agent der Nazis gewesen und Hitler außer Reichweite. Die Tat sei nicht nur eine Aktion gegen die Verfolgung der Juden gewesen, sondern habe auch die Schweiz verteidigt, die von den Nazis ständig angegriffen werde. Auch wenn diese spezielle Verteidigung keine der anerkannten Strategien in den Strafrechtsbüchern darstellte, so waren doch diese und politischer Mord in der Schweiz von besonderer Relevanz. Der Präzedenzfall Wilhelm Tell, der nicht nur seinem Sohn einen Apfel vom Kopf, sondern auch den Tyrannen Gessler ins Herz geschossen hatte, schwang während des Prozesses mit.

Das Gericht ließ als Beweisstücke Unterlagen zu, die vorgelegt wurden, um die Verfolgung der Juden durch die Nazis zu belegen. Frankfurters Tat und der Prozeß führten zu einer weiteren Sensibilisierung der schweizerischen Öffentlichkeit für den Gedanken des bewaffneten Widerstands gegen den Nationalsozialismus. Das Gericht befand Frankfurter des gesetzwidrigen Mordes für schuldig, doch mit verminderter Schuldfähigkeit. Er wurde zu einer Haftstrafe verurteilt, aber am Ende des Zweiten Weltkriegs entlassen; er emigrierte nach Israel.

Der ins Exil gegangene deutsche Schriftsteller Emil Ludwig veröffentlichte 1936 das Buch *Der Mord in Davos*, in dem die Ermordung Gustloffs durch Frankfurter als verständliche Trotzreaktion dargestellt wurde. Er verwies auf Parallelen zu Wilhelm Tell und erörterte die klassische Doktrin des Tyrannenmordes. Dabei stellte er die Frage, ob das Gesetz „die Idee eines Rechts auf Selbstverteidigung, die es dem Einzelnen erlaubt, das Gesetz in seine eigenen Hände zu nehmen und mit Gewalt auf solche kollektiven Untaten wie die Ermordung politischer Gegner oder die Ermordung, Schändung und Ausplünderung eines ganzen Bevölkerungsteils zu reagieren", anerkennen könne. Unter Verweis darauf, daß solche Idealisten üblicherweise „nicht an den Gebrauch von Waffen gewöhnt sind", kommentierte Ludwig: „Wie stark muß doch der Antrieb sein, der einen Mann von platonischem Temperament dazu bringt, eine Pistole zu benutzen." Und weiter führte er aus: „Vor allem bewegt sich seine Tat in den Grenzen der zulässigen Selbstverteidigung", was die Verteidigung anderer einschließe, und er zitierte Frankfurters Worte, daß „Gustloff aus der Schweiz einen Vasallenstaat machen wollte."[407]

Die Nazis nutzten den Vorfall, um den bewaffneten Juden als weltweite Bedrohung darzustellen. So schrieb beispielsweise Wolfgang Diewerge zwei Bücher über den Fall Gustloff. Sein erster Band wiederholte die Drohung von Propagandaminister Goebbels, daß alle weiteren Angriffe auf Offizielle Deutschlands zu Vergeltungsmaßnahmen gegen deutsche Juden führen würden.[408] Der Titel des zweiten Buches, das Frankfurters Mordprozeß folgt, drückte diese Stimmung passend aus: *Ein Jude hat geschossen*.[409]

Frankfurters Tat verschärfte die antisemitische Politik Nazideutschlands. In seinem Tagebuch vermerkte Victor Klemperer: „In Davos hat ein jüdischer Student den deutschen Parteiagenten der NSDAP erschossen. Im Augenblick, da hier das Olympiaspiel stattfindet, wird alles totgeschwiegen. Hinterher wird man sich an die Geiseln, an die deutschen Juden halten."[410]

Als der polnische Jude Herschel Grynszpan 1938 in Paris einen Angehörigen der deutschen Botschaft erschoß, wurde er als „zweiter Frankfurter" bezeichnet; seine Tat liefert den Vorwand für die Novemberprogrome vom 7. bis 13. November, die im Volksmund als „Reichskristallnacht" bekannt wurden. In dieser Zeit starben etwa 400 Menschen durch die SA-Übergriffe, 30 000 Juden wurden in Konzentrationslager inhaftiert, 14 000 Synagogen, Gebeträume, jüdische Friedhöfe, Wohnungen und Geschäfte zerstört.

Der Stürmer, die Zeitung von Joseph Goebbels Propagandaministerium, veröffentliche einen Brief, der angeblich von den Jungen und Mädchen der Nationalsozialistischen Jugendherberge in Großmöllen stammte; er belegt, wie der Vorfall benutzt wurde, um alle Juden als gefährliche und bewaffnete Feinde Deutschlands zu zeigen:

> „Heute sahen wir ein Stück darüber, wie der Teufel den Juden überzeugt, einen gewissenhaften Nationalsozialisten zu erschießen. Im Verlauf des Stückes tut dies der Jude auch. Wir alle wären am liebsten aufgesprungen und hätten den Juden verhaftet. Doch dann kam der Polizist und nahm nach kurzem Kampf den Juden mit. Du kannst Dir vorstellen, lieber „Stürmer", daß wir dem Polizisten von Herzen zujubelten. Im ganzen Stück wurde kein einziger Name erwähnt. Doch wir wußten alle, daß dieses Stück den Mord des Juden Frankfurter darstellte. Uns war übel, als wir an diesem Abend ins Bett gingen. Keiner hatte Lust, mit den anderen zu reden. Dieses Stück hat uns deutlich gemacht, wie der Jude vorgeht. "[411]

Auch wenn solche Propaganda zweifellos viele Menschen beeinflußte, so heuchelten andere ihre Zustimmung nur unter dem Druck des Polizeistaates. Victor Klemperer zitierte einen Jungen aus der Hitlerjugend: „Wir sind alle in der HJ; die meisten würden liebend gern nicht dabei sein ... Sie sind zu 60, 80 und 100 Prozent gegen die Nazis, nur die drei Dümmsten, die keiner achtet, sind ganz dafür."[412]

Parallel zur Propaganda zur Legitimierung anti-jüdischer Praktiken lief die ständige Konsolidierung der Autorität der Nazis über den privaten Besitz und Gebrauch von Schußwaffen im ganzen Land. Der einfache Bürger wurde nicht dämonisiert, aber Schützenvereine unterlagen der gründlichen Kontrolle durch dieselbe Instanz – die Gestapo – die den „bewaffneten Juden" überwachte.

Der Nazismus beinhaltete die *Gleichschaltung* aller gesellschaftlichen Institutionen, einschließlich des Sports im allgemeinen und insbesondere des Schießsports. Wie schon im vorherigen Kapitel gesagt, paßten sich die Schützenvereine in den Jahren 1933-34 nur formal an das Führerprinzip an. Diese Adaptierung wurde von 1934-38 jedoch institutionalisiert, was zum völligen Zerbrechen der alten regionalen, religiösen und sportdisziplinorientierten Verbände und zur Schaffung einer einheitlichen nationalsozialistischen Dachorganisation für alle Schützenvereine im Reich führte.[413] Diese Verschiebung untergrub die demokratischen Vereinstraditionen. Der Vereinspräsident wurde zwar noch von der regulären Mitgliederversammlung[414] gewählt, unterstand nun aber dem Reichssportführer und konnte jederzeit abberufen werden.[415]

Walter Plett faßte die Unterdrückung der Schützenvereine in der Zeit der institutionalisierten Gleichschaltung wie folgt zusammen:

> „Darüber hinaus dachten sich die nationalsozialistischen Entscheidungsträger noch eine Reihe anderer Maßnahmen aus, mit denen man die Vereine schikanieren konnte: das Verbot des Tragens alter Schützenuniformen und -orden, das erzwungene Anbringen von Hakenkreuzwimpeln an Schützenfahnen, das Beflaggen der Häuser mit Hakenkreuzfahnen und das Mitführen dieser Fahnen an Stelle von Kirchen- und Vereinsfahnen; die Maßgabe, daß die Hitlerjugend nur in ihrer Uniform an Veranstaltungen der Vereine teilnehmen durfte, zunächst ein Verbot der Teilnahme von Juden an Schützenfesten und dann ihr Ausschluß aus dem Verein überhaupt, ein Verbot von Paraden, die Abhaltung von Parteiveranstaltungen an Schützenfesttagen, um diese zu stören oder überhaupt zu verbieten usw."[416]

Am 23. Januar 1934 proklamierte der Reichssportführer die Gründung des *Deutschen Reichsbundes für Leibesübungen*, in den die Verbände für Gymnastik, Fußball und andere Sportarten überführt wurden. Danach folgte die Ankündigung, daß alle Schützenvereine einer Region in einem einzigen Verein zusammenzufassen waren.[417]

Die Gestapo verwendete ein Standardformular, um Schützenverbände darüber zu informieren, daß sie auf der Grundlage der Verordnung zum Schutz von Volk und Staat von 1933 sowie Weimarer oder Nationalsozialistischer Polizeiverordnungen verboten wurden. Es untersagte jegliche schießsportlichen Aktivitäten, einschließlich Wettkämpfen, das Tragen traditioneller Schützenuniformen, die Verwendung der Vereinsfahne und des Namens des Vereins.[418]

Vorstandsmitglieder, die keine Nazis waren, wurden aus ihren Funktionen verdrängt. In Grevenbroich zwang die Nazipartei den König des Bürgerschützenvereins für das Jahr 1935 – den besten Schützen des Vereins – wegen seiner politischen Einstellung zurückzutreten. Er wurde durch ein Parteimitglied ersetzt.[419]

Im April 1936 kündigte der Reichssportführer eine Verordnung an, die ab 1937 gelten würde. Mit dieser erfolgte eine strenge Reglementierung des neugegründeten *Deutschen Schützenverbande*s (DSV). Da sich im Ersten Weltkrieg gezeigt hatte, daß die Hälfte der Wehrpflichtigen nicht schießen konnte, versuchte man, mit der Schaffung dieses Verbandes die Schützenvereine über die

Ausbildung von Schützen für die zukünftigen Kriegsziele des Dritten Reiches einzuspannen.[420]

Die Unterdrückung der traditionellen Schützensportkultur durch die Gestapo zeigte sich beispielhaft an ländlichen katholischen Verbänden wie der jahrhundertealten Erzbruderschaft vom hl. Sebastianus (EB).[421] Sebastian war ein römischer Bogenschütze gewesen, der sich zum Schutzpatron der Schützen entwickelt hatte. Vor der Machtergreifung der Nazis im Jahre 1933 hatte die EB vor Hitler gewarnt, und sie blieb weiter auf Konfrontationskurs mit dem Regime, bis sie am 6. März 1936 von der Preußischen Gestapo aufgelöst wurde.[422] Die Gestapo verbot die EB samt all ihrer Mitgliedsvereine und zog ihren Besitz „aufgrund ihres oppositionellen Verhaltens im Interesse der Vereinheitlichung des Deutschen Sportwesens" ein. Die Gestapo ging noch über die Liquidierung des EB hinaus und benutzte diese Gelegenheit, um allen Schützenvereinen mit raschem Verbot zu drohen, die sich dem DSV noch nicht angeschlossen hatten.[423]

Die Gestapo-Zentrale in Berlin gab am 2. Juli 1936 einen neuen Erlaß heraus, in dem es hieß, daß mit Zustimmung des Reichssportführers Vereine, die wegen Nichteintritts in den DSV seit März verboten waren, nun wieder errichtet werden konnten, wenn sie innerhalb von vier Wochen dem DSV beitraten. Vereine, die danach nicht angemeldet waren, würden verboten. Die Forderung, sich in den DSV einzugliedern, galt für Vereine, Gilden und Gesellschaften aller Art, die den Schießsport mit „Feuerwaffe, Luftbüchse, Zimmerstutzen, Armbrust, Bogen o.ä." betreiben. Dazu gehörten auch Vereine, die nur einmal im Jahr zu einem traditionellen Schützenfest zusammenkamen.[424] Die Verfügung der Gestapo trug wesentlich zur Expansion des DSV bei; manche Vereine entschieden sich allerdings lieber für eine Auflösung als für den Anschluß an eine derartige Organisation.

In einer Art Minirevolte protestierte die Westfälische Stapo gegen die Gestapo- Verfügung. Nach Konsultationen mit dem Reichsbund für Leibesübungen wurde von Reinhard Heydrich, dem Chef der Sicherheitspolizei, am 12. Juli 1937 eine neue Gestapo-Verfügung herausgegeben. Vereine, die sich bis zum 25. Februar 1937 dem Westfälischen Heimatbund angeschlossen hatten, brauchten dem DSV noch nicht beizutreten. Allerdings war die generelle Eingliederung in den DSV bis 1938 vorgesehen, und die Berechtigung jeglicher lokaler Vereine zum Abhalten von Schützenfesten würde dann beendet sein.[425]

Bei der strukturellen Anpassung der Schützenvereine an die Agenda der Nazis lag der Hauptschwerpunkt auf der Durchsetzung des Volksgemeinschaftsgedankens. Diese Mentalität sollte durch systematische Organisation und Vereinheitlichung der Vereine, anti-katholische Säkularisierung sowie „Egalisierung" durchgesetzt werden. Diese Ziele wurden durch eine Allianz aus SA-dominierten Funktionären und einer ständig wachsenden Zahl von SS-unterstützten

Gestapo-Leuten befördert. Durch eine ständige paramilitärische Entwicklung hatten die Schützenvereine schließlich viel mit der SA und der Hitlerjugend gemeinsam.[426]

Erst nach 1936 konnte der DSV durch die Kooperation zwischen Sportverbänden und der Gestapo wichtige organisatorische Erfolge verzeichnen. Widerspenstige regionale Verbände wie der Schützenbund für das kurkölnische Sauerland und der Westfälische Heimatbund wurden schließlich zur Kapitulation gezwungen. Während des Jahres 1939 wurden beträchtliche Fortschritte bei der institutionellen Gleichschaltung der Schützenvereine erzielt.[427]

Einige Vereine, die schon frühzeitig gleichgeschaltet worden waren und die Liturgie des Nationalsozialismus – den Hitlergruß samt „Sieg-Heil" und das Horst-Wessel-Lied – in ihre Versammlungen integriert hatten, lösten sich nach 1936 durch Mitgliederentscheid selbst auf, um einer Zwangsauflösung zuvorzukommen.[428] Vereine, die sich den Nazi-Verfügungen widersetzt hatten, wurden mit einem Tätigkeitsverbot belegt oder aufgelöst. Den St. Lambertus-Schützen Kalterherberg wurde 1936 und 1937 die Teilnahme an den Prozessionen zu den Mai-Feierlichkeiten verboten, weil ihr Vorsitzender nicht in der Partei war und sich trotz mehrfacher Verwarnungen weigerte, die Versammlungen mit dem Hitlergruß zu beginnen. Er wurde Mitte 1938 zum Rücktritt gezwungen.[429]

Die Liquidierung des aus der Zeit vor den Nazis stammenden Deutschen Schützenbundes erfolgte im März 1938 und wurde mit Hilfe der Gestapo und der zeitweiligen Inhaftierung einiger Verbandsführer erreicht. Das Vereinsregister weist die letzten Vereinsschließungen im April aus.[430]

Insgesamt gesehen wurden von der Hitler-Diktatur private Schußwaffenbesitzer und Schützenvereine als verdächtig angesehen, und die Gestapo wendete verschiedene Taktiken an, um sie unter völlige Kontrolle zu bringen oder komplett zu entwaffnen. Bewaffnete Juden wurden in Propagandakampagnen als staatsgefährdend dämonisiert, und Schützenvereine wurden von den zentralen Naziorganisationen praktisch übernommen. Protest war keine Option, und eine Ausweichmöglichkeit gab es nicht. Als der nationalsozialistische Polizeistaat auf ein halbes Jahrzehnt seiner Herrschaft zurückblicken konnte, hatte er die nahezu völlige Kontrolle über den Schußwaffenbesitz und -gebrauch in der Bevölkerung erlangt. Aber für diesen und jeden anderen Bereich des Lebens sollte das Schlimmste erst noch kommen.

396 Betr.: Erteilung von Waffenscheinen an Juden, Preußische Geheime Staatspolizei, B.Nr. I G—352/35, 16. Dez. 1935, DCP 0072, Bundesarchiv (BA) Lichterfelde, R 58/276.

397 Betrifft: Erteilung von Waffenscheinen an Juden, 7. Jan. 1936, Collection JM, File 10624,Yad Vashem Archives, Jerusalem, 111, zitiert in Michael E. Abrahams-Sprod, „Life under Siege: The Jews of Magdeburg under Nazi Rule", PhD Diss., University of Sydney, 2006, 133.

398 Bayerische Politische Polizei, Waffenscheine an Juden, 5. Feb. 1936, Bayerisches Hauptstaatsarchiv, München (BHStA), B.Nr.51722.

399 Pr. Geh. Stapo an Reg. Präsidenten, 27. Nov. 1935, Verwertung eingezogener od. durch sonst. Massnahmen in poliz. Gewahrsam gelangter Waffen, BrLHA, Pr. Br. Rep. 2A, Reg. Potsdam I Pol/3477, Waffenangelegenheiten Bd. 3, 1928–37.

400 Michael Stolleis, *The Law under the Swastika* (Chicago: University of Chicago Press, 1998), 134; Edward Crankshaw, *Gestapo: Instrument of Tyranny* (London: Greenhill Books, 1956), 89. Hinsichtlich des Gestapo-Gesetzes, siehe Gesetz über die Geheime Staatspolizei, *Preußische Gesetzsammlung* 1936, S. 21.

401 Der Reichs- und Preußische Minister des Innern, Betrifft: Entwurf des Waffengesetzes, 7. Jan. 1936, BA Berlin, R 43 II/399, Fiche 2, Reihe 3.

402 Stapo Halle, Waffenfund in einem Hausgarten, 15. Dez. 1935, BA Lichterfelde, R 58/2025.

403 Preuß. Geheime Staatspolizei Düsseldorf, Gesamtübersicht über die politische Lage im Monat Februar 1936, 12. März 1936, BA Lichterfelde, R 58/3044a.

404 Zu diesem Vorfall siehe Stephen P. Halbrook, *The Swiss and the Nazis: How the Alpine Republic Survived in the Shadow of the Third Reich* (Havertown, PA: Casemate, 2006), 263–70; Peter Bollier, „4. Februar 1936: Das Attentat auf Wilhelm Gustloff", in *Politische Attentate des 20. Jahrhunderts*, Ed. Roland Aegerter (Zürich: Neue Zürcher Zeitung, 1999), 42; Andreas Saurer, „Der Mord von Davos: David Frankfurter erschiesst Nazi-Gauleiter Gustloff", *Bündner Zeitung*, 3. Feb. 1996, 2; Martin Bundi, *Bedrohung, Anpassung und Widerstand: Die Grenzregion Graubünden 1933–1946*, (Chur, Schweiz: Bündner Monatsblatt/Desertina AG, 1996), 32–33. Eine Erwähnung in einem Roman ist zu finden in Günter Grass, *Crabwalk,* Übers. Krishna Winston (Orlando, FL: Harcourt, 2002).

405 William E. Dodd, *Ambassador Dodd's Diary: 1933–1938,* Hrsg. William E. Dodd Jr. and Martha Dodd (New York: Harcourt, Brace, 1941), 311 (Eintrag für 19. Feb. 1936).

406 Preuss. Gestapo, Lagebericht Febr. 1936, 2. Feb. 1936, BA Lichterfelde, R 58/3044b.

407 Emil Ludwig, *Der Mord in Davos* (Amsterdam: Querido, 1936), übersetzt als *The Davos Murder* (London: Methuen, 1937), 115, 118, 120, 126–27.

408 Wolfgang Diewerge, *Der Fall Gustloff. Vorgeschichte und Hintergründe der Bluttat von Davos* (München: Franz Eher Nachf., 1936), 108–14.

409 Wolfgang Diewerge, *Ein Jude hat geschossen ... Augenzeugenbericht vom Mordprozeß David Frankfurter* (München: Franz Eher Nachf., 1937).

410 Victor Klemperer, *I Will Bear Witness 1933–1941,* Übers. Martin Chalmers (New York: Modern Library, 1999), 153 (Eintrag für 11. Feb. 1936). Siehe auch Arnd Krüger, „‚Once the Olympics Are Through, We'll Beat Up the Jew': German Jewish Sport 1898–1938 and the Anti-Semitic Discourse", *Journal of Sport History* 26, no. 2 (1999), 353.

411 "Brief aus ‚Der Stürmer', Nr. 16, 4/1936", in *Nazi Conspiracy and Aggression* (Washington, DC: U.S. Government Printing Office, 1947), 8:14.

412 Klemperer, *I Will Bear Witness,* 169 (Eintrag für 10. Juni 1936).

413 Michael Schwartz, „Schützenvereine im 'Dritten Reich": Etappen der Gleichschaltung traditioneller Vereinskultur", *Archiv für Kulturgeschichte* 79 (1997), 439, 442–50.

414 Vereinsrecht §§ 21–79 Bürgerliches Gesetzbuch, zitiert in Stefan Grus, „Allgemeines Verhältnis des Naziregimes zu den Schützenvereinen", unveröffentlichtes Manuskript, Wiesbaden, Okt. 2005, 2.

415 Einheitsatzung in *Deutsche Schützen Zeitung,* Nr. 4 (1935), S. 41–43, zitiert in Grus, „Allgemeines Verhältnis", 2.

416 Walter M. Plett, *Die Schützenvereine im Rheinland und in Westfalen, 1789–1939* (Köln: RVDL, 1995), 466.

417 Schwartz, „Schützenvereine im 'Dritten Reich", 251 n. 190, 447, 629.

418 Plett, *Die Schützenvereine im Rheinland und in Westfalen,* 482–83. Die Gestapo bezog sich auf Paragraph 1 der Verordnung zum Schutz von Volk und Staat vom 28. Februar 1933. Man nahm auch Bezug auf Paragraph 14 des Polizeiverwaltungsgesetzes vom 1. Juni 1931 oder die Preußische Verordnung vom 2. August 1933.

419 Plett, *Die Schützenvereine im Rheinland und in Westfalen,* 452.

420 Schwartz, „Schützenvereine im 'Dritten Reich", 461.

421 Schwartz, „Schützenvereine im 'Dritten Reich", 462.

422 Plett, *Die Schützenvereine im Rheinland und in Westfalen,* 441–42, 443–44.

423 Schwartz, „Schützenvereine im 'Dritten Reich", 464-65.

424 Schwartz, „Schützenvereine im 'Dritten Reich", 467.

425 Schwartz, „Schützenvereine im 'Dritten Reich", 470–72.

426 Schwartz, „Schützenvereine im 'Dritten Reich", 482–83.

427 Schwartz, „Schützenvereine im 'Dritten Reich", 483.

428 Plett, *Die Schützenvereine im Rheinland und in Westfalen,* 447.

429 Plett, *Die Schützenvereine im Rheinland und in Westfalen,* 452.

430 StA Nürnberg, Vereinsregisterakte DSB 1938, S. 156/26, zitiert in Grus, „Allgemeines Verhältnis"

9

Hitlers Waffenkontrollgesetz

Der immer mehr schrumpfenden Rechtsstaatlichkeit in Nazideutschland standen ständig zunehmende Aktivitäten der Gestapo außerhalb jeden Rechts gegenüber. Da sich der Reichstag nicht mehr die Mühe machte, Gesetze zu verfassen, erließ das Kabinett Hitlers weiter formale Gesetze, einschließlich – nach fünf Jahren gemächlicher Abwägung – das Waffengesetz von 1938. Es stellte eine Überarbeitung des Schußwaffengesetzes der Weimarer Republik von 1928 dar, das von den Gerichten nach wie vor angewandt wurde.

Der Nationalsozialismus verkörperte eine schizophrene Perversion des Rechts in Form einer Ansammlung vorhersehbarer Regelungen, über die sich der Führer hinwegsetzen konnte, indem er durch Institutionen wie die Gestapo agierte. Formale Gesetze blieben jedoch wichtig, denn im Alltag wurden sie von der gewöhnlichen Polizei durchgesetzt und auf ihrer Grundlage von den Gerichten Urteile gefällt. Sie konnten nur in außerordentlichen Fällen, wenn die Gestapo entsprechend entschied, ignoriert werden.

Beispielhaft für die weitere Nützlichkeit des Weimarer Rechts für das Naziregime war ein Fall, über den im Januar 1937 das Landgericht Allenstein in Ostpreußen zu entscheiden hatte.[431] Die Argumentation, daß sich der Angeklagte, der eine unregistrierte zweiläufige Schußwaffe besaß, der rechtlichen Anforderungen nicht bewußt gewesen sei, wurde vom Gericht verworfen. Es befand, daß er mit Vorsatz gehandelt habe, als er die Schußwaffe kaufte und führte, aber sie nicht anmeldete. Allenstein habe 1932 die Anmeldung von Schußwaffen angeordnet, und auch wenn die Verordnung 1936 annulliert wurde, könne der Angeklagte trotzdem verurteilt werden.

Das Reichsgericht verwarf die Entscheidung des niedrigeren Gerichts, daß alle Vergehen – einschließlich Erwerb, Nichtanmeldung und Wildern mit der Schußwaffe – nur eine Straftat darstellten. Die Nichtanmeldung der Schußwaffe sei nicht Teil der anderen strafbaren Handlungen, denn diese strafbaren Handlungen seien nicht durch die Nichtanmeldung begangen worden. Kurz gesagt, das niedrigere Gericht hatte die Zusammenfassung der Anklagepunkt in einen Sachverhalt angestrebt; das Berufungsgericht jedoch verlangte mehrfache Verurteilungen.

Als Reaktion auf die andauernde Diskussion über ein überarbeitetes Schußwaffengesetz lud Wilhelm Fricks Innenministerium den Reichsführer SS und Chef der Deutschen Polizei, Heinrich Himmler, sowie Beamte des Sicherheitspolizei-Hauptamtes für den 2. Februar 1937 zu einer Besprechung ein, um Differenzen beizulegen.[432] Am 5. Mai gab Frick einen neuen Gesetzentwurf in

Umlauf,[433] wobei er das wichtigste Element wie folgt erläuterte: „Der selbstverständliche Grundsatz, *daß Feinde von Volk und Staat und sonstige sicherheitsgefährdende Elemente nicht im Besitz von Waffen sein dürfen,* soll in der Weise durchgesetzt werden, daß die Polizei die Befugnis erhält, solchen Personen für eine bestimmte Zeit Erwerb, Besitz und Führen von Waffen zu verbieten und Waffen und Munition, die sich im Besitz einer solchen Person befinden, entschädigungslos einzuziehen (§ 20)."[434]

Der Entwurf lehnte den Vorschlag, daß der Erwerb von Schußwaffen keiner Erlaubnis bedürfen solle, aus Gründen der „öffentlichen Sicherheit" ab. „Die Polizei muß vielmehr eine Kontrolle darüber ausüben können, daß leicht zu handhabende und versteckt mitzuführende Schußwaffen nur in die Hände solcher Personen kommen, die zuverlässig sind und die ein Bedürfnis zum Erwerb nachweisen." Auch wenn „wertvolle Langwaffen, insbesondere Jagdwaffen" schon unter den Vorschriften von 1932 keiner Erlaubnis bedurften, so gelte: „Eine besondere Erlaubnis muß ferner selbstverständlich auch für diejenigen Langwaffen erfordert werden, die unter den Begriff des Kriegsgerätes ... [fallen]", also Militärgewehre. Auch für „*Faustfeuerwaffen* (Pistolen und Revolver)" sei eine Erwerbsberechtigung erforderlich.[435]

Die Erläuterung des neuen Gesetzentwurfs brachte einige Einzelheiten mehr zu dem Verbot von Juden in der Schußwaffenbranche: „Für Juden ist im deutschen Waffengewerbe kein Platz mehr. § 3 Abs. 5 bestimmt daher, daß die Erlaubnis zu versagen ist, wenn der Antragsteller und die für die Leitung des Betriebes in Aussicht genommene Person oder wenn einer von ihnen Jude ist. Diese Vorschrift ist nicht auf den technischen Betriebsleiter beschränkt, sondern sie gilt auch für den kaufmännischen Leiter. Sie gilt für das Herstellungs- wie für das Handelsgewerbe (§ 7 Abs.2)."

Während Feinde des Staates völlig entwaffnet würden und einfache Personen ein „Bedürfnis" für einen Waffenschein nachweisen müßten, sollten die Mitglieder der Nazi-Elite keinerlei Erlaubnisse benötigen: „Der Stellung der NSDAP. im Deutschen Staate wird dadurch Rechnung getragen, daß diejenigen politischen Leiter und Führer der SA., der SS., des NSKK [Nationalsozialistisches Kraftfahrkorps] und der Hitlerjugend von einem bestimmten Dienstgrade an aufwärts, denen die zuständige Parteidienststelle das Recht zum Führen von Schußwaffen verliehen hat, nicht noch einer polizeilichen Erlaubnis zum Führen von Schußwaffen oder zum Erwerbe von Faustfeuerwaffen bedürfen, sondern daß bei ihnen ebenso wie bei den staatlichen Beamten und Angestellten die Bescheinigung der zuständigen Dienststelle den Waffenschein ersetzt."

Weiter wurde ausgeführt, daß die deutschen Länder keine weiteren Einschränkungen verhängen könnten, „da nach der Ersten Verordnung über den Neuaufbau des Reichs vom 2. Februar 1934 Landesgesetze allgemein der Zustimmung des zuständigen Reichsministers bedürfen." Nachdem damit die Gliedstaaten praktisch abgeschafft worden waren, verlangte die entsprechende Verordnung, daß alle Gesetze der Länder eine Bestätigung durch das Reich benötigten.[436] Allerdings könnten die Länder Regelungen treffen „um den Besitz von Waffen durch Zigeuner oder nach Zigeunerart umherziehende Personen allgemein zu verbieten, bis durch ein Reichszigeunergesetz auch diese Materie reichsrechtlich geregelt sein wird." Der Einheitlichkeit halber sollten Ländergesetze, die Hieb- oder Stichwaffen einschränkten, außer Kraft gesetzt werden, außer für Zigeuner.

Bemerkenswert ist, daß Fricks Entwurf von 1937 Juden zwar den Zugang zu höheren Positionen in der Schußwaffenindustrie verweigerte, ihnen jedoch den Besitz von Schußwaffen nicht offiziell verbot. Die einzige ethnische Gruppe, der der Besitz von Schußwaffen verboten wurde, waren Zigeuner. Allerdings galt das Verbot auch für alle „Staatsfeinde", und zu dieser Kategorie gehörten für die Gestapo auch die Juden, von politischen Dissidenten ganz zu schweigen.

Auch wenn Juden der Schußwaffenbesitz formell noch nicht verboten war, untersagte die Gestapo im März 1937 die Ausstellung von Jagdscheinen an Juden, weil sie als Staatsfeinde galten.[437] Alle bereits an Juden ausgestellten Jagdscheine wurden aberkannt.[438] Juden könne man weder das Vertrauen schenken, Waffen zu besitzen, noch sollten sie an den natürlichen Ressourcen des Reiches beteiligt werden.

Fricks Gesetzentwurf wurde nur an die Reichsministerien geschickt – die Legislative, der Reichstag, war nicht mehr tätig – wozu hauptsächlich politische, polizeiliche und militärische Stellen gehörten. Der Reichsforstmeister und Preußische Landesforstmeister, Göring, sprach sich gegen das vorgeschlagene Verbot von Kaliber .22 Randfeuermunition mit Hohlspitzgeschossen aus und merkte an: „Das Loch-, Kerb- oder ähnlich hergerichtete Geschoß der Kleinkaliber-Patrone ist ein gerade für den Jäger außerordentlich wirksames Geschoß zur Kaninchenjagd und Reinhaltung des Reviers von kleinem Raubzeug." Und weiter hieß es: „Viele Jäger führen in der stillen Jagdzeit in ihrem Drilling den Einstecklauf für Kleinkaliber und würden bei der jetzigen Fassung des Gesetzes das für Jagdzwecke erheblich waidgerechter wirkende Loch-pp.-Geschoß nicht mehr verwenden können. Sie würden daher gezwungen sein, das normale Kleinkaliber-Geschoß zu nehmen, das in seiner Wirkung völlig unzulänglich ist und als unwaidmännisch angesehen werden muß."[439]

Die Öffentlichkeit hatte keine Ahnung, welche Gesetzlichkeiten die Nazi-Beamten hinter verschlossenen Türen diskutierten, doch der Widerspruch des Reichsforstmeisters und Preußischen Landesforstmeisters war der einzige Einspruch einer ministerialen Stelle gegen das vorgelegte Schußwaffengesetz, bei dem es um einen Teil der Öffentlichkeit ging. Vielleicht fürchtete das Regime ja, daß diese Munition von „Staatsfeinden" verwendet werden könnte.

Die Erfassung vermutlicher Staatsfeinde wurde eilig fortgesetzt. Ein Erlaß vom Juni 1937 übertrug einer SS-Abteilung, dem „Referat II, 112, Judentum" die Aufgabe, sich auf die vollständige Registrierung der Juden im Jüdischen Register zu konzentrieren. Mit der Entwicklung und Einführung des Registers wurde Adolf Eichmann betraut, der später die Vernichtung der Juden während des Holocaust koordinierte.[440]

Bestimmte vermutliche Staatsfeinde wurden weiterhin In Haft genommen. Am 1. Juli 1937 nahm man den lutherischen Pfarrer Martin Niemöller fest, einen der Gründer der Bekennenden Kirche und Gegner der Nazifizierung der protestantischen Kirche. Er wurde bis 1945 in Gefängnissen und Konzentrationslagern gefangen gehalten. Bella Fromm, die jüdische Dame der Berliner Gesellschaft, die, wie in einem der vorstehenden Kapitel berichtet, mit Hitler auf einem Empfang zusammentraf und sich dabei gewünscht hatte, ihren Revolver dabei zu haben, schrieb in ihr Tagebuch: „Sie haben Pastor Niemöller verhaftet und klagen ihn der subversiven Tätigkeit an! Sie trauen sich alles, wissend, daß es keine bewaffnete Minderheit gibt, die stark genug ist, sich ihren ungeheuerlichen Plänen entgegenzustellen. Es ist wahr, daß Niemöller zur Opposition gehörte, doch es war keine politische Opposition. Nur eine Opposition gegen die Übergriffe des Staates auf den christlichen Glauben."[441]

Diese Aussage belegt die anhaltende Säuberung der Gesellschaft von allen Feinden des Nationalsozialismus, wie sie Frick in seinen Erläuterungen zu den vorgeschlagenen Änderungen der Schußwaffengesetze formuliert hatte. Wäre eine große Anzahl Deutscher wie Bella Fromm gewesen – bewaffnet und bereit, jegliche jüdisch-christlichen Gegensätzlichkeiten zu überwinden – dann hätte es vielleicht eine „bewaffnete Minderheit" geben können, oder vielleicht noch mehr als das, eine Minderheit, die stark genug gewesen wäre, dem Regime entgegenzutreten. Niemöller fing diese Uneinigkeit zwischen den vom Nazismus unterdrückten Gruppen in einem Gedicht ein, das er zum Kriegsende verfaßte:

„Als sie die ersten Kommunisten holten, habe ich geschwiegen;
denn ich war kein Kommunist.
Als sie die ersten Juden holten, habe ich geschwiegen;
denn ich war kein Jude.
Als sie die ersten Katholiken holten, habe ich geschwiegen;
denn ich war kein Katholik.
Als sie mich holten, war niemand mehr da,
der seine Stimme hätte erheben können."[442]

Das Gedicht erklärt zumindest teilweise, wie es dem Naziregime möglich war, durch Ausnutzung der Unterschiede in der Gesellschaft die totale Macht zu erlangen. Später schrieb der an der Verschwörung gegen Hitler beteiligte Hans

Bernd Gisevius: „Niemöllers Verhaftung beseitigte die letzte Persönlichkeit, um die sich irgendeine Form von ziviler Aufstandsbewegung hätte sammeln können. Ab dem Tag des Beginns der Diktatur erschien die Durchführbarkeit von Einzelaktionen höchst fragwürdig, doch eine Volksbewegung von unten erschien durchaus denkbar. Für eine gewisse Zeit erschien ein Generalstreik oder eine andere Aktion der aufgelösten Gewerkschaften als ziemlich wahrscheinlich, aber diese Wahrscheinlichkeit erwies sich als falsch. Daher wandten sich alle, die zum Widerstand bereit waren, an die Kirche."[443]

Gisevius zufolge war damit die Möglichkeit einer aus dem Volk kommenden Oppositionsbewegung beendet. Nun konnte nur noch eine Revolte von oben Erfolg haben. Doch „der ‚einzige Träger von Waffen in der Nation' schaute bei dieser Versklavung der Nation tatenlos zu. Sie „hielten sich 'raus aus dem Kampf". Damit meinte er das Militär und fügte hinzu: „Seit 1934 hatten diese ‚einzigen Träger von Waffen in der Nation' durch ihre Passivität dem Wachstum des Nazimilitarismus Vorschub geleistet."[444] Mit der Kapitulation der Wehrmacht vor dem Willen Hitlers verschwand die letzte mögliche Kraft, die Widerstand hätte leisten können.

Diese Kapitulation wurde Anfang 1938 vollendet, als Skandale die deutsche Militärführung erschütterten und Hitler sowohl von ihm ausgesuchte Leute ernannte, als auch persönlich das Kriegsministerium übernahm. Als im Januar Feldmarschall Werner von Blomberg um Hitlers Erlaubnis bat, wieder heiraten zu dürfen, gab der Führer sein Einverständnis und nahm sogar an der Zeremonie teil. Allerdings bekam der Berliner Polizeipräsident Helldorff Informationen, daß Blombergs Frau als Prostituierte verurteilt worden war und für pornographische Fotos posiert hatte, die in ganz Berlin im Umlauf waren. Dabei war angeblich ein tschechischer Jude ihr Partner gewesen. Helldorff legte die Beweise Hermann Göring vor, der nach Blombergs Posten gierte und daher Hitler informierte.[445] Hitler war wütend und benutzte den Skandal, um Blomberg seines Postens zu entheben und sich die totale Kontrolle über die Wehrmacht zu sichern.

Bis zum 18. Dezember 1937 hatte Innenminister Frick die Rückmeldungen „der Reichsressorts und des Stellvertreters des Führers" vorliegen und versandte nun einen halbfinalen Entwurf der vorgeschlagenen Änderungen zum Schußwaffengesetz. Sollten in den nächsten drei Wochen keine Widersprüche eingehen, so Frick, „werde ich das Einverständnis aller beteiligten Stellen annehmen und den Entwurf des Waffengesetzes sodann dem Reichskabinett zur Beschlußfassung im Umlaufwege vorlegen, da mir eine mündliche Erörterung im Kabinett nicht erforderlich erscheint."[446]

Wilhelm Keitel, von Hitler in Folge des Blomberg-Skandals gerade zum Reichskriegsminister und Chef des Oberkommandos der Wehrmacht ernannt, forderte die Einfügung des Satzes: „Der Erwerb von Kriegsgerät ist nur mit Erlaubnis des Reichskriegsministers oder der von ihm bestimmten Stellen zulässig."[447] Damit würde sichergestellt sein, daß normale Bürger keine Erlaubnisse zum Erwerb militärischer Schußwaffen erhalten konnten, beispielsweise für die gewöhnlichen Mauser-98-Infanteriegewehre.

Inzwischen lief außerhalb Deutschlands eine weniger geordnete Form von Schußwaffenverbot und Antisemitismus ab. In Rumänien wurden jüdische Anwälte von nichtjüdischen Anwälten geschlagen, und „in einem Bezirk wurde den Behörden die Weisung erteilt, keine Schußwaffenerlaubnisse mehr an Juden auszustellen; letztere wurden angewiesen, bereits in ihrem Besitz befindliche Schußwaffen abzuliefern."[448] Eine neuinstallierte Militärdiktatur verkündete ihre Berechtigung, Hausdurchsuchungen vorzunehmen und die Presse zu zensieren, und „eine Bekanntmachung wies des weiteren an, alle Waffen und Munition in Privatbesitz abzuliefern."[449]

In Deutschland hingegen blieben rechtliche Formen wichtig. Es wurden letzte Veränderungen an dem Gesetzesentwurf vorgenommen, und am 9. Februar 1938 legte ihn Frick dem Reichskabinett per Umlaufverfahren und ohne Erörterung zur Bestätigung vor. Nicht nur, daß die Legislative und die legislative Diskussion nicht mehr funktionierten, offenbar gab es auch im Kabinett kaum Debatten – besonders wenn es in Fällen wie diesem hieß: „Sämtliche Reichsministerien und der Stellvertreter des Führers haben dem Entwurf zugestimmt."[450] Und weiter hieß es: „Der Bearbeiter des Waffengesetzes im Reichsinnenministerium, Ministerialrat Dr. Hoche" habe gedrängt, das Umlaufverfahren zu beschleunigen und auf ein Minimum zu beschränken.[451]

In letzter Minute gab es noch eine Änderung der Nazibürokraten einzuarbeiten. Es wurde ein Vermerk in die Niederschrift eingefügt: „Die Beamten und Angestellten des Sicherheitsdienstes der Reichskanzlei bedürfen nach § 19 (1) eines Waffenscheins nicht. Bei ihnen genügt die nach § 19 (2) vorgesehene Bescheinigung der Dienststelle. Der Sachbearbeiter im Reichsministerium des Innern, Ministerialrat Dr. Hoche, hat dieser Auffassung zugestimmt."[452]

Die Nazipartei allerdings wollte mehr als nur einen Aktenvermerk hinsichtlich einer Uneindeutigkeit darüber, für wen die Formulierung „persönliche Zuverlässigkeit" – ein Schlüsselbegriff für politische Zuverlässigkeit – in der Schußwaffenindustrie galt. Ein Parteifunktionär verwies auf Zweifel, „ob die persönliche Zuverlässigkeit als Voraussetzung der Erlaubniserteilung für die gewerbliche Herstellung von Schußwaffen und Munition sowohl bei dem kaufmännischen als auch bei dem technischen Leiter des Betriebes oder nur bei einem von beiden vorliegen muß", und der „Sachbearbeiter" (Dr. Hoche) des Innenministeriums habe sich bereit erklärt „die Begründung dahin abzuändern, daß die persönliche Zuverlässigkeit bei allen Beteiligten gegeben sein müsse." Es sei geboten, „daher vor Vorlage des Entwurfs an den Führer und Reichskanzler noch die entsprechende Abänderung vorzunehmen."[453]

Dr. Hoche nahm sofort eine entsprechende Änderung der Erläuterung zum Entwurf vor: „Es sei nicht beabsichtigt, daß die Erlaubnis zur Herstellung von Schußwaffen und Munition erteilt werde, wenn entweder der Antragsteller oder die für die kaufmännische oder technische Leitung seines Betriebes in Aussicht genommenen Personen die erforderliche persönliche Zuverlässigkeit besitzen, sondern die Zuverlässigkeit würde natürlich für alle drei verlangt werden."[454]

Der Gesetzentwurf lag nun in seiner Endfassung vor, und Frick verkündete: „Gegen [den] den Mitgliedern der Reichsregierung im Umlaufwege mitgeteilten Vorschlag hat kein Reichsminister Widerspruch erhoben. Der Führer und Reichskanzler hat ihm zugestimmt. Demnach ist es beschlossen."[455]

Der Erlaß des von Hitler und Frick unterschriebenen Gesetzes erfolgte nach dem Ermächtigungsgesetz von 1933, das aus den Vorgaben der Weimarer Verfassung stammte und erlaubte, per Verordnung zu herrschen. Tatsächlich verabschiedete der Reichstag, die gesetzgebende Versammlung, während des gesamten Dritten Reiches (1933-45) nur sieben Gesetze.[456] Das Datum der offiziellen Bekanntmachung dieses Waffengesetzes war der 18. März 1938.[457]

Der Erlaß des neuen Waffengesetzes erfolgt nur vier Tage nach dem Anschluß Österreichs, bei dem ein triumphierender Hitler in sein Heimatland zurückkehrte, um es zu besetzen. Die Unterdrückung begann sofort. Victor Klemperer vermerkte in seinem Tagebuch: „Einige Zeit vor dem Einmarsch in Österreich fertigte man für die Gestapo genaue Feststellungen (Bücher und Zeitungen), wer unter den österreichischen Professoren und Literaten Antifaschistisches veröffentlicht hatte. Diese Leute sind dann sofort verhaftet worden."[458] Die Aufzeichnungen der österreichischen Polizei über Schußwaffenbesitzer dürften eine weitere selbstverständliche Quelle für die Ermittlungen der Gestapo gewesen sein.

Das 1938 von Hitler und Frick unterzeichnete Waffengesetz verband viele Elemente des Gesetzes von 1928 mit NS-Neuerungen. Eine Erlaubnis war für die gewerbliche Herstellung, Bearbeitung oder Instandsetzung von Schußwaffen und Munition sowie für das gewerbliche Wiederladen von Patronenhülsen erforderlich. Aber es galt: „Die Erlaubnis darf nicht erteilt werden, wenn der Antragsteller und die für die kaufmännische oder für die technische Leitung seines Betriebes in Aussicht genommenen Personen oder einer von ihnen Jude ist."[459] Firmen mit einer Erlaubnis nach dem Gesetz von 1928 hatten ein Jahr Zeit, um diese Bedingungen zu erfüllen, oder die Erlaubnis würde entzogen werden.[460]

Für den Handel mit Schußwaffen war ebenfalls eine Erlaubnis erforderlich. Erneut wurden Juden ausgeschlossen.[461] Der Waffenhandel war verboten „im Herumziehen", auf Jahrmärkten, Schützenfesten und bei anderen Anlässen.[462]

Dazu gehörten auch traditionell beliebte Veranstaltungen wie Schießwettkämpfe und Waffenausstellungen.

Für den Erwerb einer Faustfeuerwaffe war ein Waffenerwerbschein erforderlich. Diese Vorschrift galt allerdings nicht für die Weitergabe einer Handfeuerwaffe auf einem polizeilich genehmigten Schießstand, wenn dies lediglich zur Benutzung auf diesem Schießstand geschah.[463] Ausgenommen von der Erwerbscheinpflicht waren „Behörden des Reichs oder der Länder", verschiedene Reichsunternehmen sowie „die vom Stellvertreter des Führers bestimmten Dienststellen der Nationalsozialistischen Deutschen Arbeiterpartei und ihrer Gliederungen."[464]

Das Führen einer Schußwaffe außerhalb der eigenen Wohnung oder Geschäftsräume sowie des eigenen umfriedeten Besitztums erforderte einen Waffenschein. Die ausstellende Behörde hatte uneingeschränkte Entscheidungsbefugnis, die Gültigkeit des Scheins auf einen bestimmten Anlaß oder Ort zu beschränken.[465] Das Gesetz verfügte im weiteren:

„ (1) Waffenerwerbscheine oder Waffenscheine dürfen nur an Personen, gegen deren Zuverlässigkeit keine Bedenken bestehen, und nur bei Nachweis eines Bedürfnisses ausgestellt werden.

(2) Die Ausstellung hat insbesondere zu unterbleiben:

…

3. an Zigeuner oder nach Zigeunerart umherziehende Personen;

4. an Personen, gegen die auf Zulässigkeit von Polizeiaufsicht oder auf Verlust der bürgerlichen Ehrenrechte erkannt worden ist, für die Dauer der Zulässigkeit der   Polizeiaufsicht oder des Verlustes der bürgerlichen Ehrenrechte;

5. an Personen, die wegen Landesverrats oder Hochverrats verurteilt sind, oder gegen die Tatsachen vorliegen, die die Annahme rechtfertigen, daß sie sich staatsfeindlich betätigen;

6. an Personen, die wegen … Widerstandes gegen die Staatsgewalt … zu einer Freiheitsstrafe von mehr als zwei Wochen rechtskräftig verurteilt worden sind …"[466]

Bemerkenswert ist, daß zumindest nach den Buchstaben des Gesetzes Juden nicht automatisch als ungeeignet benannt wurden. Die einzige ethnische Gruppe, die ausgeschlossen wurde, waren Zigeuner. Es wäre möglich, daß sich die Naziführung zu diesem Zeitpunkt nicht der Unterstützung von genügend Deutschen für eine Entwaffnung der Juden sicher war. Viele jüdische Männer hatten im Ersten Weltkrieg gekämpft und ihre Seitenwaffen behalten.[467] Diese Zurückhaltung würde sich im Laufe dieses Jahres ändern.

Keinen Waffenerwerbschein oder Waffenschein für die ihnen dienstlich gelieferten Schußwaffen benötigten Angehörige der Wehrmacht, der Polizei, der SS Verfügungstruppe und der SS Totenkopfverbände[468] sowie „Unterführer der Nationalsozialistischen Deutschen Arbeiterpartei vom Ortsgruppenleiter aufwärts, der SA, der SS und des Nationalsozialistischen Kraftfahrkorps vom Sturmführer aufwärts sowie der Hitlerjugend vom Bannführer aufwärts, denen von dem Stellvertreter des Führers oder der von diesem bestimmten Stelle das Recht zum Führen von Schußwaffen verliehen ist ... ."[469]

Der Besitz von Waffen konnte untersagt werden: „Im Einzelfalle kann einer Person, die sich staatsfeindlich betätigt hat oder durch die eine Gefährdung der öffentlichen Sicherheit zu befürchten ist, Erwerb, Besitz und Führen von Schußwaffen und Munition sowie von Hieb- und Stoßwaffen verboten werden."[470] Dies konnte ein beliebiger Gegner der Nazis sein, aber auch einfach nur eine mißliebige Person. Für eingezogene Waffen einer solchen Person gab es keine Entschädigung.

Verboten waren „Herstellung, Handel, Führen, Besitz und Einfuhr ... von Schußwaffen, die zum Zusammenklappen, Zusammenschieben, Verkürzen oder zum schleunigen Zerlegen über den für Jagd- und Sportzwecke allgemein üblichen Umfang hinaus besonders eingerichtet ... sind". Das gleiche Verbot galt auch für Schalldämpfer und Gewehrscheinwerfer sowie für Randfeuerpatronen im Kaliber .22 mit Hohlspitzgeschoß.[471]

Für vorsätzliche oder fahrlässige Verstöße gegen die Regelungen des Gesetzes, die den Besitz und Umgang mit Waffen und Munition sowie das Führen von Schußwaffen betrafen, drohten bis zu drei Jahren Haft und eine Geldstrafe.[472] Eine Geldstrafe oder eine zeitlich unbestimmte Haftstrafe war für Verstöße gegen Meldepflichten im Waffengewerbe oder gegen Durchführungsvorschriften vorgesehen.[473]

Primär bestanden die von Hitler und Frick gegenüber dem Gesetz von 1928 eingebrachten Neuerungen im Ausschluß der Juden aus dem Waffengewerbe und in der Erweiterung der Befreiung von Erwerbserlaubnissen und Waffenscheinen auf verschiedene nationalsozialistische Einrichtungen, einschließlich bestimmter Parteimitglieder sowie von Angehörigen des Militärs und der Polizei. Zwar verlangte das Gesetz von 1938 keine Erwerbsberechtigung mehr für Gewehre und Schrotflinten, sondern nur für Faustfeuerwaffen, doch es konnte jedermann der Besitz einer Schußwaffe verboten werden, und zwar auf Grund des breiten Ermessensspielraums der Behörden bei der Feststellung, ob sich eine Person „staatsfeindlich" betätigte, ob bei ihr eine Verurteilung „wegen Widerstandes gegen die Staatsgewalt"[474] vorlag oder ob durch sie „eine Gefährdung der öffentlichen Sicherheit zu befürchten ist."[475] Das Weimarer Gesetz hatte eine Entschädigung für eine eingezogene Schußwaffe vorgesehen, während das Nazigesetz eine Entschädigung ausschloß. Eine weitere Neuerung des Gesetzes von 1938 war das Verbot von Randfeuerpatronen des Kalibers .22 mit Hohlspitzgeschoß, die meist für die Jagd auf Niederwild verwendet wurden, aber auch für Menschen tödlich sein konnten.

Die wesentlichen Vorschriften des Weimarer Gesetzes wurden beibehalten, weil sie für die Ziele des NS-Regimes besonders geeignet waren: die Erfordernis von Erlaubnissen für die Herstellung von Schußwaffen und den Handel damit, einschließlich des Führens von Aufzeichnungen über den Überlassenden und der Berechtigung der Polizei zur Überprüfung solcher Aufzeichnungen; die Erfordernis von Erlaubnissen für den Erwerb und von Waffenscheinen für das Führen von Waffen; die Erfassung der Identität und sonstiger Angaben zum Erlaubnisinhaber durch die Polizei; die Vorschrift „Waffenerwerbscheine oder Waffenscheine dürfen nur an Personen, gegen deren Zuverlässigkeit keine Bedenken bestehen, und nur bei Nachweis eines Bedürfnisses ausgestellt werden"; die Verweigerung von Erlaubnissen für „Personen, gegen die auf Zulässigkeit von Polizeiaufsicht ... erkannt worden ist" oder die „die Annahme rechtfertigen, daß sie sich staatsfeindlich betätigen"; die Untersagung jeglichen Waffenbesitzes für eine Person, „die sich staatsfeindlich betätigt hat oder durch die eine Gefährdung der öffentlichen Sicherheit zu befürchten ist"; und das Verbot von Schußwaffen mit Eigenschaften, die nicht „für Jagd und Sport" üblich waren.

Analog zum Weimarer Gesetz hatte der Innenminister auch für das neue Gesetz Durchführungsbestimmungen zu erlassen.[476] Dementsprechend gab Frick am 19. März 1938 eine ausführliche Verordnung für Herstellung, Handel, Erwerb und Führen von Schußwaffen bekannt.[477] Die Verordnung begann damit, daß der Vollzug des Gesetzes an die höheren Verwaltungsbehörden der einzelnen Ländern übertragen wurde; nur in Berlin ging die Aufgabe an den Polizeipräsidenten über.[478]

Umfangreiche Aufzeichnungen mußten geführt werden. Ein Hersteller – dieser Begriff galt nicht nur für den ursprünglichen Produzenten, sondern auch für eine Person, die in ihrem Geschäft Waffen aus Teilen zusammenbaute, die andere hergestellt hatten – hatte ein Buch mit Angaben zu jeder Schußwaffe und ihrem Verbleib zu führen. Einmal im Jahr war das Buch für das Vorjahr bei den Polizeibehörden zur Abnahme vorzulegen. Für alle Aufzeichnungen galt, daß sie die Polizei bei Bedarf überprüfen konnte. Die Aufbewahrungspflicht betrug zehn Jahre, und bei Aufgabe des Gewerbes mußten die Bücher der Polizeibehörde übergeben werden.[479]

Waffenerwerbscheine und Waffenscheine, deren Aussehen festgelegt war, wurden von der für den Wohnort des Antragstellers zuständigen Kreispolizeibehörde ausgestellt. Ein Waffenerwerbschein hatte eine Gültigkeit von einem

Jahr, ein Waffenschein zum Führen einer Waffe wurde für höchstens drei Jahre ausgestellt.[480] Erwarb eine Person die mittels Erwerbschein genehmigte Waffe, so hatte der Überlasser, egal ob Händler oder Privatperson, den Schein mit den Eintragungen über den Erwerb bei seiner Kreispolizeibehörde einzureichen.[481] Vorderladerpistolen und -revolver sowie Schreckschuß- und Gaswaffen unterlagen nicht dieser Vorschrift.[482] Hinsichtlich des Importverbots für Faustfeuerwaffen von 1933 waren weiterhin „Ausnahmen im Einzelfalle" zulässig.[483] Scheinbar weil schon das Gesetz diese Punkte detailliert behandelte, erwähnte die Verordnung nicht das Verbot, Juden Erlaubnisse für die Herstellung oder den Handel mit Schußwaffen auszustellen, oder die zahlreichen Ausnahmen für Regierungsstellen und Mitglieder der NSDAP.

Der *Völkische Beobachter*, Hitlers Tageszeitung, kommentierte am nächsten Tag das überarbeitete Waffengesetz folgendermaßen:

„Das neue Gesetz bildet das Ergebnis einer Nachprüfung des Waffenrechts nach der Richtung, welche Erleichterungen gegenüber dem bisherigen Rechts-zustand im Interesse des deutschen Waffengewerbes vertretbar sind, ohne daß eine Gefahr für die Aufrechterhaltung der öffentlichen Sicherheit eintreten kann.

Künftig bedarf der Erwerb von Waffen grundsätzlich nur noch dann polizeilicher Erlaubnis, wenn es sich um Pistolen oder Revolver handelt. Der Erwerbsscheinzwang für Munition ist beseitigt.

Die aus der Notverordnungszeit stammenden Beschränkungen des Verkehrs mit Hieb- und Stoßwaffen sind im wesentlichen aufgehoben. Auch sonst enthält das Gesetz eine Reihe weiterer Erleichterungen gegenüber dem bisherigen Recht. Aus seinen übrigen zahlreichen Neuerungen ist das grundsätzliche Verbot des Verkaufs von Waffen und Munition an Jugendliche unter 18 Jahren hervorzuheben. Ferner ist die Erteilung der Erlaubnis zur Ausübung des Waffenherstellungs- und Waffenhandelsgewerbes an den Besitz der deutschen Staatsangehörigkeit, an die persönliche Zuverlässigkeit und an die sachliche Eignung geknüpft."[484]

Diese Darstellung klingt, als würde das neue Gesetz Erleichterungen beinhalten, doch die Nazis waren Meister der Propaganda. Die *Berliner Börsenzeitung* brachte einen identischen Kommentar, fügte jedoch folgenden ahnungsvollen Abschnitt hinzu, der seit 1933 eine Prämisse der Diskussion gewesen war:

„Denn Voraussetzung für jede Lockerung des geltenden Waffenrechts mußte es sein, daß die Polizeibehörden in der Lage bleiben, den Erwerb und den Besitz von Waffen durch unzuverlässige

Personen rücksichtslos zu verhindern. Der selbstverständliche Grundsatz, daß Feinde von Volk und Staat und sonstige sicherheitsgefährdende Elemente nicht im Besitze von Waffen sein dürfen, soll durch das neue Gesetz in der Weise durchgesetzt werden, daß die Polizei befugt ist, solchen Personen Erwerb, Besitz und Führen von Waffen aller Art zu verbieten. Da auf diese Weise die Möglichkeit gegeben ist, jeden polizeilich unerwünschten Waffenbesitz zu unterbinden, war es vertretbar, im übrigen Erleichterungen in den bisherigen einschränkenden Bestimmungen eintreten zu lassen, die nicht nur der Allgemeinheit, sondern auch dem deutschen Waffengewerbe und der in ihm beschäftigten Arbeiterschaft zugute kommen und geeignet sind, deren wirtschaftliche Lage zu verbessern."[485]

Kurz gesagt, die Polizei entschied, wer eine Waffe besitzen durfte und wer nicht. Arier, die gute Nazis waren, konnten relativ einfach mehrere Schußwaffen erwerben. Für Personen, die von der Polizei als „unerwünscht" eingestuft wurden, war jeglicher Schußwaffenbesitz verboten. Damit drückten die Nazis dem deutschen Volk ein Schußwaffen-„Gesetz" auf, das – nur dem Namen nach ein Gesetz war – auf totalitären und polizeistaatlichen Prinzipien beruhte.

Das Waffengesetz von 1938 war auch Thema zweier juristischer Kommentare; einer stammte von Fritz Kunze, der andere von Werner Hoche, die beide schon Kommentare zum Schußwaffengesetz von 1928 veröffentlicht hatten.[486] Die beiden Spitzenjuristen, die bereits die Feinheiten der Schußwaffenverbotsgesetze der Weimarer Republik erläutert hatten, erbrachten nun die gleichen Dienste für die Nazidiktatur und gingen dabei auch in allen Einzelheiten auf die Änderungen ein, welche Juden aus der Schußwaffenindustrie verbannten und Mitgliedern der Nazipartei spezielle Ausnahmen gewährten.

Hoche war ein Rechtsexperte, dessen Fachwissen weit über die Beratung der jeweils Mächtigen zu Fragen der Begrenzung des Schußwaffenbesitzes in der Bevölkerung und die nachfolgende Abgabe von Kommentaren über die Auslegung der daraus entstandenen Gesetze hinausging. Er war sowohl in der Weimarer Republik als auch im NS-Reich einer der führenden Juristen im Innenministerium sowie Herausgeber einer quartalsweise erscheinenden Publikation über die Verordnungen des Hitlerregimes, einschließlich der verschiedenen antisemitischen Maßnahmen.[487]

Während der Ausarbeitung des Waffengesetzes brachte Frick auch einen Gesetzesentwurf über die Prüfung von Schußwaffen in Umlauf.[488] Schußwaffen mußten von Behörden des Reichs geprüft und abgenommen werden. Dies war keine Neuerfindung der Nazis, da in den vergangenen Jahrzehnten in Deutschland Mindestanforderungen an die Qualität von Schußwaffen per Gesetz eingeführt wurden und nicht von der Marktwirtschaft. So hieß es in der Erläuterung zu dem Entwurf: „Das Gesetz soll an die Stelle des bisherigen Gesetzes betr. die Prüfung der Läufe und Verschlüsse der Handfeuerwaffen von 19. Mai 1891 treten."[489] Das Reichsministerium der Justiz empfahl, alle Personen zu bestrafen, die an der Herstellung nicht ordnungsgemäß gekennzeichneter Schußwaffen oder deren Lieferung zur Prüfung beteiligt waren, auch wenn sie von der Nichteinhaltung nichts wußten.[490]

Unterdessen verschärfte das Regime Gesetze, die von allen Deutschen verlangten, persönliche Angaben an die Behörden weiterzugeben. Die Verordnung über das Meldewesen vom 6. Januar 1938 führte einen Meldeschein mit Angaben zu Wohnsitz, Religionszugehörigkeit, Fahrzeugbesitz und Wohnsitzwechsel ein.[491] Eine weitere Verordnung vom 27. April legte fest, daß Juden ihr Vermögen zu melden hatten, sofern es 5.000 Mark überstieg,[492] was wiederum Arbeit für die Lochkartenmaschinen der IBM-Tochter Dehomag lieferte.[493] Über das geforderte Ausfüllen der „Vermögensaufstellung der Juden" reflektierte Victor Klemperer in seinem Tagebuch: „Wir sind es so gewohnt, in diesem Zustand der Entrechtung und des stumpfen Wartens auf weitere Schandtaten zu leben, es regt uns schon kaum noch auf."[494]

„Attentatpläne in jüdischen Kreisen", ein Schriftstück des Reichssicherheitshaupt-amtes vom 27. Juni 1938, behauptete fest, daß jüdische Gruppen in Berlin heftig auf die neuesten Boykottmaßnahmen reagiert hatten. „Seit Beginn der Aktion wird in jüdischen Kreisen die Durchführung und Zweckmässigkeit von Attentaten auf führende politische Persönlichkeiten besprochen." Dr. Bruno Glaserfeld, Vorsitzender des *Landesverbandes Deutscher Juden*, habe mit Vertrauten über Bombenattentate geredet. Von Günther Salter wurden „Attentate als politische Kampfmittel gegen das Dritte Reich als allein wirkungsvoll angesprochen." Er habe die Beobachtung von Hitlers Bewegungen auf häufig benutzten Straßen, wie der zum Flughafen, oder an seinem Geburtstag empfohlen, sowie die Anmietung eines Zimmers, von dem aus ein Angriff gestartet werden würde. „Einstimmig wird von Glaserfeld und Salter erklärt, dass es sich nicht um Spinnereien handelt, sondern, dass diese Pläne aus der verzweifelten Lage der europäischen Juden entstanden seien. Die sinkende Herrschaft der europäischen Juden glaube man nur auf diese Weise zum Stehen zu bringen."[495]

Ein Anschlußbericht informierte darüber, daß Glaserfeld in einem Sommerhaus in der Nähe Potsdams verhaftet wurde.[496] Zu Salters Schicksal war kein Bericht zu finden.

In jener Zeit schmiedeten gegen die Nazis eingestellte Elemente in Militär und Polizei eine Verschwörung gegen Hitler. Einige empfahlen einen Staatsstreich und danach eine Gerichtsverhandlung gegen die Nazi-Spitzen als Verbrecher. Andere hielten dagegen, daß der Tyrannenmord moralisch akzeptabel sei und daß Hitler ermordet werden müsse, um seine Flucht und die Wiedererrichtung seiner Macht auszuschließen.[497] Diese Verschwörer würden weitere sechs Jahre benötigen, um eine Bombe zu zünden, doch der Versuch schlug fehl, den Führer am 20. Juli 1944 zu töten.

Am 23. Juli 1938 ordnete Frick an, daß sich alle Juden bei der zuständigen Polizeibehörde zu melden und die Ausstellung einer speziellen Kennkarte für Juden zu beantragen hatten. Dazu kam am 17. August die Zweite Verordnung zur Durchführung des Gesetzes über die Änderung von Familiennamen und Vornamen, welche vorschrieb, daß alle deutschen Juden einen zusätzlichen Vornamen anzunehmen hatten, „und zwar männliche Personen den Vornamen Israel, weibliche Personen den Vornamen Sara."[498]

In dieser Zeit fuhr der Berliner Polizeipräsident, Wolf-Heinrich Graf von Helldorff, einen zunehmend härteren Kurs gegen Juden. Nach seinem Dienst im Ersten Weltkrieg hatte er sich dem Freikorps angeschlossen. Bella Fromm beschrieb Helldorff als „den Berliner SA-Führer ... den Rädelsführer des Kurfürstendamm-Krawalls am Tag des jüdischen Neujahrsfestes" im Jahre 1931.[499] Helldorff wurde im selben Jahr Führer der SA in Berlin-Brandenburg. Er wurde 1933 zum Polizeipräsidenten von Potsdam ernannt, wo ihm die Medien als „unserem Retter vor jüdischer Kriminalität"[500] zujubelten, und 1935 zum Polizeipräsidenten von Berlin befördert.

Nun, im Sommer 1938, waren die Juden in ganz Deutschland der Polizei bekannt und ihre Wohnungen und Geschäfte registriert. Helldorff erließ polizeiinterne Richtlinien, die in 76 Punkten legale Schikanen gegenüber Juden aufführten.[501] Juden, die registrierte und berechtigte Schußwaffenbesitzer waren, dürften in dieser Zeit besonders im Fokus gestanden haben. Helldorff machte sich die Lage auf mehr als nur eine Weise zunutze, wie Bella Fromms Tagebucheintrag vom 1. September zeigt:

„Der Polizeipräsident, Graf Helldorff hat eine enorm profitable Masche. Er zieht die Pässe der Emigrationswilligen ein, die noch gut betucht sind, und verkauft sie ihnen später zum höchstmöglichen Preis zurück. In manchen Fällen sogar für zweihundertfünfzigtausend Mark. Sie bezahlen das. Kein Preis ist zu hoch, wenn man sich damit die Freiheit erkauft."[502]

Nur wenige Tage später floh Fromm selbst aus Deutschland und fand Zuflucht in New York.[503] Goebbels vermerkte am 30. August 1938 in seinem Tagebuch: „Helldorff gibt Bericht über seine weiteren Judenaktionen... . Viele Juden sind bereits aus Berlin ausgewandert." Da jedoch noch viele wohlhabende Juden in Berlin geblieben waren, schrieb er: „Wir werden also die Aktion fortsetzen."[504]

Beginnend mit seinem Tagebucheintrag für den 1. Oktober machte Goebbels Vermerke über zahlreiche längere Gespräche mit Helldorff, die im gleichen Monat stattfanden. Ein Eintrag gegen Monatsmitte vermerkt: „Helldorff gibt mir Bericht über den Stand der Judenaktion in Berlin. Die geht planmäßig weiter. Und die Juden ziehen nun allmählich ab."[505]

Zu all den anderen Gründen, die Juden zur Flucht veranlaßten, hatte Helldorff nun eine Maßnahme zur Entwaffnung aller Juden hinzugefügt. Dabei war völlig unwichtig, daß das neue nationalsozialistische Waffengesetz kein Verbot des Schußwaffenbesitzes für Juden enthielt. Denn am 22. Oktober verkündete Hitler, daß jedes Mittel zur Ausführung des Willens des Führers als rechtens zu betrachten sei, auch wenn es im Widerspruch zu vorhandenen Gesetzen und Gewohnheiten stehe.[506]

431 Urteil vom 21. Januar 1937, 5 D 763/36, Landgericht Allenstein, *Entscheidungen des Reichsgerichts in Strafsachen* (Berlin: Gruyter, 1938), Band 71, S. 40.

432 Abschrift, Der Reichs- und Preußische Minister des Innern, Betrifft: Waffengesetz, Nr. I A 13480/6310, 15. Jan. 1937, Bundesarchiv (BA) Berlin, Aktenbandes 0056, S. 145.

433 Der Reichs- und Preußische Minister des Innern, Mit Beziehung auf mein Schreiben vom 7. Januar 1936, 5. Mai 1937, BA Berlin, R 43 II/399, Fiche 2, Reihe 3.

434 Begründung, No. I A 1285/6310 [5. Mai, 1937], BA Berlin, R 43 II/399, Fiche 2, Reihe 6, Hervorhebung im Original.

435 Begründung, No. I A 1285/6310Fiche 2, Reihen 6-7.

436 Erste Verordnung über den Neuaufbau des Reichs, *Reichsgesetzblatt* 1934, I, 81.

437 Betrifft: Ausstellung von Jagdscheinen an Juden, 21. März 1937, Bestand Rep. C 20 I. I b, Signatur Nr. 1831, Band IV, Landesarchiv Magdeburg–Landeshauptarchiv Sachsen-Anhalt, Magdeburg, 6, zitiert in Michael E. Abrahams-Sprod, „Life under Siege: The Jews of Magdeburg under Nazi Rule", PhD diss., University of Sydney, 2006, 149–50.

438 Verordnung zur Änderung der Verordnung zur Ausführung des Reichsjagdgesetzes, *Reichsgesetzblatt* 1937, I, 179; Richard Lawrence Miller, *Nazi Justiz: Law of the Holocaust* (Westport, CT: Praeger, 1995), 69 n. 262.

439 Der Reichsforstmeister und Preußische Landesforstmeister, Schreiben vom 5.5.37, 29. Mai 1937, I A 1285/6310, BA Berlin, R 43 II/399, Fiche 2, Reihe 7.

440 Götz Aly and Karl Heinz Roth, *The Nazi Census: Identification and Control in the Third Reich,* Übers. Edwin Black und Assenka Oksiloff (Philadelphia: Temple University Press: 2004), 75–76.

441 Bella Fromm, *Blood & Banquets: A Berlin Social Diary* (New York: Carol Publishing Group, 1990), 246 (Eintrag für den 2. Juli 1937), 98 zu ihrem Zusammentreffen mit Hitler.

442 http://www.gutzitiert.de/zitat_autor_martin_niemoeller_thema_gemeinschaft_zitat_9331.html (aufgerufen am 18. April 2014). Zu Herkunft und Varianten des Gedichts siehe Harold Marcuse, „Martin Niemöller's Famous Quotation", http://www.history.ucsb.edu/faculty/marcuse/niem.htm (aufgerufen am 9. Feb. 2013).

443 Hans Bernd Gisevius, *To the Bitter End: An Insider's Account of the Plot to Kill Hitler, 1933–1944,* Übers. Richard Winston and Clara Winston (New York: Da Capo Press, 1998), 216.

444 Gisevius, *To the Bitter End,* 216, 241, 266–67, 277.

445 Blaine Taylor, „A Sex Scandal Ended the Career of High-Ranking Nazi Official Werner von Blomberg", http://www.historynet.com/the-blomberg-sex-scandal-march-99-world-war-ii-feature.htm (aufgerufen am 9. Feb. 2013).

446 Der Reichs und Preußische Minister des Innern, An a) die Herren Reichsminister [et al.], 18. Dez. 1937, BA Berlin, R 43 II/399, Fiche 2, Reihe 7.

447 Der Reichskriegsminister und Oberbefehlshaber der Wehrmacht, Betrifft: Entwurf des Waffengesetzes, 15. Jan. 1938, BA Berlin, R 43 II/399, Fiche 3, Reihe 3.

[448] "Changes in Ballot Arouse Rumanians", *New York Times*, 20. Jan. 1938, 10.
[449] "Carol Gives Army Control in Nation", *New York Times,* 12. Feb. 1938, 2.
[450] Der Reichs und Preußische Minister des Innern, Betrifft: Entwurf des Waffengesetzes, 9. Feb. 1938, BA Berlin, R 43 II/399, Fiche 3, Reihe 3.
[451] Betrifft: Entwurf eines Waffengesetzes, 9. Feb. 1938, BA Berlin, R 43 II/399, Fiche 3, Reihe 6.
[452] Betrifft: Waffengesetz, 23. Feb. 1938, BA Berlin, R 43 II/399, Fiche 3, Reihe 6.
[453] Nationalsozialistische Deutsche Arbeiterpartei, Betrifft: Entwurf des Waffengesetzes, 2. März 1938, BA Berlin, R 43 II/399, Fiche 3, Reihe 6.
[454] Vermerk, 4. März 1938, BA Berlin, R 43 II/399, Fiche 3, Reihe 6. Siehe auch Der Reichs und Preußische Minister des Innern, Betrifft: Entwurf des Waffengesetzes, 5. März 1938, BA Berlin, R 43 II/399, Fiche 3, Reihe 6.
[455] Der Reichsminister und Chef der Reichskanzlei, An den Herrn Reichs- und Preußischen Minister des Innern, 4. März 1938, BA Berlin, R 43 II/399, Fiche 3, Reihe 6.
[456] Anton Gill, *An Honourable Defeat: A History of German Resistance to Hitler, 1933–1945* (New York: Henry Holt, 1994), 19–20.
[457] Waffengesetz, *Reichsgesetzblatt* 1938, I, 265.
[458] Victor Klemperer, *I Will Bear Witness 1933–1941,* Übers. Martin Chalmers (New York: Modern Library, 1999), 255 (18. April 1938).
[459] *Reichsgesetzblatt* 1938, I, 265, § 3. Englische Übersetzungen des Gesetzes wurden veröffentlicht in *Federal Firearms Legislation: Hearings before the Subcommittee to Investigate Juvenile Delinquency,* U.S. Senate Judiciary Committee, 90th Cong., 2d Sess., 489 (1968). Siehe auch Jay Simkin and Aaron Zelman, „*Gun Control": Gateway to Tyranny* (Milwaukee, WI: Jews for the Preservation of Firearms Ownership, 1993), 53.
[460] *Reichsgesetzblatt* 1938, I, 265, § 29(1).
[461] *Ebenda*, § 7.
[462] *Ebenda*, § 9.
[463] *Ebenda*, § 11.
[464] *Ebenda*, § 12.
[465] *Ebenda*, § 14.
[466] *Ebenda*, § 15.
[467] Siehe beispielsweise Klemperer, *I Will Bear Witness,* xi, xiv, 275 (Eintrag für 27. Nov. 1938). 1933 schickte der Vorsitzende des Reichsverbands jüdischer Frontsoldaten ein Exemplar eines Gedenkbuches mit den Namen von 12.000 jüdischen deutschen Soldaten, die im Ersten Weltkrieg gefallen waren, an Hitler, der den Empfang mit „aufrichtigstem Mitgefühl" bestätigte. Saul Friedländer, *Nazi Germany and the Jews,* vol. 1: *The Years of Persecution, 1933–1939* (New York: Harper Collins, 1997), 15. Die jüdische Beteiligung entsprach ihrem Anteil an der Bevölkerung. Siehe Friedländer, *Nazi Germany and the Jews,* 1:75. Vor 1935 war Juden der Militärdienst nicht untersagt. Friedländer, *Nazi Germany and the Jews,* 1:117.

[468] *Reichsgesetzblatt* 1938, I, 265, § 18.
[469] *Ebenda,* § 19.
[470] *Ebenda,* § 23.
[471] *Ebenda,* § 25.
[472] *Ebenda,* § 26.
[473] *Ebenda,* § 27.
[474] *Ebenda,* § 15.
[475] *Ebenda,* § 23.
[476] *Ebenda,* § 31
[477] Verordnung zur Durchführung des Waffengesetzes, *Reichsgesetzblatt* 1938, I, 270.
[478] *Ebenda,* § 1. Englische Übersetzungen findet man in *Federal Firearms Legislation,* 496, und in Simkin and Zelman, *„Gun Control",* 64.
[479] Verordnung zur Durchführung des Waffengesetzes, §§ 15–19
[480] *Ebenda,* Anlage I und II
[481] Verordnung zur Durchführung des Waffengesetzes, § 25
[482] *Ebenda,* § 20
[483] *Ebenda,* § 36
[484] "Ein neues Waffengesetz", *Völkischer Beobachter,* 22. März 1938, 11.
[485] *Berliner Börsenzeitung,* 22. März 1938, 1.
[486] Fritz Kunze, *Das Waffenrecht im Deutschen Reich* (Berlin: Paul Parey, 1928-1938 [mindestens 5 Ausgaben]), ; Werner Hoche, *Schußwaffengesetz* (Berlin: Franz Vahlen, 1928, 1931; Werner Hoche, *Waffengesetz* (Berlin: Franz Vahlen, 1938).
[487] Zum Beispiel: Werner Hoche, Hrsg., *Die Gesetzgebung Adolf Hitlers für Reich, Preußen und Österreich*, Bd. 27, 16. Apr. – 15. Juli 1938 (Berlin: Franz Vahlen, 1938).
[488] Entwurf einer Verordnung zur Durchführung des Gesetzes über die Prüfung von Handfeuerwaffen und Munition (Beschußgesetz), 1938, BA Berlin, R 43 II/399, Fiche 4, Reihe 1.
[489] Der Reichsminister des Innern, Betrifft: Gesetz über die Prüfung von Handfeuerwaffen und Munition (Beschußgesetz), 25. Aug. 1938, BA Berlin, R 43 II/399, Fiche 3, Reihe 7.
[490] Der Reichsminister der Justiz, Betrifft: Gesetz über die Prüfung von Handfeuerwaffen und Munition (Beschußgesetz), 16. Sept. 1938, BA Berlin, R 43 II/399, Fiche 4, Reihe 3.
[491] Verordnung über das Meldewesen, Reichsgesetzblatt 1938, I, 13. Siehe Aly and Roth, *The Nazi Census,* 38–40.
[492] "Goering Starts Final Liquidation of Jewish Property in Germany", *New York Times,* 28. Apr. 1938, 1.
[493] Edwin Black, *IBM and the Holocaust: The Strategic Alliance Between Nazi Germany and America's Most Powerful Corporation* (New York: Random House, 2001), 248.
[494] Victor Klemperer, *I Will Bear Witness 1933–1941,* Übers. Martin Chalmers (New York: Modern Library, 1999), 260 (Eintrag für 29. Juni 1938).

495 Attentatpläne in jüdischen Kreisen, 27. Juni 1938, BA Lichterfelde, R 58/2246.
496 Judenbewegung in Berlin, 12. Juli 1938, BA Lichterfelde, R 58/2246
497 Gisevius, *To the Bitter End,* 311.
498 Zweite Verordnung zur Durchführung des Gesetzes über die Änderung von Familiennamen und Vornamen, § 2(1), *Reichsgesetzblatt* 1938, I, 1044.
499 Fromm, *Blood & Banquets,* 57.
500 Zitiert in Richard L. Miller, *Nazi Justiz: Law of the Holocaust* (Westport, CT: Praeger, 1995), 24.
501 Richard J. Evans, *The Third Reich in Power, 1933–1939* (New York: Penguin Press, 2005), 577–78.
502 Fromm, *Blood & Banquets,* 280.
503 Fromm, *Blood & Banquets,* 281–83.
504 *Die Tagebücher von Joseph Goebbels,* Teil I, Aufzeichnungen 1923–41, Band 6, Aug. 1938-Juni 1939, Hrsg. Elke Fröhlich (München: K. G. Saur, 1998), 65.
505 *Die Tagebücher von Joseph Goebbels,* Teil I, 142 (Eintrag für 12. Okt. 1938). In dieser Zeit begann Goebbels, vertrauliche Gespräche mit Helldorff „über meine persönliche Situation" – ein versteckter Bezug auf den sich anbahnenden Skandal wegen seiner Affäre mit einer tschechischen Schauspielerin – zu führen, was auch zu Treffen mit Göring und Hitler führte.
Die Tagebücher von Joseph Goebbels, Teil I, 152–59, 170 (Einträge für 20. Okt. – 3. Nov. 1938). Hitler war ungehalten über Gobbels Illoyalität gegenüber seiner Frau, Magda, einer unerschütterlichen Nationalsozialistin. Doch Goebbels fand schon bald einen Weg, um sich wieder des Wohlwollens des Führers zu versichern – indem er half, ein nie dagewesenes anti-jüdisches Pogrom zu initiieren.
506 Zitiert in Edward Crankshaw, *Gestapo: Instrument of Tyranny* (London: Greenhill Books, 1956), 89.

Teil IV

Reichskristallnacht

10

Vorspiel im Oktober:
Die Verhaftung jüdischer Schußwaffenbesitzer

Am 4. Oktober 1938, nur wenige Wochen vor der sogenannten Reichskristallnacht, nahm die Berliner Polizei Alfred Flatow fest. Sein Verbrechen bestand darin, ein Jude zu sein, der *legal* Schußwaffen besaß.[507] Der Polizei war bekannt, daß er Waffen besaß, denn er hatte sie entsprechend der Weimarer Verordnung 1932 ordnungsgemäß angemeldet. In Erwartung des kommenden Pogroms startete die Naziführung nun eine Kampagne zur Entwaffnung der Juden. Flatow war einer von vielen, die festgenommen und der Gestapo überstellt wurden. Er wurde später verschleppt und starb in einem Konzentrationslager.

Der Polizei mag nicht bewußt gewesen sein, daß sie einen Weltklasseturner festgenommen hatte, der 1896 bei den Olympischen Spielen die Goldmedaille für Deutschland gewonnen hatte: den ersten Platz am Barren (einzeln und in der Mannschaft) sowie den zweiten Platz am Reck.[508]

Flatows Festnahmebericht befindet sich im Landesarchiv Berlin, in einer Akte mit dem Namen „Haussuchungen bei Juden 1938 – 39"[509] Es handelt sich um vierseitiges Standardformular der Polizei mit der Überschrift „Bericht über einen politischen Vorfall". In derselben Akte wurden zwei ähnliche Berichte über Festnahmen gefunden. Wie sich zeigen wird, waren diese Festnahmen Teil einer orchestrierten Polizeiaktion zur Entwaffnung aller Berliner Juden, einschließlich derer, die ihre Schußwaffen legal besaßen. Andere Beweise belegen, daß überall in Deutschland Juden entwaffnet wurden. Nachdem man die Juden verteidigungsunfähig gemacht hatte, bereitete nun das Regime die Bühne für ein großes Pogrom vor, das nur noch auf den richtigen Auslöser wartete.

Der Festnahmebericht, der Alfred Flatow als Gesetzesbrecher beschrieb, wurde am 4. Oktober 1938 im Polizeirevier 106, Berlin, SW. 68, aufgenommen.[510] Flatow wurde am 3. Oktober 1869 in Danzig geboren. Seine Anschrift lautete Berlin SW. 19, Alexandrinenstraße 50. Dies Straße kreuzt die bekannte Oranienstraße im Stadtbezirk Kreuzberg, wo sich das Polizeirevier 106 befand.[511]

Name, Geburtsname und Geburtsort stimmen mit denen des Alfred Flatow überein, der 1896 an den Olympischen Spielen teilnahm. Davor hatte er von 1893-94 im 66. Preußischen Infanterieregiment gedient. Sechsundvierzig Jahre lang war Flatow aktiver Turner in der Berliner Turnerschaft, Deutschlands größtem Turnverein gewesen. Er besaß ein kleines Fahrradgeschäft, war Kampfrichter bei Sportveranstaltungen und schrieb viel über die Theorie des Turnens.[512]

Nach ihrer Machtübernahme Anfang 1933 verdrängten die Nazis bis zum Oktober des Jahres alle Juden aus der Berliner Turnerschaft. Der Vereinsvorsitzende, Rupert Naumann, unterstützte die jüdischen Athleten, aber Flatow wollte eine Konfrontation vermeiden und trat aus.

Bei den Olympischen Spielen von 1936 waren alle deutschen Olympiasieger als Ehrengäste geladen, und Alfred Flatows Name – zusammen mit dem seines Cousins, Gustav Felix Flatow, einem weiteren Sieger der Spiele von 1896 – stand gedruckt im Programm. Allerdings erschienen ihre Namen und Fotos nicht in der Berichterstattung über das Ereignis, da sie offenbar ein Erscheinen wegen der antisemitischen Politik des Naziregimes ablehnten.[513]

Mehr als dreißig Jahre lang lebte Alfred Flatow im Berliner Bezirk Kreuzberg in einem alten Haus in der Alexandrinenstraße, der Anschrift, die in seinem Festnahmebericht von 1938 genannt wird. Der Zensus von 1939 allerdings weist darauf hin, daß er nun in der Landshuter Straße 33 in Schöneberg wohnte, wo er sich eine Wohnung mit Else und Margarete Flatow teilte.[514] Möglicherweise zog er zu diesen Verwandten, nachdem er aus der Gestapo-Haft entlassen worden war. Laut Zensus war seine Abstammung „JJJJ" – d.h. alle vier Großeltern waren Juden.

Wie schon erwähnt, wurde Flatows Festnahme auf einem Polizeiformular vermerkt, das die Überschrift „Bericht über einen politischen Vorfall" trug. Die

Einstufung der Sache als „politisch" brachte sie in die Zuständigkeit der Gestapo, die einen Verhafteten zeitlich unbegrenzt in „Schutzhaft" halten konnte, ohne daß diese Person einen Anspruch auf juristische Nachprüfung hatte.[515]

Im Bericht über Flatows Festnahme heißt es: „Politische Zugehörigkeit: Jude". Das mag als Bezeichnung für eine politische Zugehörigkeit seltsam klingen, aber möglicherweise war das Formular ja für die Verhaftung politischer Gegner gedacht gewesen, beispielsweise für Linke und verschiedene Demokraten, die bei den Nazis schon seit 1933 im Mittelpunkt der Unterdrückungsmaßnahmen standen.

Als „Tatort" war „Berlin SW. 68, Curdtdamm 16" angegeben, als Zeit „gegen 13.50", doch Curtdamm 16 war die Anschrift des 106. Polizeireviers.[516] Es gab keinen Tatort – Flatow scheint mit anderen Juden angestanden zu haben, um seine legalen angemeldeten Waffen abzugeben, weil dies der Berliner Polizeipräsident Helldorff angeordnet hatte.

Unter „Gefundene Waffen" hieß es in dem Formular: „Abgeben a) Hieb- und Stoßwaffen: 1 Dolch, 31 Schlagringe. b) Schußwaffen: 1 Revolver, 2 Terzerole, 22 Schuß Munition". In der Rubrik zur Art des polizeilichen Einsatzes wurde „Sonderaktion" vermerkt, nicht der des gewöhnlichen Postendienstes.

Beim Punkt „Strafbare Handlung (gesetzliche Bestimmungen, §§)" wurde einfach „Besitz von Waffen" aufgeführt. Die Stelle für die entsprechenden Paragraphen blieb allerdings leer, denn es gab keine Paragraphen, auf die man sich beziehen konnte. Das Gesetz war noch nicht dahingehend geändert worden, daß Juden der Besitz von Schußwaffen verboten gewesen wäre, obwohl Werner Bests geheime Gestapo-Initiative von 1935 gegen die Ausstellung von Waffenerlaubnissen an Juden folgendes vorgab: „In der Regel muß davon ausgegangen werden, daß Schußwaffen in den Händen von Juden eine nicht unbeträchtliche Gefahr für die deutsche Bevölkerung bedeuten."[517] In einem Land, in dem jedes Mittel zur Durchsetzung des Willens des Führers als legal betrachtet wurde, spielte das geschriebene Recht ohnehin eine untergeordnete Rolle.[518] Weiter heißt es in dem Bericht:

> „Der Jude Alfred Flatow hatte 1 Revolver mit 22 Schuß Munition, 2 Terzerole, 1 Dolch u. 31 Schlagringe im Besitz. Die Waffen in den Händen der Juden bilden eine Gefahr für die öffentliche Sicherheit.
> Weiser, Pol. Hw.
> Die Waffen sind von dem Fl. am 26.1.1932 dem 13. R. gemeldet worden. Bescheinigung liegt vor."

Somit bestätigte Polizeihauptwachtmeister Weiser, daß Flatows Waffenanmeldung von 1932 beim 13. Revier vorlag, das sich etwa einen Kilometer nördlich vom 106. Revier befand.[519] Auch als Tatzeuge fungierte der den Bericht aufnehmende Polizeihauptwachtmeister Edmund Weiser vom 106. Revier. Möglicherweise war eine Liste aller für Juden registrierten Schußwaffen an alle Polizeireviere verteilt worden. Die Beamten, die die Festnahmen vornahmen, konnten sich schriftlich oder fernmündlich von den für die Registrierung zuständigen Beamten bestätigen lassen, daß der jeweilige jüdische Waffenbesitzer eine angemeldete Waffe besaß. Manche der Juden, die ihre Waffen abgaben, legten vermutlich auch ihre Anmeldebescheinigung vor.

Auf dem Formular mußten auch die Gegenstände aufgeführt werden, die dem Festgenommenen abgenommen worden waren, darunter auch solche, mit denen er sich oder andere Personen verletzen konnte. Die Auflistung des Beamten umfaßte eine Aktentasche mit Zeitschriften und diversen Dokumenten, vermutlich auch Flatows Waffenanmeldung von 1932, denn er war offensichtlich auf dem Revier, um seine Waffen freiwillig abzugeben und zu zeigen, daß er die Gesetze einhielt; des weiteren eine Brieftasche, eine Krawattennadel, ein Taschenmesser, ein Zigarettenetui mit sechs Zigaretten, eine Brille mit Futteral, Schlüssel und Bleistifte. Zu den in Verwahrung genommenen, aber nicht beschlagnahmten Gegenständen gehörten 118 Reichsmark und eine goldene Taschenuhr. Flatow bestätigte mit seiner Unterschrift die Richtigkeit des Verzeichnisses.

Dann kamen die unheilvollen Worte „Der in Ziffer 1 des Berichts genannte Täter ... ist der Stapo zugeführt worden." Es folgten die Unterschrift des Revierführers, eines Polizeiobermeisters, sowie der Vermerk: „In der Zelle untergebracht von 13.25 bis ___ Uhr." Die Uhrzeit, zu der die Gestapo Flatow abholte, blieb frei – möglicherweise mußte er länger warten oder der Beamte war gerade nicht anwesend, als er abgeholt wurde. Der Bericht sagt nichts darüber aus, was mit Flatow geschah, nachdem er von der Gestapo in Gewahrsam genommen worden war. Im Gegensatz zu einer Festnahme, auf die eine Gerichtsverhandlung folgen konnte, bedeutete von der Gestapo verhängte Schutzhaft eine unbestimmte Zeit der Inhaftierung, bis der Verdächtige nicht länger als Bedrohung für den Staat galt.[520] Der Architekt dieser Vorgehensweise, die auch als Vorbeugehaft bezeichnet wurde und jegliche juristische Überprüfung ausschloß, war Werner Best.[521]

Vom weiteren Schicksal Flatows nach seiner Festnahme im Jahre 1938 ist nur wenig bekannt. Im Folgejahr entfachte Hitler den Zweiten Weltkrieg. Anfang 1942 verabschiedete die Naziführung das Wannsee-Protokoll, das „*die Endlösung der Judenfrage*" beschrieb.[522] Später im gleichen Jahr wurde die Deportation des nun dreiundsiebzigjährigen Flatow angeordnet. Sein Freund Karl Schumann, ebenfalls Olympiasieger von Athen, wandte sich an den Olympia-Inspekteur Christian Busch und bat um dessen Intervention als Reichssportwart, doch Schumanns Einspruch wurde brüsk zurückgewiesen. Zusammen mit 1.021 anderen Deportierten wurde Flatow als Gefangener Nr. 8230 im Oktober 1942 mit dem Transport Nummer 1/71 von Berlin nach Terezin gebracht. Er kam in das Konzentrations-lager Theresienstadt, wo er im Dezember 1942 an Hunger starb.[523]

Zur Erinnerung an ihn und seinen Cousin Gustav Flatow, der 1945 ebenfalls in Theresienstadt verhungerte, wurde in Berlin 1997 die Reichssportfeldstraße in Flatowallee umbenannt. Sie befindet sich im Stadtbezirk Charlottenburg-Wilmersdorf und ist die südliche Zufahrt zu dem berühmten 1934-36 erbauten Olympia-Stadion.[524]

Flatow war nicht allein, als er wegen Waffenbesitzes festgenommen wurde. Ein zweiter Polizeibericht, der ebenfalls vom 4. Oktober 1938 stammt, im selben 106. Polizeirevier aufgenommen und an die Gestapo weitergeleitet wurde, betraf Julius Ignatz Gold. Gold wurde am 4. Mai 1893 in Polock, Polen, geboren, und wohnte in Berlin SW. 19, Kommandantenstraße 49.[525] Diese Straße kreuzt die Alexandrinenstraße im Stadtbezirk Kreuzberg, in der Flatow wohnte.[526]

Wie bei Flatow wurde bei „politische Zugehörigkeit" „Jude" eingetragen. Auch der „Tatort" war mit dem bei Flatow identisch – „Curtdamm 16" war das 106. Polizeirevier – und die Zeit war zehn Minuten später, „gegen 14.00 Uhr". Als „Gefundene Waffen" wurde eingetragen: „Walter Pistole mit 6 Schuß".

Wieder war es eine *Sonderaktion,* die strafbare Handlung „Waffenbesitz", und der Tatbestand wurde von demselben Polizeihauptwachtmeister Weiser aufgenommen:

> „Der Jude Julius Ignatz Gold hatte eine Walther-Pistole mit 6 Schuß Munition im Besitz. In den Händen der Juden bildet die Waffe eine Gefahr für die öffentliche Sicherheit. G. hat die Waffe am 13.2.32 dem 105. R. (jetzt R. 112) angemeldet."

Außer diesem Bericht über die Festnahme konnten keine Angaben zur Identität von Julius Ignatz Gold gefunden werden. Sein Name taucht nicht in der zentralen Datenbank der Holocaust-Opfer auf, die von Yad Vashem, dem World Center for Holocaust Research, Documentation, Education, and Commemoration geführt wird.[527] Vermutlich war es so, daß er auf dem Polizeirevier hinter Flatow stand, um seine angemeldete Schußwaffe abzugeben. Man kann nur Vermutungen darüber anstellen, wer die anderen jüdischen Schußwaffenbesitzer waren, die sich in den Tagen davor und danach an gleicher Stelle anstellten.

Die Festnamen Flatows und Golds waren keine Einzelfälle. Es handelte sich um eine organisierte Maßnahme gegen jüdische Schußwaffenbesitzer. Ein anderer Bericht über eine Festnahme und Überstellung an die Gestapo, der dem von Flatow und Gold ähnelt, stammt vom 113. Polizeirevier in Berlin, SW 68, und wurde am 3. Oktober 1938 verfaßt.[528] Das 113. Revier lag ebenfalls im Stadtbezirk Kreuzberg, einen Kilometer westlich vom 106. Revier, wo Flatow und Gold festgenommen wurden.[529]

Alois Adler wurde 1884 in Wien, Österreich, geboren und lebte in Berlin SW.11, Saarlandstraße 52, im Bezirk Kreuzberg. Obwohl seine „politische Zugehörigkeit" mit „angeblich keine" angegeben ist, ist oben auf dem Formular ein große „J" für „Jude" aufgestempelt.[530] Als „Tatort" ist sein Wohnsitz angegeben, bei „Gefundene Waffen" ist nur eine „Jagddoppelflinte" aufgeführt. Unter „Strafbare Handlung (gesetzliche Bestimmungen, §§)" vermerkte der die Festnahme durchführende Beamte nur „staatsfeindliche Einstellung eines Juden", ohne Angabe einer Vorschrift. Der „Tatbestand" lautet folgendermaßen:

> „Adler, der früherer österreichischer Jude war, hat sich hier stets sehr widerspenstig gezeigt. Sein ganzes Verhalten ließ darauf schließen, daß er staatsfeindlich eingestellt war. Bei jeder Gelegenheit hat er sich sofort an das Konsulat gewandt. Um bei einer Haussuchung nicht im Besitz von Waffen zu sein, hat er sein Jagdgewehr bei dem Vertreter Albrecht Kriener, Berlin SW. 61, Blücherstr. 1 wohnhaft, untergestellt. A. zum Revier vorgeladen und nach Waffen befragt wurde, hat er dies zugegeben. Das Gewehr ist, mit noch einem Reservelauf, vorläufig hier sichergestellt.
>
> Die Einlieferung des A. erfolgt auf Grund seiner staatsfeindlichen Einstellung."

Bei der Polizei war Adler, wie bereits erwähnt, kein Unbekannter auf Grund seiner wiederholten Beschwerden beim österreichischen Konsulat. Vielleicht war er ja ein österreichischer Geschäftsmann, der sich gegen die Nazi-Gängelei verwahrte. Die Polizei könnte gewußt haben, daß er eine Waffe besaß – durch Überprüfung der Anmeldeunterlagen, durch eine Hausdurchsuchung oder vielleicht von einem Informanten. In der Erwartung, daß die Polizei von ihm als jüdischem Schußwaffenbesitzer wußte, weigerte er sich, der Anweisung der Nazis zur Abgabe Folge zu leisten. Er versteckte seine Jagdwaffe bei einem Freund, damit sie bei einer Haussuchung nicht gefunden würde.

Vielleicht durchsuchte die Polizei ja Häuser von Juden, die Waffen angemeldet hatten oder bei denen man Waffen vermutete, die nicht abgegeben worden waren. Der Bericht belegt auch, daß jüdische Schußwaffenbesitzer Freunde – „Arier", die möglicherweise selbst Schußwaffen besaßen – hatten, die keine Nazis waren und sich bereiterklärten, das Risiko auf sich zu nehmen, Schußwaffen für ihre jüdischen Freunde zu verstecken. Solchen Ariern standen zweifellos unangenehme Besuche der Gestapo bevor.

Der Beamte, der die Festnahme durchführte und den Bericht ausfertigte, bezeichnete die Waffe sowohl als Jagddoppelflinte als auch als Gewehr; möglich wäre, daß die doppelläufige Waffe einen Flinten- und einen Gewehrlauf hatte. Anders als bei den Festnahmen von Flatow und Gold, wies der Beamte nicht ausdrücklich darauf hin, daß eine Waffe in den Händen eines Juden eine Gefahr für die öffentliche Sicherheit darstelle. Adler hatte nur fünf Reichsmark bei sich.

Der Bericht über die Festnahme war von dem Pol. Hw. und Revierwachthabenden Biense unterschrieben, der vermerkte, daß Adler von 12.15 bis 13.20 Uhr in der Zelle war. Auf Anweisung von Pol.Oberm. Gaster wurde der Fall an die Stapo abgegeben. Es ist nicht bekannt, wie lange dieser Jude, dessen „Verbrechen" im Besitz einer Jagdwaffe bestand, von der Stapo festgehalten wurde.

Außer diesem Bericht über die Festnahme konnten keine Angaben über Adlers Person oder Schicksal gefunden werden, mit Ausnahme der Tatsache, daß er während des Zensus von 1939 noch unter derselben Anschrift wohnte und daß seine Abstammung als „JJJJ" geführt wurde – alle vier Großeltern waren Juden.[531] Sein Name taucht nicht in der zentralen Datenbank der Holocaust-Opfer auf, die von Yad Vashem geführt wird.[532]

Nicht jeder Festgenommene wurde der Stapo überstellt. Eine Zusammenfassung eines Strafverfahrens, das am 8. Dezember 1938 eingestellt wurde, zeigt, daß zumindest einige Personen Gerichtsverfahren durchliefen. Diese Strafverfahren könnten auf der Grundlage der Weimarer Verordnung von 1931 geführt worden sein, welche nicht nur die Anmeldung von Schußwaffen anwies, sondern es auch zur Straftat erklärte, Schußwaffen nicht abzuliefern, wenn die Polizei dies anordnete. Als Beispiel dafür läßt sich das Verfahren gegen einen Dr. Sohn, einen Weltkriegsveteranen, nennen, über das der Berliner Amtsgerichtspräsident, Dr. Block, dem Kammergerichtspräsidenten in Berlin in einem Memorandum Bericht erstattete. Er erläuterte: „Auch mit dieser Sache ist das Amtsgericht nicht befaßt gewesen. Es handelte sich um ein Verfahren wegen verbotenen Waffenbesitzes. Der Beschuldigte hatte im Oktober 1938 der Polizei einen Armeerevolver übergeben und im einzelnen dargelegt, daß er von dem Vorhandensein dieser Waffe, die aus der Zeit seines Kriegsdienstes herrührte, keine Kenntnis gehabt habe. Er habe den Revolver bei der Durchsuchung eines Speichers überraschend gefunden."[533]

Das Gesetz von 1931 bevollmächtigte die zuständigen Stellen, nicht nur die Anmeldung von Schußwaffen, sondern auch von verschiedenen Handwaffen anzuordnen.[534] Flatows Festnahmebericht vermerkt die Beschlagnahme von Handwaffen, die 1932 offenbar auch angemeldet worden waren: ein Dolch und 31 Schlagringe. Einunddreißig dieser Stücke dürften ziemlich schwer zu tragen gewesen sein, besonders für den neunundsechzigjährigen Flatow, und wieso er sie überhaupt besaß, ist rätselhaft. Vielleicht waren sie übriggebliebene Verkaufsstücke aus seinem Fahrradgeschäft. Damals, in den letzten Tagen der Weimarer Republik, wußte man nie, wann es zu Straßenkämpfen zwischen Extremisten kommen würde, und eine einfache Handwaffe konnte recht nützlich sein, um sich zu verteidigen. Tatsächlich wurden Schlagringe an einige Polizeistellen der Weimarer Republik ausgegeben, auch an Polizistinnen.[535] Für unpopuläre Personen dürfte es unklug gewesen sein, sich in der Öffentlichkeit zu bewegen, ohne eine Verteidigungswaffe gegen Nazi-Rowdies dabei zu haben.

Es dürfte unwahrscheinlich sein, daß der in die Jahre gekommene Flatow die angemeldeten Waffen besaß, weil er der Anführer einer Anti-Nazi-Gruppe war, die plante, sich auf Straßenkämpfe mit Nazis oder mit der Schußwaffen führenden Polizei einzulassen. Vielleicht wurden die Schlagringe ganz harmlos als Übungsgewichte für Nachwuchsturner verwendet, ähnlich den heutigen Heavy-Hands-Hanteln, oder sie waren für Kampfsportübungen gedacht.

Man kann sich vorstellen, wie Berliner Juden anstanden, um Waffen bei der Polizei abzuliefern. Hauptwachtmeister Weiser dürfte zehn Minuten gebraucht haben, um Flatow anzuhören, seine Waffen einzusammeln, das Berichtsformular auszufüllen und sich dann sogleich Gold zuzuwenden. Daß die beiden Männer festgenommen und der Stapo übergeben wurden, könnte bedeuten, daß sie durch die Anmeldeunterlagen entdeckt wurden oder bei einer Haussuchung, oder daß sie nicht auf die Anordnung, alle Juden müßten die Waffen abgeben, reagiert hatten. Es könnte natürlich auch die offizielle Geisteshaltung widerspiegeln, daß jeder Jude mit einer Waffe – selbst wenn sowohl die Waffe als auch der Jude ordnungsgemäß angemeldet waren – eine Gefahr für den Staat darstellte, und daß der jüdische Schußwaffenbesitzer festgenommen und von der Gestapo verhört werden mußte.

Wie erwähnt, gab Gold nur eine Walther-Pistole mit sechs Patronen ab, was nahelegt, daß es sich um seine persönliche Waffe handelte, die er, geladen mit diesen sechs Patronen, vielleicht zur Selbstverteidigung diskret aufbewahrte oder bei sich trug. Der Polizeibericht sagt nichts darüber aus, um welches Modell der Pistole es sich dabei handelt. Im Ersten Weltkrieg kauften Soldaten zahlreiche zivile Pistolen, und große Mengen an Walther-Pistolen wurden verkauft, besonders das Modell 4 im Kaliber 7,65mm.[536] Die Taschenpistole Modell 1 war bei vielen Offizieren beliebt. Gold, der bei Kriegsende 1918 fünfundzwanzig Jahre alt war, könnte die Pistole in seiner Dienstzeit erworben haben. Erst im Jahre 1929 brachte Walther das berühmte Modell PP auf den Markt und kurze Zeit später das kompaktere Modell PPK.[537] Vielleicht gab Gold ja auch eine dieser populären Walther-Pistolen ab.

Adler, letztendlich, besaß nur „eine Jagddoppelflinte", die auch als „Gewehr" bezeichnet wurde, mit „einem Reservelauf". Adler war Österreicher, und die österreichischen Büchsenmacher stellten sehr gute und teure doppelläufige Waffen dieser Art her. Auch die deutschen Büchsenmacher produzierten ähnlich schöne Jagdwaffen. Für die Nazis war offensichtlich jede Art von Schußwaffe, Jagdflinten und Jagdgewehre eingeschlossen, eine Gefahr für den Staat, wenn sie im Besitz eines Juden war.

Dr. Sohn besaß noch einen Armeerevolver aus seiner Militärzeit und hatte diesen auf dem Dachboden vergessen. Als Art der polizeilichen Maßnahme war bei allen drei Festnahmeberichten *Sonderaktion* vermerkt, und nicht „im gewöhnlichen Streifen- und Postendienst". Das Wort Sonderaktion gehört zu einer Reihe von euphemistischen Begriffen, mit denen das NS-Regime seine Zwangsmaßnahmen kaschierten. Deuten die Festnahmen also auf eine organisierte Polizeimaßnahme zu Entwaffnung aller Juden in Berlin hin? Der Oktober 1938 war eine kritische Zeit, denn das Naziregime versuchte, jüdischen Besitz einzuziehen und Juden aus Deutschland zu vertreiben. Eine Entwaffnung aller Juden würde jeden bewaffneten Widerstand, ob nun von Gruppen oder von Einzelpersonen, verhindern.

Die Literatur zur Reichskristallnacht legt den Schluß nahe, daß die Nazis eine große neue Aktion gegen die Juden vorbereiteten, was die beträchtliche Erweiterung der Konzentrationslager belegt, die während des Pogroms in der Lage waren, rund 20.000 Juden aufzunehmen.[538] Ein ebenso deutlicher Beweis für eine verstärkte anti-jüdische Kampagne war die Sonderaktion, mit der man versuchte, die Schußwaffen der Juden einzuziehen, um ihnen die Mittel zu nehmen, sich gegen einen Angriff verteidigen zu können.[539]

Die Nazis fanden genau den richtige Anlaß und Vorwand, den sie brauchten, um ein nie dagewesenes Pogrom gegen die deutschen Juden zu entfachen: Am 7. November 1938 schoß Herschel Grynszpan, ein 17jähriger polnischer Jude, auf Ernst vom Rath, Dritter Sekretär der deutschen Botschaft in Paris, und verletzte ihn tödlich. Grynszpan war verzweifelt, weil seine Eltern zu den Tausenden polnischer Juden gehörten, die von Deutschland ausgewiesen worden waren und nun an der polnischen Grenze festsaßen, denn Polen weigerte sich, sie aufzunehmen, da sie nicht mehr als polnische Bürger betrachtet wurden.[540]

In der stark zensierten deutschen Presse wurde zunächst nicht über die Sonderaktion gegen Flatow und andere Berliner Juden berichtet. Doch nach den Schüssen in der Pariser Botschaft lauteten die Schlagzeilen deutscher Zeitungen am Morgen des 9. November unter anderem: „Razzia auf Judenwaffen", „Bewaffnete Juden", „Berlins Juden wurden entwaffnet", „Entwaffnung der Berliner Juden" und „Waffenabgabe der Juden in Berlin".[541] Die dann folgenden Artikel ähnelten sich inhaltlich stark:

> „Angesichts des gestern erfolgten jüdischen Mordanschlages in der Deutschen Botschaft in Paris gibt der Polizeipräsident von Berlin der Öffentlichkeit das vorläufige Ergebnis bekannt, das eine allgemeine polizeiliche Entwaffnung der Juden Berlins, die in den letzten Wochen in Angriff genommen wurde, bisher gehabt hat.

Der Polizeipräsident hat sich, um die öffentliche Sicherheit und Ordnung in der Reichshauptstadt aufrecht zu erhalten, auf Grund einzelner Fälle veranlaßt gesehen, eine Waffenkontrolle bei der jüdischen Bevölkerung Berlins durchzuführen. Dies ist den Juden durch die Polizeireviere kürzlich zur Kenntnis gebracht worden, worauf – von wenigen Ausnahmen abgesehen, bei denen ein ausdrückliches Verbot des Waffenbesitzes ausgesprochen werden mußte – die im jüdischen Besitz bisher befindlichen Waffen bei der Polizei von den Juden, die keinen Waffenschein haben, freiwillig abgegeben wurden.

Das vorläufige Ergebnis zeigt deutlich, welch eine Unmenge von Waffen sich noch bei den Juden Berlins bisher befanden und noch befinden. Die Aktion erzielte bis zum heutigen Tage die Sicherstellung von 2569 Stich- und Hiebwaffen, 1702 Schußwaffen und rund 20 000 Schuß Munition.

Sofern nach Abschluß der Waffenaktion noch ein Jude im Besitz einer Waffe angetroffen wird, wird der Polizeipräsident in jedem einzelnen Falle mit größter Strenge vorgehen."[542]

Offensichtlich hatte der Berliner Polizeipräsident, Wolf-Heinrich Graf von Helldorff, am Vortag die Ergebnisse der Beschlagnahmeaktion bekanntgegeben. Wie bereits erwähnt, war „eine allgemeine polizeiliche Entwaffnung der Juden Berlins … in den letzten Wochen" durchgeführt worden – das Netz, in dem sich Flatow und andere jüdische Schußwaffenbesitzer verfangen hatten. Dies wurde nun auf Grund der damit in keinem Zusammenhang stehenden Ermordung eines deutschen Diplomaten in der Pariser Botschaft durch einen polnischen jüdischen Jugendlichen bekanntgegeben. Die Schlußfolgerung war also: Wegen der Tat eines einzelnen ausländischen Juden, die im Ausland begangen wurde, war kein deutscher Jude vertrauenswürdig genug, eine Schußwaffe zu besitzen.

Auch wenn zu keinem der „einzelnen Fälle" Details genannt wurden, so war doch offensichtlich die Entwaffnung der gesamten jüdischen Bevölkerung notwendig, um die „öffentliche Sicherheit und Ordnung" aufrechtzuerhalten. Damit griff von Helldorff auf die Ermächtigung aus der Weimarer Verordnung über die Anmeldung von Schußwaffen von 1931 zurück, die die Beschlagnahme registrierter Waffen und Munition erlaubte, „wenn die Aufrechterhaltung der öffentlichen Sicherheit und Ordnung es erfordert."[543] Der Polizei war auf Grund der Weimarer Anweisung zur Anmeldung bekannt, daß Juden wie Flatow und Gold Schußwaffen besaßen, und die Weimarer Ermächtigung zum Einzug der Waffen machte die Beschlagnahme selbst dann legal, wenn die Waffen angemeldet worden waren. Polizeipräsident Helldorff brauchte nur festzulegen, daß die

Beschlagnahme für die „öffentliche Sicherheit und Ordnung" notwendig sei. Kurzum, die Naziregierung verließ sich auf genau die juristische Autorisierung, die die Weimarer Republik beschlossen hatte.

Die Anweisung, ihre Waffen abzuliefern, war „den Juden durch die Polizeireviere kürzlich zur Kenntnis gebracht worden", und die Entscheidung, wer festzunehmen sei, konnte auf verschiedene Art und Weise zustande kommen. Die Berichte über Flatow und Gold lassen vermuten, daß einige jüdische Waffenbesitzer auf Grund der Anmeldeunterlagen für ihre Schußwaffen von der Polizei lokalisiert und informiert wurden. Vielleicht waren die Besitzer in diesen Unterlagen als Juden verzeichnet worden, oder es erfolgte ein Abgleich mit anderen Akten, die Juden auflisteten. Wie der Bericht über Adlers Festnahme zeigt, kam die Polizei anderen jüdischen Schußwaffenbesitzern durch Vernehmungen und Haussuchungen auf die Schliche, wobei es durchaus möglich ist, daß man auch auf Informanten zurückgriff. Anzunehmen ist auch, daß die Polizei an verschiedenen Stellen des Scheunenviertels, so wurde nun auch der jüdische Stadtteil Spandauer Vorstadt genannt, die Anordnung aushängte.[544]

Das Ergebnis dieser Maßnahmen war, wie die oben zitierten Zeitungen vom 9. November belegen, daß „die im jüdischen Besitz bisher befindlichen Waffen bei der Polizei von den Juden, die keinen Waffenschein haben, freiwillig abgegeben wurden." Dies paßt jedoch nicht richtig zu der viel umfassenderen Aussage, der Polizeipräsident habe sich veranlaßt gesehen „eine Waffenkontrolle bei der jüdischen Bevölkerung Berlins durchzuführen", also nicht nur bei Juden ohne waffenrechtliche Erlaubnis. Flatow und Gold, zum Beispiel, hatten ihre Waffen ordnungsgemäß angemeldet. Natürlich könnte es möglich sein, daß auch für gemeldete Waffen zusätzliche oder verlängerte Erlaubnisse erforderlich waren. Schließlich hatte Werner Bests Gestapo-Direktive von 1935 erklärt, man werde „nur in wenigen Ausnahmefällen gegen die Erteilung von Waffenscheinen an Juden keine Bedenken erheben können."[545]

Bemerkenswert ist, daß in den Artikeln von „wenigen Ausnahmen ..., bei denen ein ausdrückliches Verbot des Waffenbesitzes ausgesprochen werden mußte" die Rede ist – dies könnte eine beschönigende Umschreibung des Einsatzes von polizeilicher Gewalt gegen Juden sein, die nicht gewillt waren, ihr Eigentum und Verteidigungsmittel herauszugeben. Möglich ist, daß die Polizei die Anmeldungen Flatows und Golds für ungültig erklärte, so daß sie keine gültigen Erlaubnisse mehr hatten, was in kafkaesker Weise ihre Festnahme rechtfertigte. Daß ein ausdrückliches Verbot des Waffenbesitzes „ausgesprochen werden mußte", betraf Juden wie Adler, der versucht hatte, seine Waffe bei einem offensichtlich „arischen" Freund zu verstecken.

In der Presseerklärung war die Rede davon, „welch eine Unmenge von Waffen sich noch bei den Juden Berlins bisher befanden"; verwiesen wurde dabei auf die Beschlagnahme von „2569 Stich- und Hiebwaffen, 1702 Schußwaffen und rund 20.000 Schuß Munition". Bei den Blankwaffen könnte es sich um alles Mögliche gehandelt haben, vom Küchenmesser bis zu Bajonetten, die noch aus dem ersten Weltkrieg stammten. Auch wenn die Angaben stimmen sollten, so sagt doch die Zahl der Waffen nichts über die Zahl der Waffenbesitzer aus. Gold besaß eine Pistole und Adler eine Langwaffe, aber Flatow hatte zwei Pistolen und einen Revolver, ganz abgesehen von einem Dolch und einunddreißig Schlagringen (letztere waren Schlagwaffen, keine Hieb- oder Stichwaffen).

Hinsichtlich der „20 000 Schuß Munition" kann man sich vorstellen, wie penible Nazi-Funktionäre jede Patrone zählten. Rechnerisch ergaben sich reichlich zehn Patronen je Schußwaffe – eine geringe Zahl, die vermuten läßt, daß viele Schußwaffen Erbstücke oder Kriegsandenken waren, die nicht mit viel Munition zum raschen Gebrauch bereitgehalten wurden. Bei Sport- und Jagdwaffen hätte man viel mehr Patronen für Training und Gebrauch benötigt.

Flatow, zum Beispiel, besaß „1 Revolver mit 22 Schuß Munition, [und] 2 Terzerole"; für die beiden Taschenpistolen wurde keine Munition erwähnt. „Gold hatte eine Walther-Pistole mit 6 Schuß Munition im Besitz." Bei Adler, der ja versucht hatte, seine Waffe zu verstecken, wurde keine Munition erwähnt; er könnte beim Verstecken seiner Munition vielleicht erfolgreicher gewesen sein.

Die Mitteilung schloß mit den Worten: „Sofern ... noch ein Jude im Besitz einer Waffe angetroffen wird, wird der Polizeipräsident in jedem einzelnen Falle mit größter Strenge vorgehen." Da Flatow, Gold und Adler festgenommen und an die Gestapo übergeben worden waren, ist anzunehmen, daß auch sie mit solcher Strenge behandelt wurden. Zudem würde die gesamte jüdische Gemeinschaft in Deutschland in der Nacht, die auf die Veröffentlichung der Artikel am 9. November über Helldorffs Entwaffnung der Berliner Juden folgte, das Angriffsziel sein – in der Reichskristallnacht.

Die Befehle zur Entwaffnung der Juden waren nicht auf Berlin beschränkt, sondern betrafen Deutschland insgesamt, wie die Memoiren von Hans Reichmann belegen, einem Rechtsanwalt, der von 1924 bis 1939 für den Centralverein deutscher Staatsbürger jüdischen Glaubens (CV), einer der wichtigsten Organisationen zur Verteidigung jüdischer Interessen, tätig war. Diese wurde 1936 in Jüdischer Central Verein umbenannt; im selben Jahr wurde Reichmann zu seinem neuen Syndikus.[546] Trotz der Politik der Nazis versuchte der CV, die gesetzlichen Rechte der Juden zu verteidigen und fand dabei zeitweilig auch Beamte, die zugänglich waren.[547] Reichmann wird auch als der „führende Centralverein-Funktionär für die jüdische Selbstverteidigung" bezeichnet.[548]

Im September hatten antisemitische Aktivitäten in Verbindung mit der offiziellen Wirtschaftsstrategie, der Übernahme jüdischer Vermögenswerte, die Naziführung die Notwendigkeit erkennen lassen, jeden Widerstand der Juden im

Keime zu ersticken, indem man sie entwaffnete. Über Ereignisse und Gespräche in Bayern, die damit zusammenhingen, schrieb Reichmann:

> „In den fränkischen Dörfern haben während und nach der September-Krise, ganz wie ich es befürchtet hatte, pogromartige Ausschreitungen stattgefunden. Mein Kollege Dr. Otto Weiler spricht bei dem Staatssekretär des Bayerischen Innenministeriums und dem Münchener Polizeipräsidenten Freiherr von Eberstein vor, der gleichzeitig Bayerns oberster SS-Führer ist. Beide sind in der Form höflich und mißbilligen die Ausschreitungen, während sie gegen die wirtschaftliche Enteignung nichts einzuwenden haben. Zwar hat sich bisher kein Opfer wehren können, aber trotzdem sind offenbar Waffen in der Hand von Juden äußerst gefährlich. Deshalb wird für das ganze Reich die Waffenablieferung angeordnet."[549]

Die angesprochene „Septemberkrise" bezog sich auf die Nachwirkungen der Verhandlungen, die zum Münchener Abkommen führten, in dem England und Frankreich der Abspaltung des Sudetenlandes von der Tschechoslowakei und seiner Besetzung durch Deutschland zustimmten. Hitler benutzte die internationalen Spannungen, um die deutsche Bevölkerung aufzuwiegeln. In der Region Franken in Bayern kam es zu Unruhen, unter anderem wurden bei jüdischen Häusern und Geschäften Fenster eingeschlagen und Synagogen in Brand gesteckt.[550]

Bei dem von Reichmann beschriebenen Treffen dürfte Dr. Otto Weiler wohl den CV vertreten haben. Analog zu seinem Berliner Kollegen Helldorff dürfte der Polizeipräsident von München, Eberstein, der Beamte gewesen sein, der die Einziehung der Waffen leitete. Das Mantra, daß Waffen in den Händen der Juden eine Gefahr darstellten, war eine Gestapo-Politik, die seit Werner Bests Direktive von 1935 verfolgt wurde. Nun war die Zeit gekommen, um alle Waffen aller Juden einzuziehen.

Reichmann erläuterte im folgenden, daß zu den eingezogenen Waffen alles gehörte, was als Waffe verwendet werden konnte, einschließlich seines erst kürzlich erworbenen Brownings: „Auf den Polizeirevieren quittieren die alten Wachtmeister brummend den Empfang von chinesischen Dolchen, die bisher friedlich Briefe geöffnet haben, bestaunen bunte Studentensäbel und bedauern, daß sie meinen neuen Browning ohne Entgelt beschlagnahmen müssen. Der Reichsbund jüdischer Frontsoldaten bittet das Kriegsministerium, den jüdischen Reserveoffizieren ihre Offiziersdegen zu belassen. Warum man so eifrig Brieföffner und stumpfe Offiziersdegen sammelt, wissen wir nicht."[551] Die Petition des Reichsbundes an das Kriegsministerium ist ein weiteres Beispiel dafür, daß eine jüdische Organisation versuchte, vernünftig mit einer Dienststelle der Naziregierung zu verhandeln, aber gewöhnlich blieben solche Versuche ohne Erfolg. Obwohl der Inhalt der Antwort, falls es eine solche überhaupt gab, unbekannt ist, so wurden doch die Degen der jüdischen Offiziere bei dem folgenden Novemberpogrom eingezogen. Kurz nach der Reichskristallnacht wurde der Reichsbund, wie andere jüdische Organisationen auch, verboten.[552]

Auch wenn man nicht mit einem Schußwaffeneinsatz eines ausländischen Juden in einem anderen Land gerechnet haben konnte, so waren die Nazis doch auf jegliche Reaktionen auf ihre eigenen aggressiven Taktiken vorbereitet. Reichmann kommentierte die Ereignisse um Mitte Oktober wie folgt: „Wir ahnen nicht, daß in drei Wochen der Jude Grynszpan schießen und das deutsche Volk den Mord spontan rächen wird. Aber die SS leidet sichtlich an Vorahnungen und entwaffnet deshalb das gefährliche künftige Opfer der spontanen Maßnahme."[553]

So, wie sich die Dinge entwickelten, war das kommende Pogrom alles andere als eine spontane Reaktion der Bevölkerung. Es war von Hitler und Goebbels sorgfältig angeordnet und durchorganisiert und wurde von der SA und anderen Nazischlägern ausgeführt. Wie Reichmann richtig sagte, ging es den Nazis darum, die Juden verteidigungsunfähig zu machen, und man „entwaffnete [sie] deshalb".

Im Zuge der Reichskristallnacht wurde Reichmann in das Konzentrationslager Sachsenhausen gebracht. Wie bei Tausenden anderen, war seine Festnahme nur ein Vorwand, denn er hatte seinen Browning schon im Oktober abgegeben und verstieß damit nicht gegen die Verordnungen vom November, die Juden den Besitz von Schußwaffen verboten. Kurze Zeit nach dem Pogrom wurde der Centralverein verboten. Reichmann und seiner Frau, Eva Gabriele, einer prominenten Historikerin und Soziologin, gelang es, nach England überzusiedeln.

Die Ereignisse der vergangenen Wochen und Monate wurden erst dann in die richtige Perspektive gerückt, als das November-Pogrom begann. Zeitungen in Paris und Genf veröffentlichten unter der Überschrift „Die antisemitischen Maßnahmen des Reichs" folgenden Artikel: „Um die letzten Ereignisse besser zu illustrieren, sollte man die Verpflichtungen kennen, die den Juden in letzter Zeit aufgebürdet wurden. Die Ereignisse seit vergangenem Juni zeigen deutlich, welche Methode hinter diesen Maßnahmen steckte. Sie erleichterten die Zerstörung. Zunächst nahm man ihnen die Waffen, so daß die Operation gefahrlos ablaufen konnte. Dann verlangte man von ihnen eine förmliche Auflistung ihres Besitzes (Geld, Schmuck, Mobiliar, Teppiche), was dessen Beschlagnahme einfacher machte. Alles war bereit."[554]

507 Bericht über einen polit. Vorfall, 4. Okt. 1938, Alfred Flatow, A Rep Pr. Br. Rep. 030/21620 Bd. 5, Haussuchungen bei Juden 1938–39 (FB Bd. 5), Landesarchiv Berlin.
508 Hajo Bernett, „Alfred Flatow – Vom Olympiasieger zum Reichsfeind", *Sozial- und Zeitgeschichte des Sports*, 1. Aufl. (1987), 2:94. Siehe auch Arnd Krüger, „'Once the Olympics Are Through, We'll Beat Up the Jew': German Jewish Sport 1898–1938 and the Anti-Semitic Discourse", *Journal of Sport History* 26, no. 2 (Summer 1999), 353, 367; Joseph Siegman, *Jewish Sports Legends: The International Jewish Sports Hall of Fame* (Washington, DC: Brassey's, 1997), 92.
509 Bericht über einen polit. Vorfall, 4. Okt. 1938, Alfred Flatow.
510 Sofern nicht anders erwähnt, stammen alle Angaben zur Festnahme Flatows aus dem Bericht über einen polit. Vorfall, 4. Okt. 1938, Alfred Flatow.
511 Siehe Übersichtsplan der Polizeireviere in den mittleren Stadtbezirken von Berlin im Jahre 1930 in Hsi-Huey Liang, *The Berlin Police Force in the Weimar Republic* (Berkeley: University of California Press, 1970), 12–13.
512 Sofern nicht anders erwähnt, stammen alle Angaben zu Flatows Leben, ausgenommen der Verhaftungsbericht, aus Bernett, „Alfred Flatow."
513 Gerd Steins, „Gustav Felix Flatow: Ein vergessener Olympiasieger", in *Sozial- und Zeitgeschichte des Sports*, 2:103, 109.
514 Ergänzungskarten der Volkszählung von 17.05.1939, Bundesarchiv R2/GB. Diese Quelle ist auch zu finden unter: RAD: J. Datum: 22091941 [22. Sept. 1941].
515 Michael Stolleis, *The Law under the Swastika* (Chicago: University of Chicago Press, 1998), 134; Edward Crankshaw, *Gestapo: Instrument of Tyranny* (London: Greenhill Books, 1956), 89.
516 Das Polizeirevier 106 befand sich, wie im Berliner Adreßbuch 1938 vermerkt, in der Luisenstraße 37 in Kreuzberg. Diese Straße wurde 1938 umbenannt in Curthdamm; laut *Berliner Adreßbuch 1939* war die neue Anschrift des Reviers nun Curthdamm 16. Die Umbenennung der Luisenstraße in Curthdamm erfolgte am 20. Mai 1937; am 31. Juli 1947 wurde sie umbenannt in „Segitzdamm". Hans-Jürgen Mende, *Lexikon ‚Alle Berliner Strassen u. Plätze' – Von der Gründung bis zur Gegenwart Bd. 1 A-Fre* (Edition Luisenstadt, Berlin, 1998). Curthdamm bezog sich auf Udo Curth, einen SA-Mann, der bei 1932 bei Straßenschlachten ums Leben kam.
517 Betr.: Erteilung von Waffenscheinen an Juden, Preußische Geheime Staatspolizei, B.Nr. I G–352/35, 16. Dez. 1935, DCP 0072, BA R 58/276.
518 Crankshaw, *Gestapo,* 89.
519 Siehe Karte in Liang, *The Berlin Police Force in the Weimar Republic,* 12–13.
520 Richard L. Miller, *Nazi Justiz: Law of the Holocaust* (Westport, CT: Praeger, 1995), 52.
521 Ingo Müller, *Hitler's Justice: The Courts of the Third Reich,* Übers. Deborah Lucas Schneider (Cambridge, MA: Harvard University Press, 1991), 175.
522 Wannsee Protocol, 20. Jan. 1942, http://avalon.law.yale.edu/imt/wannsee.asp (aufgerufen am 9. Feb. 2013).

523 Bernett, „Alfred Flatow", 2:94, 99. See also Siggi Emmerich, „Olympische Geschichte(n): Alfred Flatow", *Unsere Zeit – Zeitung der DKP*, 13. Aug. 2004, http://www.dkp-online.de/uz/3633/s0302.htm (aufgerufen am 9. Feb. 2013); „Flatow Alfred", in the Central Database of Shoah Victims' Names, Yad Vashem, http://db.yadvashem.org/names/search.html?language=en (aufgerufen am 9. Feb. 2013).

524 Karin Schmidl and Jens Weinreich, „Auch zum 80. Geburtstag Stefan Flatows ist die Umbenennung der Reichssportfeldstraße noch nicht vollzogen Die unendliche Geschichte der Flatowallee", *Berliner Zeitung*, 4. Okt. 1996, http://www.berliner-zeitung.de/newsticker/auch-zum-80--geburtstag-stefan-flatows-ist-die-umbenennung-der-reichssportfeldstrasse-noch-nicht-vollzogen-die-unendliche-geschichte-der-flatowallee,10917074,9186642.html (aufgerufen am 15. Mai 2013).

525 Bericht über einen polit. Vorfall, 4. Okt. 1938, Julius Ignatz Gold, A Rep Pr. Br. Rep. 030/21620, Bd. 5, Haussuchungen bei Juden 1938–39 (FB Bd. 5), Landesarchiv Berlin. Sofern nicht anders erwähnt, stammen alle Angaben zur Festnahme Golds aus diesem Schriftstück.

526 Straßen in Berlin können unter http://www.berlin.de/stadtplan/ gefunden werden. (aufgerufen am 9. Feb. 2013).

527 Siehe Yad Vashem, Central Database of Shoah Victims' Names, http://db.yadvashem.org/names/search.html?language=en (aufgerufen am 9. Feb. 2013).

528 Bericht über einen polit. Vorfall, 3. Okt. 1938, Alois Adler, A Rep Pr. Br. Rep. 030/21620 Bd. 5, Haussuchungen bei Juden 1938–39 (FB Bd. 5), Landesarchiv Berlin. Sofern nicht anders erwähnt, stammen alle Angaben zur Festnahme Adlers aus diesem Schriftstück.

529 Siehe Karte in Liang, *The Berlin Police Force in the Weimar Republic*, 12–13.

530 Arnold Paucker and Konrad Kwiet, „Jewish Leadership and Jewish Resistance", in *Probing the Depths of German Antisemitism: German Society and the Persecution of the Jews, 1933–1941*, Hrsg. David Bankier (New York: Berghahn Books, 2000), 390.

531 Ergänzungskarten der Volkszählung von 17.05.1939, Bundesarchiv R2/GB. Diese Quelle ist auch zu finden unter: RAD: J. Datum: 25101941.

532 Siehe Yad Vashem, Central Database of Shoah Victims' Names, http://db.yadvashem.org/names/search.html?language=en (aufgerufen am 9. Feb. 2013).

533 Der Amtsgerichtspräsident, Strafmaß bei Bestrafung von Juden. Auftrag vom 16. Dezember 1938, 13. Jan. 1939, Bundesarchiv (BA) Lichterfelde, R 3001/alt R22/1129.

534 Vierte Verordnung des Reichspräsidenten zur Sicherung von Wirtschaft und Finanzen und zum Schutze des inneren Friedens vom 8. Dezember 1931, Achter Teil, Kapitel I, *Reichsgesetzblatt* 1931, I, S. 699, 742.

535 John R. Angolia and Hugh Page Taylor, *Uniforms, Organization & History of the German Police* (San Jose, CA: R. James Bender, 2004), 129.

536 Wolfgang Finze und Philip Pai, „Mangel-Erscheinungen", *Visier: Das Internationale Waffen-Magazin*, 7. Juli 2006, 136, 142.

537 Mehr Informationen zu diesen Modellen auf der Website von Walther: http://www.waltheramerica.com/webapp/wcs/stores/servlet/CustomContentDisplay?langId=-1&storeId=10002&catalogId=13102&content=10002 (aufgerufen am 9. Feb. 2013).

538 Siehe Gerald Schwab, *The Day the Holocaust Began: The Odyssey of Herschel Grynszpan* (New York: Praeger, 1990), 24–25; Anthony Read and David Fisher, *Kristallnacht: The Unleashing of the Holocaust* (New York: Peter Bedrick Books, 1989), 68.

539 Eine umfassende Suche in der englischen und deutschen Sekundärliteratur zur Reichskristallnacht zeigte keine Quelle, die die Entwaffnung der Juden im Oktober, vor dem Pogrom, erwähnt. Eine Quelle nennt ein falsches Datum für den Beginn der Entwaffnung, merkt aber ansonsten korrekt an: „Tatsächlich hatte die Polizei bereits Vorkehrungen getroffen, damit sich die Juden nicht wirkungsvoll wehren konnten. Am 8. November begann man mit der Entwaffnung der Juden; es wurde alles weggenommen, aus jedem jüdischen Haushalt, was man verwenden konnte, um sich zu schützen." Read and Fisher, *Kristallnacht*, 64, 260, Bezug auf den *Völkischen Beobachter*, 9. Nov. 1938 (bezogen auf Statistik zu eingezogenen Waffen).

540 Siehe Schwab, *The Day the Holocaust Began*, 1–6, 59–76.

541 "Razzia auf Judenwaffen", *Der Angriff*, 9. Nov. 1938, 14; „Bewaffnete Juden", *Fränkische Tageszeitung*, 9. Nov. 1938, 2; „Berlins Juden wurden entwaffnet", *Berliner Morgenpost*, 9. Nov. 1938, 2; „Entwaffnung der Berliner Juden", *Völkischer Beobachter*, 9. Nov. 1938, 11; „Waffenabgabe der Juden in Berlin", *Berliner Börsen Zeitung*, 9. Nov. 1938, 1.

542 "Waffenabgabe der Juden in Berlin." Wie bei anderen Ereignissen, die vor dem Pogrom stattfanden, erwies es sich als schwierig, Unterlagen über die Entwaffnungsaktion gegen die Berliner Juden im Vorfeld der Reichskristallnacht zu finden; die meisten Schriftstücke sind wohl zerstört worden. Das Landesarchiv Berlin enthält umfangreiche Aufzeichnungen des Berliner Polizeipräsidenten aus den zwanziger Jahren, doch ließen sich bei den ersten Einsichtnahmen keine Unterlagen zu diesem Thema in der entsprechenden Kategorie finden. Schließlich wurden dort doch noch die auf Flatow, Gold und Adler bezogenen Berichte entdeckt. Sie mögen die Spitze des Eisbergs sein – es wird kein Anspruch erhoben, daß alle gegebenenfalls relevanten Dokumentengruppen und Archive durchsucht wurden.

543 Vierte Verordnung des Reichspräsidenten zur Sicherung von Wirtschaft und Finanzen und zum Schutze des inneren Friedens, Achter Teil, Kapitel I, *Reichsgesetzblatt* 1931, I, S. 699, 742, § 1(2).

544 Arnt Cobbers, *Architecture in Berlin: The Most Important Buildings and Urban Settings* (Berlin: Jaron, 2002), http://www.berlin.de/international/attractions/index.en.php (aufgerufen am 9. Feb. 2013).

545 Betr.: Erteilung von Waffenscheinen an Juden, Preußische Geheime Staatspolizei, B.Nr. I G–352/35, 16. Dez. 1935, DCP 0072, BA R 58/276.

546 Daniel Fraenkel, „Jewish Self-Defense under the Constraints of National Socialism: The Final Years of the *Centralverein*", in Bankier, Hrsg., *Probing the Depths of German Antisemitism*, 344.

[547] Fraenkel, „Jewish Self-Defense", 348.
[548] Arnold Paucker, *German Jews in the Resistance 1933–1945: The Facts and the Problems,* 3. Auflage (Berlin: Gedenkstätte Deutscher Widerstand, 2003), 11 n. 16.
[549] Hans Reichmann, *Deutscher Bürger und verfolgter Jude: Novemberpogrom und KZ Sachsenhausen 1937 bis 1939,* Hrsg. Michael Wildt (München: R. Oldenbourg, 1998), 105.
[550] Michael Wildt, „Violence Against Jews in Germany, 1933–1939", in Bankier, Hrsg., *Probing the Depths of German Antisemitism,* 195–97.
[551] Reichmann, *Deutscher Bürger und verfolgter Jude,* 105.
[552] Ulrich Dunker, *Der Reichsbund jüdischer Frontsoldaten 1919–1938,* (Düsseldorf: Droste, 1977), 177.
[553] Reichmann, *Deutscher Bürger und verfolgter Jude,* 105. Der Herausgeber des vorliegenden Buches vertritt die Auffassung, daß sich Reichmann hinsichtlich der Zeit geirrt habe, weil das Reichsministerium des Innern eine Verordnung gegen den Waffenbesitz der Juden erst am 11. November 1938 herausgab. Doch schon davor gab es verschiedene Maßnahmen und Verordnungen, so daß Reichmann durchaus auch recht hatte.
[554] „Les mesures antisémitiques du Reich", *Journal de Genève,* 16. Nov. 1938, 8, zitiert aus *Jour-Echo de Paris..*11

11

Goebbels arrangiert ein Pogrom

Am 7. November 1938 machte sich Herschel Grynszpan, ein siebzehnjähriger polnischer Jude, der in Paris lebte, auf den Weg zur dortigen deutschen Botschaft, um den Botschafter zu erschießen. Statt dessen feuerte er auf Ernst vom Rath, den Dritten Sekretär, und verletzte ihn tödlich. Grynszpans Familie gehörte zu einer großen Gruppe in Deutschland lebender polnischer Juden, die nach Polen abgeschoben worden waren. Polen weigerte sich jedoch, diejenigen aufzunehmen, die keine ordnungsgemäßen polnischen Reisepässe besaßen. Tausende steckten nun unter jämmerlichen Bedingungen im Niemandsland an der Grenze fest.[555]

Eine alternative Sichtweise legt nahe, daß der Mord von den Nazis inszeniert wurde, um das geplante Pogrom zu rechtfertigen. Hitler schickte sofort seinen persönlichen Arzt Karl Brandt nach Paris. Während es in den ersten Meldungen hieß, von Rath sei nur leicht verletzt, verschlechterte sich sein Zustand nach dem Besuch des Arztes rapide, der zwischendurch mit Hitler telefonierte. Während des Krieges gelang es den deutschen Behörden, Grynszpans habhaft zu werden, doch ein geplanter Schauprozeß wurde abgesagt. Staatssekretär Leopold Gutterer vom Propagandaministerium stellte fest: „Wir würden in einem Prozess uns furchtbar blamieren, wenn dabei die Wahrheit herauskäme."[556]

Ob es sich nun um eine sorgfältig geplante Aktion handelte oder nicht, dieser Vorfall gab den Nazis den Vorwand für ein offensichtlich gut geplantes Pogrom, das sich vom 8. bis zum 10. November hinzog und als Reichskristallnacht bekannt wurde. Es kam zu Übergriffen auf Juden, ihre Wohnungen und Geschäfte wurden verwüstet, Synagogen gingen in Flammen auf, und 20.000 bis 30.000 Juden wurden in Haft genommen. Ein zentraler Punkt bei diesen Aktionen war die Behauptung, daß die Juden eine Gefahr darstellten, daher müßten ihre Grundstücke nach Waffen durchsucht werden, und bei wem Waffen gefunden würden, der müsse ins Konzentrationslager kommen.

Am 8. November begleitete der Berliner Polizeipräsident, Graf v. Helldorff, Goebbels nach München. Goebbels war erfreut darüber, daß Helldorff zum SA-Obergruppenführer befördert worden war. In seinem Tagebuch vermerkte er zu dem alle Nachrichten beherrschenden Vorfall: „In Paris hat ein polnischer Jude Grynspan auf den deutschen Diplomaten vom Rath in der Botschaft geschossen und ihn schwer verletzt. Aus Rache für die Juden. Nun aber schreit die deutsche Presse auf... . In Hessen große antisemitische Kundgebungen. Die Synagogen werden niedergebrannt. Wenn man jetzt den Volkszorn einmal loslassen könnte!"[557]

Am Morgen des 9. November verkündeten die Schlagzeilen deutscher Zeitungen, daß Helldorff in den vergangenen Wochen, wie im vorherigen Kapitel dargestellt, die Berliner Juden bereits entwaffnet hatte. Die Nazihierarchie erkannte, daß die Schüsse von Paris eine günstige Gelegenheit darstellten, die Entwaffnung der gesamten jüdischen Bevölkerung in Deutschland auf einen Schlag zu vollenden.

Der 9. November war der „Tag der Bewegung", der Jahrestag von Hitlers gescheitertem Bierhallenputsch in München anno 1923. Hitler hielt im Bürgerbräukeller seine jährliche Rede des Gedenkens an die „gefallenen Helden", den sogenannten „sechzehn Blutzeugen", die bei Schießereien mit der Polizei getötet worden waren.[558] Goebbels notierte in seinem Tagebuch, daß sich vom Raths Zustand verschlechtert hatte, und fügte hinzu: „Helldorff läßt in Berlin die Juden gänzlich entwaffnen. Die werden sich ja auch noch auf einiges anderes gefaßt machen können."[559] Obwohl Helldorffs Entwaffnung der Berliner Juden erst an diesem Morgen in den Zeitungen bekanntgegeben worden war, war dies sicherlich schon lange ein Thema in den Gesprächen und Planungen von Hitler, Goebbels und anderen Naziführern gewesen. Nun, da die Juden wehrlos waren, würden sie, wie Goebbels schrieb, zunehmendes Ungemach erleiden müssen. Und es würde noch in dieser Nacht beginnen.

Auch ausländische Medien befaßten sich mit diesen explosiven Entwicklungen. Die *New York Times* berichtete unter den Schlagzeilen „Nazis verlangen Vergeltung wegen Angriff auf Gesandten" und „Berliner Polizeichef verkündet ‚Entwaffnung' der Juden" aus Berlin. In dem Artikel wurden Helldorffs Zahlen zu beschlagnahmten Waffen genannt, ebenso die Ankündigung, daß „alle Juden, die ohne gültige Erlaubnis noch Waffen besäßen, mit härtester Bestrafung zu rechnen hätten". Der Mordanschlag werde als „neue Intrige der jüdischen Weltverschwörung gegen das nationalsozialistische Deutschland" bezeichnet, und die deutsche Presse fordere Vergeltung.[560]

Bezug nehmend auf die Ermordung des deutschen Naziführers Wilhelm Gustloff in der Schweiz durch David Frankfurter im Jahre 1936, stellte die *Börsen Zeitung* fest: „Das internationale Judentum sowie auch ausländische Juden, die in Deutschland leben, werden bald die Konsequenzen spüren, die das Reich aus der Tatsache ableiten wird, daß zum zweiten Mal in drei Jahren ein Jude geschossen hat." Der *Angriff* verlangte, „härteste Maßnahmen gegen Juden" zu ergreifen.[561] Die schweizerische Presse erkannte sehr wohl die Parallelen zu dem Fall Gustloff, den die Nazis benutzt hatten, um alle Juden in ein schlechtes Licht zu setzen.[562]

Goebbels vermerkte über die dramatischen Entwicklungen: „In Kassel und Dessau große Demonstrationen gegen die Juden, Synagogen in Brand gesteckt und Geschäfte demoliert. Nachmittags wird der Tod des deutschen Diplomaten vom Rath gemeldet."[563]

Hitler wurde über Raths Tod am frühen Abend während eines Abendessens im Münchener alten Rathaus informiert. Er drehte sich um und sprach ruhig mit Goebbels. Unter Bezug auf örtliche anti-jüdische Unruhen in der vorangegangenen Nacht erklärte der Führer, daß die Nazipartei derartige Demonstrationen nicht initiieren, aber auch nicht einschreiten werde, um „spontane" Pogrome zu unterbinden. Man hörte Hitler sagen, „der SA sollte erlaubt werden, sich auszutoben." Daraufhin trat Goebbels mit einer Rede auf, in der er mit solcher Heftigkeit nach Rache rief, daß Partei- und Polizeiführer dies als Aufforderung auffaßten, aktiv zu werden.[564] Goebbels hielt die Ereignisse in seinem Tagebuch wie folgt fest:

> „Ich gehe zum Parteiempfang im alten Rathaus. Riesenbetrieb. Ich trage dem Führer die Angelegenheit vor. Er bestimmt: Demonstrationen weiterlaufen lassen. Polizei zurückziehen. Die Juden sollen einmal den Volkszorn zu verspüren bekommen. Das ist richtig. Ich gebe gleich entsprechende Anweisungen an Polizei und Partei. Dann rede ich kurz dementsprechend vor der Parteiführerschaft. Stürmischer Beifall. Alles saust gleich an die Telephone. Nun wird das Volk handeln.
>
> Einige Laumänner machen schlapp. Aber ich reiße immer wieder alles hoch. Diesen feigen Mord dürfen wir nicht unbeantwortet lassen… . Der Stoßtrupp Hitler geht gleich los, um in München aufzuräumen. … Eine Synagoge wird in Klump geschlagen. Ich versuche sie vor dem Brand zu retten. Aber das mißlingt."[565]

Goebbels fuhr durch München und präzisierte seine Anweisungen. Ihm fiel die Ambivalenz seines Begleiters, des langjährigen Nazipolitikers und Bayerischen Ministers für Bildung und Kultur, Adolf Wagner, auf: „Mit Wagner zum Gau. Ich gebe noch ein präzises Rundschreiben heraus, in dem dargelegt wird, was getan werden darf und was nicht. Wagner bekommt kalte Füße und zittert für seine jüdischen Geschäfte. Aber ich lasse mich nicht beirren. Unterdeß verrichtet der Stoßtrupp sein Werk. Und zwar macht er ganze Arbeit. Ich weise Wächter in Berlin an, die Synagoge in der Fasanenstraße zerschlagen zu lassen."[566]

Typisch für Goebbels Anweisungen waren die Befehle, die der Stabsführer der SA-Gruppe Nordsee, Römpagel, von seinem Vorgesetzten erhielt, und die im folgenden Jahr in einem geheimen SS-Bericht genannt wurden: „Sämtliche jüdischen Geschäfte sind sofort von SA-Männer in Uniform zu zerstören"; „Synagogen sind sofort in Brand zu stecken, jüdische Symbole sind sicherzustellen"; „Die Polizei darf nicht eingreifen. Der Führer wünscht, daß die Polizei nicht eingreift." Die folgende Anweisung würde für die erfolgreiche Durchführung der Angriffe und das Erreichen des ultimativen Zieles sorgen: „Alle Juden sind zu entwaffnen. Im Falle von Widerstand sind sie sofort zu erschießen."[567]

Der Befehl vom SA-Führer der SA-Gruppe Nordsee, Böhmcker, aus Hannover besagte auch: „Die Feststellung der jüdischen Geschäfte, Läger und Lagerhäuser hat im Einvernehmen mit den zuständigen Oberbürgermeistern und Bürgermeistern zu erfolgen, gleichfalls das ambulante Gewerbe. Sämtliche Juden sind zu entwaffnen. Bei Widerstand sofort über den Haufen schießen."[568]

Am 9. November, um 23.55 Uhr, versandte SS-Standartenführer Heinrich Müller vom Gestapo-Hauptquartier in Berlin ein eiliges Fernschreiben an alle Staatspolizeistellen im Reich und warnte: „Es werden in kürzester Frist in ganz Deutschland Aktionen gegen Juden, insbesonders gegen deren Synagogen stattfinden." Die Gestapo sollte nicht einschreiten, sondern mit der normalen Polizei dabei kooperieren, Plünderungen und Exzesse zu verhindern.

„Sollten bei den kommenden Aktionen Juden im Besitz von *Waffen* angetroffen werden, so sind die schärfsten Massnahmen durchzuführen. Zu den Gesamtaktionen können herangezogen werden Verfügungstruppen der SS sowie Allgemeine SS. Durch entsprechende Maßnahmen ist die *Führung der Aktionen durch die Stapo* auf jeden Fall sicherzustellen."[569]

Als Beispiel für derartige Mitteilungen mag die Information für den Bürgermeister von Nauen bei Berlin dienen, dem die Gestapo am 10. November gegen 6.00 Uhr morgens telefonisch folgende Anweisung übermittelte:

„Geheim: Als Folge des Attentats in der Deutschen Botschaft in Paris, werden in kürzester Frist für ganz Deutschland Aktionen gegen Juden erwartet. Die Aktionen sind nicht zu stören. Jedoch haben Plünderungen und Diebstähle zu unterbleiben. Werden bei den Aktionen gegen Juden Waffen in deren Besitz angetroffen, so sind die Juden festzunehmen. Ich ersuche die Landräte bzw. die Oberbürgermeister, sofort mit den Kreisleitungen in Verbindung zu treten und eine Besprechung über die Durchführung der Demonstrationen zu vereinbaren. Es sind bei den Demonstrationen nur solche Maßnahmen zulässig, die keine Gefährdung deutschen Lebens oder Eigentums mit sich bringen. Auf keinen Fall darf es zu Brandstiftungen kommen. Geschäfte und Wohnungen von Juden dürfen nur zerstört, nicht geplündert werden. Die Polizei ist anzuweisen, die Durchführung dieser Anordnung zu überwachen und Plünderer festzunehmen. Ausländische Juden dürfen von den Aktionen nicht betroffen werden. In Synagogen und Geschäftsräumen der jüdischen Kulturgemeinden ist das vorhandene Archivmaterial zu beschlagnahmen. Vermögende männliche Juden, nicht zu hohen Alters, sind festzunehmen. Mißhandlungen Festgenommener haben zu unterbleiben. Die Aktion hat sofort zu beginnen. Ich erwarte umgehenden fernmündlichen Bericht."[570]

Am 9. November rief Baron Friedrich Karl Freiherr von Eberstein, Polizeipräsident und SS-Chef in München, gegen 23.30 Uhr den Chef der Sicherheitspolizei, Reinhard Heydrich, an. Von Eberstein berichtete, daß er 22.00 Uhr Hitler zu dessen Hotel begleitet und anschließend zu einer Vereidigung von SS-Rekruten gegangen war. Dort erfuhr er, daß eine Synagoge und ein Schloß in Brand gesteckt worden waren und daß die Löscharbeiten behindert wurden. Daraufhin hatte von Eberstein die SS losgeschickt, um die Ordnung wieder herzustellen, die Löscharbeiten durchzuführen und die Brandstifter zu verhaften. Dann wandt er sich telfonisch an Heydrich und bat um Anweisungen.[571]

Heydrich rief sofort Himmler an, der zunächst mit Hitler Rücksprache nahm. Es war schon 1.20 Uhr, als Heydrich mit offiziellen Anweisungen antwortete, die Müllers Plan und die Befehle der SA zusammenfaßten. Heydrich wies an, „nur gesunde, männliche Juden nicht zu hohen Alters festzunehmen." Ihre schnellste Unterbringung in Konzentrationslagern sei unverzüglich vorzubereiten. „Es ist besonders darauf zu achten, daß die auf Grund dieser Weisung festgenommenen Juden nicht mißhandelt werden."[572]

Goebbels Tagebuchnotizen über das sich entwickelnde Pogrom lassen Hitlers Befehle und die zunehmenden Übergriffe auf Juden deutlich werden:

„S.S. Vereidigung vor der Feldherrnhalle. Um Mitternacht. Sehr feierlich und stimmungsvoll. Der Führer spricht zu den Männern. Zu Herzen gehend.

Ich will ins Hotel, da sehe ich den Himmel blutrot. Die Synagoge brennt. ... Wir lassen nur soweit löschen, als das für die umliegenden Gebäude notwendig ist. Sonst abbrennen lassen. Der Stoßtrupp verrichtet fürchterliche Arbeit. Aus dem ganzen Reich laufen nun die Meldungen ein: 50, dann 7[5] Synagogen brennen. Der Führer hat angeordnet, daß 2[5]-30 000 Juden sofort zu verhaften sind."[573]

Goebbels hörte, wie Fenster zerbrachen, und sah brennende Synagogen, was ihm nur zwei Stunden erholsamen Schlafes übrig ließ. Am nächsten Morgen notierte er: „Morgens früh kommen die ersten Berichte. Es hat furchtbar getobt. So wie das zu erwarten war. Das ganze Volk ist in Aufruhr. Dieser Tote kommt dem Judentum teuer zu stehen. Die lieben Juden werden es sich in Zukunft überlegen, deutsche Diplomaten so einfach niederzuknallen."[574]

Auch die Presse wurde aktiv. Am Morgen des 10. November erschien überall in Deutschland in den Zeitungen folgende Verordnung:

„Waffenbesitz für Juden verboten
München, 10. November

> Der Reichsführer SS und Chef der Deutsche Polizei hat folgende Anordnung erlassen:
> Personen, die nach den Nürnberger Gesetzen als Juden gelten, ist jeglicher Waffen-Besitz verboten. Zuwiderhandelnde werden in Konzentrationslager überführt und auf die Dauer von 20 Jahren in Schutzhaft genommen." [575]

Die Zahl der Juden, die ab jenem Tag wegen Waffenbesitzes und aus anderen Gründen – manchmal nur wegen ihrer jüdischen Herkunft – in Konzentrationslager geworfen wurden, wird wohl nie ans Tageslicht kommen. Etwas viel Schlimmeres lag noch vor den deutschen Juden, aber bis zur „Endlösung" sollte es noch vier Jahre dauern. Es fällt schwer, sich eine Strafe von zwanzig Jahren Haft vorzustellen, für den Besitz einer Waffe, die ein Jude noch am Vortag rechtmäßig besitzen durfte. Ohne den Krieg und den Holocaust wäre ein zur Maximalstrafe verurteilter Jude erst 1958 wieder in Freiheit gekommen.

Verordnungen von Reichsführer Himmler waren als ministeriale Anweisung bindend.[576] Ob Zufall oder nicht, am 10. November entschied das Preußische Oberverwaltungsgericht, daß es keine Entscheidungsbefugnis hinsichtlich der Festlegungen der Gestapo habe.[577] Dies bedeutete, daß Juden, die wegen angeblichem Waffenbesitz oder aus sonstigen Gründen in ein Konzentrationslager kamen, keinerlei Möglichkeit hatten, dies juristisch überprüfen zu lassen.

Unter Bezug auf die unübersichtliche Lage an diesem Morgen schrieb Goebbels in sein Tagebuch: „Ich überlege mit dem Führer unsere nunmehrigen Maßnahmen. Weiterschlagen lassen oder abstoppen?"[578] Noch in München wurde er von Standartenführer Heinrich Müller, der in der vorangegangenen Nacht die Anweisungen aus dem Gestapo-Hauptquartier in Berlin versandt hatte, über die Lage informiert:

> „Müller erstattet Bericht über die Vorgänge in Berlin. Dort ist es ganz toll hergegangen. Brand über Brand. Aber das ist gut so.
> Ich setze eine Verordnung auf Abschluß der Aktionen auf... . Lassen wir das weitergehen, dann besteht die Gefahr, daß der Mob in die Erscheinung tritt. Im ganzen Lande sind die Synagogen abgebrannt. Diesen Toten muß das Judentum teuer bezahlen.
> In der Osteria [ein Restaurant] erstatte ich dem Führer Bericht. Er ist mit allem einverstanden. Seine Ansichten sind ganz radikal und aggressiv. Die Aktion selbst ist tadellos verlaufen. 17 Tote. Aber kein deutsches Eigentum beschädigt.
> Mit kleinen Änderungen billigt der Führer meinen Erlaß betr. Abbruch der Aktionen. Ich gebe ihn gleich durch Presse und Rundfunk heraus. Der Führer will zu sehr scharfen Maßnahmen

gegen die Juden schreiten. Sie müssen ihre Geschäfte selbst wieder in Ordnung bringen. Die Versicherungen zahlen ihnen nichts. Dann will der Führer die jüdischen Geschäfte allmählich enteignen und den Inhabern dafür Papiere geben, die wir jederzeit entwerten können. Im Übrigen hilft sich das Land da schon durch eigene Aktionen. Ich gebe entsprechende Geheimerlasse heraus. Wir warten nun die Auswirkungen im Ausland ab. Vorläufig schweigt man dort noch. Aber der Lärm wird ja kommen."[579]

So war es dann auch. Die schweizerische *Neue Zürcher Zeitung* berichtete unter der Schlagzeile „Zahlreiche Verhaftungen?" aus Berlin:

„Seit gestern nacht werden in Berlin und auch in anderen deutschen Städten Verhaftungen von Juden durch die Gestapo vorgenommen. Es handelt sich meist um angesehene Persönlichkeiten der Judenschaft. Der Reichspropagandaminister [Goebbels] stellte in seinem Presseempfang die Verhaftungen in Abrede; auf eine spätere Anfrage wurde jedoch mitgeteilt, es handle sich bei den Verhaftungen um Maßnahmen im Zusammenhang mit dem Erlaß Himmlers, daß Juden keine Waffen besitzen dürfen. Es wird erklärt, die Juden hätten Waffen zurückgehalten, obwohl ihnen durch den letzten Erlaß der Chefs der deutschen Polizei eine Strafe von zwanzig Jahren Schutzhaft angedroht wird."[580]

Zu den anderen ausländischen Reaktionen gehörte ein Telegramm, das der amerikanische Botschafter Hugh Wilson am 10. November, 14.00 Uhr, von Berlin an den US-Außenminister, Cordell Hull, schickte: „Heute wurden in den frühen Morgenstunden im ganzen Reich systematisch die Fenster von jüdischen Geschäften eingeschlagen und die wichtigsten Synagogen in Berlin in Brand gesteckt. Beobachter konnten bei diesen Aktionen keine Uniformen von Naziorganisationen unter den Tätern feststellen. Allerdings ist es nicht vorstellbar, daß diese vortreffliche Polizeitruppe derartige Verstöße gegen die Ordnung toleriert haben würde, wenn nicht generell Anweisungen in diesem Sinne erteilt worden wären." Botschafter Wilson zitierte aus einem Artikel in der halboffiziellen deutschen Presse: „‚Als die Nachricht vom Tod des deutschen Diplomaten und Parteimitglieds Von Rath [sic] durch die Hand eines jüdischen Mörders bekannt wurde, kam es im ganzen Reich zu spontanen anti-jüdischen Demonstrationen.'" Er fuhr fort: „Der Kommentar der Redaktion folgt der gleichen Richtung, die ich in meinen diesbezüglichen Telegrammen beschrieben habe, was eine Fortsetzung der anti-jüdischen Maßnahmen anzudeuten scheint. Zudem wird ein Befehl Himmlers veröffentlicht, der es Juden verbietet, Waffen zu besitzen.

Dies gibt Anlaß zu beträchtlicher Sorge im Zusammenhang mit der Überführung von Von Raths Leichnam nach Deutschland."[581]

Wenige Tage später würde Präsident Roosevelt als Protest gegen das Pogrom Botschafter Wilson aus Deutschland abberufen.

Deutsche Zeitungen blieben hinsichtlich der Ereignisse recht zurückhaltend, obgleich einige versuchten, die Durchsuchungen nach Waffen zu rechtfertigen. Das *Hamburger Tagblatt* schrieb: „In der Erinnerung an die Bekanntgabe über die großen, in jüdischen Händen gefundenen Waffenmengen und auf das Gerücht hin, daß in den Synagogen weitere Waffen versteckt sein sollten, wurden von den Kundgebungsteilnehmern einige Synagogen geöffnet."[582]

Die internationale Presse hingegen berichtete über die erschreckenden Details. Die Schlagzeile in der *New York Times* sagte schon alles: „Nazis schlagen alles zusammen, plündern und brennen jüdische Geschäfte und Tempel nieder – bis Goebbels Halt gebietet."[583] Und weiter hieß es: „In Berlin und in ganz Deutschland wurden Tausende von jüdischen Männern, hauptsächlich führende Persönlichkeiten, aus ihren Häusern geholt und verhaftet." Unter der Überschrift „Waffenbesitz verboten" berichtete die *Times* über das Waffenverbot: „Einer der ersten rechtlichen Schritte war ein Befehl Heinrich Himmlers, Kommandeur der gesamten deutschen Polizei, der Juden jeglichen Waffenbesitz verbot und eine Haftstrafe von zwanzig Jahren in einem Konzentrationslager für jeden Juden festlegte, bei dem künftig Waffen gefunden würden."[584]

Die Zerstörungen wurden durch *Rollkommandos* angerichtet, die unter dem Schutz uniformierter Nazis oder der Polizei agierten. Die Bevölkerung jedoch beteiligte sich im allgemeinen nicht daran; die meisten Menschen schienen von den Übergriffen ernsthaft beunruhigt zu sein. Einige halfen Juden, damit ihre Geschäfte unbehelligt blieben, aber Bürger, die gegen die Angriffe auf Juden protestierten, wurden von den *Rollkommandos* bedroht und zum Schweigen gebracht.[585]

Mit dem Hinweis darauf, daß sich die Bevölkerung im Großen und Ganzen nicht beteiligte und das Pogrom mit Abscheu verfolgte, vertrat der Anti-Hitler-Verschwörer Hans Gisevius später die Auffassung, daß dies den Menschen auch zeigte, was mit ihnen selbst geschehen könnte, wenn sie widersprachen oder sich widersetzten. Über den moralischen Schlag gegen die deutschen Juden hinaus, „starrte die eingeschüchterte Mittelschicht auf das Nazimonster wie ein Kaninchen auf die Schlange. Eine allgemeine Psychose war geschaffen worden, unter der die Bevölkerung zu absoluter Unterwerfung gezwungen wurde; und diese Wirkung war den Nazis wichtig. Diese Schicht war zum Untergang verdammt, aber sie war momentan nützlich und würde gezwungen werden, zu Diensten zu sein."[586]

Das anti-jüdische Pogrom reichte bis nach Österreich, das von Deutschland in jenem Jahr annektiert worden war. Es gab Brandanschläge auf jüdische Gotteshäuser, und die Nazis attackierten jüdische Geschäfte. Die *New York Times* berichtete: „Die Wohnungen tausender Juden wurden nach Waffen, Unterlagen und Geld durchsucht. Die Polizei behauptet, daß man große Mengen davon gefunden habe."[587]

Etwa 20.000 Juden wurden am 9. und 10. November in Deutschland und Österreich festgenommen. Zwei Juden wurden bei den Unruhen erschossen, einer in Polzin, Pommern, und einer in Bonndorf, wo es zu Zusammenstößen zwischen den Nazis und Teilnehmern eines jüdischen Übungslagers kam. Die halboffizielle Zeitschrift *Neuigkeitsweltblatt*, Organ des österreichischen Nazikommissars Joseph Buerckel, behauptete, daß bei Durchsuchungen in vielen jüdischen Wohnungen „Waffen, kommunistisches Propagandamaterial und illegal besessenes ausländisches Geld gefunden wurde." Heinrich Himmler habe eine Anordnung herausgegeben, die es „Juden verbietet, Waffen zu besitzen".[588]

Am 11. November veröffentlichte Innenminister Frick seine Verordnung gegen den Waffenbesitz der Juden.[589] Die Präambel erläuterte, daß die Verordnung gemäß Paragraph 31 des Waffengesetzes von 1938 herausgegeben werde, welcher wiederum den Innenminister dazu ermächtigte, die notwendigen rechtlichen und administrativen Vorschriften für die Umsetzung und den Vollzug des Gesetzes zu erlassen. Die neuen Vorschriften legten fest: „Juden (§ 5 der Ersten Verordnung zum Reichsbürgergesetz vom 14. November 1935, …)

ist der Erwerb, der Besitz und das Führen von Schußwaffen und Munition sowie von Hieb- oder Stoßwaffen verboten. Sie haben die in ihrem Besitz befindlichen Waffen und Munition unverzüglich der Ortspolizeibehörde abzuliefern.[590] Für Juden fremder Staatsangehörigkeit konnte der Innenminister, oder eine von ihm bevollmächtigte Stelle, Ausnahmen zulassen.[591]

Bezüglich der beschlagnahmten Waffen wurde festgelegt: „Waffen und Munition, die sich im Besitz eines Juden befinden, sind dem Reich entschädigungslos verfallen."[592] Als Strafe wurde angedroht: „Wer den Vorschriften des § 1 vorsätzlich oder fahrlässig zuwiderhandelt, wird mit Gefängnis und mit Geldstrafe bestraft. In besonders schweren Fällen vorsätzlicher Zuwiderhandlung ist die Strafe Zuchthaus bis zu fünf Jahren."[593] Die Verordnung galt in Deutschland, Österreich und in den sudetendeutschen Gebieten.[594]

Etwa 550.000 Juden lebten in diesen Gebieten; davon wurden während des Pogroms rund 30.000 Männer im Alter zwischen sechzehn und sechzig Jahren festgenommen.[595] Es waren so viele Festnahmen, daß am 12. November Buchenwald voll belegt war und eine Nachricht an alle Gestapostellen geschickt werden mußte, daß keine weiteren Gefangenentransporte mehr geschickt werden sollten; abgesehen von denjenigen, die schon unterwegs waren.[596]

Doch warum verkündete Frick ein Verbot des Schußwaffenbesitzes für Juden, das fünf Jahre Gefängnishaft androhte, wenn Himmler am Vortag für das gleiche Vergehen zwanzig Jahre im Konzentrationslager angekündigt hatte? Zwischen Frick und Himmler gab es eine lange Vorgeschichte gegeneinander geführter Intrigen und Machtkämpfe, und Himmler

hatte die Autorität der Gestapo und der SS unantastbar gemacht.[597] Ein Jude, der gemäß Fricks Verordnung festgenommen wurde, hatte das Recht auf eine Gerichtsverhandlung, wenn auch vor einem Nazigericht; ein Jude in Gestapo-Haft hingegen hatte keinen Anspruch auf eine juristische Überprüfung.

„Waffenbesitz für Juden jetzt durch Reichsgesetz verboten", verkündete die Hauptschlagzeile des *Völkischen Beobachters* am 12. November. Dazu gab es drei Zusatz-Schlagzeilen: „Gefängnis und Zuchthaus neben Schutzhaft", „Die erste Antwort auf die Herausforderung durch das Weltjudentum" und „Weitere Maßnahmen bevorstehend". Unter Bezug auf Himmlers frühere Weisung und Fricks neue Verordnung hieß es in dem Artikel: „Nachdem der Reichsführer SS und Chef der Deutschen Polizei im Reichsministerium des Innern dem jüdischen Waffenbesitz schon durch sofortige polizeiliche Anordnung schlagartig ein Ende gesetzt hatte, ist nunmehr das gesetzliche Verbot auf dem Fuße gefolgt. Der Reichsminister des Innern hat noch gestern die nachfolgende Verordnung gegen den Waffenbesitz der Juden erlassen, die schon heute im Reichsgesetzblatt veröffentlicht wird." Nach dem Text der Verordnung wurde angemerkt: „Reichsminister Dr. Goebbels hatte, wie wir bereits mitteilten, bekanntgegeben, daß die endgültige Antwort auf das jüdische Attentat in Paris dem Judentum auf dem Verordnungswege erteilt werden würde. Auf die erste dieser Antworten hat es nicht lange warten müssen!"[598]

Daneben erschien im *Völkischen Beobachter* der Artikel „Der Fall Grünspan, von Reichsminister Dr. Goebbels". Darin wurden Fragen aufgeworfen: „Wo war Grünspan [sic] in den letzten drei Monaten? ... Wer hat ihn im Pistolenschießen unterrichtet?" Ihm müsse bei seinem mörderischen Vorhaben von einer „jüdischen Organisation" Vorschub geleistet worden sein. Die „Parallele zum Fall Gustloff" liege auf der Hand; auch dort habe der Angreifer, Frankfurter, nicht allein gehandelt, sondern als Teil einer Verschwörung gegen das nationalsozialistische Deutschland, die von der „jüdischen Weltpresse sanktioniert" worden sei. Beide Anschläge seien von Personen hinter den Kulissen, wie den Juden Georg Bernhard und Emil Ludwig Cohn, angeregt worden.[599] Letztere waren ins Exil gegangene Deutsche, die dem Nationalsozialismus kritisch gegenüberstanden. Emil Ludwig – Goebbels bestand darauf, seinem Namen „Cohn" hinzuzufügen – war der Autor des 1936 erschienen Buches *Der Mord in Davos*, in dem die Ermordung von Wilhelm Gustloff durch Frankfurter in der Schweiz als verständliche Trotzreaktion dargestellt wurde.[600]

Die Morde an Gustloff und vom Rath, fuhr Goebbels fort, seien Teil des Krieges des Weltjudentums gegen Deutschland, das nun zurückschlagen würde – wie das Volk in der Nacht vom 9. zum 10. November spontan bewiesen habe. Die

Weltpresse, insbesondere die „jüdische Presse in Nordamerika", verunglimpfe die Aktion des Volkes als die eines „Nazi-Mobs". Goebbels schloß: „Der Jude Grünspan [sic] war Vertreter des Judentums. Der Deutsche vom Rath war Vertreter des deutschen Volkes. Das Judentum hat also in Paris auf das deutsche Volk geschossen. Die deutsche Regierung wird darauf legal, aber hart antworten."

Wolfgang Diewerge zitiert diese Worte in seinem Buch *Anschlag gegen den Frieden: Ein Gelbbuch über Grünspan und seine Helfershelfer* von 1939. Diewerge hatte bereits zwei Bücher über die Ermordung Gustloffs durch Frankfurter in der Schweiz geschrieben. Nach dem Zitat erläuterte er: „Die von Reichsminister Dr. Goebbels in dem Artikel ebenfalls erwähnten Gesetze und Verordnungen brachten die Folgerungen aus dem Attentat. Am 10. November 1938 wurde zunächst durch Anordnung des Reichsführers SS und Chefs der Deutschen Polizei im Reichsministerium des Innern Personen, die nach den Nürnberger Gesetzen als Juden gelten, jeglicher Waffenbesitz verboten."[601] Eine Aufzählung weiterer Maßnahmen folgte.

Der *Völkische Beobachter* veröffentlichte am 13. November unter der Überschrift „Erläuterungen zu der Verordnung gegen den Waffenbesitz" einen längeren offiziellen Kommentar zu dem neuen Verbot des Schußwaffenbesitzes für Juden und dessen Grundlage im Waffengesetz von 1938. Der Autor des Artikels war ein Regierungsrat Dr. Ehaus. Der vollständige Text lautete:

„Der vorläufigen polizeilichen Anordnung des Reichsführers SS und Chefs der Deutschen Polizei im Reichsministerium der Innern, die unmittelbar nach dem tödlichen Ausgang des Attentats von Paris, Personen, die nach den Nürnberger Gesetzen als Juden gelten, jeglichen Waffenbesitz verboten hatte, ist binnen kürzester Frist eine Verordnung gefolgt, die das Waffenbesitzverbot für Juden abschließend regelt. Damit die Beteiligten die Tragweite der gesetzlichen Regelung erkennen, ist es notwendig, die wenigen Paragraphen der Verordnung vom 11. November 1938 näher zu erläutern.

Vorweg sei bemerkt, daß die vorbeugend-polizeiliche Tätigkeit der Sicherheitspolizei durch die gesetzliche Regelung des Waffenbesitzverbotes für Juden nicht eingeschränkt worden ist. Die vom Reichsführer SS und Chef der Deutschen Polizei im Reichsministerium des Innern angedrohten sicherheitspolizeilichen Maßnahmen behalten ihre Gültigkeit. § 1 verbietet allen Juden den Erwerb, den Besitz und das Führen von Schußwaffen und Munition, sowie von Hieb- oder Stoßwaffen. In einer Klammer wird der § 5 der Ersten Verordung zum Reichsbürgergesetz vom 14. November

1935 erwähnt. Damit soll nur angedeutet werden, daß an die Frage, wer Jude ist, der Maßstab der Nürnberger Gesetze anzulegen ist. Selbstverständlich werden nicht nur reichsdeutsche, sondern auch alle ausländischen Juden (Juden fremder Staatsangehörigkeit und staatenlose Juden) von der Verordnung betroffen.

Die neue Verordnung nimmt auf § 31 des Waffengesetzes vom 18. März 1938 Bezug. Hieraus folgert, daß für die Begriffsbestimmung von Schußwaffen, Munition, Hieb- oder Stoßwaffen die Definition des § 1 des Waffengesetzes gilt. Danach sind Schußwaffen Waffen, bei denen ein fester Körper durch Gas- oder Luftdruck durch einen Lauf getrieben werden kann; Hieb- oder Stoßwaffen Waffen, die ihrer Natur nach dazu bestimmt sind, durch Hieb, Stoß oder Stich Verletzungen beizubringen.

Bemerkenswert ist also, daß Vorderladerwaffen, Gewehrmodelle alter Konstruktionsjahre, Schreckschußwaffen, Gas-, Betäubungs- und Scheintodwaffen, Zimmerstutzen, Flobert-Gewehre, Kleinkalibergewehre, Kleinkalibersportbüchsen und Selbstschußapparate unter den Begriff Schußwaffen fallen. Als Munition ist nicht nur fertige Munition für Schußwaffen, sondern auch Schießpulver jeder Art zu verstehen. Um eine Umgehung des Waffengesetzes zu verhüten, werden fertige oder vorbearbeitete wesentliche Teile von Schußwaffen und Munition, fertigen Schußwaffen oder fertiger Munition gleichgestellt (§ 1, Abs. 3 des Waffengesetzes).

Was unter Hieb- oder Stoßwaffen zu verstehen ist, wurde bereits erwähnt. Obwohl die gesetzlichen Bestimmungen sich deutlich genug aussprechen, seien einzelne solcher Waffen nochmals besonders aufgeführt: Dolche und Stilette; Degen, Säbel, Seitengewehre, Florette und studentische Schläger; Stockdegen und Verteidigungsstöcke (Stöcke mit Metallspiralen, Drahtseil oder Gummiknüppel); Totschläger, Stahlruten und Ochsenziemer; Schlagringe, Schlageisen und Raufringe; Waffenringe, Hirschfänger und Jagdnicker. Ob zusammenklappbare, aber feststellbare oder feststehende, nicht zusammenklappbare Messer als Waffen anzusehen sind, wird im Einzelfall verschieden sein. Das Griffmesser wird die Eigenschaft einer Waffe dann haben, wenn aus seiner Größe und sachlichen Beschaffenheit hervorgeht, daß es die Zweckbestimmung eines Dolches haben soll.

Das Judentum sei davor gewarnt, der neuen Verordnung und dem schon bestehenden Waffengesetz eine enge Auslegung zu geben. Es müßte sonst die schweren Strafen des § 4 und gegebenenfalls noch Schutzhaft zu gewärtigen haben. Bei der Erfüllung des durch § 1 der neuen Verordnung ausgesprochenen Gebotes, alle Waffen und Munition unverzüglich der Ortspolizeibehörde abzuliefern, werden die Juden darauf Bedacht nehmen müssen, daß nicht irgendwelche Waffen bei ihnen zurückbleiben.

Auf eines ist noch besonders hinzuweisen: Jeder Jude, der nach dem Inkrafttreten der Verordnung gegen den Waffenbesitz der Juden eine Waffe vernichtet, verschenkt oder sonst irgendwie veräußert, verstößt damit gegen § 1 Satz 2 und § 4 der Verordnung. Er hätte die Waffe unverzüglich ablefern müssen. Im Übrigen stand ihm ein Verfügungsrecht nicht mehr zu, weil Waffen und Munition, die sich im Besitz eines Juden befinden, gemäß § 2 dem Reiche e n t s c h ä d i g u n g s l o s verfallen. Mit dem Inkrafttreten der Verordnung sind damit alle im Besitz von Juden befindlichen Waffen in das Eigentum des Deutschen Reiches übergegangen.

§ 3 aaO. läßt für Juden fremder Staatsangehörigkeit Ausnahmen zu. Auch diese Juden haben selbstverständlich der Ablieferungspflicht unverzüglich zu genügen. Auch ihre Waffen sind dem Reiche verfallen. Sollte ihrem Antrag auf Ausnahme von dem Verbot entsprochen werden, wird ihnen das verlorengegangene Eigentum zurückübertragen werden.

Das Strafmaß der Verordnung gegen den Waffenbesitz der Juden geht über das Strafmaß des Waffengesetzes hinaus. An der Entwaffnung des gesamten sich in den Reichsgrenzen befindlichen Judentums hat die deutsche Volksgemeinschaft – wie das Attentat von Paris zeigt – ein erhöhtes Interesse. Durch die Verhängung hoher Gefängnis- und Zuchthausstrafen wird der Staat jedem Juden die Lust daran nehmen, seine Gesetze, die er zum Schutz des deutschen Volkes erläßt, zu mißachten. Wo selbst solche Strafen nutzlos sind, werden die Behörden der Sicherheitspolizei dafür sorgen, daß der Autorität des Reiches restlos genügt wird.

Besonders erfreulich ist, daß heute, da sich das Jahr 1938 zum Ende neigt, das Waffenbesitzverbot für Juden auch auf die O s t m a r k und die s u d e t e n d e u t s c h e n Gebiete ausgedehnt werden konnte. Der Schutz, den wir den deutschen Brüdern der wiedergewonnenen Gebiete angedeihen lassen können, wird durch § 6 der Verordnung vom 11. November 1938 besonders sinnfällig."

Daß man die Juden verteidigungsunfähig machte, begünstigte die weitere Enteignung ihres Besitzes. Nachdem sie das Pogrom inszeniert und gesteuert hatte, setzte die Naziführung nun Hitlers Entscheidung um, die Juden für die Zerstörung bezahlen zu lassen. In seinem Tagebuch vermerkte Goebbels am 12. November:

„Die Juden haben sich bereiterklärt, für die Schäden der Tumulte aufzukommen. Das macht in Berlin allein 5 Millionen Mk....
Die Lage im Reich hat sich allgemein beruhigt..... Mein Aufruf hat Wunder getan. Die Juden können mir obendrein noch dankbar sein."[603]

Am selben Tag erstatteten wichtige Akteure bei einer ministerialen Besprechung Bericht. „Der Tote kommt den Juden teuer zu stehen", kommentierte Goebbels und merkte an, daß es hitzige Diskussionen über die Lösung gab.[604] Heydrich als Chef der Sicherheitspolizei faßte die von der Stapo erhaltenen Berichte folgendermaßen zusammen:

„Der Umfang der Zerstörungen jüdischer Geschäfte und Wohnungen läßt sich bisher ziffernmäßig noch nicht belegen. Die in den Berichten aufgeführten Ziffern: 815 zerstörte Geschäfte, 29 in Brand gesteckte oder sonst zerstörte Warenhäuser, 171 in Brand gesetzte oder zerstörte Wohnhäuser, geben, soweit es sich nicht um Brandlegungen handelt, nur einen Teil der wirklich vorliegenden Zerstörungen wieder. Wegen der Dringlichkeit der Berichterstattung mußten sich die bisher eingegangenen Meldungen lediglich auf allgemeinere Angaben, wie „zahlreiche" oder „die meisten Geschäfte zerstört", beschränken. Die angegebenen Ziffern dürften daher um ein Vielfaches überstiegen werden. An Synagogen wurden 191 in Brand gesteckt, weitere 76 vollständig demoliert. Ferner wurden 11 Gemeindehäuser, Friedhofskapellen und dergleichen in Brand gesetzt und weitere 3 völlig zerstört. Festgenommen wurden rund 20.000 Juden .... An Todesfällen wurden 36, an Schwerverletzten ebenfalls 36 gemeldet. Die Getöteten, bezw. Verletzten sind Juden. Ein Jude wird noch vermißt."[605]

Die Verordnung über eine Sühneleistung der Juden deutscher Staatsangehörigkeit belegte die Juden mit einer Zahlung von einer Milliarde Reichsmark an das Deutsche Reich als Wiedergutmachung für die von den Nazis verursachten Zerstörungen.[606] Angeordnet von Generalfeldmarschall Göring in seiner Eigenschaft als Beauftragter für den Vierjahresplan, war diese Zahlung durchsetzbar, weil sechs Monate zuvor ein Verzeichnis allen jüdischen Besitzes erstellt worden war. Die Juden wurden angewiesen, alle Schäden, die an Geschäften und Wohnungen entstanden waren, instandzusetzen, und das Reich beschlagnahmte jüdische Versicherungsansprüche.[607]

Zu allen anderen Belastungen, und in Übereinstimmung mit dem Verbot jeglicher Art von Waffenbesitz für Juden, wurde es in der laufenden Jagdsaison für Juden wieder illegal, einen

Vogel oder ein Stück Rotwild zu schießen: „Alle in jüdischen Händen befindlichen Jagdscheine sind auf Weisung von Generalfeldmarschall Göring als amtierendem Reichsjägermeister für ungültig erklärt worden."[608] An Juden ausgegebene Jagdscheine waren bereits 1937 eingezogen worden – die neue Maßnahme diente nur Propagandazwecken.[609]

Auch wenn in Deutschland die „Ordnung" wieder hergestellt war, so berichtete doch die schweizerische *Neue Zürcher Zeitung*, daß sich die Welle der Judenverfolgungen bis nach Gdansk ausgebreitet hatte, wo es zu Übergriffen auf Geschäfte und Durchsuchungen nach Waffen kam. Der Gauleiter erklärte, man beabsichtige, alle Juden zu vertreiben.[610]

„Wir planen noch ein Reihe neuer Maßnahmen gegen die Juden", schrieb Goebbels am 22. November in sein Tagebuch und fügte hinzu: „In Berlin tun wir mehr als im übrigen Reich. Das ist auch nötig, weil hier so viele Juden sitzen."[611] Die Durchsetzung des Schußwaffenverbots gegen Juden dürfte weitergegangen sein, um zu vermeiden, daß die Drohung der SS-Zeitung *Das Schwarze Korps* umgesetzt werden müßte: „An dem Tag, an dem eine jüdische Waffe oder eine mit jüdischem Geld gekaufte Waffe gegen einen der deutschen Führer erhoben wird, an dem Tag wird es keine lebenden Juden mehr in Deutschland geben."[612]

Mit der Propagandabehauptung, daß jeder Jude, der eine Schußwaffe habe, eine Gefahr für den Staat darstelle, zeigte die fanatisch anti-semitische Zeitschrift *Der Stürmer* eine Karikatur eines bedrohlich wirkenden, mit einer Faustfeuerwaffe herumfuchtelnden Juden, der gerade einen guten Deutschen, vermutlich Rath, erschossen hatte.[613] Sie war mit „Mordjude" untertitelt, und im Hintergrund waren das Wort *Talmud* und ein Davidstern zu sehen. Anstelle des Teenagers mit jugendlichem, verängstigtem Blick, der in Wirklichkeit die Tat begangen hatte, zeigte die Karikatur einen hartgesottenen Meuchelmörder mit einem falsch gezeichneten Revolver.

Polizeiberichte mit Listen über bei Juden beschlagnahmte Waffen sind schwierig zu finden. Viele der Aufzeichnungen mögen im Krieg zerstört worden sein, entweder durch die Nazis selbst oder bei den Bombardements der Alliierten. Routinemäßige Berichte der Polizei erwähnen beschlagnahmte Waffen zusammen mit anderen Vorfällen. So hieß es beispielsweise in einem Bericht vom 29. November 1938 an den Chef der Leipziger Stadtpolizei: „Auf Grund der Verordnung über Abgabe der Waffen, die sich im Besitz von Juden befinden, gaben

3 Juden Hieb- und Stoßwaffen und ein Jude Jagdwaffen ab. Zwei Seitengewehre und eine 8,5 cm Granate wurden als gefunden abgegeben."[614]

Gemäß des Waffenverbots für Juden beschlagnahmte die Polizei folgende Dinge bei dem Anwalt Paul Kahn: ein Offiziersbajonett, eine Polizeipistole (Luger), einen Revolver und zwei Dolche, alles zusammen mit einem geschätzten Wert von 200 Reichsmark. Im Jahre 1958, nunmehr wohnhaft in Dallas, Texas, reichte Kahn diese Angaben zusammen mit Ansprüchen nach dem Bundesrückerstattungsgesetz ein, bei denen es um mehrere tausend Reichsmark für verschiedene beschlagnahmte Besitztümer ging.[615] Das Landgericht urteilte, daß Kahn nicht nachweisen könne, daß er seine Waffen abgegeben habe.

Die Polizei mußte alle Waffen, die Juden abgenommen wurden, listenmäßig erfassen und die beschlagnahmten Waffen mitsamt der Listen der Gestapo zu übergeben. Am 19. Dezember versandte die Gestapo-Leitstelle in München ein Memorandum an die Polizei, die Kommissare und die Bürgermeister, in dem es um die Verordnung ging, daß Juden alle Waffen abzugeben hatten. Darin wurde auch erläutert, wie die Verordnung umzusetzen sei:

„Alle im Besitze der Juden befindlichen Waffen aller Art sind entschädigungslos dem Reiche verfallen und abzuliefern.

In Betracht kommen alle Schußwaffen einschließlich Schreckschußpistolen und sämtliche Hieb- und Stichwaffen bis zum feststehenden Messer, sofern dasselbe dolchartig ist.

Gesuchen um Wiederaushändigung von Waffen an auswandernde Juden ist nicht stattzugeben.

Über sämtliche aus jüdischem Besitz stammenden Waffen ist eine Aufstellung zu fertigen und bis zum 5.1.1939 anherzusenden. Die Waffen sind gut verpackt und bei geringer Anzahl, als Postpaket, bei größerer Anzahl als Frachtgut, anherzusenden.

Wegen Berichterstattung an das Geheime Staatspolizeiamt Berlin, ist der Termin unbedingt einzuhalten, Fehlanzeigen sind erlassen."[616]

Inzwischen liefen an den Gerichten Verfahren gegen Juden, die Schußwaffen besessen hatten. Rechtliche Formen wurden auch in der Nazizeit beachtet, es sei denn, eine Person wurde von der Gestapo festgenommen, die ihre Fälle nicht an die Gerichte weitergab. Somit konnten Juden, denen Schußwaffen abgenommen worden waren, unter Himmlers Verordnung ohne juristische Nachprüfung in Konzentrationslagern festgehalten werden, während die Strafverfolgung unter Fricks ergänzender Verordnung vor Gericht erfolgte.

Aber was war mit der Aktion zur Beschlagnahme der Schußwaffen von Juden im Oktober, die nach der Weimarer Verordnung von 1931 erfolgte, die es zur Straftat erklärte, Waffen nicht abzugeben, wenn die Polizei dies verlangte? Der Polizeipräsident von Berlin hatte die Juden zur Abgabe aller Schußwaffen angewiesen, bevor Mitte November die Verordnungen von Himmler und Frick in Kraft traten, die damit nicht auf vorherige Beschlagnahmungen anwendbar waren (sofern nicht diese Verordnungen rückwirkend angewendet würden).

In einem Memorandum mit der Überschrift „Strafmaß bei Bestrafung von Juden" erstattete der Berliner Amtsgerichtspräsident Dr. Block am 16. Dezember dem Kammergerichtspräsidenten Bericht über das Verfahren gegen einen Dr. Sohn, einen Weltkriegsveteranen. Darin hieß es: „Auch mit dieser Sache ist das Amtsgericht nicht befaßt gewesen. Es handelte sich um ein Verfahren wegen verbotenen Waffenbesitzes. Der Beschuldigte hatte im Oktober 1938 der Polizei einen Armeerevolver übergeben und im einzelnen dargelegt, daß er von dem Vorhandensein dieser Waffe, die aus der Zeit seines Kriegsdienstes herrührte, keine Kenntnis gehabt habe. Er habe den Revolver bei der Durchsuchung eines Speichers überraschend gefunden. Die Amtsanwaltschaft hat das Verfahren am 8. Dezember 1938 eingestellt. Der Polizeipräsident hatte widersprochen." [617]

Obwohl keine weiteren Angaben zu diesem Fall gefunden wurden, so deutet das Verfahren doch darauf hin, daß sich wegen der Einziehung von Schußwaffen im Oktober deren jüdische Eigentümer in einigen Fällen vor Gericht verantworten mußten. Diese Personen konnten sich glücklich schätzen, entgingen sie doch dem Schicksal anderer, die in Konzentrationslager geworfen wurden und denen man eine juristische Behandlung versagte.

Für letztere sah die Vorgehensweise der Nazis vor, die Wohlhabenden unter ihnen zu zwingen, sich freikaufen und danach aus Deutschland zu emigrieren.

Am 15. Dezember erteilte Himmler der deutschen Polizei Anweisungen zum Umgang mit Zigeunern, nach den Nürnberger Gesetzen neben den Juden die einzige Rasse in Europa, deren Blut nicht „natürlich verwandt" mit deutschem Blut war. Hitler ordnete an, daß sich Zigeuner rassischen und biologischen Untersuchungen zu unterziehen hatten und „auf gar keinen Fall Schußwaffenerlaubnisse erhalten durften."[618]

Die Reichskristallnacht war vor allem von Hitler und Goebbels initiiert worden und wurde von anderen Naziführern wie Himmler und Göring für ihre eigenen Zwecke benutzt. Anderen Funktionären jedoch war das Pogrom verwerflich. Wie die Ereignisse vom Oktober 1938 zeigen, hatte der Berliner Polizeipräsident Helldorff kein Problem damit, rechtliche Mittel zur Entwaffnung der Juden zu anzuwenden, aber derartige Ausschreitungen außerhalb aller polizeilicher Kontrolle konnte er einfach nicht gutheißen. Nach den Worten des Anti-Nazi-Verschwörers Hans Gisevius reagierte Helldorff voller Wut, als er von München nach Berlin zurückkam: „ Sofort nach seiner Rückkehr berief er eine Konferenz aller Polizeioffiziere ein und beschimpfte sie ob ihrer Passivität – auch wenn sie nach Befehlen gehandelt hatten. Zur Bestürzung aller Nazis verkündete er, wäre er da gewesen, so hätte er seiner Polizei befohlen, auf die Randalierer und Plünderer zu schießen. Das war eine bemerkenswerte Äußerung für einen Polizeipräsidenten und hochrangigen SA-Führer. Gerade wegen Helldorffs Posten war es besonders gefährlich für ihn, die offizielle Parteilinie zu verurteilen."[619]

Sechs Jahre später gehörte Helldorff der Verschwörung zur Ermordung Hitlers an, die in dem mißlungenen Bombenanschlag vom 20. Juli 1944 gipfelte. Er wurde von der Gestapo verhaftet und gefoltert; zusammen mit anderen Verschwörern wurde ihm am Volksgerichtshof von Richter Roland Freisler der Prozeß gemacht, und er wurde im Gefängnis in Plötzensee mit

dem Strang hingerichtet.[620] Man kann nur darüber spekulieren, welche Gedanken ihm damals durch den Kopf gingen, und ob er nun seine Aktionen gegen die Juden bedauerte.

Eine weitere negative Reaktion, wenn auch in abgeschwächter Form, kam von den Streitkräften, vom Chef des Oberkommandos der Wehrmacht, Wilhelm Keitel. Dabei ging es um die Einziehung der Blankwaffen jüdischer Veteranen, die im Ersten Weltkrieg und danach Militärdienst geleistet hatten. Ein dringendes Telex an alle Polizeidienststellen wies darauf hin, daß das Reichsgesetz, das Juden den Waffenbesitz untersagte, auch Seitenwaffen wie Bajonette und Degen einschloß. Ehemalige jüdische Soldaten hatten bei ihrem Abschied aus den Streitkräften die Erlaubnis erhalten, ihre Uniform und Seitenwaffen zu tragen. Dies war ein Vorrecht des Oberkommandos der Wehrmacht, das die notwendigen Schritte unternehmen würde. „Die Polizei ist daher unterrichtet worden, daß sie von Maßnahmen gegen die nach Ziff. 2 betroffenen Personen absieht."[621]

Insgesamt betrachtet, entwaffnete die Naziregierung 1938 über einen Zeitraum von mehreren Wochen, hauptsächlich im Oktober und November, die jüdische Bevölkerung in Deutschland. Dieser Vorgang erfolgte sowohl unter Anwendung einer Kombination rechtlicher Maßnahmen, die auf die Weimarer Republik zurückgingen, als auch mittels blanker, gesetzloser Gewalt. Schüsselelemente waren das Vorhandensein von Erlaubnis- und Anmeldeunterlagen sowie die uneingeschränkte Fähigkeit, Durchsuchungen und Beschlagnahmungen vorzunehmen. Nun konnte sich die Naziführung ganz entspannt der „Judenfrage" widmen, ohne bewaffneten Widerstand der Opfer befürchten zu müssen.

Die Versuchung ist groß anzunehmen, daß der anonyme Waffenbesitz der deutschen

Juden keinen Unterschied gemacht hätte – weder 1938 während des Pogroms, noch später im Holocaust, als die Mehrheit der verbliebenen Juden verschleppt und mit Kugeln und Gas umgebracht wurde. Und doch – wie viele Einzelschicksale hätten ganz anders geschrieben werden müssen, wären die Entwaffnung im Oktober und dann im November bei der Reichskristallnacht nicht so schrecklich gründlich gewesen? Ein fatalistischer Blickwinkel ignoriert den Fakt, daß die Nazis selbst bewaffnete Juden als ausreichend gefährlich für ihre politischen Ziele ansahen und daher so große Betonung auf die Notwendigkeit legten, alle Juden zu entwaffnen. Tatsächlich belegen Berichte im nächsten Kapitel, daß es einigen Juden, die ihre Häuser, Familien, Gotteshäuser, Freunde und sich selbst mit Schußwaffen verteidigten, gelegentlich, wenn auch selten, gelang, die angreifenden Nazis in die Flucht zu schlagen.

Bis jetzt war es keinesfalls sicher gewesen, daß sich keine bewaffnete jüdische Widerstandsbewegung hätte entwickeln können, und noch viel weniger sicher war es, daß sich nicht einzelne Juden mit Waffengewalt gegen Festnahme, Verschleppung und Angriffe der Nazis zur Wehr setzen würden. Erst nach der Reichskristallnacht, als die jüdische Bevölkerung im großen Maßstab und systematisch entwaffnet worden war, wurde der eiserne Griff, in dem die Nazis das Land hielten, für jedermann sichtbar.

555 *Siehe* Gerald Schwab, *The Day the Holocaust Began: The Odyssey of Herschel Grynszpan* (New York: Praeger, 1990).

556 Zitiert in Friedrich Karl Kaul, *Der Fall des Herschel Grynszpan* (Berlin: Akademie, 1965), 8–9. Siehe Vincent C. Frank, „Neuer Blick auf die Reichskristallnacht", *Neue Zürcher Zeitung*, 4. Nov. 1998, http://www.hagalil.com/archiv/98/11/pogrom.htm (aufgerufen am 7. Mai 2013).

557 *Die Tagebücher von Joseph Goebbels*, Teil I, Aufzeichnungen 1923–41, Band 6, Aug. 1938–Juni 1939, Hrsg. Elke Fröhlich (München: K. G. Saur, 1998), 176–77 (Eintrag für 8. Nov. 1938), 178 (Eintrag für 9. Nov. 1938).

558 Anthony Read and David Fisher, *Kristallnacht: The Unleashing of the Holocaust* (New York: Peter Bedrick Books, 1989), 64.

559 *Die Tagebücher von Joseph Goebbels*, Teil I, 179 (Eintrag für 10. Nov. 1938).

560 „Nazis Ask Reprisal in Attack on Envoy", *New York Times*, 9. Nov. 1938, 24.

561 Beide zitiert in „Nazis Ask Reprisal in Attack on Envoy", *New York Times*, 9. Nov. 1938, 24.

562 *Neue Zürcher Zeitung*, 8. Nov. 1938, 2.

563 *Die Tagebücher von Joseph Goebbels*, Teil I, 180 (Eintrag für 10. Nov. 1938).

564 Read and Fisher, *Kristallnacht*, 64–66; Schwab, *The Day the Holocaust Began*, 20.

565 *Die Tagebücher von Joseph Goebbels*, Teil I, 180 (Eintrag für 10. Nov. 1938).

566 *Die Tagebücher von Joseph Goebbels*, Teil I, 180 (Eintrag für 10. Nov. 1938).

567 Schwab, *The Day the Holocaust Began*, 22; Lionel Kochan, *Pogrom: 10 November 1938* (London: Andre Deutsch, 1957), 63–64 (Zitat aus dem Urteil des obersten Parteigerichts in dem Verfahren gegen Frühling u.a.). Siehe auch: Rita Thalmann and Emmanuel Feinermann, *Crystal Night: 9.–10. November 1938*, Übers. Gilles Cremonesi (New York: Holocaust Library, 1974), 59 (Zitat aus Befehlen des SA-Führers der Gruppe „Ostsee")

568 Zitiert in Heinz Lauber, *Judenpogrom: „Reichskristallnacht" November 1938 in Großdeutschland* (Gerlingen, Germany: Bleicher, 1981), 86–87.

569 An alle Stapo Stellen und Stapoleitstellen, Berlin Nr. 234 404 9.11.2355, Bundesarchiv (BA) Lichterfelde, R 58/3512 (Hervorhebung im Original). See also *Trial of the Major War Criminals before the International Military Tribunal: Nuremberg, November, 14, 1945–October 1, 1946* (Buffalo, NY: William S. Hein, 1995), 25:377.

570 Der Bürgermeister Nauen bei Berlin, Akten betreffend Aktion gegen Juden, 10. Nov. 1938. Brandenburgisches Landeshauptarchiv, Potsdam, Rep. 8 Nauen, Nr. 101.

571 Thalmann and Feinermann, *Crystal Night*, 60. Siehe Ebersteins Zeugenaussage im *The Trial of German Major War Criminals Sitting at Nuremberg, Germany*, 3. Aug. 1946, 252, http://www.nizkor.org/hweb/imt/tgmwc/tgmwc-20/tgmwc-20-194-03.shtml (aufgerufen am 9. Feb. 2013).

572 Thalmann and Feinermann, *Crystal Night,* 60–61
573 *Die Tagebücher von Joseph Goebbels,* Teil I, 180–81 (Eintrag für 10. Nov. 1938).
574 *Die Tagebücher von Joseph Goebbels,* Teil I, 181 (Eintrag für 10. Nov. 1938).
575 „Waffenbesitz für Juden verboten", *Völkischer Beobachter,* 10. Nov. 1938, 1; *Berliner Börsen Zeitung,* 10. Nov. 1938, 1; *Der Angriff,* 10. Nov. 1938, 7. Siehe auch Joseph Walk, *Das Sonderrecht für die Juden im NS-Staat* (Heidelberg: Muller Juristischer, 1981).
576 Edward Crankshaw, *Gestapo: Instrument of Tyranny* (London: Greenhill Books, 1956), 90.
577 *Entscheidungen des Preußischen Oberverwaltungsgerichts,* 10. Nov. 1938, in *Juristische Wochenschrift* (1939), 382. Siehe auch Ernst Fraenkel, *The Dual State: A Contribution to the Theory of Dictatorship* (New York: Octagon Books, 1941), 28.
578 *Die Tagebücher von Joseph Goebbels,* Teil I, 181 (Eintrag für 10. Nov. 1938).
579 *Die Tagebücher von Joseph Goebbels,* Teil I, 182 (Eintrag für 11. Nov. 1938).
580 *Neue Zürcher Zeitung,* 13. Nov. 1938, 2
581 Hugh Wilson, „Pogrom in Berlin and Reich", 10. Nov. 1938, U.S. National Archives, Microfilm Series LM 193, No. 23, 862.4016, pp. 140–41.
582 „Überall spontane Kundgebungen: Demonstration gegen das Weltjudentum auch in Hamburg", *Hamburger Tagblatt,* 10. Nov. 1938, zitiert in Peter Freimark and Wolfgang Kopitzsch, *Der 9./10. November 1938 in Deutschland: Dokumentation zur „Kristallnacht"* (Hamburg: Ludwig Appel & Sohn, 1978), 22.
583 *New York Times,* 11. Nov. 1938, 1.
584 „Nazis Smash, Loot, and Burn", 4. Eine Londoner Zeitung berichtete ähnlich über Himmlers Verordnung: „Jeder Jude, bei dem Waffen gefunden werden, kommt für zwanzig Jahre in Haft." Zitiert in „Anti-Jew Riots Raging", *Evening News,* 10. Nov. 1938.
585 „Nazis Smash, Loot, and Burn", 4.
586 Hans Bernd Gisevius, *To the Bitter End: An Insider's Account of the Plot to Kill Hitler, 1933–1944,* Übers. Richard Winston and Clara Winston (New York: Da Capo Press, 1998), 333–34.
587 „Vienna's Temples Fired and Bombed", *New York Times,* 11. Nov. 1938, 2.
588 Zitiert in Sigrid Schultz, „Homes Burned; Stores Looted; Terror Reigns", *Chicago Daily Tribune,* 11. Nov. 1938, 1, 2B.
589 Verordnung gegen den Waffenbesitz der Juden, *Reichsgesetzblatt* 1938, I, 1573
590 Ebenda, § 1.
591 Ebenda, § 3.
592 Ebenda, § 2.
593 Ebenda, § 4.
594 Die Verordnung fand in der englischsprachigen Presse große Beachtung; Bei-

spiele sind „Jews Pay for Nazi Damage", *London Times*, 14. Nov. 1938, 12A; „Ban on Firearms for Jews", *Boston Globe,* 12. Nov. 1938, 2.

595 Schwab, *The Day the Holocaust Began,* 25.

596 Peter Padfield, *Himmler* (New York: MJF Books, 1990), 242.

597 Michael Stolleis, *The Law under the Swastika* (Chicago: University of Chicago Press, 1998), 143.

598 „Waffenbesitz für Juden jetzt durch Reichsgesetz verboten", *Völkischer Beobachter,* 12. Nov. 1938, 1; die deutschen Unterzeilen lauten: „Gefängnis und Zuchthaus neben Schutzhaft", „Die erste Antwort auf die Herausforderung durch das Weltjudentum" und „Weitere Maßnahmen bevorstehend." Wie üblich erschienen identische oder ähnliche Texte in ganz Deutschland, beispielsweise „Das Waffenverbot für die Juden", *Berliner Börsen Zeitung,* 12. Nov. 1938, 12.

599 „Der Fall Grünspan", *Völkischer Beobachter,* 12. Nov. 1938, 1.

600 Emil Ludwig, *Der Mord in Davos* (Amsterdam: Querido, 1936), übersetzt als *The Davos Murder* (London: Methuen, 1937).

601 Wolfgang Diewerge, *Anschlag gegen den Frieden: Ein Gelbbuch über Grünspan und seine Helfershelfer* (München: Zentralverlag der NSDAP, 1939), 99–100.

602 „Erläuterungen zu der Verordnung gegen den Waffenbesitz", *Völkischer Beobachter,* 13. Nov. 1938, 2.

603 *Die Tagebücher von Joseph Goebbels,* Teil I, 183–84.

604 *Die Tagebücher von Joseph Goebbels,* Teil I, 185–86.

605 Bericht des Polizeichefs Heydrich an Göring, betr. Aktion gegen die Juden, PS-3058, International Military Tribunal, Nürnberger Prozeß gegen die Hauptkriegsverbrecher (1945-46), http://www.holocaust-chronologie.de/chronologie/1938/november/08-15.html (aufgerufen am 2. Mai 2, 2014); *Nazi Conspiracy and Aggression* (Washington, DC: U.S. Government Printing Office, 1946), 5:854.

606 Verordnung über eine Sühneleistung der Juden deutscher Staatsangehörigkeit, *Reichsgesetzblatt* 1938, I, 1579.

607 „More Arrests, Jews to Pay for Nazi Damage", *London Times*, 14. Nov. 1938, 12A; Jonny Moser, „Depriving Jews of Their Legal Rights", *November 1938: From „Reichskristallnacht" to Genocide,* Hrsg. Walter H. Pehle, Übers. William Templer (New York: St. Martin's Press, 1991), 127.

608 „German to Keep Dieckhoff at Home", *New York Times,* 27. Nov. 1938, 46. Siehe auch „German Jews Approach a Deadline", *New York Times,* 11. Dez. 1938, 89 (neben anderen Verboten, so hieß es in dem Artikel, „… ist ihnen nun das Jagen verboten").

609 Richard L. Miller, *Nazi Justiz: Law of the Holocaust* (Westport, CT: Praeger, 1995), 194 n. 372.

610 „Der Vernichtungsfeldzug gegen die deutschen Juden", *Neue Zürcher Zeitung,* 15. Nov. 1938, 1.

611 *Die Tagebücher von Joseph Goebbels,* Teil I, 195.

612 „Germany 'Will Wipe out Jews If …'" *Daily Herald* (Chicago), 30. Nov. 1938, zitiert in Martin Gilbert, *Kristallnacht:* Prelude to Destruction (New York: Harper Perennial, 2006), 179.

613 „Ist die Judenfrage gelöst?" *Der Stürmer,* Nr. 48 (Dez. 1938), 1.

614 Abschnitt Nord, Besondere Vorkommnisse im Monat November 1938, 29. Nov. 1938, RG-14.006*04, Kopie aus dem Stadtarchiv Leipzig in United States Holocaust Memorial Museum, Washington, DC.

615 Klage des früheren Rechtsanwalt Dr. Paul Kahn, 22. Dez. 1958, Landesarchiv Baden-Wuerttemberg, Staatsarchiv Freiburg, Bestand: P 303/4 Nr. 444.

616 Geheime Staatspolizei Staatspolizeileitstelle München, B.Nr. 39859/38 II G Ma., den 19.Dezember 38, An Polizeipräsidium München et al., Betreff: Waffenablieferung durch Juden, Bayerisches Hauptstaatsarchiv, München (BHStA).

617 Der Amtsgerichtspräsident, Strafmaß bei Bestrafung von Juden. Auftrag vom 16. Dezember 1938, 13. Jan. 1939, BA Lichterfelde, R 3001/alt R22/1129.

618 Zitiert in „A Gypsy Census", *London Times,* 15. Dez. 1938, 15C.

619 Gisevius, *To the Bitter End,* 335.

620 Gisevius, *To the Bitter End,* 582. Filmaufnahmen von der Vernehmung Helldorffs durch Freisler finden sich auf der DVD *Geheime Reichssache: Die Angeklagten des 20.Juli vor dem Volksgerichtshof* (Potsdam Babelsberg: Chronos, n.d.).

621 Abschrift Chef OKW 6840/38 Fernschreiben, Kopie über Wehrkreiskdo XIII Nr. 2936/38, 17. Nov. 1938, versandt an Unterabteilungen von WK XIII, Bundesarchiv-Militärarchiv Freiburg, RH 53–13/446 Wehrkreis XIII.

12

Jüdische Opfer erzählen

Auf eine perverse Weise waren alle Mitglieder der jüdischen Gemeinde in Deutschland Opfer des ideologischen Vorwands der Nazis, daß jeder Jude gefährlich sei und entwaffnet werden müsse. Da man von dem Grundsatz ausging, daß jeder Jude, der eine Waffe besaß, eine Bedrohung für das Reich darstelle, war die allgemein gebräuchliche Begründung, mit der in der Kristallnacht jüdische Häuser, Geschäfte und Synagogen durchwühlt wurden, die Suche nach Waffen aller Art und deren Beschlagnahme. Denjenigen, die tatsächlich Waffen besaßen, wurden diese weggenommen und ihnen selbst drohten zwanzig Jahre Haft in einem Konzentrationslager. Einige persönliche Erinnerungen und andere Berichte geben die Erlebnisse dieser Opfer wieder, und manche dieser Geschichten, wenn auch wenige, zeigen, welche Möglichkeiten der Selbstverteidigung es für Juden angesichts drohender Festnahmen und Angriffe gab.

„Das ist eine Polizeirazzia! Wir durchsuchen alle jüdischen Häuser und Wohnungen und werden deshalb auch das Waisenhaus durchsuchen!" Auf Grund dieser Worte öffnete Yitzak Herz, Betreuer der Kinder des Waisenhauses in Dinslaken, die Tür für zwei Gestapobeamte und einen Polizisten. Diese suchten auch nach Geld, fanden jedoch nichts und verließen das Haus mit der Anweisung: „Niemand darf das Haus vor 10.00 Uhr verlassen! Alle Jalousien des Gebäudes auf der Straßenseite sind herunterzulassen! Kurz nach 10.00 Uhr wird alles vorbei sein."[622]

Auch wenn Waisenhäuser und Synagogen Orte waren, an denen man kaum damit rechnen konnte, Waffen zu finden, so galt dasselbe für Geschäfte, aber es mußten alle jüdischen Grundstücke durchsucht werden. In Hannover berichtete die Schutzpolizei: „3. Rev.: Das Joppengeschäft Sedanstraße 35 ist von der SS nach Waffen durchsucht. Sonst keine besonderen Vorkommnisse."[623] Offenbar war kein Waffenlager in diesem Bekleidungsgeschäft gefunden worden.

Auch wenn es wahrscheinlicher war, daß man Waffen in privaten Wohnungen finden würde, so gab es in vielen überhaupt keine. Frau Dzialowski aus Mannheim erzählte, wie drei Nazis mit Äxten an ihrer Wohnungstür erschienen: „Als ich die Tür öffnete, fingen sie gleich an, mich zu provozieren, aber ich antwortete mit größter Ruhe. ‚Wo haben Sie Ihre Waffen?' ‚Die brauche ich doch nicht, ich habe keine Absicht, Menschen zu töten.' ‚Wo ist Ihr Geld?' Da erwiderte ich, ‚Sie haben ja schon meinen Mann von seiner Familie weggeschleppt, was wollen Sie noch von uns?' Da waren auf einmal alle drei tiefbeschämt und schlichen sich wie gemeine Diebe davon. Meine Ruhe war auf einmal hin, ich sank erschöpft nieder und weinte so, daß die Wände hätten mit mir mitweinen können."[624]

Eine anonyme „Frau R." übernachtete in der Nacht des 9. November im Haus von Herrn Heimann, ihrem Hamburger Arbeitgeber. „Um 6.00 Uhr am nächsten Morgen klingelte es an der Vordertür. Als ich öffnete, stellte ein Gestapobeamter seinen Fuß in die Tür, damit man diese nicht mehr schließen konnte. Er kam herein und ging sofort ins Schlafzimmer, wo Herr und Frau Heimann schliefen. Er schaltete das Licht ein und befahl Herrn Heimann, ihn zu begleiten. Er durchsuchte auch die Schränke nach Waffen und Gold."[625]

In Aachen, Deutschlands westlichster Großstadt an der Grenze zu Belgien und den Niederlanden, durchsuchte die Gestapo die Häuser zahlreicher jüdischer Familien nach Waffen.

So durchsuchten spät in der Nacht fünf Gestapomänner das Heim der Familie Voss ohne Rücksicht auf deren Versicherung, daß keine Waffen da seien.[626]

Armin Keru, der damals noch ein kleiner Junge war, erinnert sich, wie ein Mob zu seinem Haus in Landau kam:

> „Es klingelte an der Tür, und sie kamen herein und verkündeten: ‚Wir suchen nach Waffen.' Mein Vater antwortete, daß er keine Waffen habe. Sie schrien zurück: ‚Raus mit Euch.' ‚Oh mein Gott', sagte mein Vater, und einer von ihnen antwortete: ‚Gott ist jetzt auf unserer Seite, nicht mehr auf Eurer.' Wir gingen hinaus auf den Hof – andere Nichtjuden standen dort herum, sahen uns nur an, sagten kein Wort. ... Schließlich ging die Meute, und wir gingen ins Haus. ...
>
> Sie hatte die Möbel zerschlagen. Geschirr, Glas und Dekorationen waren zerbrochen. Cognac war an die Wände gespritzt worden – der Geruch war mir noch nach Jahren in Erinnerung."[627]

Alice Oppenheimer aus Frankfurt am Main erinnerte sich: „Zu Hause durchsuchten die Männer Vati nach Waffen oder ich weiß nicht was – und gingen dann mit ihm fort. Wir erfuhren später, daß alle jüdischen Männer zwischen 18 und 60 Jahren gefangengenommen worden waren."[628]

Martha Hirsch, deren Vater zu der Zeit krank war, erinnerte sich an die folgenden Einzelheiten von der Haussuchung der Nazis bei ihnen in Frankfurt/M:

> „An dem Tag, als das Attentat in Paris verübt wurde, kam mein Vater nach Hause und weinte. ‚Jetzt ist Schluß', sagte er, ‚uns wird jetzt etwas ganz Fürchterliches geschehen.' Natürlich konnten wir uns nicht vorstellen, daß die Nazis sämtliche Synagogen in einer Nacht anstecken und die Männer ins Konzentrationslager bringen würden. Aber wir haben das alles miterlebt. Ich habe gesehen, wie Möbel aus dem Fenster herausflogen und wie Männer verhaftet

wurden. Mein Vater kam nicht ins Konzentrationslager. Er hatte
eine schwere Grippe und lag im Bett. Er hatte sich nicht rasiert
und sah aus, als ob er schon fast tot wäre. Sie schauten ihn an
und meinten: „Den wollen wir nicht." Ich sehe immer noch die SS
in meinem Schlafzimmer. Ich war im Bett, und plötzlich standen
die Kerle in meinem Zimmer, rissen den Schrank auf und suchten
nach Waffen. Dann stolperten sie wieder hinaus. Sie gingen weiter
zur nächsten Wohnung. Es war in der Nacht, Donnerstag nacht,
als die Synagogen in Frankfurt in Brand standen."[629]

Professor Arthur Freud (sehr zur Enttäuschung mancher Nazis kein Verwandter von Sigmund Freud) erzählte, was mit ihm an jenem Abend in Wien, Österreich, geschah: „[Z]wei Funktionäre erschienen, um meine Wohnung sehr grob zu durchsuchen, angeblich nach Waffen." Als sie alte Hefte der *Fackel*, einer nazikritischen Zeitschrift fanden, stellten sie Freud vor die Wahl, diese zu verbrennen oder festgenommen zu werden.[630]

Über eine weitere vergebliche Haussuchung nach Schußwaffen in Wien wurde folgendermaßen berichtet:

„Gegen 1 Uhr morgens trafen sie in der Wohnung der Jüdin
Schwagen ein und begehrten unter dem Vorgeben, sie müßten
eine Durchsuchung nach Waffen vornehmen, Einlaß. Schremmer
stellte den Juden Dr. Rabl zur Rede und ließ ihn im Zimmer exerzieren und verabreichte ihm auch einige Ohrfeigen. Es wurde
dann eine genaue Durchsuchung der Wohnung vorgenommen.

Nach Beendigung der Durchsuchung wurde die Unger auch
befragt, ob sie in ihrer Wohnung Waffen versteckt habe. Unger
erklärte daraufhin, daß sie ihre Wohnung jederzeit zur Verfügung
stelle und bat lediglich, von der Vornahme der Durchsuchung in
der Nacht Abstand zu nehmen und diese am Morgen um 8 Uhr
vorzunehmen. Schmidinger und Hintersteiner waren aber damit
nicht einverstanden und verlangten von der Unger, daß sie sich
sofort anziehe und mit in die Wohnung gehe, damit die Haussuchung gleich vorgenommen werden könne. Vor dem Haustor
trennten sich dann Hintersteiner und Schmidinger von den übrigen SA-Angehörigen und begaben sich mit der Unger in deren
Wohnung. Dort wurde ebenfalle eine Haussuchung nach Waffen
vorgenommen. Die Durchsuchung verlief ergebnislos."[631]

Ein Mann aus Dortmund, „Louis K.", berichtete von Erpressung unter dem Vorwand der Suche nach Waffen. „In der Pogromnacht im November 1938 erschienen in meiner Wohnung morgens gegen 2 Uhr etwa 10 SS-und SA Leute, angeblich um nach Waffen zu suchen. Sie hatten die vom Garten ins Haus führende Tür eingeschlagen. Sie erklärten mir, sie würden nicht fortgehen, ohne mindestens 1000 Mark erhalten zu haben."[632] Das Opfer konnte die erpreßte Summe auf 500 Mark herunterhandeln und unterschrieb einen Schuldschein für seine Bank. Als er seinen Bericht über diese Ereignisse niederschrieb, wußte er noch nicht, ob der Schuldschein bei seiner Bank tatsächlich eingelöst worden war. Die Perlen seiner Frau wurden vom Nachttisch gestohlen. Später zwang ihn ein Funktionär der Volkswohlfahrt, einen neuen Schuldschein zu unterzeichnen, andernfalls käme er in ein Lager. Die Bank hatte ihn, entgegen seiner Bitte, nicht darüber informiert, ob der Betrag wirklich von seinem Konto eingezogen worden war.

In einer von Franz Joseph Hesse erstellten Sammlung von Augenzeugenberichten zur Reichskristallnacht im Keis Borken wurde folgende Situation beschrieben: „Mehrere SA-Männer, in der Mehrzahl Gronauer, so berichtete Erich Gottschalk, waren am 9. November gegen 23 Uhr unter dem Vorwand, nach Waffen zu suchen, in die Wohnung an der Bahnhofstraße gekommen. Sie hatten, obwohl ein Ahauser unter ihnen war, offenbar zu dessen Tarnung den Friseurmeister Hilgemann gezwungen, ihnen die Wohnungen jüdischer Familien an der Bahnhofstraße zu zeigen. Hilgemann hatte ihnen schon gesagt, daß sie bei Gottschalk, Katz und Winkler sicher keine Waffen finden würden. Die Durchsuchung in der Wohnung Gottschalk verlief ohne Störungen."[633]

Mechthild Oenning erinnerte sich an Banden junger Männer in Borken, die Juden angriffen, aber auch an trotzige Frauen, die Haussuchungen nach Waffen zurückwiesen: „An der Bocholter Straße wurden die Wohnungen überfallen. Dort verhaftete man u. a. den jüdischen Lehrer. Nachbarn beobachteten mehrere auswärtige und zwei oder drei 15-16 jährige Borkener Jungen, die unten auf der Straße mit Fronleichnamsfahnenstangen auf den Mann einschlugen. Dort wurden unter dem Vorwand, nach Waffen zu suchen, die Wohnungen durchsucht und verwüstet. An zwei Stellen wurde dieses Vorhaben vereitelt, da die beiden Hauseigentümerinnen den NS-Schergen den Eintritt energisch verweigerten."[634]

Adalbert Friedrich erinnerte sich daran, wie die Nazis nach Waffen suchten und ihre eigenen Waffen benutzten, um den Hund einer Familie zu erschießen, während sie jüdische Männer in „Schutzhaft" nahmen: „Wie es der Befehl der obersten Parteileitung forderte, wurden nun die greifbaren jüdischen Männer in ‚Schutzhaft' genommen. Im Hause Elkan nahmen sie den alten Herz und seinen Sohn Saly und sperrten diese in die Zellen des Spritzenhauses, in denen auch Emanuel und Nathan Elkan saßen. Die Häuser der Juden wurden nach ‚verdächtigen Schriften' und ‚nach Waffen' durchsucht. Als dabei im Hause des Emanuel Rosenbaum sich den Eindringlingen ein Schäferhund in den Weg stellte, wurde dieser durch einen Pistolenschuß erledigt."[635]

Vandalismus und Plünderungen waren typisch für das Pogrom. In einer Analyse der Plünderungen und Diebstähle erläuterte der Historiker Dieter Obst:

> „Schon in den Zerstörungsbefehlen aus München waren private Plünderungen verboten worden, und die örtlichen Pogrominitiatoren gaben dies ihren Leuten in Anweisungen vor Beginn der Ausschreitungen häufig auch bekannt. Dagegen schritten sie selbst zu umfangreichen systematischen „Sicherstellungen" während und nach den Ausschreitungen. Jede NS-Organisation „stellte" den mehr oder weniger unversehrt gebliebenen jüdischen Besitz „sicher".
>
> In manchen Städten geschahen die „Sicherstellungen" im Zuge von Durchsuchungen jüdischer Wohnungen nach Waffen, Devisen, verbotenen Schriften, ausländischer Korrespondenz oder Edelmetallen. Dabei lag der Schwerpunkt der Suche in den einzelnen Ortschaften auf unterschiedlichen Dingen. Einmal stand die Suche nach Waffen, ein anderes Mal nach Devisen oder verbotenen Schriften im Vordergrund. Bei diesen Durchsuchungen wurde zwar starke Unordnung in der Wohnung geschaffen, aber nichts mutwillig zerstört. Sie dürfen daher nicht mit den Zerstörungsaktionen verwechselt werden. Gleichzeitig wurden während der Durchsuchungen häufig weitere
>
> Dinge mitgenommen, die in keinem Zusammenhang mit Waffen, Devisen oder Schriftgut standen."[636]

Einige Juden, die noch Schußwaffen besaßen, versuchten, den Beschlagnahmebefehlen zu entsprechen. Die Sinzheimers, eine jüdische Familie mit zwei Kindern, lebte in einer großen Wohnung in der Uhlandstraße in Berlin. Am Abend des 10. November war Herr Sinzheimer geschäftlich in Paris, als Frau Sinzheimer Geschrei, zerbrechendes Glas und Schüsse hörte. Herr Müller, ein Freund der Familie, erschien mit einem großen Revolver an ihrer Tür und erklärte der Famile, daß er beabsichtigte, jeden „dieser Mistkerle" zu erschießen, der ein Mitglied der Familie anrührte. Gegen 6.00 Uhr morgens hörte sie im Radio, daß jeder Jude, bei dem man eine Schußwaffe fände, sofort erschossen würde. Frau Sinzheimer war klar, daß die Tatsache, daß ihr Mann eine Erlaubnis für seine Faustfeuerwaffe besaß, der SA völlig egal sein würde, wenn sie die Waffe fanden. Sie rief einen befreundeten Handwerker, der das Geheimfach aufbrach, in dem die Schußwaffe und die Erlaubnis versteckt waren. Dann legte sie beides in eine Zigarrenkiste und ging damit zum örtlichen Polizeirevier am Kurfürstendamm. Dort fragte sie nach einem Beamten, den sie gut kannte, und überreichte ihm die Zigarrenkiste. Als er die Schußwaffenerlaubnis und die Waffe sah, warf er in einem unbeobachteten Moment die Waffe in den Müll und rief aus: „Gehen Sie schnell nach Hause, Frau Sinzheimer, bevor ich Ihretwegen noch einen Herzanfall kriege!"[637]

Major Friedrich Solmitz aus Hamburg war ein sehr patriotischer und hochdekorierter Veteran des Ersten Weltkrieges. Trotz seiner Konvertierung zum protestantischen Glauben galt er nach den Nürnberger Gesetzen als Jude. Seine Frau, Luise, eine nichtjüdische konservative Lehrerin, führte ein umfassendes Tagebuch.[638] Sie beschreibt eine beängstigende Stimmung am 11. November, als sie und ihre Freundin „Gi." in die Stadt fuhren und Zerstörungen und mit Brettern vernagelte Fenster sahen. In der sich schweigend fortbewegenden Menge waren keine Juden zu sehen. „Abends bei unserem Blockwart wegen der Waffenablieferungen. Denn das lasen Gi. und ich unterwegs: alle Schuß-, Stoß-, Hiebwaffen von Juden müssen binnen 4 Tagen der Polizei abgeliefert werden." Frau Solmitz, die Friedrich als „Fr." bezeichnete, schrieb weiter: „Fr.s schönes Jagdgewehr, die Waffen, die er im Felde getragen hat. Ein Bitteres kommt zum andern, nirgends ein Schimmer von Wohlwollen, von Hoffnung, nirgends ein kleines Aufatmen. ... Als ich von der Ablieferung der Waffen las, trieb es mich nach Hause, ich sorgte mich um Fr., ich war froh, als wir ihn trafen."[639]

Hinsichtlich ihrer Zukunftsaussichten als Lehrerin zitierte sie aus Theodor Fontanes Klassiker des neunzehnten Jahrhunderts, *Effi Briest*: „Ist es so schwer, etwas früher vom Tisch des Lebens aufzustehen?" Und auf ihre eigene literarische Art fuhr Luise fort: „Ja, es ist schwer für den, den Bande der Liebe halten, der den Wert des Lebens, seine Schönheiten, seinen heiligen Alltag kennt, und [der] sich keiner, keiner staatsbürgerlichen Schuld bewußt ist, der nie seinem Vaterlande untreu wurde. In Himmlers Verordnung wird für die Nichtablieferung der Waffen das K.Z. und Schutzhaft von 20 Jahren! angedroht."

Der nächste Eintrag von Frau Solmitz war vom 12. November und beschrieb, wie sie und Friedrich zur Gestapostelle im Rathaus an der Stadthausbrücke gingen: „Fr. hatte den Wortlaut des Waffenerlasses noch nicht gelesen, sonst hätte er den Antrag nicht erst gestellt, seinen Degen aus dem Felde zu behalten und die Pistole. - Die beiden SS-Leute, die uns in einer Halle am Paternoster abfertigten, waren etwas ratlos: „Major a.D.?" Der Beamte oben sagte trocken: „Das ist jetzt ganz vorbei." - „Und", fügte er hinzu, „wenn ich Ihnen raten soll, liefern Sie alles ab." - „Das ist selbstverständlich für mich als alten Offizier", erwiderte Fr."

Herr und Frau Solmitz kehrten nach Hause zurück. Sie wollten gerade wieder weggehen, als zwei Gestapobeamte in Zivil an der Tür klingelten. Sie wollten mit Friedrich allein sprechen, aber Luise konnte das Gespräch mithören. Sie erkundigten sich nach seinen Auszeichnungen, und er antwortete: „Kriegsauszeichnungen? Ja, eine ganze Menge." Sie verlangten, die Urkunden dazu zu sehen, fragten, ob er Pilot gewesen sei. Er entgegnete, daß er einer der ersten deutschen Fliegeroffiziere gewesen sei und aus seiner Dienstzeit eine fünfzigprozentige Behinderung habe. „Bitte, ganz kurz", bat einer der Beamten – entweder waren sie in Eile, oder Friedrich erzählte zu langatmig von seiner Dienstzeit. Dann ging das Verhör weiter: Fr. sagte, wir kämen gerade von der Gh. Staatspolizei wegen der Waffenablieferung. „Sie haben Waffen?" - „Eine Masse, als alter Frontoffizier." - „o, dann liefern Sie sie ja alle ab." Das sei ganz selbstverständlich, wiederholte Fr., und ist es auch. „Darf ich nach dem Grund Ihres Besuches fragen?" - „Daraus, daß wir so wieder fortgehen, sehen Sie, daß alles in Ordnung ist." Solmitz wurde sicherlich auf Grund seiner Kriegsvergangenheit mit einem gewissen Respekt behandelt. Weder wurde er auf der Stelle verhaftet, noch wurde sein Haus verwüstet. Er war die Verkörperung patriotisch gesinnter deutscher Juden, die Schußwaffen besaßen und keinerlei subversive Gedanken hegten; trotzdem wurden sie entwaffnet, weil sie Juden waren.

Auch Victor Klemperer hatte im Ersten Weltkrieg ehrenhaft in der deutschen Armee gedient, war 1935 in den Ruhestand gegangen und wohnte in Dresden. Sein berühmtes Tagebuch enthält den folgenden Eintrag:

> „Am Vormittag des 11. zwei Gendarmen und ein ‚Dölzschener Einwohner'. Ob ich Waffen hätte? – Bestimmt meinen Säbel, vielleicht noch das Seitengewehr als Kriegsandenken, ich wüßte aber nicht, wo. – ‚Wir müssen Ihnen suchen helfen.' Stundenlange Haussuchung. ... Alles wurde durchwühlt, Kisten und von Eva gezimmerte Aufbauten wurden mit dem Beil aufgebrochen. Der Säbel wurde in einem Koffer auf dem Boden gefunden, das Seitengewehr nicht. Unter den Büchern fand man ein Exemplar der *Sozialistischen Monatshefte* ... Auch dieses Heft wurde beschlagnahmt."

Ein höflicher jüngerer Gendarm nahm ein Protokoll auf und sagte, Klemperer müsse mit zum Gericht am Münchner Platz mitkommen. Er fügte hinzu: „Es wird nicht schlimm werden, wahrscheinlich (!) sind Sie am Abend zurück." Klemperer fragte, ob er verhaftet sei. „Er sagte gutmütig und ausweichend, es sei ja nur ein Kriegsandenken, wahrscheinlich käme ich gleich frei." Im Gerichtsgebäude mußte der Gendarm sein Protokoll kopieren. Nach etlicher Warterei ließ ein Untersuchungsrichter mit Parteiabzeichen einen Entlassungsschein ausstellen, ohne den man Klemperer gleich wieder verhaften würde. „Um vier stand ich wieder auf der Straße mit dem merkwürdigen Gefühl: frei – aber bis wann?"[640]

Zahlreiche andere jüdische Veteranen des Ersten Weltkrieges besaßen Schußwaffen oder Blankwaffen. Mehr als 100.000 der 550.000 Juden in Deutschland hatten im Ersten Weltkrieg in den deutschen Streitkräften gedient; 12.000 waren bei Gefechten gefallen, und mehr als 30.000 hatten Auszeichnungen erhalten. Im Kaiserreich Österreich-Ungarn hatten 300.000 Juden gedient, 24 von ihnen sogar als Generäle.[641]

Das Verbot von Schußwaffen für Juden stand im Widerspruch mit einem Gesetz, das einen Schußapparat zur humanen Vorbereitung der Rinder für das koschere Schlachten notwendig machte. Die damals siebzehnjährige Therese Gertrude Isenberg aus Ober-Ramstadt in Hessen erinnerte sich an das plötzliche Paradox: „Meine Onkel hatte eine Fleischerei. Damals gab es ein Gesetz, daß man vor einer koscheren Schlachtung das Tier mit einem Schußapparat betäuben mußte, ehe man koscher schlachten konnte. Nun begann mein Cousin Manfred herumzuschreien: ‚Wir haben eine Schußwaffe im Haus. Wenn sie die finden, werden sie kommen und uns umbringen.' [Für Juden war es ja illegal, Waffen zu besitzen.] Meine Mutter lag halb gelähmt da. Es war eine Nacht, die man nie vergaß."[642]

Dorothy Baer, damals fünfzehn Jahre alt, erinnerte sich daran, wie die Nazis den Revolver ihres Vaters in ihrer Wohnung in Frankfurt am Main nicht fanden, weil ihre Mutter ihn an ihrem Körper versteckt hatte und es ihr später gelang, ihn wegzuwerfen:

„Der Schrecken für uns fing gegen Abend an. Ich erinnere mich noch, daß vier oder fünf schreckliche Kerle unsere Wohnungstür einschlugen und die Wohnung systematisch zerstörten. Mein Vater war damals schon ziemlich herzkrank und lag an diesem Tag im Bett. Meine Mutter kümmerte sich um ihn. So begleitete ich diese schrecklichen Kerle von Zimmer zu Zimmer. ... Ich sagte ihnen dauernd, daß mein Vater todkrank sei. Wir hatten Glück, sie betraten das Schlafzimmer nicht. Die Wohnung war zwar in Scherben, aber mein Vater war noch da.

Ich bin oft gefragt worden, warum man sich nicht gewehrt hat. Ich habe mir überlegt, daß einzelne Menschen sich überhaupt nicht wehren können, vielleicht ist Widerstand nur möglich, wenn man sich in einem Verband zusammenschließt.

Dabei fällt mir ein, daß mein Vater in seiner Nachttischschublade einen kleinen Revolver hatte, wahrscheinlich nicht legal. Ich bin davon überzeugt, daß er noch nicht einmal Patronen dafür hatte und weiß nicht, ob er überhaupt hätte schießen können. An diesem Abend, nachdem die Kerle mit unserer Wohnung fertig waren, sagte meine Mutter zu mir: „Zieh deinen Mantel an, wir wollen ein wenig spazierengehen." Ich fand das seltsam, ging aber mit. Meine Mutter hatte diesen kleinen Revolver bei sich, den wir dann am Beginn der Anlage »verloren«, denn man durfte nicht mit einer Waffe ertappt werden. Am nächsten Morgen erfuhren wir, daß in dieser Nacht viele Männer verhaftet und in Konzentrationslager geschickt worden waren."[643]

In einem anderen Fall, bei dem eine Schußwaffe in Frankfurt am Main weggeworfen worden war, erinnerte sich Peter Bloch, wie er, seine Mutter und Frau Fölsche, ihre „arische"
Untermieterin, gerade Kalbskoteletts und Erbsen aßen, als drei Leute von der Staatspolizei an der Tür klingelten. Peter rechnete mit dem Schlimmsten, widersetzte sich aber höflich:

„Nun war ich an der Reihe. „Nehmen Sie Ihren Mantel und kommen Sie mit", befahl mir der Hundekopf. Ich kann nicht behaupten, keine Angst gehabt zu haben, erwiderte aber mit äußerlicher Ruhe: „Ich bin noch nicht achtzehn Jahre und bin Schüler." Ich bat nicht, ich bettelte nicht: Ich wies die Gestapo einfach auf das hin, was ihre Instruktion zu sein schien, wenngleich es auch schon zu uns gedrungen war, daß man in kleineren hessischen Orten sogar Vierzehnjährige verhaftete.

Eine Ablehnung der Verhaftung mochte den dreien noch nicht vorgekommen sein. Sie tauschten untereinander fragende Blicke. Dann befahl mir Hundekopf: „Essen Sie weiter!"

Die Gestapomänner suchten noch nach Waffen. Wir hatten keine, denn der nie benutzte Revolver meines Vaters war bereits von unserem früheren Chauffeur in den Main geworfen worden. Als Hundekopf in einem Schrank die Pelzmäntel meiner Mutter erblickte, äußerte er sarkastisch: „Die armen Juden!"... Dann aber gingen sie. Ich griff zu einem Band Schiller und las für mich wieder einmal den Monolog Tells."[644]

Bekanntlich benutzte Willhelm Tell, der gezwungen worden war, seinem Sohn einen Apfel vom Kopf zu schießen, später seine Armbrust, um dem Tyrannen Gessler durchs Herz zu schießen, was zu einem erfolgreichen bewaffneten Aufstand führte. Es ist offensichtlich, warum Hitler verbot, daß Schillers Stück in der Schule aufgeführt oder gelesen wurde.[645]

Auch wenn die Nazi-Tyrannen auf keinen derartigen Widerstand stießen, so gab es doch Fälle, bei denen mutige Einzelpersonen Schußwaffen benutzten, um das Pogrom zu behindern. In der Stadt Schirwindt in Ostpreußen war dem Landrat Wichard von Bredow vom Gauleiter befohlen worden, die örtliche Synagoge niederzubrennen. Statt dessen beschloß er, sein Leben aufs Spiel zu setzen, um sie zu schützen. Als die Nazis mit Brandsätzen kamen, lud er vor ihnen seinen Revolver und machte deutlich, daß sie nur über seine Leiche weiterkommen würden. Sie flohen, und so blieb dies die einzige Synagoge im Landkreis, die nicht zerstört wurde. Bredow wurde für seinen Ungehorsam nicht bestraft.[646]

In einem ähnlichen Fall richtete ein Kohlehändler, der Christ war, eine Schußwaffe auf Nazi-Brandstifter, um eine Synagoge in Sontheim zu retten. Er begleitete Juden aus der Stadt, um ihre Verhaftung zu verhindern.[647]

Der Historiker Mitchell Bard hat festgestellt, daß „sich Juden selten gegen ihre Angreifer zur Wehr setzten, weil sie nicht bewaffnet waren und sich üblicherweise Gruppen von Männern gegenüber sahen, die Stöcke, Messer, Eisenstangen, Schußwaffen und andere Waffen bei sich hatten." In Heilbronn stieß eine jüdische Familie einen SA-Mann aus dem Fenster, und in Hilden wurden eine Mutter und ihr Sohn, die Widerstand leisteten, mit einer Axt erschlagen, eine weitere Person wurde erstochen.[648]

Einige der Juden, deren Wohnungen durchsucht und beschädigt wurden, waren ausländische Staatsbürger, was zu diplomatischen Protesten führte. Der nachstehende Gestapo-Bericht zur Anzeige von Mrs. Gertrude Dawson, einer in Döbling wohnhaften britischen Staatsbürgerin, bestritt nicht den systematischen Vandalismus: „Bei der gelegentlich der Judenaktion herrschenden Erregung der deutschen Volksgenossen ist eine einwandfreie Feststellung der an den Ausschreitungen beteiligten Personen nicht mehr möglich. Darauf ist es auch zurückzuführen, daß trotz der inzwischen von Fall zu Fall mit allem Nachdruck geführten Ermittlungen nur teilweise ein Erfolg bei der Aufklärung der Sachverhalte zu verzeichnen war. Verschiedene Personen, die bei Frau Dawson in der Wohnung waren, erklärten, den Auftrag gehabt zu haben, nach Waffen zu suchen. Einzelheiten über die Beschädigung der Einrichtungsgegenstände haben sich jedoch nicht mehr feststellen lassen."[649]

Ein Vorfall in Wien wurde zum Gegenstand eines Berichts, den kein Geringerer als Dr. Werner Best, der stellvertretende Gestapo-Chef, verfaßte. Der Bericht befaßt sich mit Henry Coren, einem britischen Staatsbürger:

„Im Zuge der am 10.11.38 durchgeführten Judenaktion wurde bei dem staatenlosen Pensionär Hermann ... eine Wohnungsdurchsuchung vorgenommen. Dabei wurde bei seinem im gleichen Haushalt lebenden Schwiegersohn Henry Coren ein geladener Revolver gefunden. Die Waffe war in einem dem Coren gehörenden Koffer versteckt. Auf Grund dieses Sachverhalts wurden das Ehepaar Coren und Hermann durch drei von der Ortsgruppe Fuchsröhren der NSDAP beauftragte SA-Männer zu einem Sammelplatz in der Rinnböckstraße gebracht. Dort wurden ihre Personalien usw. festgestellt. Als sich dabei die britische Staatsangehörigkeit des Ehepaars Coren ergab, wurde es sofort wieder auf freien Fuß gesetzt.

> Nachdem die SA-Männer das Ehepaar Coren und Hermann zum Sammelplatz gebracht hatten, wurden sie auf der Ortsgruppe beauftragt, noch die in der Wohnung verbliebene Ehefrau Hermann zu holen. Sie kehrten deshalb nochmals in die Wohnung der Eheleute zurück und forderten Frau Hermann auf, sich für die Abfahrt fertig zu machen, da sie vernommen werden sollte. Frau Hermann begab sich daraufhin für etwa 2 Minuten in einen Nebenraum, um entsprechende Kleidung anzulegen."[650]

Coren behauptete, daß die SA-Männer 3.400 Reichsmark aus der Wohnung gestohlen hätten, und der britische Generalkonsul legte Protest ein. Die Gestapo kam zu der Feststellung, daß der Diebstahlverdacht unbegründet sei. „Die in Betracht kommenden SA-Männer weisen die Beschuldigung auch ganz entschieden zurück." Zudem hieß es: „Leider konnte Coren zu der Angelegenheit nicht gehört werden, da er es vorgezogen hat, am 30.11.1938 aus dem Reichsgebiet zu flüchten. Diese Tatsache dürfte auch dafür sprechen, daß der von Coren wiedergegebene Sachverhalt nicht der Wahrheit entspricht."[651] Für Coren hingegen dürfte Vorsicht der bessere Teil der Tapferkeit gewesen sein. Jeder Jude – besonders jeder jüdische Schußwaffenbesitzer – der nicht vor der Verfolgung der Nazis floh, kannte nur zu gut die möglichen Konsequenzen.

Die Berichterstattung der internationalen Medien war von Mitgefühl geprägt, andererseits war die Qualität der Informationen nicht unbedingt gut. Die *Chicago Tribune* meldete nur acht Festnahmen von Juden, die durch den Besitz von Waffen gegen Himmlers Verordnung verstoßen hatten, die zwanzig Jahre Haft in einem Konzentrationslager androhte.[652] Allerdings berichtete die Zeitung auch über Enzelschicksale. Ein jüdischer Wissenschaftler aus Berlin hatte dem Reporter erzählt, wie ihn am 12. November 6.00 Uhr morgens ein Nazibeamter in brauner Uniform und vier Gehilfen in Zivil aus dem Haus holten, nur um ihn dann wieder zurückzuschicken. Viele seiner Freunde, die man festnahm, hatten nicht so viel Glück. Die Wohnung eines Freundes wurde von sechs Mann nach Waffen durchsucht, die das Geschirr zerschlugen und Möbel zertrümmerten. Der Wissenschaftler ergänzte: „Sie übersahen nur eine Sache – einen alten Armeerevolver, der in der Schublade eines Tisches im Schlafzimmer meines Freundes lag. Diese rostige Waffe, vermutlich 1918 zum letzten Mal abgefeuert, hätte ihm zwanzig Jahre in einem Konzentrationslager einbringen können.[653]

Diese Tragödien fanden auch ihren Weg in diplomatische Berichte. Der amtierende britische Generalkonsul A. E. Dowden berichte aus Frankfurt, daß in dieser Stadt zwischen dem 10. und 14. November Juden verhaftet wurden. Sechsunddreißig Stunden später begannen die Verhaftungen erneut. SS-Männer und Gestapobeamte durchstreiften die Straßen und suchten nach Juden. Sie betraten

Häuser unter dem Vorwand, sie müßten sie nach versteckten jüdischen Männern durchsuchen. „Sobald sie drinnen waren, durchsuchten sie alles gründlich nach Waffen aller Art und nach Geld, und wenn das eine oder andere davon gefunden wurde, verhaftete man die Hausbewohner mit der Begründung, daß Waffen verboten seien und daß jede größere Summe gehortet würde, um der Familie die Flucht aus Deutschland zu ermöglichen."[654]

Das amerikanische Konsulat in Stuttgart, das von Samuel W. Honaker geleitet wurde, berichtete am 12. November an den U.S.-Botschafter in Berlin, Hugh R. Wilson, daß „die Juden im Südwesten Deutschlands in den letzten drei Tagen Dinge erlebt hatten, die dem Bewohner eines aufgeklärten Landes im zwanzigsten Jahrhundert als unwirklich erscheinen dürften." Er beschrieb die Schrecken des 10. Novembers, von den vor Tagesanbruch in Brand gesteckten Synagogen bis hin zu den mitternächtlichen Verhaftungen. Er fuhr fort:

„Die Panik der jüdischen Bevölkerung ist in der Zwischenzeit so stark geworden, daß, als das Konsulat nach dem Tag des Waffenstillstands (11. November) wieder öffnete, Juden aus allen Teilen Deutschlands in das Büro drängten, bis es vor Menschen überquoll, die um sofortige Visa baten oder um irgendein Schriftstück mit Bezug zur Immigration, welches die Polizei dazu bewegen könnte, sie nicht zu verhaften oder zu belästigen. Frauen, die über sechzig Jahre alt waren, flehten um Hilfe für ihre Ehemänner, die an einem unbekannten Ort festgehalten wurden. … Männer, in deren Wohnungen in den letzten Tagen alte, rostige Revolver gefunden worden waren, riefen aus, daß sie sich nie wieder trauen würden, in ihre Wohnung oder in ihr Geschäft zurückzukehren. Es war tatsächlich ein Chaos aus aufgeregten Menschen, die von panischem Schrecken ergriffen waren."

Honaker erfuhr, daß „praktisch der gesamte männliche Teil der jüdischen Bevölkerung im Alter von achtzehn bis fünfundsechzig Jahren von Behörden verhaftet worden ist." Am 11. November wurden einige der Gefangenen nach Welzheim, einem Konzentrationslager in Württemberg, gebracht. Viele der Leute glaubten, daß die Aktion geplant und nicht spontan war. „Die überwiegende Mehrheit der nicht-jüdischen Bevölkerung in Deutschland, vielleicht um die 80 Prozent, läßt deutlich erkennen, daß man mit diesen gewalttätigen Demonstrationen gegen Juden überhaupt nicht einverstanden ist."[655]

Als die Reichskristallnacht zu Ende ging, hatten sich in den dunklen Stunden davor unzählige ähnliche Vorfälle ereignet. Am Ende dieses Pogroms waren die Juden in Deutschland fast vollständig entwaffnet. Die Nazis sahen, daß offenbar die Mehrheit der „arischen" Bevölkerung von der Diktatur zu verängstigt und eingeschüchtert worden war, um zu protestieren. Nun, da die größte und am meisten verfolgte Gruppe von Opfern praktisch wehrlos war, konnte Hitler seine Pläne weiter vorantreiben. Es gab keine Basis mehr für irgendeine wirkungsvolle Widerstandsbewegung oder einzelne Akte des Widerstands. Der Weg zur totalen Unterdrückung war geebnet.

622 *Night of Pogroms: „Kristallnacht" 9. - 10. November 1938* (Washington, DC: U.S. Holocaust Memorial Council, 1988), 39–40.

623 Lagebericht der Schutzpolizei am 10. November 1938, in Heinz Lauber, *Judenpogrom: „Reichskristallnacht" November 1938 in Grossdeutschland* (Gerlingen, Germany: Bleicher, 1981), 104–05.

624 Stadtarchiv Mannheim, Hrsg., *Die Judenverfolgung in Mannheim 1933–1945: Dokumente* (Stuttgart: W. Kohlhammer, 1971), 13.

625 „The ‚Reichskristallnacht' Pogrom vom 9./10. November 1938", http://www1.uni-hamburg.de/rz3a035//pogrom.html (aufgerufen am 9. Feb. 2013).

626 *Fragen—Erinnern—Spuren sichern: Zum Novemberpogrom 1938* (Aachen, Germany: Annemarie Haase, 1992), 75, zitiert aus *Grenzecho,* 12. Nov. 1938, eine anti-nazistische Zeitung, herausgegeben in Eupen, im Osten Belgiens.

627 Armin Keru, „I Remember Germany", S. 35, in RG-02.812 Survivor Testimonies, United States Holocaust Memorial Museum, Washington, DC.

628 Alice Oppenheimer, „Wenige Tage aus meinem Leben", in *Dass wir nicht erwünscht waren: Novemberpogrom 1938 in Frankfurt am Main*, Hrsg. Gottfried Kössler (Frankfurt am Main: dipa-Verlag, 1993), 60.

629 Martha Hirsch, „Daß wir nicht erwünscht waren", in *Dass wir nicht erwünscht waren,* 126.

630 Zitiert in Martin Gilbert, *Kristallnacht: Prelude to Destruction* (New York: Harper Perennial, 2006), 55.

631 Wein, am 2dk.XI.1938, An den Chef des Sicherheitshauptes, Abteilung No. 112, Berlin, in *„Die Kristall-Nacht" 9. November* 1938, Hrsg. T. Friedmann (Haifa: Direktor der Dokumentation, 1993), 6.

632 Wein, am 2dk.XI.1938, An den Chef des Sicherheitshauptamtes, Abteilung No. 112, Berlin, in *„Die Kristall-Nacht" 9. November* 1938, ed. T. Friedmann (Haifa: Direktor der Dokumentation, 1993), 6.

633 Franz Josef Hesse, „Ahaus: ‚Es ist nicht leicht, darüber zu sprechen'", in *„Es ist nicht leicht, darüber zu sprechen": Der Novemberprogrom 1938 im Kreis Borken*, Hrsg. August Bierhaus (Borken: Kreis Borken, 1988), 53.

634 Mechthild Oenning, „‚Es geht jetzt los …': Ereignisse in der Pogromnacht in Borken, Gemen und Weseke", in *„Es ist nicht leicht, darüber zu sprechen",* 68.

635 Adalbert Friedrich, „Raesfeld: ‚Feuerwehr kontrollierte den Brand'", in *„Es ist nicht leicht, darüber zu sprechen",* 91.

636 Dieter Obst, *„Reichskristallnacht": Ursachen und Verlauf des antisemitischen Pogroms vom November 1938* (Frankfurt am Main: Lang, 1991), 270.

637 Anthony Read and David Fisher, *Kristallnacht: The Unleashing of the Holocaust* (New York: Peter Bedrick Books, 1989), 75–76.

638 Richard J. Evans, *The Third Reich in Power, 1933–1939* (New York: Penguin Press, 2005), 38–39, 569–70, 602.

[639] Peter Freimark and Wolfgang Kopitzsch Hrsgs., *Der 9./10. November 1938 in Deutschland: Dokumentation zur „Kristallnacht"*, (Hamburg: Ludwig Appel & Sohn, 1978), 44-45.

[640] Victor Klemperer, *I Will Bear Witness 1933–1941,* Übers. Martin Chalmers (New York: Modern Library, 1999), xiv (wegen biographischer Details), 275–76 (Eintrag für 27. Nov. 1938).

[641] Bryan Mark Rigg, *Hitler's Jewish Soldiers: The Untold Story of Nazi Racial Laws and Men of Jewish Descent in the German Military* (Lawrence: University Press of Kansas, 2000), 72–73.

[642] Mitchell G. Bard, *48 Hours of Kristallnacht: Night of Destruction / Dawn of the Holocaust: An Oral History* (Guilford, CT: Lyons Press, 2008), 33. Stellen in Klammern so im Original.

[643] Dorothy Baer, „Meine Eltern haben mir den Abschied sehr leicht gemacht", in ... *Dass wir nicht erwünscht waren,* 117–18.

[644] Peter Bloch, „Wie ich das Pogrom erlebte", in ... *Dass wir nicht erwünscht waren,* 144-45

[645] Jürg Fink, *Die Schweiz aus der Sicht des Dritten Reiches, 1933–1945* (Zürich: Schulthess Polygraphischer, 1985), 22–23.

[646] Gilbert, *Kristallnacht,* 94–95.

[647] Bard, *48 Hours of Kristallnacht,* 154.

[648] Bard, *48 Hours of Kristallnacht,* 171.

[649] Geheime Staatspolizei, Betr.: Beschwerde der britischen Staatsangehörigen Mrs. Gertrude Dawson, Kopie, 84–60–Sdh. 7/2, 7. Feb. 1939, Bundesarchiv (BA) Berlin, R 43 II/599, Fiche 3, Reihe 5.

[650] Geheime Staatspolizei, Betrifft: Den britischen Staatsangehörigen Henry Coren, Kopie 84-50 Sdh. 28/12, 28. Dez. 1938, BA Berlin, R 43 II/599, Fiche 3, Reihe 5.

[651] Ebenda

[652] Sigrid Schultz, „Germany Puts Hundreds of Jews in Camps", *Chicago Daily Tribune,* 12. Nov. 1938, 5A.

[653] Siehe „Jew Charges Nazi Wrecked Home of Friend", *Chicago Tribune,* 13. Nov. 1938, 2B, und „Revenge Laws Drive Semites Out of Business", *Chicago Tribune,* 13. Nov. 1938, 1G.

[654] Read and Fisher, *Kristallnacht,* 95, zitiert aus den Berichten des amtieren Britischen Generalkonsuls, A. E. Dowden, aus Frankfurt-am-Main, F0371/21638.

[655] Samuel W. Honaker, „Anti-Semitic Persecution in the Stuttgart Consular District", 12. Nov. 1938, U.S. National Archives, Microfilm Series LM 193, No. 23, 862.4016, pp. 408-15, nachgedruckt in John Mendelsohn, Hrsg., *The Holocaust,* vol. 3, *The Crystal Night Pogrom* (New York: Garland, 1982), 183–84. Siehe auch Christoph Strupp, „Observing a Dictatorship: American Consular Reporting on Germany, 1933–1941", *Bulletin of the German Historical Institute,* no. 39 (Fall 2006), 79.

Schlußbetrachtung: Wo war der deutsche Widerstand?

Die Nazi-Diktatur beschwor imaginäre Feindbilder – beispielsweise durch die Verteufelung der Juden – um die Notwendigkeit ihrer Unterdrückungsmaßnahmen zu rechtfertigen.[656] Ein politisch unzuverlässiger Schußwaffenbesitzer – von allem ein jüdischer Schußwaffenbesitzer – stellte die ultimative Bedrohung dar. Was in der zweiten Hälfte des Dritten Reiches, während des Zweiten Weltkrieges, geschah, läßt sich zum Teil durch die vorhergehende Entwaffnung politischer Gegner, der Juden und anderer angeblicher Feinde des Staates begreifen. Insbesondere die Schußwaffenverbote erstickten schon im Keim jede Möglichkeit einer von der Bevölkerung getragenen, bewaffneten Widerstandsbewegung und stellten insbesondere sicher, daß kein bewaffneter jüdischer Widerstand gegen den Holocaust entstehen konnte. Die bewaffnete Opposition beschränkte sich auf individuelle Aktionen, bei denen sich einzelne Personen gegen ihre Verschleppung zur Wehr setzten, zusammen mit Einzelgängern und Offizieren der Wehrmacht, die erfolglos versuchten, Hitler zu töten.

Am 10. November 1938, zur gleichen Zeit als tausende Juden während des Pogroms in Gestapo-Haft genommen wurden, wurde eine richterliche Entscheidung bekanntgegeben, die klarstellte, daß keine juristische Nachprüfung von Gestapo-Aktionen zulässig war. Das Preußische Oberverwaltungsgericht entschied, daß gegen folgende Aktivitäten keine Revision eingelegt werden konnte: direkte Aktionen der Gestapo; Maßnahmen der gewöhnlichen Polizei unter besonderem oder allgemeinem Befehl der Gestapo; sowie Handlungen der gewöhnlichen Polizei im Verantwortungsbereich der Gestapo. Ein Gericht durfte nur dann einschreiten, wenn die gewöhnliche Polizei über die Befehle der Gestapo hinausging.[657]

Auch wenn dieses Urteil klarstellte, daß ein Jude, den man wegen angeblichen Waffenbesitzes oder aus anderen Gründen in ein Konzentrationslager gesteckt hatte, dagegen kein Gericht anrufen konnte, so war es ironischerweise ein Urteil, daß sich auf das Verbot eines Schießwettkampfes bezog. Die Gestapo gab vor, daß schießsportliche Wettkämpfe in die ausschließliche Zuständigkeit des offiziell genehmigten und von Reichssportührer Tschammer gegründeten Deutschen Schützenverbands fielen. Somit hatte z.B. der Besitzer eines Schießstandes, dessen Gewehrwettkampf verboten worden war, keinen Anspruch auf eine gerichtliche Nachprüfung, auch wenn der Verband den Wettkampf aus persönlicher Gegnerschaft verbot.

Schützenvereine unterlagen, wie alle anderen Institutionen in Deutschland, der Gleichschaltung mit den Zielen des Nazistaates. Wie bereits dargestellt, erfolgte diese Unterwerfung über die Phasen der formellen, institutionellen und schließlich strukturellen Gleichschaltung. Die letzte Phase der strukturellen Gleichschaltung erfolgte mit dem Erlaß Hitlers vom 21. Dezember 1938, durch den die Nazipartei alle Reichssportverbände im Nationalsozialistischen Reichsbund für Leibesübungen (NSRL) zusammenfaßte. „Deutsche Gemeinschaften" ersetzten das traditionelle Konzept des Vereins, und die Führung derselben benötigte die Zustimmung des zuständigen Kreisleiters der Nazipartei. Der NSRL war eine offizielle Organisation der Partei, und Sportorganisationen allgemein, einschließlich der verbliebenen Schützenvereine, wurden von der Partei übernommen.[658]

Damit unterlagen die Schützenvereine ab Anfang des Jahres 1939 der Doppelkontrolle des Reiches und der Nazipartei. Als Hitler am 1. September 1939 den Zweiten Weltkrieg begann, wurde diese Gleichschaltung noch verstärkt. Vollkommen vollzogen wurde sie durch eine Verordnung vom Februar 1940, die festlegte, daß die Mitgliederversammlung eine freiwillige Angelegenheit war und daß der Vereinsvorsitzende vom Kreisleiter des NSRL ernannt und vom zuständigen Kreisleiter der Nazipartei bestätigt wurde.[659] Das Ergebnis war der völlige Entzug der Rechte der Vereine und ihrer Mitglieder.[660]

Hitler hielt die Jagd für einen „langweiligen Sport" und äußerte die Auffassung, daß Schießen kein populärer Sport sei. „Persönlich verstehe ich überhaupt nicht, wie man zum Vergnügen schießen kann." Als Vegetarier war der Führer für die Gefühle der Tiere sensibilisiert und meinte: „Der Tierschutzverein müßte sich hier der Schützen besonders annehmen!"[661] Wie Krieg und Holocaust zeigen würden, hatte er keine derartigen Skrupel gegenüber Menschen.

In freieren Gesellschaften könnten unabhängige Schützenvereine oder Mitglieder derselben mithelfen, eine Diktatur abzuwenden oder ihr Widerstand zu leisten. In Folge der erfolgreichen Gleichschaltung der Schützenvereine durch die Nazis konnte man sich allerdings wenig oder gar keine Hoffnungen auf irgendeine Form von Widerstandsbewegung oder Aktivitäten aus dieser Richtung machen.

Deutsche Widerständler unterschieden sich von ihren europäischen „Kollegen" dadurch, daß es keine Partisanenbewegung gab. Der deutsche Widerstand gegen Hitler bestand nicht in einer bewaffneten Untergrundbewegung oder in Aufständen, obwohl sich kleine Gruppen oder Einzelpersonen zum Selbstschutz bewaffneten. Es waren Einzelgänger oder militärische Gruppen mit Schußwaffen oder Bomben, die Hitler selbst umbringen wollten.[662]

Hitler hätte 1939 ermordet werden können. Der General der Wehrmacht Franz Halder suchte Hitler wiederholt mit einer Pistole in der Tasche und der Absicht auf, den Diktator zu erschießen, konnte sich jedoch nicht dazu durchringen, die Tat auszuführen.[663] Georg Elser, ein Privatmann, zündete im Bürgerbräukeller in München eine Bombe, aber Hitler beendete seine Rede früher und verließ den Raum vor der Explosion. Elsner wurde bei dem Versuch, über die Grenze in die Schweiz zu fliehen, verhaftet.[664] Victor Klemperer notierte dazu: „In der Nacht nach dem Bekanntwerden des Attentats (Wir kennen die Täter: England und hinter ihm Juda) rechnete ich mit Verhaftung, Konzentrationslager, auch wohl Kugel."[665] Der schweizerische Theologiestudent Maurice Bavaud kam fast nah genug an Hitler heran, um ihn mit einer Faustfeuerwaffe zu erschießen; er wurde jedoch gefangengenommen und hingerichtet.[666]

Hitler äußerte sich über den letzten Anschlagsversuch folgendermaßen: „Bei dem anderen Attentatsversuch sei er mit dem Leben davongekommen, weil der Attentäter, ein Schweizer, der ihm Monate lang auf dem Berghof nachgestellt habe, ihn bei seinen Spaziergängen zeitlich regelmäßig verfehlte und, als er ihm dann in München habe auflauern wollen, vorher von einem Bahnbeamten entlarvt worden sei... . Die Aussagen dieses Schweizers seien für ihn insofern von besonderem Interesse gewesen, als sie seine Auffassung bestätigt hätten, daß gegen einen idealistisch gesinnten Attentäter, der für seinen Plan rücksichtslos sein Leben aufs Spiel setze, kein Kraut gewachsen sei."[667]

Der Beginn des Zweiten Weltkrieges brachte eine zunehmend härtere Kontrolle aller Bereiche der Gesellschaft in Deutschland mit sich. Auch wenn Polen rasch fiel, so sahen doch viele Deutsche Hitler als den Schuldigen dafür, daß er dem Land einen neuen Krieg nicht erspart hatte. Als der Blitzkrieg endete, drohten die Besatzungsbehörden der Nazis, wie vorhersehbar, mit den härtesten Strafen, falls die polnische Bevölkerung nicht sämtliche Waffen abgebe.[668]

Im Westen gab es nur einen Schein-Krieg, weil Großbritannien und Frankreich zwar Deutschland den Krieg erklärten, aber keinen Finger rührten, um den Polen zu helfen. Beispiele für eine Anti-Nazi-Stimmung in Deutschland konnten gefunden werden. Die *London Times* vertrat die Auffassung: „All dies bedeutet nicht, daß Deutschland für eine Revolution bereit ist. Die Zivilbevölkerung ist entwaffnet und somit machtlos."[669] Es ist nachweisbar, daß sich die Deutschen nach der Rückkehr der Rechtsstaatlichkeit, Freiheit und Menschenwürde sehnten.

Einträge in Victor Klemperers Tagebuch bestätigen diese Beobachtungen. Er erwähnt eine harmlose Bombe gegen die Technische Hochschule, eine Protestgruppe mit dem Motto: „Alles für Deutschland, nichts für Hitler". Hinsichtlich des andauernden Druckes auf Zivilisten, die irgend etwas Waffenähnliches besaßen, schreibt er über eine Verwandte des Besitzers des Judenhauses, in dem er nun lebte, nachdem man ihn, weil er Jude war, aus seinem eigenen Haus vertrieben hatte: „Ihr Mann besaß ein großes Sportgeschäft, das dann der Sohn (fünfunddreißig Jahre) leitete. Sportfechter mit Florettpreisen. Hat drei Wochen im KZ gesessen, seine Mutter eine Woche in Untersuchungshaft. Man fand hinter ihrem Ofen Florette ohne Spitze. Staatsanwalt entschied: Sportgerät, nicht Waffe."[670]

Schußwaffen waren etwas anderes. Als die Wehrmacht Frankreich besetzte, wurde verkündet (so wie schon in anderen Ländern), daß Zivilisten, die nicht alle Schußwaffen innerhalb von 24 Stunden ablieferten, mit der Todesstrafe rechnen müßten. Während der Besatzungszeit wurden diejenigen, die sich nicht daran hielten, tatsächlich hingerichtet.[671] Die *New York Times* schrieb dazu:

„Das den Franzosen aufgezwungene Disziplinarrecht des deutschen Eroberers läßt sich am besten so darstellen, daß die Verordnungen der Nazis das französische Volk auf ein genauso tiefes Niveau drücken, wie das, auf dem das deutsche Volk lebt. Militärische Befehle verbieten nun den Franzosen, Dinge zu tun, die das deutsche Volk seit der Machtübernahme Hitlers nicht mehr tun darf. Der Besitz von Rundfunkgeräten oder das Hören ausländischer Sendungen, das Organisieren öffentlicher Versammlungen und das Verteilen von Flugblättern, die Verbreitung anti-deutscher Nachrichten in jedweder Form, seine Schußwaffen zu behalten – all diese Dinge sind der unterworfenen Bevölkerung Frankreichs genauso verboten, wie sie schon dieses halbe Dutzend Jahre lang der deutschen Bevölkerung verboten sind."[672]

Selbst mit dem glorreichen Sieg über Frankreich – stand das deutsche Volk wirklich voll hinter dem Führer? Der Artikel stellte die Frage: Falls dies zuträfe, „würde Hitler nun die Gestapo abschaffen und eine freie Presse errichten?" Die negative Antwort war klar.

In der Tat verlangte eine Anweisung vom Gestapo-Hauptquartier in Berlin aus dem Jahre 1941 eine Registrierung aller Personen, die Schußwaffen erwarben. Die regionalen Gestapostellen bekamen „die Überwachung und Kontrolle der Waffen- und Munitionsverkäufe" übertragen, und die örtlichen Behörden wurden angewiesen, monatliche Aufzeichnungen zu erstellen über „alle Personen, die waffenerwerbscheinpflichtige Schusswaffen bei Waffenhändlern erwerben und auch solche, die Antrag auf Ausstellung zum Erwerb von Schusswaffen stellen, wenn dem Antrag von der zuständigen Behörde stattgegeben wurde. Dies gilt auch für den Fall, dass die Schusswaffe nicht beim Waffenhändler erworben wird." Auch über Personen, die bei Händlern erlaubnispflichtige Munition kauften, waren Aufzeichnungen anzufertigen. Die Angaben zur Identifizierung der Person umfaßten Name und Beruf, Geburtsdatum und Geburtsort, Anschrift, Art und Seriennummer der Schußwaffe, sowie den Munitionstyp.[673]

Von der Zwangsregistrierung ausgenommen waren Wehrmachtsoffiziere, Führer der SS-Verfügungstruppe, Polizeibeamte und höhere politische Funktionäre. Auch Jagdwaffen und Jagdmunition waren ausgenommen. Die Polizei hatte Schußwaffenhändler zu „überwachen und kontrollieren".

Die örtliche Polizeibehörde konnte die Erteilung einer Waffenerlaubnis ablehnen, und die Gestapo konnte jede Beschwerde dagegen unterdrücken. Ein Beispiel war Dr. Ing. J. Henke, ein Bergwerksdirektor mit schweizerischer Staatsbürgerschaft, dem ein Beamter in Brandenburg einen Waffenschein verweigert hatte.[674] Auch wenn es keinen Beweis gab, daß er ein „Staatsfeind" sei, und ihm vor dem Krieg ein Waffenschein ausgestellt worden war, so war er doch Ausländer und hatte kein ausreichendes „Bedürfnis" nachgewiesen. Die Gestapo in Frankfurt /O. lehnte seine Beschwerde ab und verwies zudem darauf, daß „seine Ehefrau väterlicherseits jüdischer Abstammung ist".[675]

In einer seiner Tiraden erklärte Hitler 1942, daß Gegner jeder Art rücksichtslos zu unterdrücken seien: „Wenn heute irgendwo im Reich eine Meuterei ausbreche, so würde er sie mit Sofortmaßnahmen beantworten. Als erstes würde er: a) noch am Tage der ersten Meldung alle leitenden Männer gegnerischer Strömungen, und zwar auch die des politischen Katholizismus, aus ihren Wohnungen heraus verhaften und exekutieren lassen; b) alle Insassen von Konzentrationslagern würde er innerhalb von drei Tagen erschießen lassen; c) alle kriminellen Elemente, gleichgültig, ob sie zur Zeit in Gefängnissen wären oder sich in Freiheit befänden, würde er aufgrund der vorhandenen Listen ebenfalls binnen drei Tagen zur Exekution sammeln und erschießen lassen."[676]

Die Weiße Rose, eine Gruppe von Studenten, versuchte, mit tausenden Flugblättern, Briefen und „Nieder mit Hitler"-Schildern Widerstand zu leisten. Diese Wörter wurden sogar an die berühmte Feldherrnhalle gemalt, von der aus Hitler 1923 versucht hatte, die Macht an sich zu reißen.[677] Sie waren noch kühner, weil sie bei ihren Graffiti-Aktionen Schußwaffen zum Zwecke der Eigensicherung mitführten; andererseits versuchten sie, an Waffen zu gelangen, was sicher nicht leicht war, denn sie mußten von der Front in Rußland zu ihnen geschmuggelt werden.[678] Sophie Scholl, die Anführerin, erzählte einer Schulkameradin: „Wenn Hitler direkt hier vorbeilaufen würde, und ich hätte eine Pistole, so würde ich schießen. Wenn Männer es nicht tun, dann muß es eben eine Frau machen. Man muß etwas tun, um zu vermeiden, daß man selbst mitschuldig wird."[679]

Auch wenn passiver Widerstand der einzige realistische Weg für die Gruppe war, so betonte doch einer der Anführer: „Menschen, die einander in der Weimarer Zeit haßten, mußten die Vergangenheit hinter sich lassen und für ein Ziel zusammenarbeiten – Hitler töten, die Regierung stürzen und mit den Alliierten einen Frieden aushandeln."[680]

Nachdem sie 1943 dabei ertappt wurden, wie sie an der Münchener Universität Flugblätter verteilten, wurden Sophie, ihr Bruder Hans und Christl Probst von Richter Roland Freisler vom Volksgerichtshof schnell verurteilt und bald darauf mit dem Fallbeil hingerichtet. Eine bewegende Beschreibung ihrer letzten Tage findet sich in dem Film *Sophie Scholl* von 2005. Weitere Hinrichtungen folgten, aber inzwischen hatte die starke moralische Botschaft der Weißen Rose viele Deutsche erreicht und war auch im Ausland bekannt geworden.

Auch wenn die deutsche Bevölkerung schon seit langem eingeschüchtert war, so gab es doch noch die Freiheit des Gedankens. Victor Klemperers Tagebucheinträge sind mit Äußerungen schweigenden Protests gefüllt. Ein Reisender an Klemperers Tisch in einem Lokal „erzählte ... hanebüchen antinazistische Witze, einen nach dem anderen. ‚Volkswitz muß sein, wenn er sich in Grenzen hält.'" Ihm fiel auf, daß sich die Zahl der Menschen in den Geschäften erhöhte, die „Guten Tag" anstelle von „Heil Hitler" sagten. Er notierte das Schicksal eines Ehepaars, das erfahren hatte, daß seine vier Söhne alle in Rußland gefallen waren: „Der Vater erhängt sich, die Mutter schleudert das Hitlerbild aus dem Fenster auf den Hof. Eine halbe Stunde später wird sie verhaftet (‚geholt')."[681]

Ab September 1941 mußten Juden den gelben Davidstern mit dem Wort „Jude" darauf tragen. Scharfsinnig erläuterte Klemperer, wie diese Anweisung unter den „Ariern" für Angst und für das Gefühl sorgen sollte, daß der Nazi-Staat dringend beschützt werden müsse: „Die Zeitung begründet: Nachdem das Heer die Grausamkeit etc. *des* Juden am Bolschewismus kennengelernt, müsse den Juden hier jede Tarnungsmöglichkeit genommen werden, um den Volksgenossen jede Berührung mit ihnen zu ersparen. – Der wahre Grund: Angst vor jüdischer Kritik, weil es im Osten schlecht steht oder mindestens stockt. Und: Regiment der Terrorleute, Himmlers, weil es im Osten schlecht steht."[682]

Doch Klemperer hatte auch positive Erlebnisse, als er den Stern trug und vermerkte: „Fraglos empfindet das Volk die Judenverfolgung als Sünde." Eine Bekannte wurde in einem Geschäft von einem Fremden angesprochen: „Wir sind eine Gruppe, die den Judenstern grüßt." Dies war eine tapfere Tat, „zumal vor wenigen Tagen der Rundfunk, auf einen Goebbels-Artikel gestützt, ausdrücklich vor jedem Verkehr mit Juden gewarnt haben soll."[683]

Bei der Deportation der Juden aus dem Großdeutschen Reich, die im Oktober 1941 begann, spielte wieder die allgegenwärtige Suche nach Waffen eine Rolle. Eine Anweisung der Gestapo an den Polizeipräsidenten von Rostock bezüglich der Deportation von Juden in den Osten befahl: „Vor dem Verlassen der Wohnung sind die Juden nach Waffen, Munition, Sprengstoffen, Gift, Devisen, Schmuck usw. zu durchsuchen."[684] Doch das war noch nicht genug. Alfred Hartmann erinnerte sich, wie Juden in das Barackenlager Milbertshofen bei München, einem Durchgangslager für die Deportationen in die Todeslager, gebracht wurden: „Nach ihrer Ankunft im Lager und Einweisung in die Baracken wurde das Gepäck zusammengestellt und von Beamten der Gestapo auf Waffen, Schmuck und dergleichen untersucht."[685]

Dies war die letzte Stufe der Entwaffnung derjenigen Juden, die vielleicht noch eine Schußwaffe besaßen, wodurch individueller oder kollektiver Widerstand unmöglich gemacht wurde. In den historischen Unterlagen gibt es keine Nachweise, daß sich deutsche Juden nach der Reichskristallnacht Waffen gesetzwidrig beschafften oder Waffen einsetzten, um sich zur Wehr zu setzen, zumindest nicht in größerem Maße. Im Gegenteil, die Reichsvertretung der Juden in Deutschland, die deutsche jüdische Führung, bestand darauf, daß die Aktivitäten der Juden im legalen Rahmen blieben. Militanter Widerstand wurde als sinnlos betrachtet; er würde nur Vergeltungsmaßnahmen provozieren.[686] Diese Organisation half bei der Registrierung der zur Deportation vorgesehenen Juden und kümmerte sich um die Beförderung der zu Deportierenden.[687]

Es gab allerdings Fälle des Widerstands gegen Deportationen, bei denen Schußwaffen eine Rolle spielten, wenn auch nicht in einem solchen Maße wie in den besetzten Ländern. Es gibt anekdotenhafte Beweise dafür, daß sich Juden mit Schußwaffen in Berlin versteckten. Fritz Corner ernährte seine Familie über den Schwarzmarkthandel mit Juwelen, aber er wurde von einem „Greifer" erkannt – einem Juden, der für die Gestapo arbeitete und andere Juden ans Messer lieferte, um sich selbst zu retten. Corner lehnte das Angebot der Gestapo ab, zehn Juden zu verraten und dafür nicht nach Auschwitz geschickt zu werden; ihm gelang die Flucht, bevor er deportiert werden konnte. Er schwor, nie wieder verhaftet zu werden, und wenn er die Straßen entlang ging, achtete er auf jeden, der ihm entgegen, und hielt in seiner rechten Hand in der Manteltasche eine kleine Pistole bereit.[688]

Maria Gräfin von Maltzahn (genannt Maruschka) versteckte Juden in ihrer Berliner Wohnung und brachte viele in Sicherheit. Sie war mit einem Major der Wehrmacht befreundet und überzeugte ihn, ihr eine Mauser-Pistole zu überlassen, weil sie sich als allein lebende Frau unsicher fühlte. Zusammen mit Erik Wesslen von der Schwedischen Kirche schmuggelte sie Juden und politische Flüchtlinge aus Deutschland hinaus. Er erkaufte deren Freilassung, indem er SS-Offiziere mit Kaffee und Zigaretten bestach. Einmal wurde sie verfolgt, als sie sechs ältere Juden führte, die aus Gestapo-Haft entlassen worden waren. Sie schoß auf den Verfolger und traf ihn ins Bein. Sie entkamen, aber Wesslen machte ihr Vorhaltungen, weil sie den Verfolger nicht erschossen hatte, denn nun würde diese Fluchtroute nicht mehr genutzt werden können.[689]

Durch die Jahre der Unterdrückung war bewaffneter Widerstand selten. Doch Arnold Paucker, ein Überlebender des Holocaust, meinte dazu: „Gab es einen bewaffneten Widerstand der deutschen Juden? Den gab es auf jeden Fall!" Allerdings sollte man nicht „rückblickend den Juden in Nazi-Deutschland eine Schuld zusprechen, weil sie sich, neben all den anderen Bedrohungen, denen sie sich ausgesetzt sahen, nicht in irgendwelche militärischen Abenteuer stürzten. Nur außerhalb der Grenzen Deutschlands konnten Juden zu den Waffen greifen, um gegen ihre Unterdrücker zu kämpfen." Auch wenn Paucker sich nicht zu bewaffneter Selbstverteidigung und dem Überleben Einzelner in Deutschschland äußert, so kritisiert er, daß der Partisanenkampf als unbedeutend herabgewürdigt wird: „Für uns Juden, die sich so stark dabei engagierten, ist eine solche Abwertung des europäischen Partisanenkampfes besonders schmerzhaft. Man hat uns lange vorgehalten, daß wir uns nicht verteidigt hätten, und als wir das Gegenteil bewiesen, wurde uns von schlauen oder hochnäsigen Militärhistorikern gesagt, daß diese Selbstverteidigung sowieso sinn- und nutzlos war."[690]

Die Strategie der Nazis in den besetzten Ländern versuchte, den bewaffneten Partisanenkampf zu verhindern, indem verkündet wurde, daß jede Nichtabgabe von Waffen mit dem Tode bestraft würde. So berichtete eine Warschauer Zeitung Anfang 1941 von der Hinrichtung dreier Polen – der Erste, weil er „trotz des allgemein bekannten Befehls zur Waffenabgabe" eine Pistole nicht ablieferte, der Zweite, weil er sie kaufte, und der Dritte, weil er sie zwar nie besaß, aber „nicht seiner Pflicht nachkam, die entsprechenden Behörden darüber zu informieren".[691] Eine offizielle Reichsverordnung von Ende 1941 drohte jedem Polen oder Juden die Todesstrafe an, „wenn sie im unerlaubten Besitz einer Schußwaffe, einer Handgranate, einer Hieb- oder Stoßwaffe, von Sprengmitteln, Munition oder sonstigem Kriegsgerät betroffen werden oder wenn sie glaubhafte Kenntnis davon erhalten, daß ein Pole oder Jude sich im unerlaubten Besitz eines solchen Gegenstands befindet, und es unterlassen, der Behörde unverzüglich Anzeige zu erstatten."⁶⁹²

Diese Verordnung zeigte die grundlegende Strategie der Nazis. In einer seiner Tiraden stellte Hitler im April 1942 klar: „Der größte Unsinn, den man in den besetzen Ostgebieten machen könnte, sei der, den unterworfenen Völkern Waffen zu geben. Die Geschichte lehre, daß alle Herrenvölker untergegangen seien, nachdem sie den von ihnen unterworfenen Völkern Waffen bewilligt hätten."⁶⁹³

Das Auftreten der *Einsatzgruppen*, den Todesschwadronen der Nazis, die im Osten zwei Millionen Juden und andere Menschen liquidierten, zeigt deutlich, daß es eine Rolle spielte, ob man bewaffnet war oder nicht. Für Raul Hilberg ist die Sache klar: „Die Mörder waren gut bewaffnet... . Die Opfer waren unbewaffnet."⁶⁹⁴ Sechs Einsatzgruppen mit jeweils mehreren hundert Mann operierten in Polen und Rußland. Zu ihren Aufgaben gehörten die Festnahme politisch unzuverlässiger Personen, die Beschlagnahme von Waffen und die Liquidierungen. So berichtete Einsatzgruppe C im September 1941, daß ihre Aktivitäten „vor allem den Kampf gegen jede Art von Partisanenaktionen, von gut organisierten Banden und einzelnen Scharfschützen bis zu systematischen Gerüchtestreuern" beinhalteten. Typische Exekutionen waren die einer jüdischen Frau, „die ohne Judenabzeichen aufgegriffen wurde und sich weigerte, ins Ghetto zu ziehen" sowie einer anderen Frau „wegen Scharfschützentätigkeit". Zudem wurde über ausgedehnte Partisanenaktivität bewaffneter Juden berichtet.⁶⁹⁵

Der heldenhafte Aufstand im Warschauer Ghetto im Jahre 1943 zeigte, daß sich selbst wenige Juden mit Waffen erfolgreich wehren konnten. Simha Rotem, ein Mitglied der Jüdischen Kampforganisation (ZOB) beschrieb die Situation: „Ich und meine Kameraden in der ZOB waren entschlossen zu kämpfen, aber wir hatten fast keine Waffen, außer vereinzelt einigen Pistolen. ... An anderen Orten, wo man Waffen hatte, gab es Schießereien, was die Deutschen erstaunte. Ein paar von ihnen wurden getötet und ihre Waffen erbeutet, was bei dem Kampf offenbar entscheidend war. Drei Tage später hörte die *Aktsia* [Deportation] auf. Die plötzliche Änderung ihrer Pläne war das Ergebnis unseres unvorhergesehenen Widerstands." Als die Aktsia vom 19. April begann, hatten sich die ZOB-Leute weitere Pistolen und einige Granaten beschafft. Roem erinnerte sich, wie eine SS-Einheit trotz ihrer schweren Waffen in einen Hinterhalt geriet: „Ich sah es und konnte es nicht glauben: Deutsche Soldaten, die in Panik schreiend flüchteten und ihre Verwundeten zurückließen... . auch meine Kameraden feuerten auf sie. Wir waren keine Meisterschützen, aber wir trafen einige."⁶⁹⁶

Dutzende Deutsche wurden getötet, die Verluste der Partisanen waren nur gering. In den ersten drei Tagen des Widerstands wurde kein einziger Jude aus den Häusern geholt. Schließlich griffen die Deutschen auf Kanonen und Bombardements der Luftwaffe zurück, um das Ghetto in Trümmer zu legen. Am zehnten Tag wurde das Ghetto in Brand gesetzt. Viele flohen durch die Kanalisation und in die Wälder. Dort setzten sie den Kampf zusammen mit nicht-jüdischen Partisanen fort. Im Tagebuch von Joseph Goebbels ist unter dem 1. Mai eingetragen: „Der einzige bemerkenswerte Punkt sind die außerordentlich schweren Kämpfe in Warschau zwischen der Polizei und sogar einem Teil unserer Wehrmacht auf der einen Seite und den aufständischen Juden auf der anderen. Die Juden haben es tatsächlich geschafft, aus dem Ghetto eine Verteidigungsstellung zu machen. Dort finden schwere Gefechte statt... . Das zeigt, was von den Juden zu erwarten ist, wenn sie in den Besitz von Waffen gelangen."[697]

Auch wenn die meisten wahrscheinlich unbekannt sind, so verstanden Deutsche, die vom Holocaust wußten und ihn ablehnten, daß die Juden Waffen besitzen mußten, um sich verteidigen zu können. Oskar Schindler, bekannt für seine Liste von Juden, die er in seinen Fabriken in Polen und der Tschechoslowakei beschützte, sorgte dafür, daß seine jüdischen Arbeiter eine Schußwaffenausbildung erhielten und ihnen Schußwaffen ausgegeben wurden, damit sie sich gegen die Nazis wehren konnten.[698]

Unzählige Aktionen des Widerstands, bewaffnet und unbewaffnet, groß und klein, halfen dabei, die Nazidiktatur zu besiegen, mehr noch in den besetzten Ländern, aber auch in Deutschland selbst. Jacques Semelin formulierte es folgendermaßen: „Die meisten derjenigen, die sich auf den unbewaffneten Widerstand verlegten, taten dies aus Mangel an besseren Optionen, d.h. weil sie keine Waffen hatten, welche das wichtigste und ultimativste Ziel derjenigen waren, die sich der deutschen Ordnung zu widersetzen suchten."[699]

In Deutschland gab es keine bewaffnete zivile Widerstandsbewegung, zum Teil, weil die Deutschen durch Jahre der Diktatur unbewaffnet, nicht organisiert und gleichgeschaltet waren. Trotz der wachsenden Bedrohung durch eine alliierte Invasion hatten die Nazibehörden nicht genug Vertrauen in die deutsche Bevölkerung, um Waffen an Zivilisten auszugeben und diese als Heimatschutztruppe zu verwenden. Im Gegensatz dazu hatte Großbritannien ab 1940 eine Heimwehr organisiert, die aus Zivilisten bestand, welche ihre eigenen Jagd- und Sportwaffen mitbrachten oder die von der Regierung mit Militärwaffen ausgestattet wurden, die sie zu Hause aufbewahrten.[700] Im Mai 1944 gaben die Nazis im Rundfunk bekannt, daß 1.400.000 deutsche Zivilisten an Gewehren und Revolvern ausgebildet worden waren, um das Reich zu verteidigen. Die *New York Times* stichelte:

„Fast genau vier Jahre, nachdem wegen der Bedrohung durch eine deutsche Invasion die Britische Heimwehr gebildet wurde, bringt der Feind nun verspätet Zivilisten bei, wie man sich einem ähnlichen Angriff aus Großbritannien entgegenstellt.

Es ist bemerkenswert, daß die zurückhaltende Äußerung im deutschen Radio nichts darüber aussagt, daß Zivilisten bewaffnet worden sind, sondern nur, daß sie im Schießen und im Umgang mit Waffen ausgebildet worden sind."[701]

Es bedurfte einer Verschwörung aus Wehrmachtsoffizieren und Polizeibeamten für den Versuch, Hitler zu töten und die Regierung gewaltsam zu übernehmen. Ironischerweise hatte sich der Berliner Polizeipräsident Helldorff – der kurz vor der Reichskristallnacht die Entwaffnung der deutschen Juden organisierte – zu jener Zeit bereits der Verschwörung gegen Hitler angeschlossen, als General Franz Halder eine militärische Gruppe anführte, die die Macht ergreifen wollte, um sich Hitlers Kriegspolitik zu widersetzen.[702] Franz von Papen, Botschafter Deutschlands in der Türkei, traf sich 1943 in Berlin mit Graf von Helldorff und Gottfried Graf von Bismarck, dem Regierungspräsidenten von Potsdam. Die beiden, schrieb Papen, vertraten die Auffassung, daß „die von Hitler eingeführten bolschewistischen Methoden" Deutschland zerstören würden. Und er fügte hinzu: „Helldorff beschrieb die unglaublichen Bedingungen in den Gefängnissen, in denen hunderte Menschen festgehalten werden, weil sie wegen geringfügiger Vergehen zum Tode verurteilt worden sind." Sie sprachen über die Pläne einer vom ehemaligen Generalstabschef, Generaloberst Ludwig Beck, geführten Gruppe, Hitler und andere führende Nazis zu ergreifen, zu inhaftieren und vor Gericht zu stellen. Papens Aufgabe bestand darin, über seine diplomatischen Kontakte Verbindung mit Franklin Roosevelt aufzunehmen und einen Friedensschluß ohne bedingungslose Kapitulation zu besprechen. Die Amerikaner waren nicht interessiert.[703]

Die Verschwörung erreichte ihren Höhepunkt mit dem beinahe erfolgreichen Anschlag auf Hitlers Leben am 20 Juli 1944, als Oberst Claus von Stauffenberg in der Wolfsschanze die Bombe unter einem Tisch direkt neben dem Führer platzierte. Der Plan sah vor, das Ersatzheer zu mobilisieren und in Berlin einen Putsch gegen das Naziregime durchzuführen.[704] Nachdem er die Bombe platziert und die Explosion gehört hatte, floh Stauffenberg mit dem Flugzeug nach Berlin und verkündete Hitlers Tod. Er wußte allerdings nicht, daß die Aktentasche mit der Bombe zufällig von Hitler weg auf die andere Seite des massiven Tischfußes geschoben worden war. Helldorff stand bereit, die Berliner Polizei zur Unterstützung des Putsches einzusetzen, als die Nachricht eintraf, daß Hitler womöglich doch nicht tot sei.[705] Nach der Bestätigung, daß Hitler die Explosion überlebt hatte, wurden bis zum Abend Stauffenberg und andere Spitzen der Verschwörung im Hauptquartier des Ersatzheeres gefangen genommen und erschossen.

Noch bevor alle Mitverschwörer bekannt wurden, notierte ‚Missie' Wassiltschikow in ihrem Tagebuch, daß Helldorff die Verhaftung drohe: „Seine Rolle in den Putschversuch war zu auffällig gewesen und er würde nicht in der Lage sein, ein Alibi vorzuweisen." Er wurde schnell verhaftet, und Gottfried Bismarck erklärte Missie: „Helldorff ist verloren. Hitler ist besonders wütend auf ihn, weil er ein alter Parteiveteran und einer der höchsten Führer der SA war." In den von Richter Roland Freisler geleiteten Prozessen am Volksgerichtshof gaben alle Angeklagten zu, daß sie Hitler töten wollten. „Helldorff wurde zuletzt gehenkt, so daß er die anderen sterben sehen konnte. Scheinbar wurden sie nicht einfach gehenkt, sondern mit Stahldraht an Fleischerhaken langsam stranguliert und erhielten, um ihr Leiden zu verlängern, herzstärkende Injektionen. Es gibt Gerüchte, daß die Tötungen gefilmt wurden, und daß sich Hitler in seinem Hauptquartier regelmäßig an diesen Filmen ergötzt."[706]

Helldorff „hatte sich von einem frühen Nazi zu einem Anti-Nazi gewandelt", erklärte Fabian von Schlabrendorff, der bereits früher eine Bombe in Hitlers Flugzeug deponiert hatte, die jedoch nicht explodierte, und der später mit Offizieren plante, Hitler mit ihren Pistolen zu erschießen.[707] Er gehörte zu den Verschwörern und würde ebenfalls hingerichtet worden sein, wenn nicht eine alliierte Bombe direkt den Volksgerichtshof getroffen und Richter Freisler getötet hätte.

Tony Saurma, ein verwundeter Offizier, gehörte zu denjenigen, die verhaftet, aber nicht vor Gericht gestellt wurden. Missie vermerkte in ihrem Tagebuch: „Die Anklage: Er habe vor einiger Zeit auf ein Bild des Führers geschossen und nach Stauffenbergs Anschlag geäußert: ‚Nun ja, mehr Erfolg beim nächsten Mal!'"[708] Viele hatten nicht so viel Glück.

Drei Millionen Deutsche wurden zwischen 1933 und 1945 aus politischen Gründen ins Gefängnis geworfen, und Zehntausende wurden hingerichtet. Offensichtlich gab es starken Widerstand gegen das Naziregime, und genauso offensichtlich wurde dieser Widerstand zerschlagen,[709] obgleich jeder Akt des Widerstandes dazu beitrug, das Regime zu beenden. Sechs Millionen größtenteils unbewaffneter Juden starben im Holocaust, und zahllose weitere Millionen unbewaffneter Menschen starben in den von den Nazis besetzten Ländern.

Zusammen mit anderen Faktoren hätten eine starke Tradition zivilen Schußwaffenbesitzes mit weniger gesetzlichen Vorschriften sowie eine ideologische Tradition des Widerstandes gegen Tyrannei vielleicht zu anderen historischen Ergebnissen führen können. Es wurde einmal rhetorisch gesagt, der Buchstabe „W" könnte „für Bedeutungen stehen wie Wir, Wachwerden, Waffen, Wölfe, Widerstand".[710]

Im *Grundgesetz für die Bundesrepublik Deutschland*, das am 23 Mai 1949 in Westdeutschland verabschiedet und nach der Wiedervereinigung am 3. Oktober 1990 zur Verfassung des gesamten Deutschen Volkes wurde, heißt es: „Gegen jeden, der es unternimmt, diese Ordnung zu beseitigen, haben alle Deutschen das Recht zum Widerstand, wenn andere Abhilfe nicht möglich ist."[711] Hier fehlt allerdings die Feststellung, daß die Bevölkerung ein Recht darauf hat, Waffen zu besitzen und zu tragen, damit sie auch in der Lage ist, dies Recht wahrzunehmen.

Wie die Erfahrung aus Weimarer Republik und Nazizeit gezeigt hat, wurden von einer das Beste anstrebenden, liberalen Republik repressive Schußwaffenverbote verabschiedet, die sich für eine Diktatur als höchst nützlich erweisen würden. Die Diktatur konnte ihre Macht festigen, indem massive Durchsuchungs- und Beschlagnahme-Aktionen gegen politische Gegner unter der hysterischen Behauptung, bei diesen Personen handle es sich um „kommunistische" Schußwaffenbesitzer, stattfanden. Sie konnte ihr eigenes neues Schußwaffengesetz verabschieden und jeden, den die Polizei als „gefährlich" einstufte, entwaffnen und für Mitglieder der Partei, die den Staat kontrollierte, Ausnahmen festlegen. Sie konnte die tragische Tötung eines rangniedrigen Diplomaten im Ausland benutzen, um unter dem Vorwand, daß jüdische Schußwaffenbesitzer gefährlich seien und entwaffnet werden müßten, ein Pogrom durchzuführen. Diese Diktatur konnte die Menschen der Nation, über die sie herrschte, entwaffnen; danach entwaffnete sie die Menschen jeder Nation, die sie eroberte, und ermöglichte damit den Völkermord.

Wenn uns die Erfahrungen mit den Nazis etwas lehren, dann ist es dies: Totalitäre Regierungen versuchen, ihre Untertanen zu entwaffnen, um jede Fähigkeit zu beseitigen, sich gegen Verbrechen gegen die Menschlichkeit zur Wehr zu setzen. Man könnte die Frage stellen, ob der Gang der Geschichte anders gewesen wäre, wenn deutsche Gegner des Nationalsozialismus, sowohl Juden als auch Nicht-Juden, bei den Beschlagnahmen von Waffen weniger gehorsam, untereinander einiger und ideologisch dem Widerstand mehr zugeneigt gewesen wären.

Gibt es eine wichtige Lehre, die aus den Erfahrungen mit der von der liberalen Weimarer Republik verordneten Waffenregistrierung und der Nutzung der Akten zur Entwaffnung der „Staatsfeinde" und Juden durch das Naziregime gezogen werden kann? Auch wenn solche Ereignisse nicht vorhersagen können, was geschehen *wird*, so zeigen sie doch klar und deutlich, was passieren *kann*. Im Gegensatz zu der Einzigartigkeitsannahme, daß es in manchen Ländern zum Völkermord kommen kann und in manchen nicht, welche durch die Erfahrungen des hochkulturellen Deutschlands ad absurdum geführt wird, befördern die Anerkennung und Ausübung bestimmter Rechte das Ziel „Niemals wieder!". Wie anders wäre wohl die Geschichte verlaufen, wäre Deutschland (ganz zu schweigen von den Ländern, die Deutschland später besetzte) ein Land gewesen, in dem eine große Anzahl von Bürgern ohne aufdringliche gesetzliche Einschränkungen Waffen besessen hätten, und wo das Recht, Waffen zu besitzen und zu tragen verfassungsmäßig garantiert gewesen wäre?[712]

Ganz sicher respektieren Diktatoren Verfassungen genauso wenig wie Bürgerrechte oder Menschenrechte. Doch bei einer bewaffneten Bevölkerung mit einer politischen Kultur hehrer verfassungsmäßiger und natürlicher Rechte, für die sie zu kämpfen bereit ist, ist es viel weniger wahrscheinlich, daß sie unter die Herrschaft einer Tyrannei gerät; und falls doch, dann wird sie viel eher bewaffneten Widerstand leisten. Eine entwaffnete Bevölkerung, der man beibringt, sie habe keine Rechte außer dem von der Regierung verordneten positiven Recht, ist offensichtlich empfänglicher für eine totalitäre Herrschaft und weniger in der Lage, sich gegen Unterdrückung zur Wehr zu setzen.

In der erfolglosen Revolution von 1848 strebten die deutschen Befürworter einer Republik vergeblich nach dem, was die Amerikaner des vergangenen Jahrhunderts in dieser Beziehung erreicht hatten – nach verbrieften Rechten und einer bewaffneten Bevölkerung, die bereit ist, diese durchzusetzen. Bei der Gründung der Weimarer Republik erbte das deutsche Volk kein Konzept eines Rechtes auf Waffenbesitz, und in dem Chaos, das auf den Ersten Weltkrieg folgte, war die junge Republik nur zu schnell bereit, per Notverordnungen zu regieren und Rechte, wie die auf Presse- und Versammlungsfreiheit auszusetzen (das Tragen von Waffen war nicht einmal anerkannt). Natürlich spielte das positive Recht, einschließlich gesetzlicher Verordnungen mit juristischer Nachprüfbarkeit, weiterhin eine große Rolle beim Regieren, sogar in der Anfangszeit des Nationalsozialismus. Doch die Ereignisse von 1938 finalisierten die Ersetzung der Überbleibsel des Rechtsstaates durch das Führerprinzip.

Dies bringt uns zurück zu Alfred Flatow, dem Turner, der 1896 bei den Olympischen Spielen die Goldmedalille für Deutschland erkämpfte.[713] Was wäre gewesen, wenn er – und eine unbekannte Zahl weiterer Deutscher, jüdischer wie nicht-jüdischer Abstammung – 1932 ihre Schußwaffen nicht angemeldet hätten? Oder wenn die Weimarer Republik eine Schußwaffen-Registrierung gar nicht erst angeordnet hätte? Was wäre gewesen, hätten die Nazis 1933 bei ihrer Machtübernahme und der Entwaffnung der Sozialdemokraten und anderer politischer Gegner beziehungsweise 1938 bei der Entscheidung, die gesamte jüdische Bevölkerung zu unterdrücken, keine wohlgeordneten Polizeiakten mit registrierten Waffenbesitzern vorgefunden? Läßt sich mit Bestimmtheit sagen, daß niemand, weder Einzelpersonen noch große oder kleine Gruppen, den Verwüstungen der Nazis entgegengetreten wäre, oder daß solcher Widerstand nichts gebracht hätte?

Man fragt sich, welche Gedanken Alfred Flatow durch den Kopf gegangen sein mögen, als er 1942 im Konzentrationslager Theresienstadt verhungerte. Vielleicht zogen ja Erinnerungen an die Olympischen Spiele und an ein besseres Deutschland vor seinen Augen vorbei. Stellte er sich die Frage, vielleicht schon oft wiederholt, ob es richtig war, daß er 1932 seinen Revolver und seine zwei Taschenpistolen anmeldete? Oder ob es richtig war, daß er 1938 gehorsam seine

Schußwaffen auf einem Berliner Polizeirevier abgab, so wie es eine Verordnung der Nazis befahl, und was letztlich dazu führte, daß ihn die Gestapo in Haft nahm? Wir werden es nie erfahren, aber es ist schwer vorstellbar, daß er kein Bedauern empfand.

[656] Ernst Fraenkel, *The Dual State: A Contribution to the Theory of Dictatorship* (New York: Oxford University Press, 1941), 199–200.

[657] Preußisches Oberverwaltungsgericht, 10. Nov. 1938, *Juristische Wochenschrift* 1939, 382, zitiert in Fraenkel, *The Dual State,* 27–28, 217 n. 83.

[658] Hajo Bernett, *Der Weg des Sports in die nationalsozialistische Diktatur* (Schorndorf, Deutschland: Hofmann, 1983), 30, 45–46; *Der Deutsche Schütze* 1939, Nr. 2, S.18, zitiert in Stefan Grus, „Allgemeines Verhältnis des Naziregimes zu den Schützenvereinen", unveröffentlichtes Manuskript, Wiesbaden, Okt. 2005, 2.

[659] Bernett, *Der Weg des Sports,* 46; Anordnung des stellv. Verbandsführers, Amtschef in der Obersten SA-Führung Schmiere, in *Der Deutsche Schütze* 1940, Nr. 11, S.92, zitiert in Grus, „Allgemeines Verhältnis", 2.

[660] Grus, „Allgemeines Verhältnis."

[661] *Hitler's Secret Conversations: 1941–1944,* Übers. Norman Cameron and R. H. Stevens (New York: Signet Books, 1961), 114, 633.

[662] Anton Gill, *An Honourable Defeat: A History of German Resistance to Hitler, 1933–1945* (New York: Henry Holt, 1994); Claudia Koonz, „Choice and Courage", in *Contending with Hitler: Varieties of German Resistance in the Third Reich,* Hrsg. David Clay Large (Washington, DC: German Historical Institute, 1991), 60; Hans Bernd Gisevius, *To the Bitter End: An Insider's Account of the Plot to Kill Hitler, 1933–1944,* Übers. Richard Winston and Clara Winston (New York: Da Capo Press, 1998), 417–18.

[663] Gill, *An Honourable Defeat,* 122.

[664] Gill, *An Honourable Defeat,* 129–30. Siehe auch Peter Steinbach und Johannes Tuchel, *„Ich habe den Krieg verhindern wollen": Georg Elser und das Attentat vom 8. November 1939* (Berlin: Gedenkstätte Deutscher Widerstand, 1997).

[665] Victor Klemperer, *I Will Bear Witness 1933–1941,* Übers. Martin Chalmers (New York: Modern Library, 1999), 318, (Eintrag für 12. Nov. 1939).

[666] Gill, *An Honourable Defeat,* 149; Klaus Urner, *Der Schweizer Hitler-Attentäter* (Frauenfeld, Schweiz: Huber, 1980).

[667] *Hitlers Tischgespräche im Führerhauptquartier 1941-1942* (Seewald Verlag, Stuttgart, 1963), 306.

[668] *Der Bund* (Bern), 29. Sept. 1939, 3.

[669] „Liberation from Nazism", *London Times,* 10. Feb. 1940, 5E.

[670] Klemperer, *I Will Bear Witness,* 335, 342. (Einträge für 8. Mai und 31. Mai 1940).

[671] Siehe, zum Beispiel, *Le Matin* (Paris), 27. Juni 1940, 1 (Bekanntmachung); *Le Matin,* 22. Sept. 1941, 1 (Hinrichtung von Personen wegen „illegalem Waffenbesitz"). Siehe auch Stephen P. Halbrook, *Why Can't We Be Like France? How the Right to Bear Arms Got Left Out of the Declaration of Rights and How Gun Registration Was Decreed Just in Time for the Nazi Occupation,* 39 FORDHAM URBAN LAW JOURNAL, 101 (2013).

[672] „Topics of the Times: Their Common Fate", *New York Times,* 2. Juli 1940, 4.

673 Geheime Staatspolizei, Staatspolizeileitstelle München, An die Landräte in Oberbayern et al., Betreff: Überwachung und Kontrolle der Waffen- und Munitionsverkäufe, 21. Jan. 1941, BHStA, B.Nr. 28115/41, II Schd./Roh.

674 Der Landrat d.Kr. Calau an Reg. Präs. Frankfurt/O, 26. Aug. 1942, Beschwerde wegen Versagung eines Waffenscheines, Brandenburgisches Landeshauptarchiv (BrLHA), Pr. Br. Rep. 3B, Reg. Frankfurt/O I Pol/1877, Waffenscheine 1933–42.

675 Gestapo Frankfurt/O an Reg. Präs. Frankfurt/O, 15. Sept. 1942, BrLHA, Pr. Br. Rep. 3B, Reg. Frankfurt/O I Pol/1877, Waffenscheine 1933–42.

676 *Hitlers Tischgespräche im Führerhauptquartier 1941-1942*, 258

677 Annette E. Dumbach and Jud Newborn, *Shattering the German Night: The Story of the White Rose* (Boston: Little, Brown, 1986), 184.

678 Dumbach and Newborn, *Shattering the German Night,* 11, 146; Inge Scholl, *The White Rose: Munich 1942–1943,* Übers. Arthur R. Schultz (Hanover, NH: Wesleyan University Press, 1983), 66, 94–95.

679 Dumbach and Newborn, *Shattering the German Night,* 170.

680 Zitiert in Dumbach and Newborn, *Shattering the German Night,* 8.

681 Klemperer, *I Will Bear Witness,* 391 (Eintrag für 22. Juni 1941), 428 (Eintrag für 2. Sept. 1941), 429 (Eintrag für 8. Sept. 1941).

682 Klemperer, *I Will Bear Witness,* 429 (Eintrag für 15. Sept. 1941).

683 Klemperer, *I Will Bear Witness,* 438 (Eintrag für 4. Okt. 1941), 445 (Einträge für 18. und 24. Nov. 1941).

684 Geheime Staatspolizei, Evakuierung von Juden nach dem Osten, 6. Juli 1942, RG-14.006*01, B.Nr. II B 2-326/42 g, Kopie aus dem Stadtarchiv Rostock im United States Holocaust Memorial Museum, Washington, DC.

685 Zitiert in Andreas Heusler und Tobias Wenger, *„Kristallnacht": Gewalt gegen die Münchner Juden im November 1938* (Munich: Buchendorfer, 1998), 184.

686 Konrad Kwiet, „Resistance and Opposition: The Example of the German Jews", in *Contending with Hitler: Varieties of German Resistance in the Third Reich,* Hrsg. David Clay Large (Washington, DC: German Historical Institute, 1991), 65–66.

687 Kwiet, „Resistance and Opposition", 72–73.

688 Leonard Gross, *The Last Jews in Berlin* (New York: Simon and Schuster, 1982), 171–77, 188–94, 210.

689 Gross, *The Last Jews in Berlin,* 128–29, 154–56.

690 Arnold Paucker, *German Jews in the Resistance 1933–1945: The Facts and the Problems* (Berlin: Gedenkstätte Deutscher Widerstand, 2003), 53.

691 Trzy wyroki śmierci za niedozwolone posiadanie broni", *Nowy Kurjer Warszawski*, 22. Jan. 1941, 1.

692 Verordnung über die Strafrechtspflege gegen Polen und Juden in den eingegliederten Ostgebieten vom 4.12.1941, *Reichsgesetzblatt* 1941, I, 759.

[693] *Hitlers Tischgespräche im Führerhauptquartier 1941-1942* Seewald Verlag Stuttgart, 1963), 272.
[694] Raul Hilberg, *The Destruction of the European Jews* (New York: Homes and Meir, 1985), 341, 318, 297.
[695] Yitzhak Arad, Shmuel Krakowski and Shmuel Spector, Hrsg., *The Einsatzgruppen Reports* (New York: Holocaust Library, 1989), ii, 117, 128, 233, 306, 257–58, 352–53, 368.
[696] Simha Rotem (Kazik), *Memoirs of a Warsaw Ghetto Fighter and the Past within Me* (New Haven, CT: Yale University Press, 1994), 118–19, 25, 32–34.
[697] *The Goebbels Diaries: 1942-1943*, Bearb. und Übers. Louis P. Lochner (Garden City, NY: Doubleday, 1948), 350–51.
[698] Thomas Keneally, *Schindler's List* (New York: Scribner, 1982), 346–47.
[699] Jacques Semelin, *Unarmed Against Hitler: Civilian Resistance in Europe, 1939-1943*, Übers. Suzan Husserl-Kapit (Westport, CT: Praeger, 1993), 2.
[700] S. P. MacKenzie, *The Home Guard* (New York: Oxford University Press, 1995).
[701] „2,000 Planes in West Rip Railways and Airfields", *New York Times*, 11. Mai 1944, 1.
[702] Peter Hoffmann, *The History of the German Resistance, 1933-1945*, 3rd ed. (Montreal: McGill-Queen's University Press, 1996), 90.
[703] Franz von Papen, *Memoirs* (London: Andre Deutsch, 1952), 498.
[704] Die detaillierteste Darstellung dieses Mordanschlags findet sich in Hoffmann, *The History of the German Resistance*, 315-503.
[705] Hoffmann, *The History of the German Resistance*, 424.
[706] Marie „Missie" Vassiltchikov, *The Berlin Diaries, 1940-1945* (London: Pimlico, 1999), 202, 208, 222–23.
[707] Fabian von Schlabrendorff, *The Secret War Against Hitler* (New York: Pitman, 1965), 251, 237–38, 271.
[708] Vassiltchikov, *The Berlin Diaries*, 234.
[709] Peter Hoffman, „The Second World War, German Society, and Internal Resistance to Hitler", in Large, Hrsg., *Contending with Hitler*, 122.
[710] Ernst Jünger, *Der Waldgang*, zitiert in Klemens von Klemperer, „The Solitary Witness: No Mere Footnote to Resistance Studies", in Large, Hrsg., *Contending with Hitler*, 130.
[711] Grundgesetz, Art. 20, Abs. 4. Siehe David Clay Large, „Uses of the Past: The Anti-Nazi Resistance Legacy in the Federal Republic of Germany", in Large, Hrsg., *Contending with Hitler*, 180, Zitat von Christoph Böckenförde, „Die Kodifizierung des Widerstandsrechts im Grundgesetz", *Juristenzeitung* 25, Nr. 5–6 (1970): 168–72.
[712] Siehe David I. Caplan, „Weapons Control Laws: Gateways to Victim Oppression and Genocide", in *To Be a Victim: Encounters with Crime and Injustice*, Hrsg. Diane Sank and David I. Caplan (New York: Plenum Press, 1991), 308–11.
[713] Mehr über Flatow findet sich im Kapitel 10 dieses Buches.

ANHANG

BIBLIOGRAFIE

Archive

Bayerisches Hauptstaatsarchiv (BHStA)
Brandenburgisches Landeshauptarchiv (BrLHA)
Bundesarchiv (BA)
Bundesarchiv Berlin (BA Berlin)
Bundesarchiv Lichterfelde (BA Lichterfelde)
Bundesarchiv-Militärarchiv (BA/MA)
Generallandesarchiv Karlsruhe (GLAK)
Landesarchiv Baden-Württemberg (LA-BW)
Landesarchiv Berlin (LA Berlin)
Musée de l'Ordre de la Libération, Paris.

Stadtarchiv Freiburg i. Br. (StAFr)
United States Library of Congress
United States National Archives
United States National Holocaust Memorial Museum
Yad Vashem Archives

Bücher

Abrahams-Sprod, Michael E. *Life under Siege: The Jews of Magdeburg under Nazi Rule.* Ph.D. Dissertation, University of Sydney, 2006.

Aegerter, Roland, Hrsg. *Politische Attentate des 20. Jahrhunderts.* Zürich: Verlag Neue Zürcher Zeitung, 1999.

Allen, Michael Thad. *The Business of Genocide: The SS, Slave Labor, and the Concentration Camps.* Chapel Hill: University of North Carolina Press, 2002.

Allen, William Sheridan. *The Nazi Seizure of Power: The Experience of a Single German Town 1922-1945.* New York: Franklin Watts, Inc., 1984.

Aly, Götz und Karl Heinz Roth. *The Nazi Census: Identification and Control in the Third Reich.* Übers. Edwin Black and Assenka Oksiloff. Philadelphia: Temple University Press, 2004.

Ameling, Hendrik Schulze. *Schützenvereine im westlichen Münsterland in der NS-Zeit 1933 – 1939.* Münster, Deutschland: Magisterarbeit (unveröffentlicht), 2004.

Angolia, John R. and Hugh Page Taylor. *Uniforms, Organization & History of the German Police.* San Jose, CA.: R. James Bender, 2004.

Arad, Yitzhak, Shmuel Krakowski, and Shmuel Spector, Hrsg. *The Einsatzgruppen Reports.* New York: Holocaust Library, 1989.

Arendt, Hannah. *Eichmann in Jerusalem: A Report on the Banality of Evil.* New York: Penguin Books, 1992.

Bader, Kurt und Alfred Schühly, Hrsg., *Sammlung badischer Polizeiverordnungen.* Berlin: Verlag für Recht und Verwaltung, 1936.

Bankier, David, Hrsg. *Probing the Depths of German Antisemitism: German Society and the Persecution of the Jews, 1933-1941.* New York: Berghahn Books, 2000.

Bard, Mitchell G. *48 Hours of Kristallnacht: Night of Destruction / Dawn of the Holocaust: An Oral History.* Guilford, Conn.: The Lyons Press, 2008.

Berliner Allerlei. Berlin: Verlag der Täglichen Rundschau, 1922.

Bernett, Hajo. *Der Weg des Sports in die nationalsozialistische Diktatur.* Schorndorf, Deutschland: Hofmann, 1983.

Bernett, Hajo. *Sportpolitik im Dritten Reich. Aus den Akten der Reichskanzlei.* Schorndorf, Deutschland: Hofmann, 1971.

Bevans, Charles I. compl. *Treaties and Other International Agreements of the United States of America, 1776-1949.* Washington, D.C.: U.S. Department of State, 1969.

Bierhaus, August, Hrsg. *„Es ist nicht leicht, darüber zu sprechen": Der Novemberprogrom 1938 im Kreis Borken*. Borken: Kreis Borken, 1988.

Bitzel, Uwe. *Damit kein Gras darüber wächst; Ereignisse um die Pogromnacht 1938 in Dortmund.* Dortmund, Deutschland: Gesellschaft für christlich-jüdische Zusammenarbeit e.V. Dortmund und dem Stadtarchiv Dortmund, 1988.

Black, Edwin. *IBM and the Holocaust: The Strategic Alliance Between Nazi Germany and America's Most Powerful Corporation*. New York: Random House, 2001.

Bundi, Martin. *Bedrohung, Anpassung und Widerstand: Die Grenzregion Graubünden 1933-1946*. Chur, Schweiz: Bündner Monatsblatt/Desertina AG, 1996.

Churchill, Winston. *The Second World War: Their Finest Hour*. Boston: Houghton Mifflin, 1949.

Clark, Ronald E. *Einstein: The Life and Times*. New York: Avon, 1971.

Large, David Clay, Hrsg. *Contending with Hitler: Varieties of German Resistance in the Third Reich.* Washington, DC: German Historical Institute, 1991.

Cobbers, Arnt. *Architecture in Berlin, The Most Important Buildings and Urban Settings*. Berlin: Jaron, 2002.

Crankshaw, Edward. *Gestapo: Instrument of Tyranny.* London: Greenhill Books, 1956.

Degener, Herrmann A. L. *Wer ist's?* Berlin: Verlag Hermann Degener, 1928.

Diehl, James M. *Paramilitary Politics in Weimar Germany*. Bloomington: Indiana University Press, 1977.

Diewerge, Wolfgang. *Anschlag gegen den Frieden: Ein Gelbbuch über Grünspan und Seine Helfershelfer*. München: Zentralverlag der NSDAP, 1939.

Diewerge, Wolfgang. *Der Fall Gustloff. Vorgeschichte und Hintergründe der Bluttat von Davos*. München, 1936.

Diewerge, Wolfgang. *Ein Jude hat geschossen . . . Augenzeugenbericht vom Mordprozeß David Frankfurter*. München: Franz Eher Nachf, 1937.

Dodd, William E. *Ambassador Dodd's Diary: 1933-1938*. Hrsg. William E. Dodd, Jr. and Martha Dodd. New York: Harcourt, Brace, 1941.

Dumbach, Annette E. and Jud Newborn. *Shattering the German Night: The Story of the White Rose*. Boston: Little, Brown, 1986.

Dunker, Ulrich. *Der Reichsbund jüdischer Frontsoldaten 1919-1938*. Düsseldorf: Droste, 1977.

Esser, Albert. *Wilhelm Elfes, 1884-1969: Arbeiterführer und Politiker*. Matthias-Grunewald, 1990.

Evans, Richard J. *The Third Reich in Power, 1933-1939*. New York: Penguin Press, 2005.

Feuchtwanger, Lion. *Die Geschwister Oppenheim.* Amsterdam: Querido, 1933.

Feuchtwanger, Lion. *The Oppermanns*. London: Secker, 1933 and New York: The Viking Press, 1934.

Fink, Jürg. *Die Schweiz aus der Sicht des Dritten Reiches*, 1933-1945. Zürich: Schulthess Polygraphischer, 1985.

Flender, Harold. *Rescue in Denmark*. Princeton University Press, 1963, Nachdruck durch Washington, D.C.: Holocaust Library.

Fragen - Erinnern - Spuren sichern: Zum Novemberpogrom 1938. Aachen: Annemarie Haase, 1992.

Fraenkel, Ernst. *The Dual State: A Contribution to the Theory of Dictatorship*. New York: Oxford University Press, 1941.

Freimark, Peter und Wolfgang Kopitzsch, Hrsg., *Der 9./10. November 1938 in Deutschland: Dokumentation zur „Kristallnacht."* Hrsg. Peter Freimark und Wolfgang Kopitzsch. Hamburg: Ludwig Appel & Sohn, 1978.

Friedländer, Saul. *Nazi Germany and the Jews: Vol. 1 The Years of Persecution, 1933-1939*. New York: Harper Collins, 1997.

Fröhlich, Elke, Hrsg. *Die Tagebücher von Joseph Goebbels. Teil I, Aufzeichnungen 1923–41, Band 6, Aug. 1938–Juni 1939*. München: K. G. Saur, 1998.

Fromm, Bella. *Blood & Banquets: A Berlin Social Diary*. New York: Carol Publishing Group, 1990.

The Gestapo and SS Manual. Übers. Carl Hammer. Boulder, CO: Paladin Press, 1996.

Gilbert, Martin. *Kristallnacht: Prelude to Destruction*. New York: Harper Perennial, 2006.

Gill, Anton. *An Honourable Defeat: A History of German Resistance to Hitler, 1933-1945*. New York: Henry Holt, 1994.

Gisevius, Hans Bernd. *To the Bitter End: An Insider's Account of the Plot to Kill Hitler, 1933-1944*. Richard Winston and Clara Winston Übers. New York: Da Capo Press, 1998.

Gordon, Harold J. *Hitler and the Beer Hall Putsch*. Princeton, NJ: Princeton University Press, 1972.

Grass, Günter. *Crabwalk*. Übers. Krishna Winston. Orlando, FL: Harcourt, 2002.

Gross, Leonard. *The Last Jews in Berlin*. New York: Simon and Schuster, 1982.

Gumbel, E.J. *Vier Jahre politischer Mord*. Berlin, 5. Aufl., 1922.

Halbrook, Stephen P. *The Swiss and the Nazis: How the Alpine Republic Survived in the Shadow of the Third Reich*. Havertown, Pa.: Casemate Publishers, 2006.

Heiden, Konrad. *Geburt des Nationalsozialismus*. Zürich, 1934.

Hennig, Eike, Hrsg. *Hessen unterm Hakenkreuz*. Frankfurt am Main: Insel, 1983.

Herbert, Ulrich. *Best: Biographische Studien über Radikalismus, Weltanschauung und Vernunft 1903-1989*. Bonn: J.H.W. Dietz Nachfolger, 1993.

Heusler, Andreas & Tobias Wenger. *„Kristallnacht": Gewalt gegen die Münchner Juden im November 1938*. München: Buchendorfer, 1998.

Hilberg, Raul. *The Destruction of the European Jews*. New York: Homes and Meir, 1985.

Hitler, Adolf. *Mein Kampf*. New York: Reynal & Hitchcock, 1939.

Hitler, Adolf. *Mein Kampf*. Übers. Ralph Manheim. Boston: Houghton Mifflin, 1971.

Hitler's Secret Conversations: 1941-1944. Übers. Norman Cameron and R. H. Stevens. New York: Signet Books, 1961.

Hitlers Tischgespräche im Führerhauptquartier 1941 - 1942. Stuttgart: Seewald, 1963.

Hoche, Werner. *Schußwaffengesetz*. Berlin: Franz Vahlen, 1928.

Hoffmann, Peter. *The History of the German Resistance, 1933-1945*. Montreal: McGill-Queen's University Press, 3rd Ed., 1996.

Kaul, Friedrich Karl. *Der Fall des Herschel Grynszpan*. Berlin: Akademie, 1965.

Keneally, Thomas. *Schindler's List*. New York: Scribner's, 1982.

Kirsch, Jonathan. *The Short, Strange Life of Herschel Grynszpan: A Boy Avenger, a Nazi Diplomat, and a Murder in Paris*. New York: Liveright, 2013.

Klemperer, Victor. *I Will Bear Witness 1933-1941*. Übers. Martin Chalmers. New York: Modern Library, 1999.

Kochan, Lionel. *Pogrom: 10 November 1938*. London: Andre Deutsch, 1957.

Kößler, Gottfried, Hrsg. *...daß wir nicht erwünscht waren: Novemberpogrom 1938 in Frankfurt am Main*. Frankfurt am Main, dipa-Verl., 1993.

Kunze, Fritz. *Das Waffenrecht im Deutschen Reich*. Berlin: Paul Parey, 1928-1938.

Langhoff, Wolfgang. *Die Moorsoldaten: 13 Monate Konzentrationslager*. Zürich: Schweizer Spiegel, 1935.

Langhoff, Wolfgang. *Rubber Truncheon*. Übers. Lilo Linke. New York: E. P. Dutton, 1935.

Lauber, Heinz. *Judenpogrom: „Reichskristallnacht" November 1938 in Großdeutschland*. Gerlingen, Deutschland: Bleicher, 1981.

Lemkin, Raphaël. *Axis Rule in Occupied Europe: Laws of Occupation, Analysis of Government, Proposals for Redress*. Washington D.C.: Carnegie Endowment for International Peace, 1944.

Liang, Hsi-Huey. *The Berlin Police Force in the Weimar Republic*. Berkeley: University of California Press, 1970.

Lochner, Louis P., Hrsg. und Übers. *The Goebbels Diaries: 1942-1943*. Garden City, N.Y.: Doubleday, 1948.

Lösener, Bernhard und Friedrich A. Knost. *Die Nürnberger Gesetze*. Berlin: Franz Vahlen, 1936.

Ludecke, Kurt G. W. *I Knew Hitler: The Story of a Nazi Who Escaped the Blood Purge*. New York: Charles Scribner's Sons, 1938.

Ludwig, Emil. *The Davos Murder*. London: Methuen, 1937.

Ludwig, Emil. *Der Mord in Davos*. Amsterdam: Querido, 1936.

MacKenzie, S. P. *The Home Guard*. New York: Oxford University Press, 1995.

Mannheim, Stadtarchiv, Hrsg. *Die Judenverfolgung in Mannheim 1933-1945 - Dokumente*. Stuttgart: H.J. Fliedner, 1971.

Mann, Rudolf. *Mit Ehrhardt durch Deutschland, Erinnerungen eines Mitkämpfers von der 2. Marinebrigade*. Berlin, 1921.

Matlok, Siegfried, Hrsg. *Dänemark in Hitlers Hand: Der Bericht des Reichsbevollmächtigten Werner Best*. Husum Druck GmbH, Husum, 1988.

Mende, Hans-Jürgen. *Lexikon. Alle Berliner Strassen u. Plätze. Von der Gründung bis zur Gegenwart Bd. 1 A-Fre*. Berlin: Luisenstadt, 1998.

Miller, Richard L. *Nazi Justiz: Law of the Holocaust*. Westport, CT: Praeger, 1995.

Mommsen, Hans. *The Rise and Fall of Weimar Democracy*. Chapel Hill: University of North Carolina Press, 1996.

Müller, Ingo. *Hitler's Justice: The Courts of the Third Reich*. Übers. Deborah Lucas Schneider. Cambridge, MA: Harvard University Press, 1991.

Mussolini as Revealed in His Political Speeches. London: J.M. Dent & Sons, 1923.

Nazi Conspiracy and Aggression. Washington, D.C.: U.S. Government Printing Office, 1946, 1947.

Neuberg, A. *Armed Insurrection*. New York: St. Martin's Press, 1970.

Night of Pogroms: „Kristallnacht" November 9-10, 1938. Washington, D.C.: U.S. Holocaust Memorial Council, 1988.

Obst, Dieter. *„Reichskristallnacht": Ursachen und Verlauf des antisemitischen Pogroms vom November 1938*. Frankfurt am Main: Lang, 1991.

Padel, Gerd H. *Dämme Gegen die Braune Flut: Die Schweizerpresse und der Aufstieg des Dritten Reiches 1933-1939*. Zürich: Thesis, 1998.

Padfield, Peter. *Himmler*. New York: MJF Books, 1990.

Patch, William L. *Heinrich Brüning and the Dissolution of the Weimar Republic*. Cambridge: Cambridge University Press, 1998.

Paucker, Arnold. *German Jews in the Resistance 1933-1945: The Facts and the Problems*. Berlin: Gedenkstätte Deutscher Widerstand, 3. Aufl. 2003.

Pehle, Walter H., Hrsg. William Templer, Übers. *November 1938: From „Reichskristallnacht" to Genocide*. New York: St. Martin's Press, 1991.

Plett, Walter M. *Die Schützenvereine im Rheinland und in Westfalen 1789-1939*. Köln: Rheinischer Verein für Denkmalpflege und Landschaftsschutz, 1995.

Proctor, Robert N. *The Nazi War on Cancer*. Princeton University Press, 1999.

Read, Anthony and David Fisher. *Kristallnacht: The Unleashing of the Holocaust*. New York: Peter Bedrick Books, 1989.

Reichmann, Hans. *Deutscher Bürger und verfolgter Jude: Novemberpogrom und KZ Sachsenhausen 1937 bis 1939*. Bearb. von Michael Wildt. München: R. Oldenbourg Verlag, 1998.

Rigg, Bryan Mark. *Hitler's Jewish Soldiers: The Untold Story of Nazi Racial Laws and Men of Jewish Descent in the German Military*. Lawrence: University Press of Kansas, 2000.

Rimmer, Dave. *Time Out Berlin*. London: Time Out, 1998.

Rotem, Simha (Kazik). *Memoirs of a Warsaw Ghetto Fighter and the Past Within Me*. New Haven, Conn.: Yale University Press, 1994.

Rumpelstilzchen [Adolf Stein]. *Berliner Allerlei*. Berlin: Verlag der Täglichen Rundschau, 1922.

Sank, Diane and David Caplan, Hrsg. *To Be a Victim: Encounters with Crime and Injustice*. New York: Plenum Press, 1991.

Scheer, Maximilian, Hrsg. *Blut und Ehre*. Paris, 1937.

Scholl, Inge. *The White Rose: München 1942-1943*. Übers. Arthur R. Schultz. Hanover, N.H.: Wesleyan University Press, 1983.

Schwab, Gerald. *The Day the Holocaust Began: The Odyssey of Herschel Grynszpan*. New York: Praeger, 1990.

Semelin, Jacques. *Unarmed Against Hitler: Civilian Resistance in Europe, 1939-1943*. Übers. Suzan Husserl-Kapit. Westport, Conn.: Praeger, 1993.

Senich, Peter R. *The German Assault Rifle 1935-1945*. Boulder, Colo.: Paladin, 1987.

Shirer, William L. *The Rise and Fall of the Third Reich*. New York: Simon & Shuster, 1990.

Siegman, Joseph. *Jewish Sports Legends: The International Jewish Sports Hall of Fame*. Washington, D.C.: Brassey's, 1997.

Simkin, Jay and Aaron Zelman. *„Gun Control": Gateway to Tyranny*. Milwaukee, WI: Jews for the Preservation of Firearms Ownership, 1992.

The Simson Company in Suhl: Simson - BSW - WAFFA - Gustloff: The Almanacs of German Hunting Guns and their Makers, Nr. 3. German Gun Collectors Association, 2009.

Sperber, Jonathan. *Rhineland Radicals: The Democratic Movement and the Revolution of 1848-1849*. Princeton, NJ: Princeton University Press, 1991.

Steinbach, Peter & Johannes Tuchel. *„Ich habe den Krieg verhindern wollen": Georg Elser und das Attentat vom 8. November 1939*. Berlin: Gedenkstätte Deutscher Widerstand, 1997.

Stolleis, Michael. *The Law Under the Swastika*. Chicago: University of Chicago Press, 1998.

Thalmann, Rita and Emmanuel Feinermann. *Crystal Night: 9-10 November 1938*. Gilles Cremonesi, Übers. New York: Holocaust Library, 1974.

Tinker, Edward B. & Graham K. Johnson. *Simson Lugers: Simson & Co, Suhl, the Weimar Years*. Galesburg, IL: Brad Simpson, 2007.

The Trial of German Major War Criminals Sitting at Nuremberg, Germany, http://www.nizkor.org/hweb/imt/tgmwc/tgmwc-20/tgmwc-20-194-03.shtml.

Trial of the Major War Criminals Before the International Military Tribunal: Nuremberg, November, 14, 1945 - October 1, 1946. Vol. 25. Buffalo, NY: William S. Hein & Co., Inc., 1995.

Urner, Klaus. *Der Schweizer Hitler-Attentäter*. Frauenfeld: Huber, 1980.

U.S. Department of State. *Foreign Relations of the United States. Diplomatic Papers 1932. Vol. II: The British Commonwealth, Europe, Near East and Africa*. Washington: Government Printing Office, 1947, 1949, 1951.

Vassiltchikov, Marie „Missie." *The Berlin Diaries, 1940-1945.* London: Pimlico, 1999.

von Papen, Franz. *Memoirs*. London: Andre Deutsch, 1952.

von Schlabrendorff, Fabian. *The Secret War Against Hitler.* New York: Pitman Publishing Corp., 1965.

Walk, Joseph. *Das Sonderrecht für die Juden im NS-Staat*. Heidelberg: Müller Juristischer, 1981).

Waite, Robert G.L. *Vanguard of Nazism: The Free Corps Movement in Postwar Germany, 1918-1923.* Cambridge: Harvard Univ. Press, 1952.

Weiss, Bernhard. *Die Polizeiverordnungen für Berlin*, I. Berlin: C.A. Weller, 1931.

Artikel

Baer, Dorothy. „Meine Eltern haben mir den Abschied sehr leicht gemacht", *...daß wir nicht erwünscht waren: Novemberpogrom 1938 in Frankfurt am Main*, Gottfried Kößler Hrsg. Frankfurt am Main, dipa-Verl., 1993.

Beckers, Hubert, „Das Boxheimer Dokument vom November 1931", http://www.shoa.de/content/view/590/102/.

Benson, Todd & Terry Wade, „Violence-Torn Brazil Votes to Keep Gun Sales Legal", http://www.njcsd.org/forum/archive/index.php?t-78.html.

Bernett, Hajo, „Alfred Flatow – vom Olympiasieger zum Reichsfeind", *Sozial- und Zeitgeschichte des Sports*, 1987.

Bloch, Peter, „Wie ich das Pogrom erlebte", in *...daß wir nicht erwünscht waren: Novemberpogrom 1938 in Frankfurt am Main*. Gottfried Kößler Hrsg. Frankfurt am Main, dipa-Verl., 1993.

Bollier, Peter, „4. Februar 1936: Das Attentat auf Wilhelm Gustloff", in *Politische Attentate des 20. Jahrhunderts*. Roland Aegerter, Hrsg. Zürich: Neue Zürcher Zeitung, 1999.

Buffaloe, Ed, „The Simson Model 1922 and 1926 Vest Pocket Pistol", http://unblinkingeye.com/Guns/Simson/simson.html.

Caplan, David I., „Weapons Control Laws: Gateways to Victim Oppression and Genocide", in *To Be a Victim: Encounters with Crime and Injustice*. Diane Sank and David I. Caplan Hrsg. New York: Plenum Press, 1991.

Codek, Robert, „There is No Way Back", in *The Simson Company in Suhl: Simson - BSW - WAFFA - Gustloff: The Almanacs of German Hunting Guns and their Makers, Nr. 3*. Meriden, N.H.: German Gun Collectors Association, 2009.

Emmerich, Siggi, „Olympische Geschichte(n): Alfred Flatow", *unsere zeit – Zeitung der DKP* 13. August 2004, http://www.dkp-online.de/uz/3633/s0302.htm.

"Entscheidungen des Preußischen Oberverwaltungsgerichts", 10. Nov. 1938, *Juristische Wochenschrift*, 1939.

Finze, Wolfgang & Philip Pai, „Mangel-Erscheinungen", *Visier: Das Internationale Waffen-Magazin*, Juli 7/2006.

Fraenkel, Daniel, „Jewish Self-Defense under the Constraints of National Socialism: The Final Years of the *Centralverein*", in David Bankier, Hrsg., *Probing the Depths of German Antisemitism: German Society and the Persecution of the Jews, 1933-1941.* New York: Berghahn Books, 2000.

Friedrich, Adalbert, „Raesfeld: ‚Feuerwehr kontrollierte den Brand'" in *„Es ist nicht leicht, darüber zu sprechen": Der Novemberprogrom 1938 im Kreis Borken.* August Bierhaus, ed. Borken: Kreis Borken, 1988, 91.

Grus, Stefan, „Allgemeines Verhältnis des Naziregimes zu den Schützenvereinen", Wiesbaden, Okt. 2005 (unveröffentlichtes Manuskript).

Halbrook, Stephen P., „,Arms in the Hands of Jews Are a Danger to Public Safety' Nazism, Firearm Registration, and the Night of the Broken Glass", 21 *St. Thomas Law Review* 109 (2009).

Halbrook, Stephen P., „Citizens in Arms: The Swiss Experience", 8 *Tex. Rev. L. & Politics* 141 (2003).

Halbrook, Stephen P., „Congress Interprets the Second Amendment: Declarations by a Co-Equal Branch on the Individual Right to Keep and Bear Arms", 62 *Tenn. L. Rev.* 597 (Frühjahr 1995).

Halbrook, Stephen P., „Nazi Firearms Law and the Disarming of the German Jews", 17 *Ariz. J. Int'l & Comp. L.* 483 (2000).

Halbrook, Stephen P., „Nazism, the Second Amendment, & the NRA: A Reply to Professor Harcourt", 11 *Tex. Rev. L. & Politics* 113 (2006).

Halbrook, Stephen P., „Why Can't We Be Like France? How the Right to Bear Arms Got Left Out of the Declaration of Rights and How Gun Registration Was Decreed Just in Time for the Nazi Occupation", 39 *Fordham Urban Law Journal*, 101 (2013).

Harcourt, Bernard E., „On Gun Registration, the NRA, Adolf Hitler, and Nazi Gun Laws: Exploding the Gun Culture Wars (A Call to Historians)", 73 *Fordham L. Rev.* 653 (2004).

Hesse, Franz Josef, „Ahaus: ‚Es ist nicht leicht, darüber zu sprechen'", in *„Es ist nicht leicht, darüber zu sprechen": Der Novemberprogrom 1938 im Kreis Borken,* August Bierhaus, Hrsg. Borken: Kreis Borken, 1988, 53.

Hirsch, Martha, „...daß wir nicht erwünscht waren", in *...daß wir nicht erwünscht waren: Novemberpogrom 1938 in Frankfurt am Main.* Gottfried Kößler Hrsg. Frankfurt am Main, dipa-Verl., 1993), 126.

Hoffman, Peter, „The Second World War, German Society, and Internal Resistance to Hitler", *in Contending with Hitler: Varieties of German Resistance in the Third Reich.* David Clay Large, Hrsg. Washington, DC: German Historical Institute, 1991.

Homsher, Deborah, „Response to Bernard E. Harcourt's ‚On Gun Registration'", 73 *Fordham L. Rev.* 715 (2004).

Kates, Don B. & Daniel D. Polsby, „Of Genocide and Disarmament", 86 *Crim. L. & Criminology* 297 (1995).

Keim, Anton Maria, "Entwurf einer Diktatur: Am 26. November 1931 wurden die ‚Boxheimer Dokumente' enthüllt", *Mainzer Vierteljahreshefte* 4 (1981).

Koonz, Claudia, "Choice and Courage", in *Contending with Hitler: Varieties of German Resistance in the Third Reich.* David Clay Large, Hrsg. Washington, DC: German Historical Institute, 1991.

Kopel, David B., Paul Gallant, and Joanne D. Eisen, "The Human Right of Self Defense", 22 *BYU Journ. of Public Policy* 43 (2008).

Kopel, David B., "Lethal Laws", 15 *N.Y. L. Sch. J. Int'l & Comp. L.* (1995).

Krüger, Arnd, "‚Once the Olympics Are Through, We'll Beat Up the Jew': German Jewish Sport

"1898-1938 and the Anti-Semitic Discourse", *Journal of Sport History*, vol. 26, no. 2, 353 (1999).

Kwiet, Konrad, "Resistance and Opposition: The Example of the German Jews", in *Contending With Hitler: Varieties of German Resistance in the Third Reich.* David Clay Large, Hr. Washington, D.C.: German Historical Institute, 1991.

Loiperdinger, Martin, "Das Blutnest vom Boxheimer Hof" Eike Hennig (Hrsg.), *Hessen unterm Hakenkreuz.* Frankfurt am Main: Insel, 1983.

Marcuse, Harold, "Martin Niemöller's famous quotation", http://www.history.ucsb.edu/faculty/marcuse/niem.htm.

Moser, Jonny, "Depriving Jews of Their Legal Rights", in *November 1938: From „Reichskristallnacht" to Genocide.* Walter H. Pehle, Hrsg. Übers. William Templer. New York: St. Martin's Press, 1991.

Oenning, Mechthild, "‚Es geht jetzt los ...': Ereignisse in der Pogromnacht in Borken, Gemen und Weseke" in *„Es ist nicht leicht, darüber zu sprechen": Der Novemberprogrom 1938 im Kreis Borken.* August Bierhaus, Hrsg. Borken: Kreis Borken, 1988, 68.

Oppenheimer, Alice, "Wenige Tage aus meinem Leben", in *...daß wir nicht erwünscht waren: Novemberpogrom 1938 in Frankfurt am Main".* Gottfried Kößler Hrsg. Frankfurt am Main, dipa-Verl., 1993.

Paucker, Arnold and Konrad Kwiet. "Jewish Leadership and Jewish Resistance", in David Bankier, Hrsg., *Probing the Depths of German Antisemitism: German Society and the Persecution of the Jews, 1933-1941.* New York: Berghahn Books, 2000.

Schupetta, Ingrid, "Die Geheime Staatspolizei in Krefeld – von Polizisten und Schreibtischtätern", Deutschland in *Der vollständige Aufsatz - mit Bildmaterial und Fußnoten - erschien in der Zeitschrift Die Heimat.* Jg. 76/2005, S. 115.

www.ns-gedenkstaetten.de/nrw/de/krefeld/thema_1/krefeld_gestapo.rtf.

Schwartz, Michael, "Schützenvereine im ‚Dritten Reich': Etappen der Gleichschaltung traditioneller Vereinskultur", *Archiv für Kulturgeschichte* 79 (1997).

Schwarz, Josef, "Einheitsfront: Die linkssozialistische Regierung der republikanischen und proletarischen Verteidigung in Thüringen 1923", 12 https://www.jungewelt.de/loginFailed.php?ref=/2003/10-29/003.php.

Spitzer, Robert J., „Don't Know Much about History, Politics, or Theory: A Comment", 73 *Fordham L. Rev.* 721 (2004).

"Stadtrat in der NS-Zeit: Geschichte des Freiburger Gemeinderats unter dem Nationalsozialismus": http://www.freiburg.de/pb/,Lde/231027.html?QUERYSTRING=%22+Geschichte+des+Freiburger+Gemeinderats+unter+dem+Nationalsozialismus%22.

Steins, Gerd, „Gustav Felix Flatow: Ein vergessener Olympiasieger", *Sozial- und Zeitgeschichte des Sports* (1987), 1.Jahrgang, Heft 2, 2:103.

Strupp, Christoph, „Observing a Dictatorship: American Consular Reporting on Germany, 1933-1941", *Bulletin of the German Historical Institute*, Nr.39 (Fall 2006).

"Swiss Voters Stick to Their Gun Tradition", *SwissInfo.com*, 13. Feb. 2011, http://www.swissinfo.ch/eng/Specials/Gun_debate/News/Results/Swiss_voters_stick_to_their_gun_tradition.html?cid=29485688.

Taylor, Blaine, *A sex scandal ended the career of high-ranking Nazi official Werner von Blomberg.* http://www.historynet.com/the-blomberg-sex-scandal-march-99-world-war-ii-feature.htm

Wannsee Protocol, 20. Jan. 1942. http://avalon.law.yale.edu/imt/wannsee.asp

Wildt, Michael, „Violence Against Jews in Germany, 1933-1939", in *Probing the Depths of German Antisemitism: German Society and the Persecution of the Jews, 1933-1941.* David Bankier, Hrsg. New York: Berghahn Books, 2000.

Zeitungen

Berliner Börsen Zeitung
Berliner Morgenpost
Berliner Zeitung
Boston Globe
Bündner Zeitung
Chicago Daily Tribune
Congressional Record
Daily Herald
Der Angriff
Der Bund
Der Stürmer
Der Völkische Beobachter
Deutsche Allgemeine Zeitung
Deutsche Juristen-Zeitung
Deutsche Schützen Zeitung
Deutsche Welle
Evening News
Fränkische Tageszeitung

Freiburger Tagespost
Freiheit
Grenzecho
Hamburger Tageblatt
Jour-Echo de Paris
Journal de Genève
Kölnische Volkszeitung
Le Matin
Neue Zürcher Zeitung
New York Times
Nowy Kurjer Warszawski
Reichsgesetzblatt
Time Magazine
The Times
Völkischer Beobachter
Vorwärts
Washington Post

Juristische Zitate

Brief of Amicus Curiae Jews for the Preservation of Firearms Ownership in Support of Respondent, *District of Columbia v. Heller*, No. 07-290.

Brief Supporting Petitioners of Amici Curiae American Jewish Committee, *et al., District of Columbia v. Heller*, No. 07-290.

Davis v. United States, 328 U.S. 582 (1946).

District of Columbia v. Heller, 554 U.S. 570, 128 S. Ct. 2783 (2008).

Federal Firearms Legislation: Hearings Before the Subcommittee to Investigate Juvenile Delinquency. U.S. Senate Committee on the Judiciary, 90th Cong., 2nd Sess. (1968).

Ludecke v. Watkins, 335 U.S. 160 (1948).

Human Rights Council, Subcommission on the Promotion and Protection of Human Rights, 58th sess., agenda item 8, Adoption of the Report on the Fifty-Eighth Session to the Human Rights Council, A/HRC/Sub.1/58/L.11/Add.1 (Aug. 24, 2006).

Property Requisition Act, P.L. 274, 55 Stat. 742 (1941).

Deutsche Gerichtsentscheidungen

Beschluß vom 16. Okt. 1919, III 490/19, Landgericht Güstrow, *Entscheidungen des Reichsgerichts in Strafsachen* (Berlin & Leipzig 1920), Band 54, S. 4.

Beschluß vom 23. Feb. 1922, Landgericht Kassel, *Entscheidungen des Reichsgerichts in Strafsachen* (Berlin & Leipzig 1922), Band 56, S. 283.

Beschluß vom 4. Juni 1926, I 231/26, Schwurgericht Mosbach, *Entscheidungen des Reichsgerichts in Strafsachen* (Berlin & Leipzig 1927), Band 60, S. 266.

Beschluß vom 4. Nov. 1926, Landgericht Stade, *Entscheidungen des Reichsgerichts in Strafsachen* (Berlin & Leipzig 1927), Band 60, S. 419.

Beschluß vom 23. Mai 1932, III 235/32, Landgericht]Kassel, *Entscheidungen des Reichsgerichts in Strafsachen* (Berlin & Leipzig 1933), Band 66, S. 249.

Beschluß vom 23. Mai 1932, II 496/32, *Entscheidungen des Reichsgerichts in Strafsachen* (Berlin & Leipzig 1933), Band 66, S. 262.

Beschluß vom 21. Januar 1937, *Landgericht* Allenstein, *Entscheidungen des Reichsgerichts in Strafsachen* (Berlin & Leipzig 1938), Band 71, S. 40.

DVD

Geheime Reichssache: Die Angeklagten des 20. Juli vor dem Volksgerichtshof (Potsdam Babelsberg: Chronos, n.d.).

Über den Autor

Stephen P. Halbrook wurde 1972 von der Florida State University der Doktor-Titel „Ph.D." in Philosophie verliehen; der juristische Doktor-Tilel „J.D." vom Georgetown University Law Center folgte 1978. Als in Faifax, Virginia, ansässiger Anwalt hat er Fälle am Obersten Gerichtshof der USA und vor zahlreichen anderen Gerichten vertreten. Er war Assistenzprofessor für Philosophie an der Tuskegee University, der Howard University und der George Mason University; zudem ist er wissenschaftlicher Mitarbeiter des The Independent Institute. Seine Webadresse lautet http://www.stephenhalbrook.com.

Halbrook ist der Autor folgender Bücher:
The Founders' Second Amendment: Origins of the Right to Bear Arms (2008)
The Swiss and the Nazis: How the Alpine Republic Survived in the Shadow of the Third Reich (2006), übersetzt als *Schweizer Widerstand gegen Nazi-Deutschland* (2010),
La Suisse face aux Nazis (2011)
Freedmen, the Fourteenth Amendment, and the Right to Bear Arms, 1866–1876 (1998), neue Auflage: *Securing Civil Rights* (2010)
Target Switzerland: Swiss Armed Neutrality in World War II (1998), Ausgezeichnet von: Max-Geilinger-Stiftung, Stiftung für Abendländische Besinnung. Übersetzt als *Die Schweiz im Visier* (1999), *La Suisse encerclée* (2000), *La Svizzera nel mirino* (2002), *Cel: Szwajcaria* (2003)
Firearms Law Deskbook: Federal and State Criminal Practice (1995–2013)
A Right to Bear Arms: State and Federal Bills of Rights and Constitutional Guarantees (1989)
That Every Man Be Armed: The Evolution of a Constitutional Right (1984, Nachdruck 2000, neue Auflage 2013)

Heinrich Brüning, Reichskanzler von 1930–32, gegen Ende der Weimarer Republik. (Bild mit freundlicher Genehmigung des Bundesarchivs. BArch, Bild 119-2600/CC-BY-SA 3.0)

Brüning stützte sich auf das Ermächtigungsgesetz, um „Notverordnungen" wie die „Maßnahmen gegen Waffenmißbrauch" von 1931 (rechts) zu erlassen. Die Verordnung begann mit den Worten: „Die obersten Landesbehörden . . . können für ihren Amtsbereich oder Teile davon anordnen, daß der Besitz von Schußwaffen und Munition . . . bei der Polizeibehörde anzumelden ist." (§ 1 Abs. 1). Weiter hieß es, Waffen und Munition könnten, „wenn die Aufrechterhaltung der öffentlichen Sicherheit und Ordnung es erfordert, für die Geltungsdauer dieses Kapitels in polizeiliche Verwahrung genommen werden." (§ 1 Abs. 2). (Quelle: *Reichsgesetzblatt*, I, S. 699, 742.)

Reichsinnenminister Wilhelm Groener wies die Länder an, die Anmeldeverordnung umzusetzen. Am 8. Februar 1932 verschickte er eine Warnung an die Landesregierungen – er wollte ihre Aufmerksamkeit „auf eine gesicherte Aufbewahrung der Listen der Personen lenken, die ihren Waffenbesitz angemeldet haben. Es muß Vorsorge dafür getroffen werden, daß diese Listen nicht etwa bei örtlichen Unruhen in die Hände radikaler Elemente fallen können." Er konnte nicht vorhersehen, daß die Listen tatsächlich in die Hände radikaler Kräfte – der Nationalsozialisten – fallen würden, als sie nur ein Jahr später die Macht übernahmen. (Bild mit freundlicher Genehmigung des Bundesarchivs. BArch, Bild 102-01049/CC-BY-SA 3.0)

Achter Teil
Schutz des inneren Friedens

Kapitel 1
Maßnahmen gegen Waffenmißbrauch

Waffenbesitz

§ 1

(1) Die obersten Landesbehörden oder die von ihnen beauftragten Stellen können für ihren Amtsbereich oder Teile davon anordnen, daß der Besitz von Schußwaffen und Munition, die den Vorschriften des Gesetzes über Schußwaffen und Munition unterliegen, sowie von Hieb- oder Stoßwaffen (§ 1 des Gesetzes gegen Waffenmißbrauch) bei der Polizeibehörde anzumelden ist.

(2) Waffen und Munition, die sich in einem Bezirk befinden, für den eine Anordnung nach Abs. 1 erlassen ist, können, wenn die Aufrechterhaltung der öffentlichen Sicherheit und Ordnung es erfordert, für die Geltungsdauer dieses Kapitels in polizeiliche Verwahrung genommen werden. Der Besitzer hat sie auf Erfordern an die Polizeibehörde abzuliefern. Die Ablieferungspflicht kann auch auf Gegenstände erstreckt werden, die ihrer Natur nach keine Waffen sind, aber von denen nach den Umständen anzunehmen ist, daß sie als Waffen dienen sollen. Inhabern von Jahresjagdscheinen eines deutschen Landes dürfen die zur Ausübung der Jagd gebrauchten Jagdwaffen nur abgefordert werden, wenn gegen die Zuverlässigkeit des Inhabers Bedenken bestehen. Die auf Grund dieser Vorschrift getroffenen Maßnahmen unterliegen der Anfechtung nach den Bestimmungen des Landesrechts.

(3) Wer eine angeordnete Anmeldung oder Ablieferung vorsätzlich unterläßt oder wer im Besitze von Gegenständen betroffen wird, von denen er weiß oder den Umständen nach annehmen muß, daß sie der Anmeldung oder Ablieferung entzogen sind, wird mit Gefängnis nicht unter drei Monaten bestraft. Wer die Tat fahrlässig begeht, wird mit Geldstrafe bestraft. Neben der Strafe können die Gegenstände eingezogen werden, auch wenn sie nicht dem Täter gehören.

Schußwaffen

§ 2

§ 16 Abs. 1 Satz 1 des Gesetzes über Schußwaffen und Munition vom 12. April 1928 (Reichsgesetzbl. I S. 143) ist in folgender Fassung anzuwenden:

„Waffen- (Munitions-) Erwerbscheine oder Waffenscheine dürfen nur an Personen, gegen deren Zuverlässigkeit keine Bedenken bestehen, und nur bei Nachweis eines Bedürfnisses ausgestellt werden."

§ 3

Wer vorsätzlich oder fahrlässig ohne die nach § 5 des Gesetzes über Schußwaffen und Munition erforderliche Genehmigung gewerbsmäßig Schußwaffen oder Munition erwirbt, feilhält oder anderen überläßt oder wer gewerbsmäßig den Erwerb oder das Überlassen solcher Waren vermittelt oder sich gewerbsmäßig zum Erwerb oder Überlassen solcher Waren erbietet, wird mit Gefängnis nicht unter drei Monaten bestraft.

Hieb- und Stoßwaffen

§ 4

(1) Wer gewerbsmäßig Hieb- oder Stoßwaffen (§ 1 des Gesetzes gegen Waffenmißbrauch) herstellen, erwerben, feilhalten oder anderen überlassen will oder wer gewerbsmäßig den Erwerb oder das Überlassen solcher Waffen vermitteln will, bedarf der Genehmigung der von der obersten Landesbehörde bestimmten Behörde. Die Genehmigung kann unter Auflagen erteilt werden.

(2) Die obersten Landesbehörden sind ermächtigt, Vorschriften über den Geschäftsbetrieb, einschließlich der Buchführung, der im Abs. 1 bezeichneten Gewerbetreibenden zu erlassen.

§ 5

Die Verfügung, durch die die Genehmigung zum Gewerbebetriebe versagt oder zurückgenommen wird, kann nach den für das Rechtsmittelverfahren gegen polizeiliche Verfügungen geltenden Vorschriften der Landesgesetze angefochten werden. Wo nach diesen ein verwaltungsgerichtliches Verfahren nicht besteht oder für Fälle dieser Art nicht zulässig ist, finden die Vorschriften der §§ 20 und 21 der Gewerbeordnung Anwendung.

§ 6

(1) Wer vorsätzlich oder fahrlässig ohne die nach § 4 erforderliche Genehmigung Hieb- oder Stoßwaffen gewerbsmäßig herstellt, erwirbt, feilhält oder anderen überläßt, wird mit Gefängnis nicht unter drei Monaten bestraft. Neben der Strafe können die Waffen eingezogen werden, auch wenn sie nicht dem Täter gehören.

(2) Wer die von einer obersten Landesbehörde gemäß § 4 Abs. 2 erlassenen Vorschriften vorsätzlich oder fahrlässig übertritt, wird mit Geldstrafe oder mit Haft bestraft.

Razzia im Scheunenviertel.
Die Dragoner- und Grenadierstraße — seit der Revolution eine Niststätte galizisch-polnischer Hebräer — wurden von der Polizei abgesperrt und durchsucht.

SS und Kriminalpolizei durchsuchen am 4. April 1933 das jüdische Viertel Berlins nach Schußwaffen und subversiven Schriften. Der Bildtext lautet: „Razzia im Scheunenviertel. Die Dragoner- und Grenadierstraße – seit der Revolution eine Niststätte galizisch-polnischer Hebräer – wurden von der Polizei abgesperrt und durchsucht." *Völkischer Beobachter*, 5. April 1933. Dies war die wichtigste Tageszeitung der NSDAP. Der Begriff „Revolution" bezog sich auf die Machtübernahme der Nazis.

Das Verhör vor dem Mikrophon.
Kommissar Fähnrich unterhält sich mit einem Juden über den Grund seiner Festnahme – und der Jude findet keinen Grund.

Ein im Zuge der Durchsuchungen festgenommener älterer Jude wird von Kommissar Kurt Fähnrich von der Berliner Politischen Polizei verhört. Das Verhör wird zu Propagandazwecken im Rundfunk übertragen. Der Bildtext lautet: „Verhör vor dem Mikrophon. Kommissar Fähnrich unterhält sich mit einem Juden über den Grund seiner Festnahme – und der Jude findet keinen Grund." *Völkischer Beobachter*, 5. April 1933.

Werner Best, der 1931 vorschlug, bei einer Machtübernahme der Nazis jeden hinzurichten, der seine Schußwaffen nicht innerhalb von 24 Stunden abgeben würde. Nach der Machtübernahme der Nationalsozialisten wurde er höchster Rechtsberater der Gestapo. Im Zweiten Weltkrieg sorgte er für die Durchsetzung der Todesstrafe für den Besitz von Schußwaffen im besetzten Frankreich und Dänemark. (Bild mit freundlicher Genehmigung des Bundesarchivs. BArch, Bild 183-B22627/CC-BY-SA 3.0)

Werner Bests Anweisung „Erteilung von Waffenscheinen an Juden" vom 16. Dezember 1935 an alle Dienststellen der Geheimen Staatspolizei, der Staatspolizei und der Politischen Polizeien der Länder - außer Preußen (Dokument mit freundlicher Genehmigung des Bundesarchivs. Erteilung von Waffenscheinen an Juden, R 58/276.)

„Mit Rücksicht darauf, daß vor der Erteilung von Waffenscheinen an Juden stets von den ordentlichen Polizeibehörden die Stellungnahme der Behörden der Geheimen Staatspolizei über die politische Zuverlässigkeit der einzelnen Gesuchsteller einzuholen ist, ersuche ich, folgendes zu beachten:
Grundsätzlich wird man nur in wenigen Ausnahmefällen gegen die Erteilung von Waffenscheinen an Juden keine Bedenken erheben können. In der Regel muß davon ausgegangen werden, daß Schußwaffen in den Händen von Juden eine nicht unbeträchtliche Gefahr für die deutsche Bevölkerung bedeuten. Es ist daher in Zukunft in allen Fällen, in denen zu der Frage der Erteilung von Waffenscheinen an Juden Stellung zu nehmen ist, ein möglichst scharfer Maßstab an die politische Zuverlässigkeit der Gesuchsteller zu legen. Nur auf diese Weise kann verhindert werden, daß in Zukunft zahlreiche Juden in den Besitz von Schußwaffen gelangen und damit eine Gefahr für die deutsche Bevölkerung bilden."

Preußische Geheime Staatspolizei
Der stellvertr. Chef u. Inspekteur   Berlin, den 16. Dezember 1935.
Der Pol.Pol.Kommandeur der Länder.
B.Nr. I G - 352/35

Betr.: Erteilung von Waffenscheinen an Juden.

Mit Rücksicht darauf, daß vor der Erteilung von Waffenscheinen an Juden stets von den ordentlichen Polizeibehörden die Stellungnahme der Behörden der Geheimen Staatspolizei über die politische Zuverlässigkeit der einzelnen Gesuchsteller einzuholen ist, ersuche ich, folgendes zu beachten:

Grundsätzlich wird man nur in wenigen Ausnahmefällen gegen die Erteilung von Waffenscheinen an Juden keine Bedenken erheben können. In der Regel muß davon ausgegangen werden, daß Schußwaffen in den Händen von Juden eine nicht unbeträchtliche Gefahr für die deutsche Bevölkerung bedeuten. Es ist daher in Zukunft in allen Fällen, in denen zu der Frage der Erteilung von Waffenscheinen an Juden Stellung zu nehmen ist, ein möglichst scharfer Maßstab an die politische Zuverlässigkeit der Gesuchsteller zu legen. Nur auf diese Weise kann verhindert werden, daß in Zukunft zahlreiche Juden in den Besitz von Schußwaffen gelangen und damit eine Gefahr für die deutsche Bevölkerung bilden.

Zusatz für Stapo Stettin:

Damit erledigt sich die Anfrage vom 30. September 1935
- IIa 3891/35 -.

Im Auftrage

gez. Dr. Best.

Alle Staatspolizeistellen,
Alle Dienststellen im Hause
Verteiler für den inneren Dienstbetrieb,
Die Politischen Polizeien der Länder
- außer Preußen -

Beglaubigt:
Kanzleiangestellte.

SS Reichsführer Heinrich Himmler, ein italienischer Polizeiführer, der Berliner Polizeipräsident Wolf Heinrich Graf von Helldorff und Kurt Deluege, Chef der uniformierten Ordnungspolizei (*von links nach rechts*). Als Polizeipräsident sorgte Helldorf in den Wochen vor dem Pogrom, das als Reichskristallnacht bekannt wurde, für die Entwaffnung der Berliner Juden. (Bild mit freundlicher Genehmigung des Bundesarchivs. BArch, Bild 121-0174/CC-BY-SA 3.0)

Die Tatsache, daß die jüdische Bevölkerung bereits einige Zeit vor dem Pogrom entwaffnet wurde, ist ein deutlicher Beweis dafür, daß dieser Angriff schon lange vorher sorgfältig geplant worden war.

Quelle: *Völkischer Beobachter*, 9. Nov. 1938:
„Entwaffnung der Berliner Juden
Vorläufiges Ergebnis: 2569 Stich- und Hiebwaffen, 1702 Schußwaffen, und rund 20 000 Schuß Munition

Angesichts des gestern erfolgten jüdischen Mordanschlages in der Deutschen Botschaft in Paris gibt der Polizeipräsident von Berlin der Öffentlichkeit das vorläufige Ergebnis bekannt, das eine allgemeine polizeiliche Entwaffnung der Juden Berlins, die in den letzten Wochen in Angriff genommen wurde, bisher gehabt hat.

Der Polizeipräsident hat sich, um die öffentliche Sicherheit und Ordnung in der Reichshauptstadt aufrecht zu erhalten, auf Grund einzelner Fälle veranlaßt gesehen, eine Waffenkontrolle bei der jüdischen Bevölkerung Berlins durchzuführen. Dies ist den Juden durch die Polizeireviere kürzlich zur Kenntnis gebracht worden, worauf – von wenigen Ausnahmen abgesehen, bei denen ein ausdrückliches Verbot des Waffenbesitzes ausgesprochen werden mußte – die im jüdischen Besitz bisher befindlichen Waffen bei der Polizei von den Juden, die keinen Waffenschein haben, freiwillig abgegeben wurden.

Das vorläufige Ergebnis zeigt deutlich, welch eine Unmenge von Waffen sich noch bei den Juden Berlins bisher befanden und noch befinden. Die Aktion erzielte bis zum heutigen Tage die Sicherstellung von 2569 Stich- und Hiebwaffen, 1702 Schußwaffen und rund 20 000 Schuß Munition.

Sofern nach Abschluß der Waffenaktion noch ein Jude im Besitz einer Waffe angetroffen wird, wird der Polizeipräsident in jedem einzelnen Falle mit größter Strenge vorgehen."

Die deutschen Goldmedaillengewinner im Turnen bei den Olympischen Spielen 1896: Herman Weingärtner, Alfred Flatow und Karl Schumann (*von links*). 1942 wurde der 73jährige Flatow deportiert, weil er Jude war. Schumann bat den Reichssportführer um Intervention, doch dies wurde abgelehnt. Flatow kam in das Konzentrationslager Theresienstadt, wo er bald verhungerte. (lizenzfreies Originalbild von Albert Meyer)

Gemäß der Verordnung der Weimarer Republik von 1931 meldete Flatow mehrere Waffen an. Im Oktober 1938, mehrere Wochen vor der Kristallnacht, lieferte er im Zuge der Entwaffnungsaktion der Nationalsozialisten gegen die jüdische Bevölkerung seine registrierten Waffen ab. Die Polizei bestätigte, daß er seine Waffen angemeldet hatte, übergab ihn aber trotzdem der Gestapo. Der Bericht über seine Festnahme ist rechts abgebildet. (Dokument mit freundlicher Genehmigung des Landesarchivs Berlin. Bericht über einen polit. Vorfall, 4.10.38, Alfred Flatow. A Rep PrBrRep. 030/21620 Bd. 5 Haussuchungen bei Juden 1938-39.)

106 Polizeirevier   Berlin, SW 68, am 4.10.1938

Bericht über einen politischen Vorfall

1. Des Täters
    (a) Personalien: Alfred Flatow
    geboren: 3.10.1869, Danzig
    (b) Wohnung: Berlin SW 19, Alexandrinenstraße 50.
    (c) politische Zugehörigkeit: Jude

3. Tatort und -zeit: Berlin SW 68, Curdtdamm 16, gegen 13.50 Uhr [*Anmerkung: Dies war die Anschrift des Polizeireviers, kein Tatort. Flatow war dort erschienen, um seine Waffen abzugeben.*]

6. Gefundene Waffen: Abgegeben
a) Hieb- und Stoßwaffen: 1 Dolch, 31 Schlagringe.
b) Schußwaffen: 1 Revolver, 2 Terzerole, 22 Schuß Munition

7. Ist polizeiches Einschreiten erfolgt
b) durch Einsatz besonderer polizeilicher Kräfte? Sonderaktion

106. Polizeirevier   Berlin-*SW 68*, am *4.10.* 193*5*

Bericht
über einen politischen Vorfall

An

I.

9

1. **Des Täters**
   a) Personalien: a) *Alfred Flatow*
   geboren: *3.10.69 Danzig*
   (Tag, Ort und Kreis)

   b) Wohnung: b) *Berlin SW 19, Alexandrinenstr. 50*
   (Ort, Ortsteil, Straße – Platz – Nr. bei)

   c) politische Zugehörigkeit (feststehend – eigene Angaben – mutmaßlich –): c) *Jude*

2. Zahl der **Mittäter** (Personalien auf besonderem Bogen): —

3. Tatort und -zeit: *Berlin SW 68, Wirthdamm 16*
   (Ort, Ortsteil, Straße – Platz – Nr.)
   gegen *13.50* Uhr.

4. **Politische Einstellung**
   a) der Angreifer: a) —
   b) der Angegriffenen: b) —

5. **Tote und Verletzte:**

	Zahl der		Davon durch Waffengebrauch der Polizei	
	Toten	Verletzten	getötet	verletzt
Angegriffene				
Angreifer				
Unbeteiligte				
Polizeibeamte				

6. **Gefundene Waffen** *abgegeben*
   a) Hieb- und Stoßwaffen: *1 Dolch, 31 Schlagringe*
   b) Schußwaffen: *1 Revolver, 2 Pistolen, 22 Schuß Munition*

7. **Ist polizeiliches Einschreiten** erfolgt
   a) im gewöhnlichen Streifen- und Postendienst? ....
   b) durch Einsatz besonderer polizeilicher Kräfte? *Sonderaktion*

*) Etwaige Mittäter sind auf besonderem Vordruck Nr. 977 b aufzuführen.

Seite 1 des Berichts über Flatows Festnahme

| 8. **Strafbare Handlung** (gesetzliche Bestimmungen, §§): | Besitz von Waffen. |

9. **Tatbestand*)** (Tatbestandsmerkmale):

Der Jude Alfred Flatow hatte 1 Revolver mit 22 Schuß Munition, 2 Degenia, 1 Dolch u. 31 Schlagringe im Besitz. Die Waffen in den Händen der Juden bilden eine Gefahr für die öffentliche Sicherheit.

Weiss, Pol. Ihr.

Die Waffen sind von dem Fl. am 26.1.1932 dem 13. R. gemeldet worden. Bescheinigung liegt vor.

*) Bei Anschlägen gegen Baulichkeiten ist der Sachschaden anzugeben.

Seite 2 des Berichts über Flatows Festnahme:

8. Strafbare Handlung (gesetzliche Bestimmungen, §§): Besitz von Waffen

9. Tatbestand:
Der Jude Alfred Flatow hatte 1 Revolver mit 22 Schuß Munition, 2 Terzerole, 1 Dolch u. 31 Schlagringe im Besitz. Die Waffen in den Händen der Juden bilden eine Gefahr für die öffentliche Sicherheit.
Weiser, Polizei Hauptwachtmeister
Die Waffen sind von dem Fl. am 26.1.1932 dem 13. R. gemeldet worden. Bescheinigung liegt vor.

Auf Seite 4 des Berichts (*ohne Abbildung*) hieß es: „Der in Ziffer 1 des Berichts genannte Täter ist der Stapo zugeführt worden."

Heinrich Himmler, Reichsführer SS und Chef der Deutschen Polizei, mit Adolf Hitler beim Reichsparteitag, September 1938. (Bild #05459, mit freundlicher Genehmigung des U.S. Holocaust Memorial Museum.)

Himmlers Anordnung, die Juden für den Besitz von die Waffen jeglicher Art zwanzig Jahre Haft in einem Konzentrationslager androhte; veröffentlicht nach der Reichskristallnacht. *Völkischer Beobachter*, 10. Nov. 1938.

Waffenbesitz für Juden verboten
Anordnung des Reichsführers SS Himmler
München, 10. November
Der Reichsführer SS und Chef der Deutschen Polizei hat folgende Anordnung erlassen:
Personen, die nach den Nürnberger Gesetzen als Juden gelten, ist jeglicher Waffen-Besitz verboten. Zuwiderhandelnde werden in Konzentrationslager übergeführt und auf die Dauer von 20 Jahren in Schutzhaft genommen.

Der Inhalt eines Schrankes liegt im Wohnzimmer einer jüdischen Wohnung verstreut, die während der Reichspogromnacht verwüstet wurde. Die Nazis tarnten ihre Übergriffe auf jüdische Wohnungen, Geschäfte und Synagogen mit der Behauptung, nach Waffen zu suchen. (Bild #81485, mit freundlicher Genehmigung des U.S. Holocaust Memorial Museum.)

Passanten am 10. November 1938 vor einem jüdischen Geschäft, das während der *Kristallnacht* zerstört wurde. Die Nazipropaganda behauptete, das Pogrom sei eine „spontane" Reaktion der Deutschen gewesen, doch in Wirklichkeit waren es sorgfältig gesteuerte Angriffe der SA, die von Hitler genehmigt worden waren. Er wies auch an, daß die Polizei nicht eingreifen solle. (Bild #86838, mit freundlicher Genehmigung des U.S. Holocaust Memorial Museum.)

Konzentrationslager Buchenwald am 10. November 1938: Dies ist ein Teil der zehntausend kahlgeschorenen jüdischen Männer, die während und nach der Kristallnacht dort inhaftiert wurden. Ein Vorwand für Festnahmen war der Besitz von Schußwaffen durch Juden.

(Bild #79914, mit freundlicher Genehmigung des U.S. Holocaust Memorial Museum.)

BERLIN STORY VERLAG, Leuschnerdamm 7, 10999 Berlin

Armin Fuhrer

HERSCHEL
DAS ATTENTAT DES
HERSCHEL GRYNSZPAN
AM 7. NOVEMBER 1938
UND DER BEGINN DES HOLOCAUST

368 Seiten, 12,5 x 20,5 cm, Broschur
19,80 Euro
ISBN 978-3-86368-101-2

7. November 1938. Der 17-jährige Herschel Grynszpan schießt in der deutschen Botschaft in Paris auf den Legationssekretär Ernst vom Rath. Als dieser am 9. November 1938 stirbt, nimmt Hitler das als Anlass zur Reichspogromnacht. Die Nationalsozialisten behaupten, hinter der Tat stehe das „internationale Judentum" und das Dritte Reich müsse sich dagegen wehren. Seitdem ranken sich Mythen und Legenden um den Täter und sein Opfer. Armin Fuhrer hat zahlreiche Dokumente gesichtet, darunter erstmals etliche bislang gesperrte Unterlagen. »Herschel« ist die erste seriöse Untersuchung des Falls. Es gibt neue Antworten auf alte Fragen – und neue Antworten auf neue Fragen. Nicht zuletzt bietet es die tragische Geschichte zweier junger Männer, die zwischen die Fronten der großen Weltpolitik gerieten.

WWW.BERLINSTORY.DE